언어와 사유 Ⅱ

－언어의 상부구조(Supra－structure)에 관한 연구－

한국어, 중국어, 희랍어, 범어를 중심으로

국립중앙도서관 출판시도서목록(CIP)

언어와 사유. 2, 언어의 상부구조(supra-structure)에 관한 연구 : 한국어, 중국어, 희랍어, 범어를 중심으로 / 김귀룡, 황순일, 김지형, 홍윤기, 윤창준, 문을식, 오유석, 윤석빈 共著. -- 고양 : 동과서, 2007
p. ; cm

ISBN 978-89-87304-85-4 94100 : ₩25000
ISBN 978-89-87304-86-1(세트)

701-KDC4
410-DDC21 CIP2007002419

언어와 사유 II

－언어의 상부구조(Supra－structure)에 관한 연구－
한국어, 중국어, 희랍어, 범어를 중심으로

김귀룡, 임동철, 성철재, 정찬섭, 최홍식, 김연희,
진용옥, 조성우, 김기혁, 최상진, 송영진, 정승석,
정호영, 최병덕, 강혜근, 김지형, 홍윤기, 방성원,
이권, 윤창준, 황순일, 문을식, 오유석, 황순일,
윤석빈, 차상훈 共著

동과서

언어와 사유 II

—언어의 상부구조(Supra-structure)에 관한 연구—

찍은날 / 2007년 7월 20일
편낸날 / 2007년 7월 25일

지은이 / 김귀룡 외
펴낸이 / 궁리나
디자인 / 북토리
편　집 / 황웅 김선아 강진만

펴낸곳 / 도서출판 **동과서**
410-330
경기도 고양시 일산동구 풍동 숲속마을 402-105
등록번호 / 제22-405호

D.K.S. Publishing Co.
402-105 Supsok-Maul, Pung-Dong, Ilsandong-Gu,
Goyang City, Gyunggi-Do, Korea 410-330

전화 / (02)333-7533
팩스 / (02)849-4429, (02)6280-2353
이메일 / master@book-dks.com
홈페이지 / www.book-dks.com

값 25,000원

ISBN 978-89-87304-85-4 (94100)
978-89-87304-86-1 set

목 차

저자 인적사항

이름	소속	현재 직위
임동철 (연구책임자)	충북대 국문학	충북대 총장
강혜근	충남대 중어중문학	교수
김귀룡	충북대 철학	교수
김기혁	경희대 국어국문학	교수
김연희	삼성서울병원 재활의학	교수
성철재	충남대 언어학	교수
송영진	충남대 철학	교수
정승석	동국대 인도철학	교수
정찬섭	연세대 심리학	교수
정호영	충북대 철학	교수
진용옥	경희대학교 전파공학	교수
최병덕	충북대 중어중문학	교수
최상진	경희대 국어국문학	교수
최홍식	연세의대 이비인후	교수
차상훈	충북대의대 진단방사선의학	교수
황순일(전)	동국대 인도철학	교수
김지형(전)	건양대 국제교육원	교수
홍윤기(전)	경희대 국제교육원	교수
이 권(전)	군산대 중국철학	강사

윤창준(전)	계명대 국제학대학 중국학	교수
박수진(전)	충북대 사회과학대학	연구원
문을식(전)	동국대 인도철학	연구원
오유석(전)	백석대학교 기독교철학	연구교수
윤석빈(전)	충북대 철학	강사
채우석(전)		
방성원(전)	경희사이버대학교 한류문화언어학	교수
안성두(전)	금강대학교 불교문화연구소	연구원
조성우(전)	연세대학교 문리대학 철학과	겸임교수 (영화음악가)
엄혜용(전)		인도 거주

Ⅰ. 어휘의 의미 분화 양상과 철학적 함의

- 한국어 · 중국어 · 범어 · 희랍어 어휘장의 대조 분석 -

1. 머리말

1.1. 연구 목적[1)]

언어는 근본적으로는 인간의 세계 인식의 결과를 담지(擔持)하는 매체이다. 다시 말해서, 인간은 언어를 통해서 세계를 받아들인다. 연속적으로 존재하는 세계는 언어에 의해 비연속적인 세계로 분절된다. 따라서 거칠지만, 인간은 언어를 통해 세계를 인식하고, 그 인식의 결과는 다시 언어에 반영된다고 할 수 있다. 이것을 가장 민감하게 반영하는 것이 어휘이다. 곧 어휘는 인간이 세계를 분절하는 것을 가장 직접적으로 보여주는 것이다. 따라서 어휘의 존재 양상을 기술하는 것은 특정 언어 사용자의 세계 분절 양상을 기술하는 것이 된다.

그런데 어휘는 고정되어 있지 않고 형태, 의미 등이 변이되고 변화한다. 언어 내적으로 보았을 때, 이러한 어휘의 분화는 한 어휘가 담당해야 하는 기능 부담량에 의해 촉발된다고 할 수 있다. 이러한 기능 부담량의 증가는 의미 분화의 내적 동인(인접성, 유사성)에 의해서 하나의 어휘가 가진 의미가 다른 것에 적용되는 데에서 촉발된다. 이러한 어휘의 분화는, 1) 의미의 다의화, 2) 새로운 형태의 출현(합성, 파생) 등으로 실현된다.

우리의 논의는 바로 이 지점에서 출발한다. 우리가 다루고자 하는 한국어, 중국어, 범어, 희랍어 등 서로 다른 언어의 어휘 분화 양상이 다르다는 점에서 우리의 논의가 시작된다. 동일한 의미를 갖는 어휘소(語彙素)가 언어마다 똑같은 어휘 분화 양상을 보이지 않는 것은 어쩌면 당연

---

1) 이 글에서 사용하는 기호의 의미는 다음과 같다.
{ } : 형태(소)·단어, [ ] : 원어휘소(archilexem; 원의미소(archisememem)의 어휘적 실현), < > : 의미 또는 의미 범주

한 일인지도 모른다. 언어가 놓인 환경(생활, 역사, 문화 등)이 다르기 때문이다. 이런 점을 감안하더라도 세계 인식의 수단으로서의 어휘의 분화 양상이 다르다는 것은 세계 인식의 양상이 다르다는 것이며, 한편 사유의 결과로서의 어휘의 존재 양상이 다르다는 것이다. 따라서 어휘의 분화 양상을 기술함으로써 특정 언어 사용자가 세계를 어떻게 인식하는지를 기술할 수 있고, 이를 바탕으로 언어에 따른 세계관의 차이를 알 수 있게 된다는 가정을 할 수 있다. 따라서 우리의 연구는 인간의 사유 방식을 기술하는 중요한 열쇠를 제공할 수 있을 것이라고 본다.

이 글에서는 <머리>, <마음>, <알다>, <보다>, <가다/오다>의 의미를 갖는 어휘를 대상으로, 한국어, 중국어, 범어, 희랍어에서 이들 어휘의 의미가 분화되는 양상을 살펴보려고 한다. 따라서 이 글에서의 논의는 주로 대조 분석을 중심으로 이루어질 것이다.

1.2. 연구의 내용과 방법

이와 같은 우리의 논의는 일종의 어휘장(語彙場)에 관한 논의라고 할 수 있다. 그러나 기존의 어휘장 연구와는 일정 부분 다르게 진행된다. 기존의 연구는 안으로는 민족의 정신세계를 이해하고, 밖으로는 어휘 체계를 수립하는 데 목적을 두고 동일한 원의미(原意味)를 갖는 모든 어휘를 대상으로 그 분절 양상을 기술하는 것이다. 배해수(1989)의 예를 보면, <너그러움>을 뜻하는 거의 모든 어휘를 포섭하려고 하였다. 즉 이 [너그러움]의 어휘장에는 '긍정' 표현으로 70개의 어휘가, '부정' 표현으로 49개의 단어가 포함되어 있다. 이는 <너그러움>이라는 의미를 갖는 전체를 하나의 '밭(場)'으로 보고, 이 안에서 각 어휘가 다른 어휘와 대립적 관계를 형성하면서 어떻게 존재하고 있는가를 밝히는, 다시 말해 어휘 체계를 기술하려는 연구 방식이다.

그러나 이러한 연구에는 커다란 문제점이 내포되어 있는데, 하나의 어휘가 포함되느냐의 여부에 따라 어휘장의 분절 구조가 달라질 수 있다는 것이다. 다시 말해, 이러한 연구는 사전에 등재된 어휘를 대상으로 하기 때문에 연구의 기초가 되는 사전에 절대적으로 의존하게 된다. 그런데 사전이란 편찬자의 자의적 선택에 따라 표제어가 선정되는 경우가 많아서 그 절대성을 인정받기 어렵다는 데 문제가 있다. 또한, 어휘의 의미를 확정하는 것 또한 사전에 의존하거나 연구자의 직관에 의존하는 경우가 많기 때문에 한 언어의 어휘 체계 전체를 기술하는 것은 사실상 불가능하다.

우리는 이러한 위험을 배제하는 데 주의를 기울였다. 그 결과, 특정 의미를 가진 특정 어휘에 국한하여 그 의미 분화 양상 또는 패턴을 살펴보는 데 연구의 초점을 두었다. 어휘장 연구의 본래적 목적과 가치가 확보된다면 어휘 체계 전반을 다루어야 할 것이나 그러한 연구는 현실적으로 가능하지 않다고 판단했기 때문이다.

그리하여 우리는 한국어, 중국어, 범어, 희랍어 등 4개 언어에서 공통의 특정 의미를 갖는 어휘를 선정하여 그 어휘의 의미 분화 양상을 살피는 데 국한하기로 하였다. 예를 들어, 한국어에서 [머리]장은 {머리}라는 단독 어휘와, 이것이 파생이나 합성의 요소와 결합하여 분화된 여타의 어휘를 대상으로 하여 의미 분화 양상을 기술하기로 한 것이다. 즉, 한국어에서 <머리>의 의미를 갖거나 {머리}와 일정한 관계를 이루는 {대가리}, {정수리}, {이마}, {뒤통수}, {골통}, {골}, {목}(상체와 머리를 잇는 부분), {멱}(목의 앞부분), {덜미}(목의 뒷부분), {고개}' 등은 고려의 대상에서 제외하였다. 이들이 {머리}와 의미적 대립을 이루면서 특정 부위를 가리키는 어휘로 독립되어 있기 때문이다.[2] 따라서 이들은 우리가 설정하는 [머리]장에서 논의할 성질의 것들이 아니다. 이 글에서 대상으로 하는 [머리]장은 기본적으로 {머리}라는 단어 형태를 갖추면서 <머리>의 의미를 갖는 것으로 제한되기 때문이다.

또한, 한국어에는 한자 어휘가 대량으로 들어와 고유어와 의미적 대립을 이루는 독립된 어휘 체계로 존재한다. 이들은 [머리]장과 의미 영역을 나누어 가지는 존재들이므로 역시 [머리]장에 포함되지 않는다. 결국, 이 글에서 다루는 [머리]장은 전체로서의 어휘장이 아니라 '특정 형태(morph)'의 의미 분화와 관련된 어휘장(낱말밭)이라고 할 수 있으며, 달리 말하면 서재극(1980)에서 말하는 '단어족(單語族; word family)'의 의미 분화 양상을 기술하는 것이라 할 수 있다.[3]

---

2) 기존의 연구에서라면 이들을 모두 [머리]장에 포섭해야 한다.
3) 단어족은 동일 어근에서 파생된 어휘들의 집합이다. 따라서 우리가 다루는 내

이러한 좁은 개념의 어휘장을 대상으로 하여, 우리는 한국어와 중국어, 범어, 희랍어에서 연구 대상의 어휘들이 어떻게 어휘 분화를 이루는지 그 패턴을 대조 분석해 볼 것이다. 지금까지의 어휘장 연구가 민족의 세계관을 밝히고, 어휘 체계를 기술하는 데 목적을 두고 있다면, 우리의 연구는 각 언어의 어휘 분화 양상을 밝히고, 이를 대조 분석함으로써 어휘가 분화할 때 그 동일성과 차별성이 어떤 패턴으로 작동하는지를 살피는 데 주된 목적이 있다.

1.3. **연구의 대상과 범위**

우리의 연구를 위해서는 분석 대상이 되는 어휘장의 수가 많으면 많을수록 결론의 타당성을 확보할 수 있다. 그러나 4개 언어를 상호 대조해야 하는 연구의 특성상 어휘 수를 많이 설정하기 어렵다. 이와 같은 제약으로 인해 우리는 임의로 5개의 어휘장을 선택하였다. 그것은 앞서 밝힌 대로, [머리], [마음], [알다], [보다], [가다]([오다] 포함) 등이다. 비록 그 수는 적지만 이들 어휘장에서 언어별로 일정한 어휘 분화의 패턴을 발견할 수 있다고 판단하였기 때문이다. 즉, 이들 어휘장은 각 언어의 어휘 분화 양상을 대표적으로 보여줄 수 있다고 판단한 것이다. 이렇게 판단한 데에는 이들 어휘장이 매우 다양한 의미로 분화한다는 점이 고려되었다. [머리]장과 [마음]장은 명사의 어휘 분화를, [알다], [보다], [가다/오다]는 동사의 어휘 분화를 분석하기 위해 우리가 임의로 선택한 어휘장이다.

용은 전체 어휘장의 하위 그룹이 된다고 할 수 있다.

2. 각 언어별 어휘 분화의 양상

2.1. [머리]의 어휘 · 의미 분화 양상4)

2.1.1. 한국어 [머리]장의 분화

앞서 언급한 바와 같이, 한국어는 {머리}와, {머리}가 결합된 복합어를 대상으로 한다. 우리는 이 글에서 이들 어휘의 의미 분화 양상을 기술할 것이다. 이때, 통사 구조상에서 산출되는 의미는 {머리} 자체의 의미로 보지 않기 때문에 우리의 논의에서 제외한다.

(1) 가. 머리를 흔들다.
    나. 머리를 숙이다.

(1가)는 부정의 의사, (1나)는 존경의 의사를 표시하는 문장 의미를 갖는다. 우형식(1988)에서는 이러한 경우의 <부정>이나 <존경>의 의미를 {머리}의 주변 의미로 제시하고 있으나 이것은 {머리}가 {흔들다}, {숙이다}와 결합함으로써 생기는 의미이므로 {머리} 자체에 그러한 의미가 있다고는 보이지 않는다.

또, 통시적 변화에 따른 의미는 고려하지 않도록 한다. {맏이}, {맏며느리} 등에 쓰이는 {맏-}은 기원적으로 <머리>의 의미를 갖는 것으로 해석할 수 있지만, 이것은 어디까지나 어원적 의미이지 현재의 의미가 아니다. 현재의 어휘장은 변화의 결과로서 존재하는 것이다. 우리가 어휘장 연구에서 궁극적으로 살피고자 하는 것은 현재적인 어휘의 분화 양상이지 어휘의 변화 양상이 아닌 것이다.

---

4) 이 글에서 다루는 한국어 어휘 자료는 『표준국어대사전』(국립국어원)을 중심으로 『연세한국어사전』, 『우리말 큰사전』(한글학회) 등에서 취했으며, 중국어 어휘는 『中華字海』(冷玉龍·韋一心 主編, 北京;中國友誼出版公司, 2000년)와 『現代中韓大辭典』(洪萬植, 서울; 도서출판 한얼, 1989년)에서 취하였다. 희랍어는 H.G. Liddell & R. Scott 『Greek-English Lexicon』(9th edition, Oxford 1996)을 주로 참고했고, 단어 빈도 및 용례 검색은 인터넷 및 CD 자료인 perseus project와 Thesaurus Linguae Graecae를 사용하였다.

가. 의미의 다의화 : [머리]의 1차 분화

한국어에서 {머리}는 형태의 변화 없이 매우 다양한 의미로 분화한다. {머리}의 의미는 다음과 같다.

머리[1]

1. 사람이나 동물의 목 위의 부분. 눈, 코, 입 따위가 있는 얼굴을 포함하며 머리털이 있는 부분.
2. 생각하고 판단하는 능력.
3. 머리털.
4. 한자에서 글자의 윗부분에 있는 부수.
5. 단체의 우두머리.
6. 사물의 앞이나 위.
7. 일의 시작이나 처음.
8. 음표의 희거나 검고 둥근 부분.
9. 어떤 때가 시작될 무렵.
10. 한쪽 옆이나 가장자리.
11. 일의 한 차례나 한 판.

머리[2]

1. 덩어리를 이루는 수량의 정도.
2. 얼마라고 이름을 붙인 돈의 액수. =돈머리

이를 정리하면 다음과 같다.5)

5) 앞으로 <그림> 안에서는 원어휘소 표기([ ])를 생략함. 원어휘소가 실제 어휘로 실현되는 것을 표시할 때는 원어휘소 옆에 { }으로 표시함.

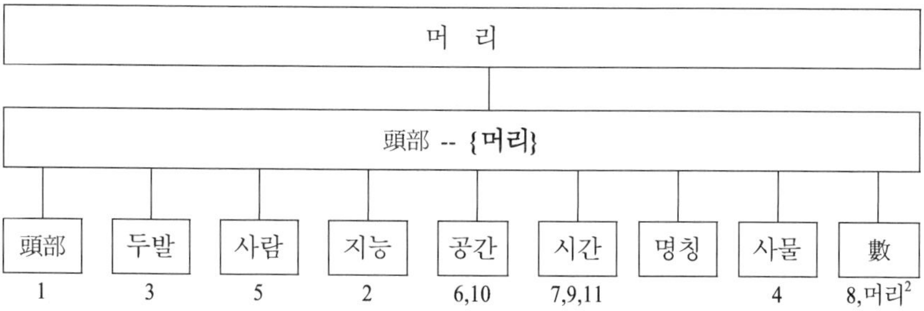

<그림 1> [머리]의 1차 분화

위 그림은 사전적 풀이를 바탕으로 [머리]의 1차 분화 양상을 도시한 것이다. 그러나 실제 쓰임을 고려한다면, {머리}의 의미 중에서 4와 5의 경우에는 적용의 대상이 달라지는 것이며, 또한 {갓머리}·{초두머리}(4), {음표머리}(8) 등과 같이 쓰이는 것이 일반적이므로 {머리}가 자체적으로 이러한 의미를 지니고 있다고 보기 어렵다. {머리}가 갖는 다른 의미들과의 위상이 다르다는 것이다. 오히려 이들은 형태 결합에 의한 2차적 분화로 보는 것이 타당할 것이다. 그렇다면, [명칭]과 [사물]은 {머리}가 갖는 1차 분화에서는 배제될 수도 있다.

이러한 관점에서 [머리]는 1차 분화 결과 [두발], [사람], [지능], [공간], [시간]의 의미를 표시하게 된다고 할 수 있다. 신체 부위인 '머리'의 이러한 분화는 크게 은유(유사성에 의한 전이)와 환유(인접성에 의한 전이)의 두 가지 기제에 의해 이루어진다.

1) {머리}의 중심 의미 : 동물의 <頭部>

{머리}는 동물의 신체 부위 중에서 '頭部'를 가리키는 어휘이다. 이것이 {머리}의 중심 의미이다. 이것은 기원적으로 어떤 특정한 대상을 지칭하는 어휘였을 것이다. 즉 특정 대상을 지칭하는 하나의 기호로서 {머리}라는 어휘가 사용된 것이다. Vendryes(1950)가 지적한 것처럼, "말의 사용도수가 많아지면 그 말이 가지는 의미 수가 많아진다."(김봉주 1992:223에서 재인용)는 것은 당연하다.

하나의 어가 일정한 어형을 유지하면서 의미의 범위가 확대된다는 것은 그만큼 그 말이 내포하는 의미의 장이 넓어진다는 것인데, 한 어(語)가 가지는 의미의 양은 그 어(語)의 의미과정 내에서는 항상 일정하므로 어(語)가 포괄하는 범위가 넓어짐에 따라 의미의 농도는 점차 희박해지게 된다. 이것은 의미장의 면에서 보면 의미의 확대이고 의미농도의 면에서 보면 추상화 현상인 것이다. 따라서 의미의 확대화와 추상화는 동일 사상의 양면에 불과한 것이다. 의미의 발달은 항상 확대화의 과정만 밟으며, 축소화란 있을 수 없다. (천시권 · 김종택 1973:260)

중심 의미를 가진 {머리}는 다른 대상에 적용됨으로써 형태의 변화 없이 <頭部>의 의미 외에 또 다른 의미를 갖게 되면서 의미의 분화를 이루어 다의어가 된다. 단정하기는 어려우나 기원적으로 {머리}가 '사람의 頭部'를 가리키는 어휘였다면, 초기의 분화는 다른 동물의 동일한 신체 부위를 지칭하는 데 사용됨으로써 이루어지게 되었다고 볼 수 있다. 이것은 {머리}의 적용 대상이 넓어진 것이다. 즉, 신체의 최상단에 위치하며, 뇌와 중추 감각 기관이 들어 있는 대상을 {머리}라고 지칭하게 된 것이다. 이런 점에서 {머리}는 <사람의 頭部>에서 <동물의 頭部>로 의미가 확대되었다고 볼 수 있겠지만, 우리는 동일한 신체 부위를 가리킨다는 점을 중시하여 이를 의미의 분화로 보지는 않는다. 이런 이유로 이 글에서는 {머리}의 중심 의미를 <동물의 頭部>라고 설정한다.

2) {머리}의 1차 분화 : 적용 대상의 확대

특정 신체어가 그 의미 영역을 확대해 가는 것은 신체의 외형, 기능, 위치, 성질 등의 유사성과 인접성에 의해 이루어진다. 이러한 분화는 대체로 '구체 〉 추상'의 방향성을 띠게 된다.[6)]

(1) [두발] : 인접성에 의한 분화

{머리}는 <두발>의 의미로 쓰이는 일이 많다.

6) 이에 대하여 배도용(2002)에서는 '사람—대상—대상/공간—공간—공간/소유—소유'의 방향과 '사람—대상—대상/공간—공간—공간/시간—시간'의 방향으로 [머리]의 의미가 분화한다고 하였다.

(2) 머리를 깎다, 머리를 얹다, 머리를 감다, 머리가 하얗게 세었다.

이는 인접성에 의한 환유의 방식으로 분화가 이루어진 것이다. 후술하겠지만, <두발>의 의미로 분화된 {머리}는 다른 어휘와 형태적으로 결합함으로써 의미가 구체화된다.

(2) [**사람**] : **유사성에 의한 분화**

(3) 가. 그는 우리 모임의 머리 노릇을 하고 있다.
나. 저는 머리가 되기에는 아직 부족한 점이 많습니다.

(3)에서 {머리}는 <단체의 우두머리>, <대표> 등의 의미로 쓰인 것인데, 이것은 공간적 유사성에 의해 분화된 것이라고 할 수 있다. 즉, '머리'가 신체의 가장 윗부분에 위치하고 있으므로 어떤 집단이나 단체의 가장 윗자리를 차지하는 사람에 그 의미가 적용된 것이다.

(3) [**지능**][7] : **인접성에 의한 분화**

(4) 가. 일을 제대로 처리하려면 머리를 써야 한다.
나. 우리 아이는 머리가 참 좋아.

이 의미는 신체 부위인 '머리'의 작용을 나타내는 것이다. 이는, 표현이 정확하지는 않지만 '공간적 인접성'에 의한 것으로 보인다. 생각하고 판단하는 능력이 머릿속에서 이루어지는 것이므로 이러한 분화가 가능했을 것이다.

(4) [**공간**] : **유사성에 의한 분화**

(5) 가. 주머니에 비죽이 술병이 머리를 내밀고 있었다.
나. 선장실 머리에 있는 스피커에서 음악이 흘러 나왔다.

---

7) 이 어휘소의 명칭은 [지능] 이외에도 [지각 능력], [사고 능력], [기억력] 등으로도 할 수 있으나 같은 범주에 속하는 의미적 용법을 모두 포괄하는 메타언어로서의 기능이 충분한 것은 아니다. 이 글에서는 '생각하고 판단하는 능력'을 포괄하는 메타언어로서 [지능]을 사용하기로 한다.

다. 삼각산 머리에 흰 눈이 덮여 있다.

(6) 가. 기차가 커브를 틀자 저 멀리 연기를 뿜으며 앞서 가는 기차의 머리가 보였다.

나. 오랫동안 기다린 끝에 고대하던 행렬의 머리가 보이기 시작했다.

(7) 가. 갈림길 머리에 다다르자 그녀는 훌쩍이기 시작했다.

나. 한 머리에서는 장구를 치고 또 한 머리에서는 징을 두드려 대고 있었다.

(5)에서 {머리}는 모두 사물이나 공간의 '윗부분'을 가리킨다. 이는 '머리'가 신체의 최상단에 위치하고 있다는 유사성에 의해 분화된 것이다. 이에 비해서 (6)은 대상의 '앞부분'을 가리킨다. 이것은 '위'와 '앞'이 대상에서 차지하는 위치의 유사성에 의한 세부 분화의 결과로 해석된다. 한편, (7)의 {머리}는 <위>나 <앞>의 의미가 아니라 <근처/입구>, <가장자리>(7가), <한쪽>(7나)의 의미로 파악되는데, <위>나 <앞>보다 훨씬 그 의미의 경계가 불분명하다. 이것은 {머리}가 <위>나 <앞>의 의미에서 더 분화했기 때문인 것으로 보인다.

이렇게 보면, {머리}는 [頭部]에서 [공간]으로 의미 분화를 이루면서 내부적으로는 <위> 〉 <앞> 〉 <근처/입구, 가장자리, 한쪽> 등으로 의미가 세부적으로 분화한다고 할 수 있다.

(5) [시간] : 유사성에 의한 분화

(8) 가. 머리도 끝도 없이 일이 뒤죽박죽이 되었다.

나. 남은 길을 재촉하여 컴컴할 머리에 겨우 증심사에 당도하였다.

다. 한 머리 태풍이 지나고 햇빛이 비쳤다.

{머리}는 <시간>의 의미로도 쓰이는 일이 많다. (8가)는 어떤 일의 <시초>를, (8나)는 <무렵>, (8다)는 {바탕}과 바꿔 쓸 수 있는 말로서, 어떤 일을 끝내는 <동안>의 의미를 갖는다. (8나)는 [공간] 영역의 (7가)와,

(8다)는 (7나)와 유사한 방식으로 분화한 것으로 보인다. 그러므로 [시간] 영역도 <시초> 〉 <무렵> 〉 <동안>의 세부 분화 과정을 거쳐 의미가 확대되는 것으로 파악된다.

{머리}가 [시간] 영역으로 분화하는 것은 신체에서 '머리'가 차지하는 공간상의 위치(위, 앞)가 시간 영역에 적용된 결과인데, 이러한 의미의 분화에는 [頭部] 〉 [공간] 〉 [시간]의 분화 과정을 거친 것으로 이해된다. [頭部]에서 [공간]으로 분화하는 것은 적용 대상이 확대된 것이라면, [시간]으로 분화하는 것은 추상화 과정으로 이해할 수 있을 것이다.

(6) [수] : 적용 대상의 확대

(9) 가. 기부금 가운데 가장 큰 머리는 김 사장의 것이었다.
　　나. 돈이 머리가 크다. (= 돈머리가 크다)

{머리}는 (9)처럼 '돈의 액수'를 뜻하는 말로도 쓰인다. 사전에서는 이를 다른 표제어로 올려두었지만 기원적으로는 같은 것으로 파악이 된다. 이것은 신체 부위 '머리'가 그 적용 대상을 완전히 달리했기 때문이라고 이해된다. 이러한 분화의 원인을 알기 위해서는 통시적 고찰이 필요하다.

중세어에서 '머리'는 {머리} 이외에도 {마리}의 형태가 있었다.

(10) 가. 四海ㅅ 믈이여 오나ᄂᆞᆯ 마리예 븟ᄉᆞᆸ고 太子ᄅᆞᆯ 세ᅀᆞᄫᆞ시니(월곡 상:13)[8)]
　　나. 伽闍山 苦行애 六年을 안ᄌᆞ샤 마리 우희 가치 삿기 치니(월곡 상:22)[9)]

(11) 가. 마리ᄅᆞᆯ 갓ᄀᆞ시고 누비옷 니브샤(월곡 상:44)[10)]
　　나. 부톄 마리와 손톱과ᄅᆞᆯ 바혀 주신대(석상 6:44)[11)]

---

8) 온 세상의 물이 이어 오거늘 머리에 붓삽고 태자를 세우시니.
9) 가도산 고행에(가도산에서 고행하실 때) 육 년을 앉으시어(앉아 계시니) 머리 위에 까치가 새끼를 치니
10) 머리(카락)을 깎으시고 누비옷을 입으셔서
11) 부처가 머리털과 손톱을 빼 주시므로

이들 예문에서 보듯이, 중세어의 {마리}는 현대어와 마찬가지로 <頭部>의 의미와 <두발>의 의미를 모두 가지고 있었다. 그런데 동의어인 {머리}와의 유의 경쟁에서 탈락함으로써 현재는 동물을 세는 단위 명사가 되었다. 이를 통하여 우리는 '머리'가 수를 헤아리는 수단으로 사용되었음을 알 수 있다. 바로 이러한 전통이 (9)의 {머리}에 남아 있다고 본다. '머리'를 수량을 헤아리는 단위로 쓰는 것은 '부분'으로 '전체'를 표시하는 '提喩'의 기제가 작용했기 때문이다. 그러므로 사전적 처리와는 달리 {머리2}를 우리의 논의에 [머리]장에 포함하는 것은 당연하다.

이상의 논의를 정리하여 {머리}의 1차 분화 결과를 도시[12]하면 다음과 같다.

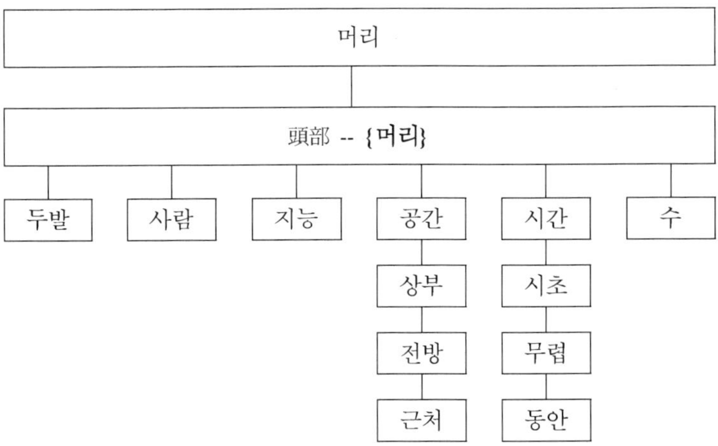

<그림 2> [머리]의 1차 분화

12) 앞으로 보일 그림에서 실선은 자체로 새로운 의미가 분화(의미의 확대)하는 것을 표시하고, 점선은 형태 결합을 통해 다른 의미를 갖게 되는 것을 표시한다. 예를 들어, <그림 2>에서 {머리}는 형태 변화없이 제2, 제3의 의미를 갖게 되므로 모두 실선이고, <그림 3>의 경우, [행위], [위치] 등의 의미는 {머리}와 결합하는 어휘에 의해서 새로운 의미를 갖게 되므로 점선으로 표시되었다. 결국, 이 글에서 [머리]의 의미 분화는 실선으로 표시된 것만으로 국한된다는 점을 유의해야 한다. 점선으로 표시된 것은 다른 어휘와의 결합을 나타내는 것이므로 의미 분화와는 무관한 것이다.

나. 형태 결합(합성과 파생) : [머리]의 2차 분화

한국어의 {머리}는 다른 어휘소와 결합하여 다양한 어휘로 분화한다. 이를 통하여 세밀한 의미 표시가 가능해지는데, 이로써 {머리}와 일정한 관계를 맺으며 [머리]장을 구성한다. 이러한 어휘장을 구성하는 단어들은 서로 의미 대립을 이루며 체계 내에서 분절된 것이다.

1) [두부]의 의미를 유지하는 경우

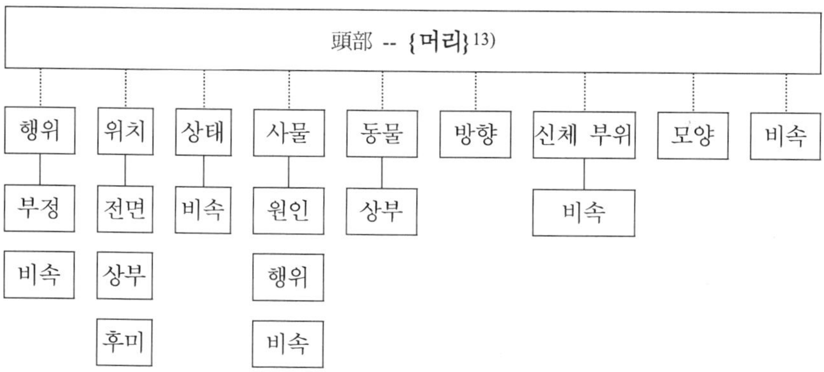

<그림 3> [머리]의 2차 분화 1

이 경우는 {머리}에 다른 어휘가 결합하여 의미가 분화되는 것을 도시

---

13) [행위] : 도리머리([부정]), 머리고임(장례 용어), 머릿짓, 버르장머리・진절머리・양달머리・지정머리・게정머리・구변(口辯)머리・넉살머리([비속]),
[위치] : 뒷머리([후미]), 앞머리([전면]), 머리꼭지·머리끝①([상부]),
[상태] : 맨머리[1], 머리앓이(질병), 머리악.
[사물] : 숯머리([원인], 질병), 첩지머리, 체머리([행위], 질병), 길마머리(질병), 머리동이[2], 머리띠, 머리쓰개, 머리통①([비속]).
[동물] : 소머리(=쇠머리), 머릿니, 누에머리([상부]).
[방향] : 머리빼기.
[신체부위] : 머리가슴, 머릿골, 머릿살(질병), 대갈머리.
[모양] : 머리새.
[비속] : 머리빡.

한 것인데, 다른 어휘가 결합하더라도 {머리}의 원래 의미에는 변화가 없다. 즉, {머리}는 원의미 그대로 <頭部>를 나타낸다. 새롭게 획득되는, 분화된 의미는 {머리}에 결합하는 어휘가 담당하는 것으로 파악된다.

이때, 다른 어휘가 {머리}의 앞에 결합하느냐, 뒤에 결합하느냐에 따라 <頭部>의 의미의 강도가 결정된다. 즉, 앞에 결합할 경우에는 <~하는/~의 머리>로 해석되고, 뒤에 결합하는 경우에는 <머리로/머리가/머리에 ~하다>라는 의미로 해석된다. 따라서 다른 어휘가 뒤에 결합하는 경우가 <頭部>의 의미를 더 강하게 갖는 것으로 보인다. 한편, 하위 분절되는 어휘소는 다시 의미 확장을 하기도 한다. [행위], [위치], [상태], [동물], [사물]의 경우, 두 어휘소가 결합하여 형태 변화 없이 그림에서와 같은 세밀한 의미를 표시한다.

결론적으로, 1)에서 논의한 어휘는 [頭部]로서의 <머리>를 원의미로 갖는다.

2) [두발]로 분화된 경우

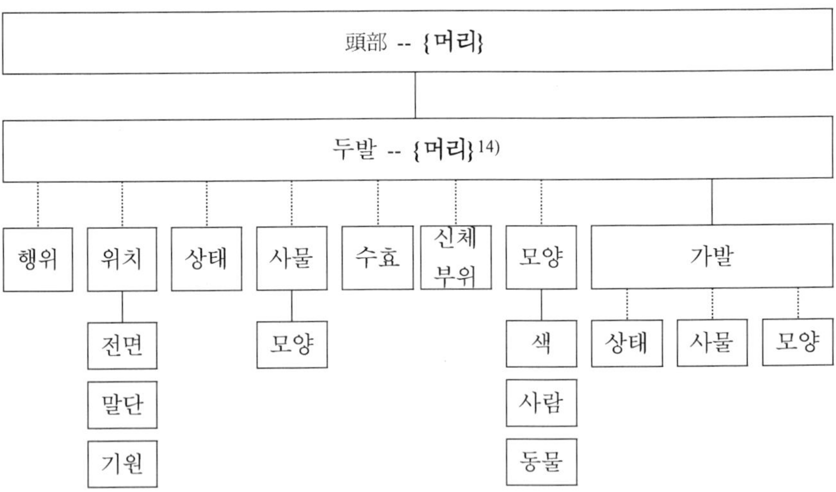

<그림 4> [머리]의 2차 분화 2

---

14) 1) [두발] 자체의 의미를 유지하는 경우.
[행위] : 머리단장(=머리치장)
[위치] : 귀밑머리①②, 앞머리([전면]), 머리끄덩이([말단]), 머리끝([말단]), 머리

1차 분화의 결과, {머리}는 <두발>의 의미를 갖게 되어 [두발]장을 형성한다. 이것은 위치의 인접성에 따른 결과인데, [두발]장은 <두발>의 의미를 획득한 {머리}에 다른 어휘가 결합하면서 이루어진다. 따라서 여기에 속하는 어휘는 모두 <머리카락>과 의미적 관련을 갖게 된다.

[두발]장은 크게 <두발 자체>의 의미를 가진 어휘와, <가발>의 의미를 가진 어휘로 구분된다. 즉, <두발>의 의미를 그대로 유지하면서 형태 결합을 통해 새로운 의미가 분화되는 경우와, <두발>에서 <가발>의 의미가 분화하고 여기에 다른 어휘가 결합하는 경우의 두 가지 형태로 어휘가 분화하는 것이다.15)

[두발]은 형태 결합을 통해 [행위], [위치], [상태], [사물], [수효], [신체부위], [모양] 등으로 하위 분화한다. 이 중에서 [위치], [사물], [모양]는 다른 어휘와 결합한 후에 다시 의미 분화를 겪는데 [위치]는 [전면], [말단], [기원] 등으로, [사물]은 [모양]으로, [모양]은 [색], [사람], [동물] 등으로 세부 분화한다. 특히 [모양]장에서 [사람]이나 [동물]로 하위 분절하는 경우에는 원래의 <두발>의 의미를 그대로 가지는 경우와, 새로운 의

밑([말단]), 밑머리(본래부터 있던 제 머리, [기원]), 배냇머리([기원], 이 경우에 <위치>의 의미는 신체 부위 '배'와 '내'가 결합하여 형성된다. 따라서 '배냇' 자체는 <기원>의 의미를 갖는 것으로 해석한다)

[상태] : 맨머리[1]②, 머릿결

[사물] : 활머리, 갈깃머리, 고머리, 머리그물, 머리깎개, 머리꾸미개, 머리댕기①, 머리댕기②([모양], 동물), 머리때, 머리빗, 머리핀, 머릿기름

[수효] : 머리숱([수효])

[신체부위] : 머리꼬리

[모양] : 가랑머리, 모두머리, 민머리③, 상고머리(=스포츠머리), 새앙머리, 샌머리([색]), 첩지머리②, 흰머리([색]), 큰머리(=대두머리, 어여머리(가발)), 트레머리, 풀머리, 다박머리①, 낭자머리, 긴머리, 짧은머리, 없은머리, 머리카락, 까까머리(=까까중머리, [두발/모양], [사람]), 다박머리②([사람]), 도가머리①([사람]), 도가머리②([동물]), 더벅머리1②/더벅머리2([사람]), 더펄머리①, 더펄머리②([사람]), 고수머리(=곱슬머리, [두발/모양], [사람]), 노랑머리([두발/모양], [사람]), 다팔머리([두발/모양], [사람]), 단발머리([두발/모양], [사람])

2) [가발]로 분화되는 경우.

[상태] : 딴머리,

[사물] : 치마머리.

[모양] : 트레머리, 큰머리(=大頭머리, 어여머리), 껄머리(혼인할 때 대는 신부의 가발).

15) 이러한 사실은 [그림 4]에 점선과 실선으로 구분되어 표시되어 있다.

미로 <사람>이나 <동물>을 가리키게 되는 경우의 두 가지가 유형이 있게 된다.

형태 결합 시에 새로운 어휘가 {머리}와 결합하는 위치도 의미를 분화하는 데 관여하는 것으로 나타난다. 새 어휘가 {머리}의 앞에 결합할 때에는 {머리}를 수식하는 구조로 되어 {머리}의 의미가 상대적으로 약화하게 되고, 뒤에 결합할 경우에는 {머리}의 의미가 강하게 인식된다.

[가발]로 분화되는 경우는 형태 결합을 통해서 [상태], [사물], [모양]의 세부 장으로 분화한다. 이때에도 {머리}에는 <가발>의 의미가 그대로 유지되고 있으며, 분화되는 의미는 {머리}와 결합하는 새로운 어휘가 담당한다.

요약하면, 신체 부위로서의 [頭部]에서 공간적 인접성에 의해 1차 분화하여 [두발]장을 형성하고, 여기에 새로운 형태가 결합하여 다양한 세부 장으로 분화되며, 다른 한편으로 '[頭部] > [두발] > [가발]'로 의미 분화가 이루어지고 여기에 다른 어휘가 결합하여 [가발]장을 형성하기도 한다.

3) [공간]으로 분화한 경우

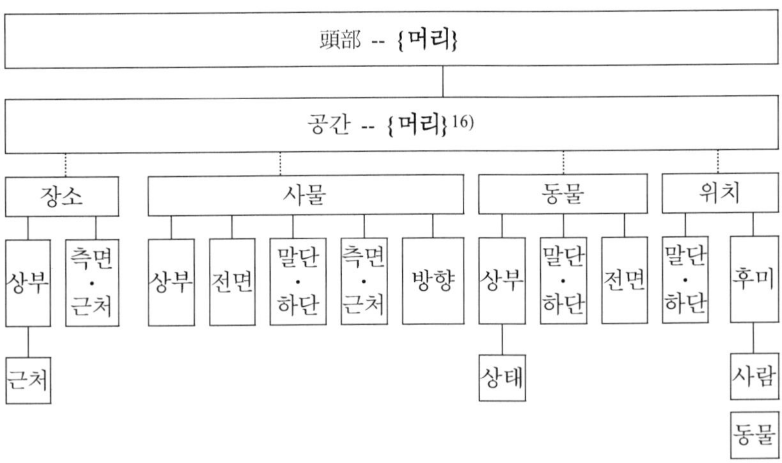

<그림 5> [머리]의 2차 분화 3

16) 1) [장소]에 속하는 어휘와 결합하여 분화하는 경우

{머리}는 '장소, 사물, 위치, 동물'에 해당하는 어휘와 형태 결합을 통하여 2차 분절하는 것으로 나타난다. 이렇게 형태 결합을 하여 새로 형성된 어휘는 어휘 형성소의 개별적 의미를 갖지 않고, 보다 세분화된 의미를 갖게 된다. 이때 새로 <상부>, <측면/근처>, <전면>, <말단/하단>, <방향>, <후미> 등의 의미가 파생되는데, 이러한 의미는 주로 {머리}가 담당한다. 그러므로 우리는 {머리}가 각기 다른 어휘와 결합하면서 새로운 의미로 분화되는 것으로 파악한다. 이러한 세부적 의미 중에서는 <상부>, <전면>이 다른 의미에 비해 상대적으로 분포하는 어휘가 많은데, 이는 {머리}가 가진 자체의 의미 자질과 관련되는 것으로 이해된다. 즉, 앞에서 논의한 바와 같이 신체에서 '머리'가 차지하는 위치적 자질이 새로 형성된 어휘에 반영되기 때문이라고 생각한다.

4) [시간]으로 분화한 경우

{머리}는 의미의 다의화 과정에서 어떤 일의 시작이나 처음, 어떤 때

[상부] : 봉머리(=봉우리), 갓머리[2](=산등성마루), 머리맡([근처]), 베갯머리([근처]), 머릿방

[측면/근처] : 갈밭머리, 길머리, 밭머리, 논머리, 갯머리, 난간머리,

2) [사물]에 속하는 어휘와 결합하여 분화하는 경우

[상부] : 관(棺)머리, 우두머리①(?), 고두머리, 구름머리, 기둥머리, 길마머리1, 깃머리2, 머리창, 머리틀(=머릿골), 머릿병풍, 머릿장, 머릿줄1, 머릿줄2, 머리동이1, 머릿달, 갓머리1(한자),

[전면] : 머리말(=머리글), 머리글자, 머릿기사, 머리시, 머리그림, 머리운(=두운), 뱃머리, 불땀머리, 머리가지(=접두사), 머리등(=전조등), 머리소리(=두음), 머릿수③

[말단/하단] : 양지머리②(쟁기), 머리끝금(錦), 괴머리, 깃머리2, 꽁지머리, 눈머리

[측면/근처] : 책상머리, 상(床)머리

[방향] : 말머리②

3) [위치]에 속하는 어휘와 결합하여 분화하는 경우

[전면] : 先머리②, 앞머리③④

[말단/하단] : 끄트머리①, 아랫머리

[후미] : 뒷머리③

4) [동물]에 속하는 어휘와 결합하여 분화하는 경우

[상부] : 누에머리([상태])

[말단/하단] : 개머리판,

가 시작될 무렵을 비유적으로 나타내기도 한다. 이러한 양상은 {머리}가 형태 결합을 통해서 2차 분절을 할 때에도 같은 양상으로 나타난다.

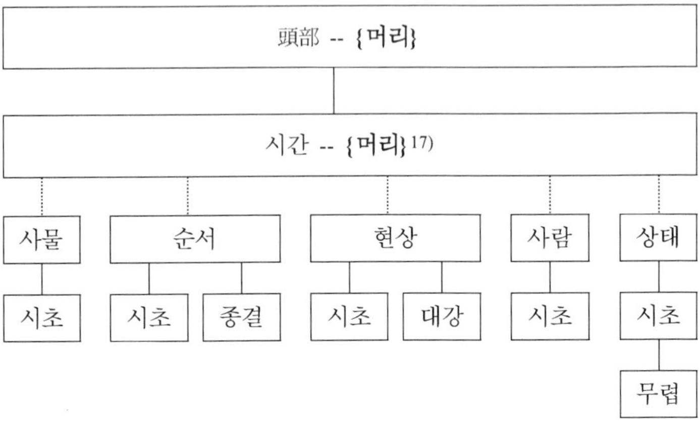

<그림 6> [머리]의 2차 분화 4

[頭部]에서 1차 분화(다의화)하여 <시간>의 의미를 갖게 된 {머리}는 다시 다른 형태와 결합하여 여러 가지 의미로 2차 분화한다. 이때 {머리}에 결합하는 형태는 '사물, 순서, 현상, 사람, 상태' 등을 나타내는 것들인데, 이들과 결합하여 {머리}가 나타내는 의미는 대부분 어떤 일의 시작, 즉 <시초>의 의미를 갖는다. 이것은 신체 부위 '머리'가 유사성에 의하여 의미가 분화되는 것으로 파악된다. 이 밖에도 [종결], [대강] 등의 의미 영역이 분화되기도 하고, 더 세부적으로 분화하여 [무렵]의 의미를 갖기도 한다.

[공간]장에 비하여 [시간]장에 속하는 어휘의 양이 상대적으로 적은 것

---

17) 1) [사물]에 속하는 어휘와 결합하여 분화하는 경우 : [시초] - 말머리①, 글머리.
2) [순서]에 속하는 어휘와 결합하여 분화하는 경우
[시초] : 첫머리. / [종결] : 끝머리, 끄트머리①.
3) [현상]에 속하는 어휘와 결합하여 분화하는 경우
[시초] : 머리공①, 날머리(=초썰물 [무렵]), / [대강] : 건잠머리.
4) [사람]에 속하는 어휘와 결합하여 분화하는 경우 : [시초] - 머리서방.
5) [상태]에 속하는 어휘(형태)와 결합하여 분화하는 경우 : [시초] - 풋머리([무렵]), 낙종머리([무렵]).

은 {머리}의 1차 분화와 같은 양상을 보이는 것이다. 이것은 '[공간] 〉 [시간]'의 추상화 과정을 겪기 때문이라고 본다. 의미 분화가 '구체 〉 추상'의 방향성을 갖고 있음을 여기에서도 확인할 수 있다.

5) [핵심/단서]로 분화한 경우

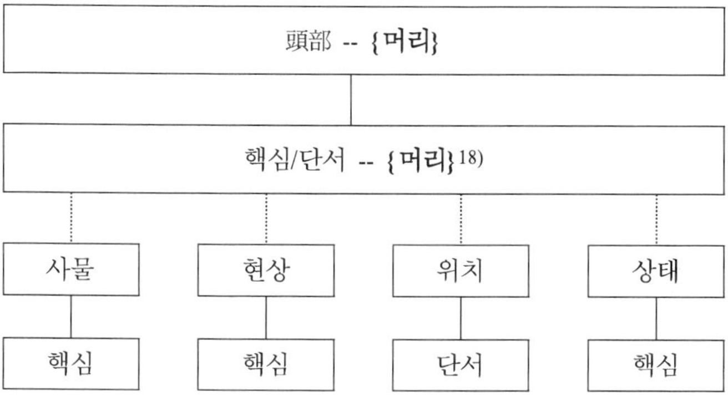

<그림 7> [머리]의 2차 분화 5

{머리}는 '사물, 현상, 위치, 상태'를 나타내는 형태와 결합하여 <핵심>이나 <단서>의 의미로 분화되기도 한다. 이것은 '머리'가 신체에서 갖는 중요성에 기인한 의미 분화라고 생각된다.

6) [사람]으로 분화한 경우

{머리}는 '형태, 수'를 나타내는 어휘와 결합하여 [사람]의 영역으로 그 의미가 분화(확대)된다. '형태'를 나타내는 어휘와 결합할 때에는 그 사람의 [지위]를 나타내는 것으로 의미가 분화되는데, 어떤 어휘와 결합하느냐에 따라 [상부]와 [말단]의 의미로 구체화된다. {민머리}는 <아무 것도 없는 머리>이기 때문에 신분이 낮은 사람을 가리키는 것이다. 이것은 '머리'의 위치적 특성에서 <끝>, <말단>의 의미가 유추되었기 때문일

18) 1) [사물]에 속하는 어휘와 결합하여 분화하는 경우 : [핵심] - 머릿돌.
2) [현상]에 속하는 어휘와 결합하여 분화하는 경우 : [핵심] - 머리공②.
3) [위치]에 속하는 어휘와 결합하여 분화하는 경우 : [단서] - 끄트머리②.
4) [상태]에 속하는 어휘와 결합하여 분화하는 경우 : [핵심] - 대(大)머리2.

것이다.

{수}와 결합해서는 바로 '사람'의 숫자를 나타내는데, 이는 {머리}가 <사람>의 의미로 분화되었다는 것을 단적으로 보여준다.

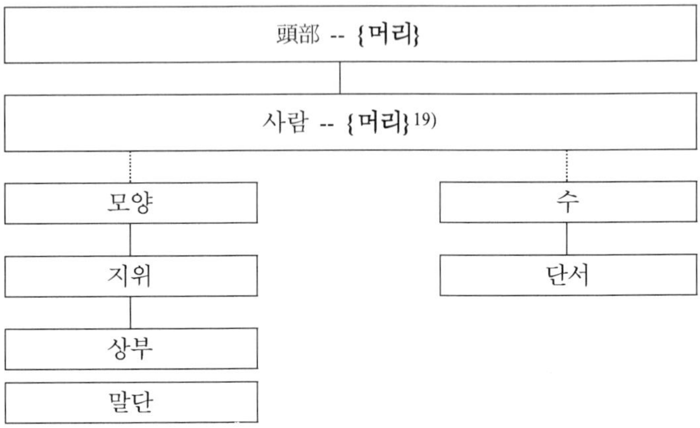

<그림 8> [머리]의 2차 분화 6

7) [지능]으로 분화한 경우

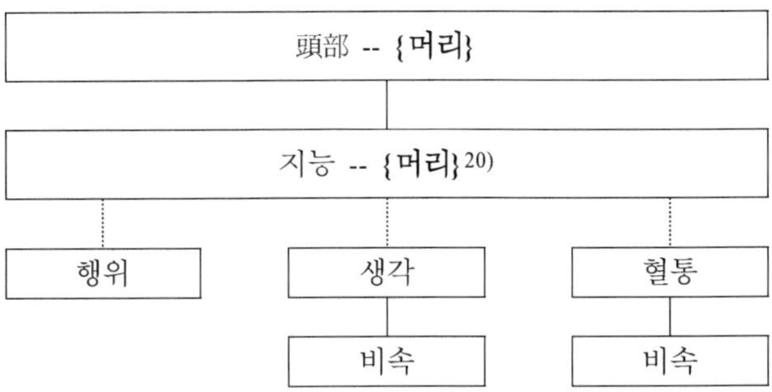

<그림 9> [머리]의 2차 분화 7

19) 1) [모양]에 속하는 어휘와 결합하여 분화하는 경우 : [지위] - 민머리①([말단)], 우두머리②([상부]).
2) [수]에 속하는 어휘와 결합하여 분화하는 경우 : 머릿수①.

20) 1) [행위]에 속하는 어휘와 결합하여 분화하는 경우 : 머리싸움.
2) [생각]에 속하는 어휘와 결합하여 분화하는 경우 : 넌덜머리・띠앗머리・소

이 경우는 [지능]의 영역으로 확장된 {머리}가 형태 결합을 통하여 특정 행위를 나타내거나 <속됨(비속)>의 의미를 나타낸 것에 해당한다.

8) [수]로 분화한 경우

{머리}는 {돈}과 결합하여 <액수>의 의미를 나타내기도 한다. {돈머리}, {돈 머릿수}가 그것인데, 이들은 결합한 자체로 <액수>의 의미를 가지며, {돈}을 생략하여 {머릿수}라고도 한다.

9) 기타 : 의미 분화 양상을 알기 어려운 어휘

{머리}라는 형태와 결합하여 특정한 의미를 나타내지만 그것을 명확히 제시하기 어려운 경우가 있다. 주로 소의 부위 명칭을 이르는 어휘,21) 건축 용어,22) 의상 용어,23) 동물(특히 곤충)과 식물의 이름24) 등이다.

다. 소결론 : 한국어 [머리]장의 의미 분화

1. 한국어의 [머리]장은 {머리}라는 어휘로 실현된다.
2. [머리]장은 {머리}의 1차 분화를 통해 [두발], [사람], [지능], [공간], [시간], [수]의 하위장을 형성하며, [공간]장은 다시 [상부], [전방], [근처]의 하위장으로, [시간]장은 [시초], [무렵], [동안]의 하위장을 형성한다.
3. [머리]장은 다른 형태와의 결합을 통해 2차 분화하여 여러 하위장을 형성한다.

갈머리 · 결머리([비속]).

3) [혈통]에 속하는 어휘와 결합하여 분화하는 경우 : 씨알머리([비속])

21) 양지머리①(가슴에 붙은 뼈와 살), 합살머리(소의 벌집에 붙은 고기), 개씹머리(소의 위에 붙은 고기), 광대머리(소의 처녑에 얼러붙은 고기), 깃머리(소의 위에 붙은 좁고 두꺼운 고기), 고들개머리(처녑의 고들개가 붙은 두툼한 부분) 등.

22) 장구머리(보, 도리, 평상 따위에 그리는 단청), 방성머리(단청에서 보 · 도리 · 평상에 그리는 무늬).

23) 까마귀머리 : 남자의 한복 바지나 고의에서, 사폭과 허리에 댄 부분.

24) 머리대장, 머리먼지벌레, 머리왕거미, 머리방동사니(파피루스) 등. 대개 동물, 식물명은 그 외형에 따라 명명하는 경우가 많은데, 이 경우도 '머리'의 모양과 관련이 있을 가능성이 많다. 이런 명칭을 갖는 곤충들은 대개 몸집에 비해 머리가 크다는 공통점이 있다.

4. 첫 번째 유형은 다른 형태와 결합하더라도 {머리}가 원의미인 <頭部>의 의미를 그대로 유지하는 것이다. 이때 {머리}와 형태 결합을 하는 요소들은 '행위, 위치, 상태, 사물, 동물, 방향, 신체부위, 모양, 비속'의 의미 영역에 속하는 형태들이다. 이때에도 {머리}는 신체 부위로서 <頭部>의 의미를 그대로 유지한다.
5. 두 번째 유형은 {머리}가 의미 분화하여 새로 획득된 의미를 유지하면서 다른 형태와 결합하는 것이다.
   1) [두발]장은 {머리}가 <頭部>에서 <頭髮>과 <가발>의 의미로 분화한 후, 여기에 다른 형태가 결합하는데, 이때 {머리}는 <頭髮> 및 <가발>의 의미를 유지하면서 새로 결합된 형태에 의해 보다 세분된 의미로 분화된다.
   2) [공간]장은 {머리}가 '장소, 사물, 동물, 위치' 등을 나타내는 형태와 결합하여 형성된 어휘로 구성된다. 여기에서는 새로운 형태와 결합하면서 {머리}가 신체 부위로서의 의미가 아니라 '공간'으로 포섭되는 다양한 의미로 분화하는데, 그것은 <상부>, <측면>, <근처>, <전면>, <말단/하단>, <방향>, <후미> 등이다. 이러한 의미들은 신체 부위인 머리가 신체 부위에서 차지하는 위치에서 유추된 것으로 판단된다. 머리가 신체 부위에서 가장 상단에 위치하기 때문에 관점에 따라 <끝>, <말단>, <하단>, <후미> 등의 의미 유추가 가능한 것이라고 본다.
   3) [시간]장에서 {머리}는 '사물, 순서, 현상, 사람, 상태' 등을 나타내는 형태와 결합하여 새로운 어휘를 생성하는데, 이들과 결합한 {머리}는 <시초>, <종결>, <대강>, <무렵> 등의 의미를 나타낸다. 이는 {머리}의 1차 분화와 크게 다르지 않다.
   4) [핵심/단서]장은 {머리}가 '사물, 현상, 위치, 상태'를 나타내는 형태와 결합하여 형성된다. 여기에서 {머리}는 가장 중요한 것, 즉 <핵심>, <단서>의 의미를 갖는다. 이것은 신체 부위에서 머리가 갖는 중요성에서 유추된 것이라고 판단된다.
   5) [사람]장에서 {머리}는 '사람' 자체를 나타낸다.
   6) [지능]장의 {머리}는 <지능>의 의미를 나타낸다.
   7) [數]장에서 {머리}는 {돈}과 결합하여 <액수> 등의 의미를 갖는

데, 이는 1차 분화에서 {머리}가 <수>의 의미로 분화한 것과 같다. 다만, 여기에서는 의미를 보다 확실하게 하기 위하여 구체적으로 {돈}과 결합한 것으로 보인다.

6. 이상의 논의를 종합적으로 정리하면, [머리]장은 '구체'와 '추상'의 영역으로 구분할 수 있다. [두부], [두발], [공간], [사람], [수] 등은 '구체' 영역에, [시간], [지능], [핵심/단서]는 '추상' 영역에 속한다고 하겠다. 이들은 그 구체성과 추상성의 일정 정도의 정도 차이를 갖는다고 판단된다. 즉, [두부]에서 [핵심/단서]까지의 변화는 추상화의 정도 차이가 있는 것이다.

머리							
구체적 대상					추상적 개념		
頭部	두발	공간	사람	수	시간	지능	핵심/단서

<그림 12> 한국어 [머리]장의 의미 영역

2.1.2. **중국어 [頭]장의 분화**

현대 중국어에서 한국어 {머리}에 해당되는 단어는 {頭}, {首}, {腦}, {頁} 등이 있다. 이 중에서 {頭}가 가장 활발한 분화 과정을 보이며 다양한 함의를 유지하고 있기 때문에 우리의 연구 대상으로 선정하였다.

{首}는 <머리>의 의미를 유지하고 있으나 가장 중심적으로 쓰이는 의미는 <최고>, <처음>, <시작>의 의미로 특수화되어 있으므로 한국어 등 다른 언어의 [머리]장과 대조하기 어렵다.[25] <뇌>의 의미로 특정된 {腦}, <페이지>의 의미로 특정된 <頁>이 배제되는 것도 같은 이유에서이다.

이 글에서는 중국어 어휘 중에서 <머리>의 의미를 가지고 있는 대표적인 단어, {头} 및 {头}와 결합하여 조어(造语)된 어휘를 분석 대상으로

25) 首报(동; 제일 먼저 출원하다. 맨 먼저 신고하다), 首本(명; 장기. 특기. 가능 능한 재주), 首播(동; 방송국의 새 프로그램을 처음으로 방송하다. 首场(명; 운동경기, 문예 연출 등의 첫 번째 장), 首倡(동; (새로운 것을) 처음으로 제창하다)

삼고자 한다. 왜냐하면 단음절 형태소라는 특성으로 인하여 고대 한어에서 현대 한어로 넘어오면서, 중국어 어휘의 약 90% 이상은 두 개 이상의 글자가 결합하여 만들어진 다음절어(多音節語)가 되었다. 따라서 {頭}가 각각 다른 글자와 결합하여 만들어진 다음절사(多音節詞)를 함께 분석하는 것이 중국어 안에서의 <머리>라는 의미의 어휘가 어떻게 분화되었는가를 살펴보는 좋은 사례가 될 수 있다고 판단되기 때문이다.

가. 의미의 다의화

『中華字海』에서는 '頭'의 뜻으로 다음의 10가지를 제시하고 있다.[26]

1. 사람이나 동물의 눈, 귀, 입, 코 등의 기관이 자라있는 부분 (人或動物身上長着眼,耳,口,鼻等器官的部分)
2. 머리카락이나 머리털을 지칭(指頭發或發式)
3. 꼭대기(頂端)
4. 사물의 시작점(事物的起点)
5. 한 끝(某一邊)
6. 사물의 남은 부분(物品的殘餘部分)[27]
7. 우두머리(首領, 帶頭的人)
8. 첫 번째(第一)
9. 수수료 혹은 흥정값(買賣中抽的回扣)
10. 양사) 소, 양 등의 동물과 마늘, 일의 차수 등을 세는 단위 (計算牛羊等畜生和蒜以及次數等數量的單位)

이를 정리하면 다음과 같다.[28)]

26) 冷玉龍·韋一心 主編『中華字海』(上·下), 北京;中國友誼出版公司, 2000년, 1370쪽
27) 煙頭(담배꽁초), 鉛筆頭(연필꽁다리)
28) 한국어와 비교하여, 중국어 {頭}의 의미 분화 양상의 특징은 [지능] 영역에 해당하는 어휘가 거의 없다는 것이다. 현대 중국어에서 [지능]의 의미 범주에 속하는 단어는 {頭腦}뿐이다. 그러니까 중국어에서 [지능]의 의미는 형태 결합을 통해서 드러난다는 특징이 있다고 하겠다.

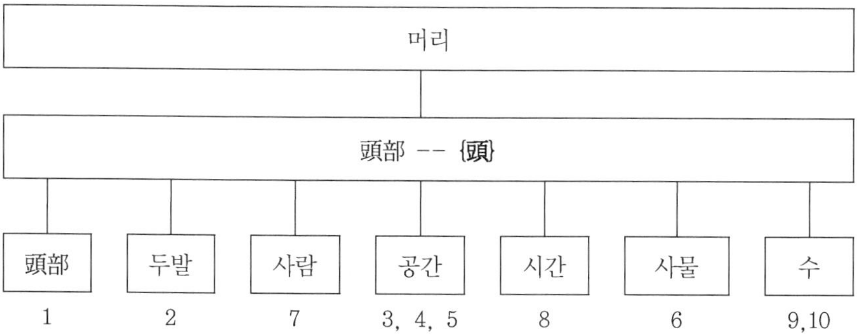

<그림 11> [頭]의 의미 분화

현대 중국어에서는 {頭}가 단독적인 어휘로 쓰이지 않기 때문에 이러한 의미는 곧 형태 결합을 통하여 실현된다는 특징이 있다. 따라서 중국어는 한국어보다 더욱더 형태 결합 양상을 살피는 것이 중요한 일이 된다.

나. 형태 결합(합성과 파생)

1) {头}의 중심 의미 : 동물의 <頭部>

한국어와 마찬가지로, 이 글에서는 사람의 '头部'에서 동물의 '头部'로 의미가 확대된 것으로 보지는 않는다. 즉 동일한 신체 부위를 지칭한다는 점을 중시하여 이를 의미의 분화로 보지 않고, {头}의 중심 의미로 본다.

이 유형의 어휘들은 다른 글자와 결합하여 새로운 의미의 단어로 쓰이지만, 본래의 <머리>라는 의미는 그대로 유지한다. 즉 {头盖帽}는 <가발>이라는 의미이지만, 이 단어를 이루는 개별 汉字의 의미로써 풀어보면 이 단어는 <머리를 덮는 모자>라는 뜻으로, 이때의 {头}는 여전히 <머리>라는 뜻을 지니고 있는 것이다.

이 유형에 속하는 단어들을 예로 들면 다음과 같다.[29]

29) 각 단어의 상세한 의미 제시는 생략하기로 한다.

頭风 / 頭盖帽 / 頭昏 / 頭昏目眩 / 頭昏脑闷 / 頭昏脑胀 / 頭昏眼花 / 頭火 / 頭壳 / 頭朦眼黑 / 頭脑壳 / 頭破血流 / 頭齐脚不齐 / 頭如捣蒜 / 頭上脚下 / 頭数 / 頭套车 / 頭疼 / 頭疼脑热 / 頭尾 / 頭胸部 / 頭影 / 頭晕 / 頭晕眼花 / 頭重脚轻 / 頭足动物 / 頭足异处 / 頭布 / 頭带 / 頭挡(儿) / 頭灯 / 頭盖 / 頭盖骨 / 頭盔 / 頭上长角 / 頭皮 / 頭皮屑 / 頭像 / 頭落地 / 頭垢 / 頭骨 / 頭屑 / 頭囟儿 / 頭巾 / 頭足倒置

그런데 여기에서 논의해야 할 것은 {頭}가 <頭髮>의 의미로 분화한 것으로 보이는 몇 개의 단어들이다. {头}는 {髮}과 결합하여 <頭髮(머리카락)>이란 의미로 쓰이며, {头髮}은 또 다른 글자(혹은 단어)들과 결합하여 <頭髮(머리카락)>을 장식하는 각종 의미를 지닌다. 예를 들면 다음과 같다.

頭髮夹子 : 머리핀
頭髮帘儿 : 부녀 혹은 아이들이 앞이마에 가지런하게 늘어뜨린 짧은 앞머리.
頭髮绺 : 딴머리. 다리.
头毛 : 머리털

여기에서 {頭髮}은 {頭毛}와 마찬가지로 <머리에 난 털>, 즉 <頭髮(머리카락)>을 의미한다. 그러므로 <털>의 의미는 각각 {髮}과 {毛}에 있다고 보이므로 {頭}는 원의미를 유지하고 있는 것으로 보아야 한다. 따라서 위의 어휘는 <頭髮>의 의미를 가짐에도 불구하고 다음에 살피는 [두발] 항목에서는 제외된다.

2) {头}의 의미 분화 : 적용 대상의 확대

앞서 언급한 것처럼 특정 신체어가 의미 영역을 확대해 갈 때는 신체의 외형, 기능, 위치, 성질 등의 유사성과 인접성으로 인하여 '구체 > 추상'의 방향을 띠게 된다.

(1) [두발] : 인접성에 의한 분화

{头}는 다른 글자들과 결합하여 <頭髮>이라는 의미로 쓰인다. 예를 들

면 다음과 같다.

頭卡(子) : (머리카락을 감는) 클립.
頭如蓬葆 : 머리가 흐트러져 더부룩하다.
頭繩 : 머리를 묶거나 땋는데 쓰는 끈. 댕기. 리본. 털실
頭式 : 헤어스타일
頭油 : 머릿기름
頭花 : 머리를 장식하는 꽃 모양의 장식품. 꽃 장식이 있는 비녀.
頭面 : 옛날, (부녀자들의) 머리 장식품의 총칭.
頭泥 : 머리의 때
頭帕 : 스카프
頭飾 : 머리장식품
頭套 : (배우가 분장할 때 쓰는) 가발. 탈.

이때의 {头}는 모두 <머리(頭部)>가 아닌 <頭髮(머리카락)>의 의미로 쓰였다.

(2) [**사람**] : **유사성에 의한 분화**

{头}는 <단체의 우두머리>, <대표>라는 뜻으로도 쓰인다. 예를 들면 다음과 같다.

头把手 : 제1인자
头柜 : 총지배인. 주인
头领 : 두령. 수령. 우두머리.
头头儿 : 두목. 우두머리. 장. 대장
头灶 : 주방장
头名 : 수석. 일등
头目人(儿) : 리더. 우두머리. 수령
头大 : 맨 처음 태어난. 맏이인
头佬 : 직공장. 십장. 감독
头人 : (옛날, 중국 일부 소수민족의) 수령. 추장
头家 : 노름판의 주인. 고용주
头子 : 우두머리. 보스. 두뇌. 머리
头目 : 두목. 수령
头行人(儿) : 앞장선(솔선수범하는) 사람.

(3) [**공간**] : **유사성에 의한 분화**

{头}는 <앞(전면)>이라는 의미로 쓰여 다른 글자와 결합하기도 한다. 예를 들어, {头版}은 신문의 제1면이라는 뜻이며, 이때의 {头}는 <맨 앞>이라는 공간을 의미한다. 다른 예를 들면 다음과 같다.

頭版頭條 : (신문의) 1면 톱. 톱기사. 중요한 지위(위치)

頭手消息 : 톱뉴스

頭條新聞 : 톱뉴스

頭行 : 제1행. 첫줄. 필두. 제1등. 특별히 훌륭한 것. 절차. 계획.

頭門 : (관부나 큰 저택의)정문. 제일 바깥문.

頭牌 : 옛날, 극을 공연할 때에 연기자의 이름을 팻말에 써서 걸어 놓는데, 그 중 맨 앞에 걸어 놓은 팻말

頭儿 : 기점. 시작. 정상. 절정. 정점. 끝. 결국. 결말.

頭達 : 옛날, 관리가 출행(出行)할 때 앞에 세우는 의장(儀狀)

頭前 : 선두. 앞.

頭里 : 앞. 전방. 전. 이전.

頭儿頂 : 정면으로 부딪치는 것.

{头}는 또한 동물 중에서 가장 <앞>에 있는 것을 지칭하기도 하는데, 이때의 {头}는 역시 <맨 앞>이라는 의미이다. 예를 들면 다음과 같다.

头马 : 우두머리 말. 선두에 서는 말.

头牛 : (소 떼를 인도해 가는)선두 소. 우두머리 소.

头雁 : (기러기 떼를 인도해 가는) 선두 기러기.

头羊 : 선두 양. 우두머리 양.

또한 {头}는 구체적인 공간 외에 추상적 공간에서의 <첫 번째>라는 의미를 나타내기도 한다. 예를 들어 {头顶头}는 <최상급(의)>, <최고(의)>라는 뜻이며, 이때의 {头}는 추상적인 공간에서 <가장 위(상부)>에 있다는 의미를 나타낸다. 다른 예를 들면 다음과 같다.

头贡 : (백설탕의) 최고급품(최상등품)

头挑 : 특별히 고른 상급품

头路货 : 일등품. 최고품.

头头脑脑 : 지도(자)급. 수뇌급.

头筹 : 1등(상)　　头等 : 제1등(의). 최상(의)
头奖 : (추첨, 제비뽑기 따위의) 일등상　头号① : 최대(의). 가장 좋은.
头彩 : 1등 추첨. 복권의 1등상

(4) [**시간**]

{头}는 [시간]의 뜻으로도 많이 쓰인다. 예를 들어 {头桌饭}은 <신혼부부가 최초로 마주앉아 하는 식사>라는 뜻이며, 이때의 {头}는 <첫 번째>라는 뜻이다. 즉, 순서상 <처음>의 의미를 갖는 것이다. 다른 예를 들면 다음과 같다.

头班车 : 첫차　　头次 : 첫 번. 제1회
头档 : (자동차의) 1단 기어　　头道 : 첫 번째
头茬 : 첫 그루. (그 해의) 첫 번째 작물
头份儿 : 첫 번째 배당이나 포상
头更 : 초경(初更)　　头婚 : 초혼(初婚)
头伏 : 초복(初伏)　　头关 : 제1의 관문. 첫 번째 난관
头号② : 첫째(의)　　头煎 : 초탕(初汤)한
头轮(儿) : (순번의)맨 처음. (영화의) 개봉
头罗 : (밀가루 따위를) 첫 번째로 체질한
头麻 : 맨 처음 벤 삼　　头年① : 첫해. 최초의 해
头难 : 처음이 어렵다　　头批 : 제1군. 제1조
头七 : 丧하고 첫 번째 7일째 되는 날　头秋 : 추수할 무렵. 초추
头儿上 : 처음. 최초
头三抢儿 : 최초의 역할. 처음 임무. 최초의 응대
头生 : 초산하다. 첫아기. 첫 번째 낳은. 초산의
头胎(儿) : 초산. 첫 번째 아기
头趟车 : 첫차　　头天① : 첫날
头遭 : 제1회. 첫 번째
头注 : 도박에서 맨 처음 거는 돈(수)
头球 : (축구에서) 처음 패스된 공
头通(儿) : (연극에서 흥을 돋우려고 연주하는) 첫 음악
头先 : 처음(에), 최초(로). 앞, 전면. 방금, 갓
头阵 : 첫 번째 교전. 첫 싸움. 일의 시작

이 밖에 지나간 '시간', '먼저' 등을 뜻하기도 하는데 [공간] 영역에 속한 <앞(前)>의미가 추상화하여 [시간] 영역의 의미를 갖게 된 것으로 판단된다.

头天② : 전날. 어제
头年② : 지난해. 작년
头槎 : 전회(전회). 먼젓번
头脚 : 먼저(...하다)
头半天(儿) : 오전
头晌 : 오전
头妻 : 본처의 구칭. 전처

(5) [**핵심/단서**]

头角 : 실마리. 단서. 두각.
头路 : 실마리. 단서. 가리마. 방법. 요령. 직업. 일. 제1급(의). 최상(의)
头向 : 실마리. 단서. 방법. 근거
头项 : 실마리. 단서. 방법. 근거. 장래성
头绪 : 두서. 단서. 실마리. 갈피. 사물의 모양. 사정

(6) [**수**]

{头}는 <돈의 액수> 등의 의미로도 쓰인다. 예를 들어 {头钱}은 <개평>, <노름판의 꽁지돈>, <수수료> 등의 뜻으로 쓰이며, 이때의 {头}는 <돈>의 의미이다. 예를 들면 다음과 같다.

头寸 : 은행의 지급 준비금. 옛날, 은행이나 금융기관이 보유하고 있던 자금
头儿钱 : 개평. 노름판의 공제금
头水(儿) : 커미션. 수수료

다. 소결론 : 중국어 [頭]장의 의미 분화

1. 중국어 {頭}의 의미 분화 양상은 한국어 {머리}의 그것과 크게 다르지 않다. 즉, {머리}와 {頭}는 다양한 의미로 분화함으로써 다의어로 기능하고 있는 것이다. 다만, 한국어는 형태 변화 없이 1차 분화가 이루

어지는 데 비하여, 현대 중국어는 고전 중국어와 달리 형태 결합을 통해서 이러한 다의화가 이루어진다는 특징이 있다. 이것은 중국어의 형태적 특징에 해당하며, 좁게는 현대 중국어의 특징이 된다. 그러나 이것 역시 고전 중국어에서 현대 중국어로 변해 오는 과정에서 단음절어가 급격히 사라지고 형태 결합을 통해서 예전의 다의적 의미를 구체화하는 방향으로 발전했다고 보면, 고전 중국어 단계에서는 {頭}가 한국어와 같은 다의화 과정을 겪은 것이라고 볼 수 있으므로 그다지 유의미한 현상은 아니라고 할 것이다. 이런 의미에서 현대 중국어에는 1차 분화가 없다고 할 수 있다.30)

2. 여러 개의 형태가 결합하여 형성된 중국어 어휘를 그 구성소로 분석하여 의미를 추출해 보면, 2차 분화 결과 중국어의 {頭}는 [두발], [사람], [공간], [시간], [핵심/단서], [수]의 하위장을 형성한다. 이는 한국어와 크게 다르지 않지만, 한국어에서는 [頭部]의 의미에서 <지능>의 의미가 분화되는 데 비하여 중국어에서는 그러한 분화가 거의 없다는 점이 특기할 만하다.

3. 형태 결합을 통하여 의미가 2차 분화를 하는 경우에, 한국어와 중국어는 대체로 비슷한 분화 양상을 보인다. 물론, 세부적인 면에서는 약간의 차이가 있는 것은 사실이다. 한국어에서는 [두발], [공간] 영역으로의 분화가 활발한 반면, [시간] 영역으로의 분화는 상대적으로 빈약하다. 이에 비하여 중국어의 경우에는 [시간] 영역으로의 분화 역시 활발한 양상을 보인다. 또, [사람] 영역 역시 한국어에 비하여 중국어는 좀 더 세부적으로 분화하는 것으로 보인다. 이러한 현상이 의미론적으로, 또는 언어철학적으로 무엇을 의미하는지는 검토해 보아야 할 대상이 될 것이다.

4. 한국어의 {머리}는 다른 어휘와 결합할 때 그 위치가 비교적 자유로운 데 비하여, 중국어는 거의 대부분 다른 어휘에 앞선 자리에 위치한다는 점이 다르다. 앞의 예에서 보듯이, {頭}가 다른 어휘의 뒤에 결합하는 경우는 거의 없다. 한국어에서는 위치의 차이에 따라 {머리}의 원의미가 강하게 인식되기도 하고, 덜 인식되기도 한다. 주로 앞에 결합할 때

30) 현대 중국어에서 {頭}가 결합한 어휘는 고전 중국어의 관점에서 본다면 대개 문장이나 구 단위에 해당한다. 그러므로 중국어 자체가 기원적으로 1차 분화가 없다고 단정하는 것은 무리이다. 우리가 논의의 대상으로 삼은 것이 현대 중국어이므로 이러한 의견을 제시할 수 있는 것이다.

<頭部>라는 원의미가 보다 강하게 인식된다. 이 점은 한국어 어휘의 구조에 대한 천착이 필요한 부분이기도 하다. 그런데 중국어의 경우에는 거의 모든 경우에 {頭}가 다른 어휘에 앞서는 구조를 보여준다. 물론, {頭}가 다른 어휘의 뒤에 결합하는 경우도 있지만 그러한 어휘의 수는 매우 적다. 이러한 현상에 대해서도 보다 세밀하게 고찰해 보아야 할 것이다.

5. 중국어의 [頭]장은 한국어와 마찬가지로 '구체'와 '추상'의 영역으로 구분된다. [두부], [두발], [공간], [사람], [수] 등은 '구체' 영역에, [시간], [핵심/단서]는 '추상' 영역에 속한다고 하겠다.

머리						
구체적 대상					추상적 개념	
頭部	두발	공간	사람	수	시간	핵심/단서

<그림 14> 중국어 [머리]장의 의미 영역

2.1.3. **범어(梵語) [śiras(머리)]場의 분화**

범어에서 <머리>의 의미를 갖는 요소는 {√ *śiras*}[31]이다. {√ *śiras*}는 다른 형태와 결합하여 어휘를 구성하는 어근(語根; root)이다. 따라서 범어에는 한국어에서 보이는 '어휘의 1차 분화'가 나타나지 않는다. 앞서 살핀 한국어의 경우에는 어휘 자체로 의미 분화가 이루어지기도 하고, 다른 형태와 결합하여 새로운 의미를 갖게 되기도 하나,[32] 범어는 어근이 다른 형태와 결합해야만 어휘가 된다. 이는 범어가 갖는 어휘적 특징이기도 하다. 다만, 어휘를 그 구성 요소(어근과 또 다른 구성소)로 분석

31) '√ '는 어근을 표시하는 기호이다. 범어의 어근을 제시할 때 이 기호로써 나타내야 하나 이 글에서는 번거로움을 피하기 위해 앞으로는 이 기호를 생략하기로 한다.

32) 이 글에서는 앞의 경우를 1차 분화, 뒤의 경우를 2차 분화라고 명명하여 사용하고 있다.

해 보면, 어근의 의미가 원의미에서 달라지는 것을 볼 수는 있다. 예를 들어, {sainyaśiras}은 <군대의 선봉>이라는 뜻을 가지는데, 이것을 분석하면 {sainy}<군대>와 {śiras}<선봉, 앞>로 나눌 수 있다. 여기에서 {śiras}가 <머리>의 의미에서 <앞>의 의미로 분화된 것임을 확인하게 된다. 이와 같은 현상은 한국어의 1차 분화와 유사한 양상이라고 볼 수 있다. 그러나 근본적으로 {śiras}가 단독으로 쓰이는 일이 없으므로 한국어와 같은 어휘의 1차 분화로 다룰 수는 없는 일이다. 이러한 의미는 어휘소의 결합 과정에서 분화되는 의미로 보아야 할 것이다.

가. 형태 결합

1) {śiras}의 중심 의미 : 동물의 <頭部>

① [동물]과 결합[33]

aśvaśiras : 말(aśva)의 머리 → 말의 머리를 한 사람이나 신

gajaśiras : 코끼리(gaja) 머리를 가진 → 스칸다(Skanda)의 시종인 신 다나바(Danava)

paśuśiras : 동물(paśu)의 머리

puruṣaśiras : 인간(puruṣa)의 머리

śaṅkhaśirṣa : 신화적인 코끼리(śaṅkha) 머리 → 뱀 악마

brahmaśiras : brahma의 머리(브라흐마신의 머리) → 신화적인 무기

manuṣyaśiras : 사람(manuṣya) 머리를 가진 수중 생물

śakraśiras : 인드라 신(śakra)의 머리

② [상태]와 결합

ardhaśiras : 반쪽(ardha) 머리

citraśiras : 얼룩무늬(citra) 머리를 가진 독충

mahāśiras : 큰(māha) 머리를 한 → ① 큰 머리를 한, ② 뱀의 일종, ③ 다나바

medaśiras : 살찐(meda) 머리 → 고유명사(왕)

aśiras : 부정(a)-머리 → 머리가 없는 동물(신화적)

---

33) 이것은 어근 {śiras}가 동물이나 인간, 신과 결합하여 그러한 동물(인간, 신)의 머리라는 뜻을 갖는 경우이다.

jihmaśiras : 비스듬한(jihma) 머리를 가진

muṇḍitaśiras : 벗겨진(muṇḍita) 머리(대머리)를 가진

pṛthuśiras : 넓은/평평한(pṛthu) 머리를 가진

sthūlaśiras : 큰(sthūla) 머리

sūkṣmaśiras : 작은(sūkṣma) 머리 → 작은 머리, 지능이 낮은(불교도의 별칭)[34)]

uccaiśiras : 높이 드는(uccais) 머리(머리를 높이 드는 사람) → 상류층

śaṅkuśiras : 뾰족한(śaṅku) 머리를 가진 것 → 아수라(Asura)

③ [수]와 결합

daśaśiras : 열(daśa) 개의 머리를 가진 → 라바나(Ravana)신

dviśiras : 두 개(dvi)의 머리를 가진

sahasraśiras : 천 개(sahasra)의 머리를 가진

saptaśiras : 일곱(sapta)를 가진 신화적인 뱀

④ [사물]과 결합

gaḍuśiras : 혹(gaḍu)이 있는 머리 → 머리에 혹 또는 사마귀가 난 사람

kholaśiras : 모자(khola)를 쓴 머리(관(冠)을 쓴 불상을 비치한)

yavaśiras : 보리(yava) 머리를 한(보리와 같은 형태의 머리를 가진)

ayasirṣan : 쇠(ayas)와 같은 머리 → 쇠와 같이 단단한 머리를 가진 사람

⑤ [신체 부위]와 결합

hastiśiras : 손을 가진(hasti) 머리 → 코끼리의 머리(코가 손에 비유됨)

kapālaśiras : 해골(kapāla) 머리를 한(머리에 해골을 가진 것) → 쉬바신

āśirapadam : 머리부터 발(pada)끝까지 → 온몸[35)]

⑥ [공간]과 결합

svaḥśiras : 하늘(svar) 머리 → 하늘을 머리로 가진 사람

abhraśiras : 하늘(abhra)로 만들어진 머리(신화적 용법)

⑦ [방향]과 결합

adhaśiras : 아래(adha)를 향한 머리(머리가 아래로 향한) → 지옥

⑧ [행위]와 결합

aśirasnāna : 머리를 제외한 목욕[36)]

---

34) 여기에서 {śiras}는 지능으로 분화한 것으로 볼 수 있지만, 이러한 의미는 <작은 머리>가 은유적으로 쓰인 것으로 보아야 할 것이다.

35) 접두사(ā, from)-머리(śira)-발(pada)

36) a(부정접두어)-śiraḥ(머리)-snāna(목욕)

범어 {śiras}는 원의미인 <頭部>로 쓰이는 경우가 대부분이다. 이것은 다시 말해 {śiras}가 의미 분화를 많이 겪지 않았다는 것을 뜻한다. 위에서 살펴 본 바와 같이, {śiras}는 '동물, 상태, 사물, 수, 신체 부위, 공간, 방향, 행위'를 나타내는 말들과 결합하여 새로운 의미를 생산해 내는데, 그 의미는 <~하는 머리>로서 원의미를 유지하고 있다. 그런데 여기에서 특이한 것은 이 결합형들이 원래의 구성소가 가진 의미대로 쓰이는 것이 아니라 전혀 새로운 의미로 쓰이는 것이 많다는 점이다. 예를 들어, {aśvaśiras}는 <말의 머리>라는 의미이지만 '말의 머리를 한 사람이나 신'을 가리키고, {gajaśiras}는 <코끼리의 머리를 가진>이라는 뜻이지만 '다나바' 신을 가리키는 어휘로 사용되고 있다. 이는 일종의 환유(換喩) 기제가 적용된 경우인데, 가리키는 대상의 특징에 따라 의미의 적용이 이루어지고 있는 것이다. 이런 어휘가 상당히 많은 것이 범어의 특징이다.

2) [**頭髮**]

suvarṇaśiras : 금빛(suvarṇa) 머리를 가진 사람
apaśiras : 사라진(apa) 머리(머리가 없는; 대머리)
gauraśiras : 하얀(gaura) 머리 → 하얀 머리를 가진 사람(성인(Muni)

<두발>의 의미를 가진 어휘는 범어에서 그다지 많지 않다. 인접성에 의한 전이가 활발히 이루어지지 않는 것이 또한 범어에서 보이는 특징이다.

3) [**공간**]

① [말단/돌출부]

aṃhriśiras : 발(aṃhri)의 끝부분[37)]
skandhaśiras : 어깨(skandha)의 끝부분[38)]
kaṭiśīrṣaka : 돌출된 엉덩이(kaṭi)[39)]
atharvaṇaśiras : śiva(atharvaṇa)의 끝부분[40)] → 핵심

37) 발목에서 뒤꿈치에 해당하는 발의 끝부분
38) 어깨뼈나 견갑골(肩胛骨)을 뜻하기도 한다.
39) 엉덩이(kaṭi)-머리-접미사 : 머리와 같이 돌출된 엉덩이
40) 아타르와 문헌들의 끝부분, 즉 아타르와 베다 계열의 문헌들 중에서 가장 중요

② [전방(앞)]

bhujaśiras : 팔(bhuja)의 앞부분 → 어깨

gayaśiras : Gaya(지명)의 앞 → 가야(Gaya)라는 도시의 앞에 있는 산

jānuśiras : 무릎(jānu)의 앞부분 → 슬개골(膝蓋骨)

koṭaśiras : 성채 · 성벽(koṭa)의 난간

rathaśiras : 전차(ratha)의 앞부분

raṇaśiras : 전투(raṇa)의 선봉

sainyaśiras : 군대(sainy)의 선봉

saṃgrāmaśiras : 전투(saṃgrāma)의 선봉

śrutiśiras : śruti의 앞부분(머릿말)[41)]

ājiśiras : 전투(āji)의 앞부분

manovedaśiras : 마음(mano)과 지식(veda)의 운율[42)]

anuṣṭupśiras : 아누스투브(anuṣṭubh) 운율

nātha-śīrṣa : 도움(나타, nātha) 운율

③ [상부(위)]

chattrākāraśiras : 양산(chatra)의 뾰족한(ākāra) 윗부분 → 버섯[43)]

kūrcaśiras : 손·발 등 신체부위(kūrca)의 윗부분

범어에서는 {śiras}가 [공간] 영역으로 분화하는 어휘가 상대적으로 많은 편이다. 이 영역에서 {śiras}는 주로 <말단/돌출부>, <전방>, <상부>의 의미로 분화되는데, 특히 <전방>의 의미에 해당하는 어휘가 많은 것이 특징적이다.

4) 기타의 경우

① [지능]

suśiras : 좋은(su) 머리(머리가 좋은 사람)

한 우파니샤드 문헌류

41) 베다의 앞부분, 베다의 머릿말

42) 아래의 세 어휘는 {śiras}가 <운율>의 의미로 쓰이는 경우인데, 범어에서 시의 앞부분에 각각의 운율의 특징이 나타나기 때문에 <머리>의 의미를 가진 {śiras}가 <운율>의 의미로 쓰이는 듯하다. 이것은 위치상의 유사성으로 인해 <앞>의 의미가 <운율>의 의미로 유추된 것으로 판단되어 [전방]의 영역에 포함하였다.

43) 양산모양의 윗부분을 가진 것

② [근원]

śīrṣa : 바람(vāta)의 근원

③ [생명]

ubhayaśiras : 두 개(ubhaya)의 생명 → 임산부[44]

이 밖에 {śiras}는 <지능>, <근원>, <생명>의 의미로도 분화되나 위에서 보는 바와 같이 어휘 수가 극히 제한적이다. 이러한 분화를 무시해도 좋을 정도로 어휘 수가 적다.

이상의 내용을 정리하여 도시하면 다음과 같다.[45]

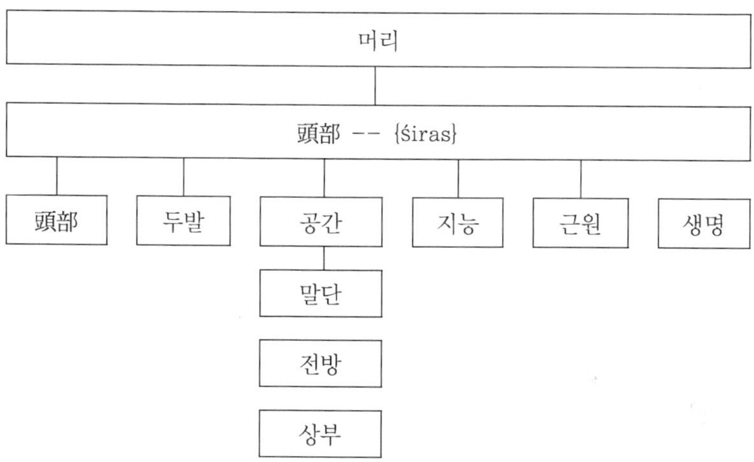

<그림 13> 범어 [머리]장의 2차 분화

나. 소결론 : 범어 [śiras]장의 의미 분화

1. 범어 [śiras]장은 한국어 [머리]장이나 중국어 [頭]장에 비해서 의미 분화의 폭이 넓지 않다.

2. {śiras}는 원의미인 <頭部>의 의미를 그대로 유지하는 경우가 대부

44) 이것은 두 개의 머리, 즉 두 개의 생명을 가진 사람이란 뜻으로 <임산부>를 나타낸다.

45) 형태 결합 양상은 그림에 반영하지 않는다.

분이고, [공간] 영역에서 [말단/돌출부], [전방], [상부]로의 분화가 다른 영역에 비해서 비교적 활발하게 분화하고 있다.

3. [두발] 영역에서도 한국어나 중국어에 비해서 상대적으로 분화가 덜 되었으며, [시간], [사람], [수], [핵심/단서] 등으로의 의미 분화가 나타나지 않는다. [지능], [근원], [생명] 등의 분화가 보이기는 하나 그 수가 너무 적어 유의미한 의미 분화 결과로 보기 어렵다. 이는 구체적 대상을 지칭하는 어휘로는 분화가 되지만 추상적 개념으로의 분화가 이루어지지 않았다는 것을 보여주는 현상이다.

4. 의미 분화를 보이는 전 영역에서 환유 기제가 활발히 작용하고 있으며, 이는 상상의 존재를 구체적 대상을 통해 인지하기 위한 것으로 풀이된다.

5. 범어 [śiras]의 분화는 거의 모두 구체적 대상으로의 분화에 해당하며 추상적 개념으로의 분화는 거의 이루어지지 않는다고 할 수 있다.

머리		
구체적 대상		
頭部	두발	공간

<그림 16> 범어 [머리]장의 의미 영역

2.1.4. **희랍어의** [kephale], [kara]**장의 분화**

희랍어에서 <머리>의 의미로는 주로 {kephale}(κεφαλή)와 {kare}(κάρα)의 두 가지가 쓰인다. {kephale}가 {kare}보다 빈도수가 높으나, 중국어에서 {頭}에 대해 {首}의 의미가 특수화된 것과 같이 {kephale}에 대해 {kara}의 의미가 특수화되어 있는 것이 아니다. 이 두 어휘는 거의 같은 의미로 쓰이는 것으로 보이기 때문에 이들을 한국어의 {머리}에 대응되는 어휘로 판단하고 검토해 보기로 한다. 이 밖에도 {kras}(κρας),[46] {kranion}(κρανίον),[47] {kranos}(κράνος)[48] 등이 있으나 빈도수가 낮고, 쓰

46) 이것은 {kare}의 시적 표현이며, <머리>, <꼭대기>, <끝점>의 의미를 나타낸다.

임이 제한적이어서 이 글에서는 다루지 않기로 한다.

가. 의미의 다의화

희랍어의 [머리]장에서 원어휘소 [머리]의 의미는 {kephale}와 {kara}가 그 영역을 분할하고 있다. 그 각각의 세부적 의미를 보면 다음과 같다.

A. {kephale}(κεφαλή)

1. 신체의 부분으로서의 머리
2. 사람
3. 방향[49]
4. 목숨
5. 식물의 꽃
6. 컵의 가장자리, 벽의 갓돌, 기둥 받침, 강의 기원
7. 기원, 원천
8. 완성
9. 총합
10. 사람들의 무리, phalanx의 오른쪽 절반

B. {kara}(κάρα)

1. 머리
2. 얼굴
3. 꼭대기
4. 컵의 테두리
5. 사람

이를 정리하면 다음과 같다.

---

47) 이것은 <머리>, <머리의 윗부분(두개골)>, <두통>의 의미로 쓰인다.
48) <헬멧>, <배의 衝角>의 의미로 쓰인다.
49) epi kephale(ἐπὶ κεφαλήν; head foremost) : 곤두박이로

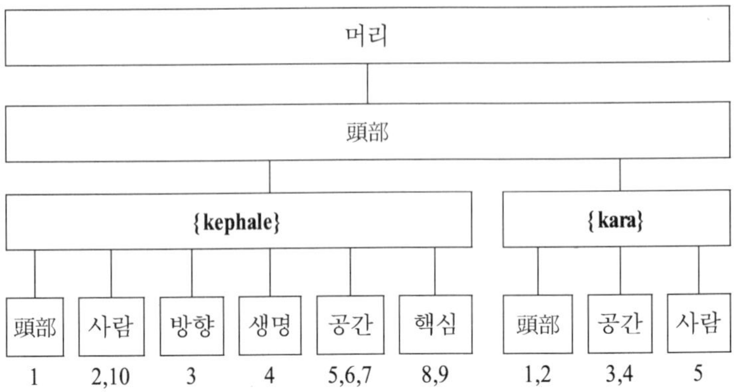

<그림 15> 희랍어 [머리]장의 의미 분화

희랍어의 [머리]장은 <頭部>를 원의미로 하는 {kephale}와 {kara}가 의미 영역을 분할하고 있다. {kephale}는 하위 분화하여 [頭部], [사람], [방향], [생명], [공간], [핵심]의 하위장을 형성하며, {kara}는 [부위], [공간], [사람]의 하위장을 형성한다.

나. 형태 결합(합성과 파생)

1) {kephale}의 분화

<頭部>를 중심 의미로 갖는 {kephale}는 여러 다른 형태들과 결합하여 새로운 어휘를 만들어내는데, 이때 {kephale}는 중심 의미를 유지하기도 하고, 새로운 의미로 분화되기도 한다.

(1) [**頭部**] : {kephale}**의 중심 의미**

① [방향/위치]와 결합

proskephalaion(προσ-κεφάλ-αιον) : 머리를 향해(pros) 있는 → 베개
enkephalos(ἐγ-κέφαλος) : 머리 안에(en) 있는 → 뇌
apokephalismos(ἀπο-κεφαλ-ισμός) : 머리로부터(apo) → 단두(斷頭)
kephaegonos(κεφαλ-ήγο-νος) : 머리로부터 나온(ego; 이끌다)
antikephalos(ἀντι-κέφαλος) : 머리 뒤(anti; 반대편)에
hyperkephalos(ὑπερ-κέφαλος) : 머리 위(hyper)에

parenkephalis(παρ-εγ-κεφαλίς) : 소뇌[50)]

prokephalos(προ-κέφαλος) : 접두사를 가진[51)]

② [동물]과 결합

strouthokephalos(στρουθο-κέφαλος) : 참새(strouthо)의 머리를 한

perikephalaios(περι-κεφάλαιος) : 머리 주위에(peri), 머리를 둘러싸고 있는 → 헬멧

boukephalos(βου-κέφαλος) : 소(bou)머리를 한

aigokephalos(αἰγο-κέφαλος) : 염소(aigo)의 머리를 한 → 올빼미

onokephalos(ὀνο-κέφαλος) : 당나귀(ono) 머리를 가진

echidnokephalos(ἐχιδνο-κέφαλος) : 뱀(echidno) 머리를 한

③ [사물]과 결합

chrysokephalos(χρυσο-κέφαλος} : 황금(chryso)머리

lithokephalos(λιθο-κέφαλος) : 머리에 돌(litho)이 들어간 물고기

kephalodesmos(κεφαλό-δεσμος) : 머리띠[52)]

hydrokephalos(ὑδρο-κέφαλος) : 머리에 물(hydro)이 들어간

sphenokephalos(σφηνο-κέφαλος) : 쐐기(spheno) 같은 머리

kephalotrypanon(κεφαλο-τρύπανον) : 천공기(穿孔機)[53)]

④ [상태]와 결합

kephalalgeo(κεφαλ-αλγέω) : 머리가 아프다(algeo), 두통을 앓다

mikrokephalos(μικρο-κέφαλος) : 머리가 작은(mikro)

megalokephalos(μεγαλο-κέφαλος) : 머리가 큰(megalo)

oxykephalos(ὀξυ-κέφαλος) : 뾰족한(oxy; 날카로운) 머리를 가진

kephalothlastos(κεφαλό-θλαστος) : 머리에 부상을 입은(thlastos)

platykephalos(πλατυ-κέφαλος) : 평평한(platy; 넓은) 머리

orthokephalos(ὀρθο-κέφαλος) : 머리를 꼿꼿이(ortho; 곧은) 세운

isokephalos(ἰσο-κέφαλος) : 같은(iso) 머리를 한

⑤ [수]와 결합

monokephalos(μονο-κέφαλος} : 하나의(mono) 머리를 가진

⑥ [행위]와 결합

---

50) par(옆)-en(내부)-kephalis(머리)

51) pro(앞에)-kephalos(머리)

52) kephalo(머리)-desmos(묶음)

53) kephalo(머리)-trypanon(송곳), <송곳의 머리를 가진 것>의 의미로서 천공기를 뜻한다.

kephalotomeo(κεφαλο-τομέω) : 머리를 자르다(tomeo)

⑦ [머리] 자체

kephalikos①(κεφαλ-ικός) : 머리의

kynokephalos(κυνο-κέφαλος) : 개의(kyno) 머리를 한, 개의 얼굴을 한

akephalos(ἀ-κέφαλος)① : 머리가 없는(a)

방향이나 위치를 뜻하는 형태들과 결합한 {kephale}는 <頭部>의 의미를 유지하는데, 새로 형성된 어휘는 특정 신체 부위를 나타내거나(뇌, 소뇌), 새 어휘의 구성소 그대로의 의미를 유지하는 경우가 대부분이다.

동물이나 사물, 상태, 수를 나타내는 요소와 {kephale}가 결합하여 형성된 새 어휘는 대부분 <머리 모양이 ~한>, <~모양의 머리를 한>이라는 의미를 가지게 된다. 이는 범어의 경우와 유사하다. 다만, 범어의 경우는 환유 기제에 의해 다른 존재나 대상을 나타내는 것이 많지만 희랍어는 그러한 경우가 거의 없다는 점이 다르다.

(2) [공간]

① [말단/끝]

podokephalon(ποδο-κέφαλον) : 양이나 염소의 발(podo) 끝

kephalobares(κεφαλο-βαρής) : 뿌리에 머리를 가진 → 꽃[54)]

kephalorrizos(κεφαλό-ρριζος) : 알뿌리(rrizos)에서 성장하는 머리 → 꽃

= rizokephalos(ριζο-κέφαλος)

② [기원]

akephalos(ἀ-κέφαλος)② : 시작이 없는(a)

{kephale}가 [공간]장에서 사용되는 예는 그리 많지 않다. 여기에서 {kephale}는 <말단>, <기원>의 의미로 분화되고 있다.

---

54) {kephalobares}는 구성 요소의 의미(kephalo(머리)-bares(무거운))로 보면 <무거운 머리>라는 뜻인데, 이것은 <꽃>을 의미한다. 이 말의 사전적 의미는 <뿌리에 달린 머리>이다. 여기에서 {kephalo}는 뿌리 식물의 머리에 해당하는 것이 되므로 꽃의 의미를 갖는다고 할 수 있다. 이를 통해 {kephalo}가 <말단(끝)>이라는 의미로 분화된 것으로 이해할 수 있다. <꽃>은 {kephalo}에서 나오는 것이 아니라 {bares}가 결합된 {kephalobares}가 갖는 의미이기 때문이다.

(3) [**핵심**]

① [총합]

kephalaioma(κεφαλ-αίωμα) : 합계, 총계

synkephalaioo(συγ-κεφαλ-αιόω) : 합계를 내다[55]

② [요점]

kephalaioo(κεφαλ-αιόω) : 요약하다, 일반적으로 성격 짓다

anakephalaiosis(ἀνα-κεφαλ-αίωσις) : 요약[56]

pro-ana-kephal-aiosis [προ-ανα-κεφαλ-αίωσις] (anticipatory summary)

kephalaios(κεφάλ-αιος) : 요점

kephalaiodes(κεφαλ-αιώδης) : 주요한, 요점

epanakephalaiosis(ἐπανα-κεφαλ-αίωσις) : 요점의 반복(epana; 다시)

{kephale}는 <합계>, <요점> 등의 의미로 분화되기도 한다. <합계>와 <요점>은 같은 범주로 분류하는 데에는 이견이 있을 수 있지만 이 글에서는 [핵심]장으로 분류하였다. {synkephalaioo}에서 보듯, <하나의 '머리' 아래 함께 모으다>의 구성소의 결합 의미가 <합계를 내다>라는 의미로 쓰이므로 {kephale}가 '중심, 핵심' 작용을 하는 것으로 판단했기 때문이다.

(4) [**지능**]

baryenkephalos(βαρυ-εγ-κέφαλος) : 우둔한[57]

eukephalos(εὐ-κέφαλος) : 머리가 좋은(eu; 잘)

범어와 마찬가지로 희랍어 {kephale}가 [지능] 영역으로 분화되는 예는 많지 않다.

(5) [**사람**]

kephaledon(κεφαληδόν) : 개인적으로

kephalikos③(κεφαλ-ικός) : 개인에 속한

---

55) syn(함께)-kephalaioo(머리), 이것은 <하나의 '머리' 아래 함께 모으다>라는 의미로서 <합계를 내다>를 뜻한다.

56) ana(위에)-kephalaiosis(머리)

57) bary(무거운)-en(안에)-kephalos(머리)

kephalourgos(κεφαλ-ουργός) : 노동자들의(ourgos; 일하는) 우두머리

이것은 <머리>의 의미를 가진 {kephale}가 <사람>의 의미로 사용된 예들이다.

(6) [**생명**]

kephalikos②(κεφαλ-ικός) : 생명에 관한

여기에서 {kephalikos}는 <목숨>, 즉 <생명>의 의미로 쓰였다.

(7) [**病**]

hemikephalaion(ἡμι-κεφάλαιον) : 편두통

{hemikephalaion}는 {hemi}<절반>와 {kephalaion}<머리>이 결합한 어휘로서 구성소대로라면 <머리의 반쪽>의 의미이다. 그런데 이 어휘는 <편두통>의 의미로 쓰이므로 {kephalaion}은 <머리>의 의미에서 <두통>의 의미로 분화한 것으로 보아야 한다.

2) {kara}**의 분화**

(1) [**頭部**] : {kara}**의 중심 의미**

① [행위]와 결합

karatomeo(καρα-τομέω) : 머리를 자르다(tomeo)

karatomos(καρά-τομος} : 잘린(tomos) 머리

katokara(κατω-κάρα) : 머리를 숙임(kato; 아래로)

karekomoo(καρη-κομόω) : 머리에 머리칼이 붙어 있다, 머리를 길게 기르다[58]

58) 이것은 kare(머리)-komoo(장식하다)의 구성으로, <머리카락이 붙어 있는 것>을 뜻하며 아울러 <머리를 길게 기르는 것>을 의미하기도 한다. 따라서 {kara}의 원의미를 파악하는 것이 쉽지 않은데 '머리에 머리카락이 붙어 있는 것'을 '머리를 장식하다'와 같이 표현했으므로 {kara}는 신체 부위로서 <머리>를 가리키는 것으로 보는 것이 온당할 듯하다.

② [수]와 결합

trikaranos(τρι-κάρανος) : 세 개(tri)의 머리를 가진

dikaranos(δι-κάρα-νος) : 두 개(di)의 머리를 가진

amphikarenos(ἀμφι-κάρηνος) : 두 개(amphi; 양자의)의 머리를 가진

poulykarenos(πουλυ-κάρηνος) : 여러 개(pouly)의 머리를 가진

③ [상태]와 결합

karebareo(καρη-βαρέω) : 머리 안이 무겁다(bareo), 졸리다, 두통을 느끼다

karebarikos(καρη-βαρικός) : 두통을 일으키는(barikos; 무겁다)

oxykarenos(ὀξυ-κάρηνος) : 뾰족한(oxy) 머리를 가진

psdnokarenos(ψεδνο-κάρηνος) : 대머리(머리가 드문(psdno))

karakallon(καρά-καλλον) : 머리장식, 두건[59]

④ [방향/위치]와 결합

enkaros(ἔγ-καρος) : 뇌[60]

⑤ [사물]과 결합

anthokarenos(ἀνθο-κάρηνος) : 화관(antho; 꽃)을 머리에 쓴

여기에서 {kara}는 <頭部>의 의미를 갖는다. {kephale}와 마찬가지로 다른 형태들과 결합하여 새로운 어휘를 형성함으로써 새로운 의미로 분화되고 있으나 {kara}의 원의미인 <頭部>는 변하지 않고 있다.

(2) [두발]

miltokarenos(μιλτο-κάρηνος) : 빨간 머리[61]

xanthokarenos(ξανθο-κάρηνος) 노란(xantho) 머리

oulokarenos(οὐλο-κάρηνος) : 부서지기 쉬운(oulo; 양털 같은) 곱슬머리

{kephale}가 <두발>의 의미로 쓰인 것이 없는 반면, {kara}에서는 <頭部>의 의미에서 <두발>로 분화한 것이 보인다.

---

59) kara(머리)-kallon(아름다움), <머리>의 의미와 <아름다움>의 의미가 결합하여 <머리장식>, <두건>의 의미를 갖게 된다.

60) en(안에)-karos(머리), 구성소의 결합이 머리 안에 있는 것을 뜻하므로 <뇌>의 의미를 갖는다.

61) milto(紅土)-karenos(머리)의 구성으로, <빨간 머리>를 뜻한다. 붉은 흙으로 머리 색깔을 표현하는 것이 이채롭다.

(3) [**공간**]

hypsikarenos(ὑψι-κάρηνος) : 꼭대기[62]

{hypsikarenos}는 <높다>는 의미의 {hypsi}와 <머리>의 의미인 {karenos}가 결합하여 <꼭대기>의 의미로 쓰이는데, 여기에서 어근 {kara}는 [공간] 영역에 속하는 <말단/끝>의 의미로 쓰였다고 보아야 할 것이다. 의미적 구성이 <높은-끝>으로 이루어졌다고 보이기 때문이다. 따라서 이 경우는 <頭部>가 <말단/끝>으로 분화되었다고 할 수 있다.

(4) [**완성**]

karanoo(καρα-νόω) : 완성하다, 성취하다

kephalioo(κεφαλιόω) : 완성하다, 성취하다

이것은 의미 요소를 가진 형태와의 결합 없이 {kara}가 <완성>, <성취>의 의미로 분화한 것이다.

이상의 내용을 정리하여 도시하면 다음과 같다.[63]

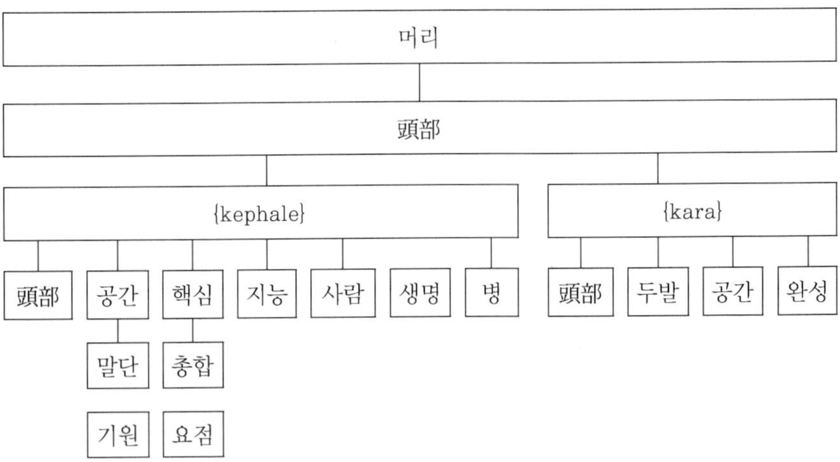

<그림 16> 희랍어 [머리]장의 2차 분화

62) hypsi(높은)-karenos(머리)의 구성으로, <꼭대기>를 뜻한다.

63) 형태 결합 양상은 그림에 반영하지 않는다.

다. 소결론 : 희랍어 [머리]장의 분화 양상

1. 희랍어의 [머리]장은 [kephale]와 [kara]가 의미 영역을 공유하거나 분할하면서 형성하고 있다. [kephale]장에서는 [頭部], [공간], [핵심], [지능], [사람], [병] 등의 하위 분화가 나타나고, [kara]장에서는 [頭部], [두발], [공간], [완성]의 하위 분화가 나타난다.

2. 범어와 마찬가지로 희랍어의 [머리]장은 한국어나 중국어에 비해서 의미 분화의 폭이 넓지 않다.

3. {kephale}와 {kara}는 원의미인 <頭部>의 의미를 그대로 유지하는 경우가 대부분이고, [공간] 영역에서 [말단/돌출부], [기원]으로의 분화가 나타나나 그 빈도는 미약하다.

4. [핵심], [지능], [사람], [병]은 [kephale]장에서만, [두발]은 [kara]에서만 분화가 나타나는데, 한국어나 중국어에 비해서는 상대적으로 어휘 분화의 빈도가 낮다.

5. 범어와 유사하게 희랍어에서는 한국어와 중국어에 보인 [시간], [사람], [수] 등으로의 의미 분화가 나타나지 않는다. [지능], [생명] 등의 분화가 보이기는 하나 그 수가 너무 적어 유의미한 의미 분화 결과로 보기 어렵다. 이는 범어와 마찬가지로 구체적 대상을 지칭하는 어휘로는 분화가 되지만 추상적 개념으로의 분화가 이루어지지 않았다는 것을 보여주는 현상이다.

6. 범어와 마찬가지로 희랍어 [머리]장의 분화는 거의 구체적 대상 영역에서 이루어지며 추상적 개념의 분화도 일부 포착되나 그 어휘 빈도가 극히 낮다.

<table>
<tr><td colspan="9">머리</td></tr>
<tr><td colspan="5">구체적 대상</td><td colspan="4">추상적 개념</td></tr>
<tr><td>頭部</td><td>공간</td><td>사람</td><td>두발</td><td>병</td><td>지능</td><td>생명</td><td>핵심</td><td>완성</td></tr>
</table>

<그림 19> 희랍어 [머리]장의 의미 영역

2.1.5. [머리]장의 어휘 · 의미 분화 양상의 해석

[머리]장의 어휘 · 의미 분화 양상은 언어마다 다르게 나타난다.

언어	머리										
	구체적 대상						추상적 개념				
	頭部	두발	사람	공간	수	병	시간	핵심	지능	생명	완성
한국어	■	■	■	■	■		■	■	■		
중국어	■	■	■	■	■		■	■			
범어	■	■		■							
희랍어	■	■	■	■		■		■	■	■	■

<그림 20> [머리]장의 의미 영역 대조

1) 어휘의 양적인 면에서 볼 때, 한국어와 중국어가 범어나 희랍어에 비해서 월등히 많으며, 의미 분화도 활발하게 이루어진다.

2) 한국어와 중국어에서는 비교적 다양한 의미 영역에 걸쳐 세밀한 의미 분화가 이루어지고 있는 데 비해, 범어와 희랍어에서는 의미 분화가 상대적으로 잘 진행되지 않고 있다. 이것은 한국어와 중국어에서는 해당 언어의 어휘 체계에서 [머리]장이 상대적으로 중요성을 갖는 어휘임을 보여주는 현상이라고 할 수 있다.

3) 한국어 {머리}와 중국어 {頭}의 분화는 세부적 측면에서는 약간의 차이를 보이지만, 전체적인 양상은 크게 다르지 않게 나타난다. 그러나 범어의 {śiras}, 희랍어의 {kephale} · {kara}에서는 추상적 개념 영역으로의 분화가 거의 이루어지지 않았거나 상당히 낮은 빈도를 보이고 있다.

4) 특히, 한국어와 중국어에서 상당히 높은 빈도를 보이는 [시간] 영역으로의 분화가 범어와 희랍어에서는 전혀 나타나지 않는다는 사실이 특기할 만하다.

5) 결론적으로, 한국어와 중국어의 [머리]장은 구체적 대상 영역에서는 물론, 추상적 개념 영역으로의 의미 분화가 잘 진행된 반면, 범어와 희랍어에서는 구체적 대상 영역에서 주로 이루어지는 정도임을 확인할 수 있다.

2.2. [마음]의 어휘 · 의미 분화 양상

2.2에서는 [마음]장의 어휘 · 의미 분화 양상을 다룬다. 한국어의 {마음}, 중국어의 {心}, 범어의 {$\sqrt{citta}$}와 {$\sqrt{hṛd}$}, 희랍어의 {psyche(ψυχή)}이 논의의 대상이 된다.

2.2.1. 한국어 [마음]장의 분화

가. 의미의 다의화 : [마음]의 1차 분화

{마음}의 사전적 의미는 다음과 같다.

1. 사람이 본래부터 지닌 성격이나 품성
2. 사람이 다른 사람이나 사물에 대하여 감정이나 의지, 생각 따위를 느끼거나 일으키는 작용이나 태도
3. 사람의 생각, 감정, 기억 따위가 생기거나 자리 잡는 공간이나 위치
4. 사람이 어떤 일에 대하여 가지는 관심
5. 사람이 사물의 옳고 그름이나 좋고 나쁨을 판단하는 심리나 심성의 바탕
6. 사람이 어떤 일을 생각하는 힘

위의 풀이를 바탕으로 문장에서의 실제 쓰임을 고려하여 {알다}의 1차 분화 양상을 기술해 보자.

(11) 가. 아내는 착한 <u>마음</u>을 가진 사람이다.
나. 많이 아는 사람보다 <u>마음</u>이 어진 사람을 사귀어야 한다.

(11)에서 {마음}은 '마음이 바르다', '마음이 좋다', '마음이 후하다'와 같이 사람이 본래부터 지닌 성격이나 본심을 뜻한다. 이 글에서는 이것을 [품성]으로 포괄하고 {마음}의 중심 의미로 설정하고자 한다.

(12) 가. 몸은 멀리 있어도 마음으로나마 입학을 축하한다.
나. 몸은 늙었지만 마음은 아직 청춘이다.
(13) 가. 마음이 쓸쓸하다.

(12), (13)에서 {마음}은 사람이 다른 사람이나 사물에 대하여 어떤 감정이나 의지, 생각 따위를 느끼거나 일으키는 작용이나 태도를 나타낸다. (12)는 '의지'의 측면이 강하고, (13)은 '감정(기분)'의 측면이 강한데, 우리는 이것을 각각 [의지]와 [감정]으로 설정한다.

(14) 가. 안 좋은 일을 마음에 담아 두면 병이 된다.
나. 너무 욕심내지 말고 마음을 비워라.

(14)에서 {마음}은 어떤 것을 담는 용기(容器)의 의미로 쓰였다. 따라서 우리는 이것을 [공간]으로 분류한다.

(15) 가. 오늘은 날이 추워 도서관에 갈 마음이 없다.
나. 아이가 공부에는 마음이 없고 노는 데만 정신이 팔렸다.

(15)의 {마음}은 '마음을 떠보다, 마음이 없다, 마음을 먹다' 등과 같이 사람이 어떤 일에 대하여 가지는 관심을 나타낸다. 따라서 {마음}의 이런 의미를 [관심]으로 분류한다.

(16) 그는 자신의 마음에 비추어 한 치의 부끄러움도 없는 삶을 살려고 노력했다.

(16)의 {마음}은 사람이 사물의 옳고 그름이나 좋고 나쁨을 판단하는 심리나 심성의 바탕이 되는 것이다. 우리는 이것을 [양심]으로 분류한다.

(17) 마음을 집중해서 공부해라.

(17)의 {마음}은 '마음을 흐리다, 마음이 들뜨다'와 같이 사람이 어떤

일을 생각하는 힘이라는 뜻을 나타낸다. 그러므로 이것을 [知力]으로 설정할 수 있다.

이상의 논의를 정리하여 {마음}의 1차 분화의 결과를 도시하면 다음과 같다.

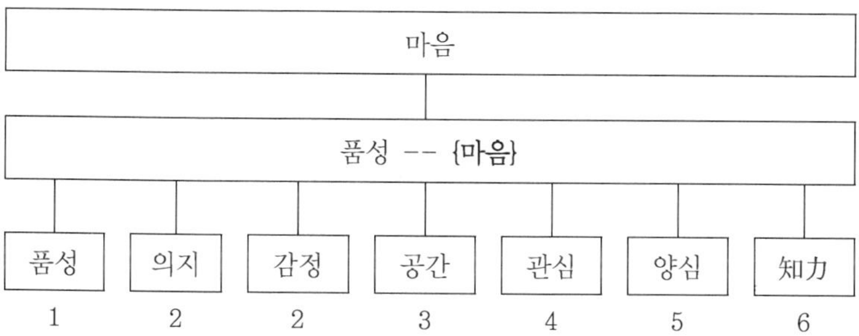

<그림 18> [마음]의 1차 분화

나. 형태 결합(합성과 파생) : [마음]의 2차 분화

{마음}이 다른 형태와 결합하여 새로운 어휘를 만들어냄으로써 [마음] 장을 형성한다. 합성이나 파생의 방법을 통해 형성된 새로운 어휘의 구성소를 분석하여 {마음}의 의미 분화 양상을 살펴보도록 한다.

1) [품성]의 의미를 유지하는 경우

마음가짐 : 마음의 자세, 마음을 쓰는 태도
마음결 : 마음의 바탕
마음고생 : 마음속으로 겪는 고생, 정신적인 고통
마음공부 : 정신적으로 수양을 쌓는 일
마음성 : 마음을 쓰는 성질64)
마음씨 : 마음을 쓰는 태도
마음자리 : 마음의 본바탕 / 심지

64) 마음성이 곱다, 마음성이 무던하다, 그녀는 마음성이 비단 같다.

겉마음 : 겉으로만 드러나는 진실되지 않은 마음
본마음 : 본디부터 가지고 있는 마음. 본심. 본의(本意)
속마음 : 겉으로 드러나지 않은 참마음. 속심
참마음 : 거짓이 없는 참된 마음. 속에 품고 있는 진짜 마음
하늘마음 : 하늘처럼 맑고 밝고 넓고 고요한 마음. 천심(天心)

위의 어휘는 합성이나 파생의 방법으로 새롭게 형성된 복합어들이다. 복합어가 갖게 되는 의미는 {마음}이 갖는 원의미 <품성>에 새로 결합한 형태들이 추가하는 의미가 결합하여 형성된다. 이들은 각각 '태도, 바탕, 고통, 수양' 등의 세부 의미를 갖지만 이는 {마음}에 결합하는 다른 형태들에 의해 생성되는 의미인 것으로 파악된다. 따라서 여기에서는 원래 형태인 {마음}의 원의미가 변한 것으로는 보이지 않는다.

이와 같은 유형이 [마음]장에서 가장 많은 빈도수를 차지한다. 그러므로 한국어에서는 형태 결합에 의한 {마음}의 의미 분화가 그리 활발하지 않다는 것을 알 수 있다.

2) [의지]

마음대로 : 하고 싶은 대로
마음먹다 : 무엇을 하겠다는 생각을 하다
마음잡다 : 마음을 바로 가지거나 새롭게 결심하다
돌이마음 : 마음을 돌이켜 먹음, 나쁜 길에 있다가 착하고 바른길로 돌아옴
딴마음 : 주의를 기울이지 않고 다른 것을 생각하는 마음
처음에 마음먹은 것과 어긋나거나 배반하는 마음
큰마음 : 힘들게 하는 결심. 넓게 생각하는 마음씨
한마음 : 하나로 합친 마음. 변함없는 마음

[품성] 다음으로 많은 빈도수를 보이는 것이 [의지]로 분화한 경우이다. {마음}이 <품성>의 의미에서 <의지>의 의미로 분화한 후에 합성이나 파생의 방법으로 {마음}에 다른 형태와 결합하여 '결심, 반성, 배반, 본심, 합심'의 의미가 생성되는 것으로 파악된다.

3) 기타 의미로 분화한 경우

(1) [**감정**]

마음껏 : 마음에 흡족하도록

(2) [**지력**]

마음눈 : 사물을 살펴 분별하는 능력. 또는 그런 작용
= 심안. 마음속으로 사물을 관찰하고 식별하는 힘. 또는 그 작용

(3) [**양심**]

마음보 : 마음을 쓰는 속 바탕 ≒심보. 마음을 쓰는 본새를 나쁜 편으로 이르는 말

(4) [**공간**]

마음속 : 마음의 속[65]

이상의 예들에서 {마음}이 <품성>의 의미에서 <감정>, <지력>, <양심>, <공간>의 의미로 분화하는 예들을 볼 수 있다.

다. 소결론 : 한국어 [마음]장의 의미 분화

1. 한국어의 [마음]장은 {마음}이라는 어휘로 실현된다.
2. {마음}의 원의미는 [품성]이다.
3. [마음]장은 {마음}의 1차 분화를 통해 [품성], [의지], [감정], [공간], [관심], [양심], [知力]의 하위장을 형성하는데, 여기에서는 [머리]장과 달리 하위장이 형성되지 않는다.
4. [마음]장은 다른 형태와의 결합을 통해 2차 분화하여 여러 하위장을 형성하는데, 그 하위장은 1차 분화의 양상과 다르지 않다.
5. 이상의 논의를 종합적으로 정리하면, [마음]장의 하위장들은 '마음'의 본래적 영역에 속하는 것과, 인간의 주체적 개입이 일어난 영역으로 구분할 수 있겠다.

1) 본래적 영역에 속하는 하위장은 [품성], [감정], [양심], [공간], [지

65) 마음속이 편하지 않다, 마음속 깊이 간직하다.

력] 등이다.

2) 인간의 주체적 개입이 일어난 하위장은 [의지]와 [관심] 등이다.

6. 이 글에서는 다른 언어와의 대조를 위해 전자를 '본래적 영역', 후자를 '능동적 영역'으로 명명하기로 한다. 이를 도시하면 다음과 같다.

<table>
<tr><td colspan="7">마음</td></tr>
<tr><td colspan="5">본래적 영역</td><td colspan="2">능동적 영역</td></tr>
<tr><td>품성</td><td>감정</td><td>양심</td><td>공간</td><td>지력</td><td>의지</td><td>관심</td></tr>
</table>

<그림 19> 한국어 [마음]장의 의미 영역

2.2.2. 중국어 [心]장의 분화

중국어에서 한국어 {마음}에 해당되는 어휘는 {心} 이외에도 {衷}, {胸} 등이 있다.

{衷}은 현대 중국어에서 {衷肠},[66] {衷诚},[67] {衷怀}[68] 등에서처럼 주로 <진심>이라는 의미를 나타내는 전용자(專用字)가 되었고, {胸}은 다음과 같이,

胸痹 : 폐기종 · 늑막염 · 심장병 따위의 가슴이 아픈 병
胸部 : 흉부, 가슴
胸次 : 마음속, 가슴속, 심정, 흉금, 포부
胸袋 : (옷의) 가슴에 달린 주머니
胸腹 : 가슴과 배, 도량, 포부, 중앙의 요해처, 요충
胸膈 : 격막, 횡경막, 감정, 내심, 포부, 기분
胸骨 : 가슴뼈, 흉골
胸管 : 흉관, 가슴관
胸海 : 가슴속

66) <진심>, <속마음>, <의중>
67) <충심>, <진심>, <충성>
68) <참뜻>, <진심>

주로 ‘가슴’이라는 특정 신체 부위를 지칭하는 글자로 사용된다. 따라서 한국어 {마음}과의 대조 연구를 위해서 {心}을 선택하였다.

가. 형태 결합에 의한 분화

1) [**심장**] : {**心**}**의 중심 의미**

중국어의 {心}은 원래 갑골문에서 ‘심장’을 그린 상형문자였다. 따라서 {心}의 중심 의미는 <심장>으로 파악되는데 우리는 이것을 중국어 [心]장의 원의미로 설정하고자 한다. 이에 해당하는 어휘는 다음과 같다.

心率 : 심장 박동수　　心尖 : 심장의 끝[69]
心肌 : 심근　　心律 : 심박의 리듬
心肝 : 심장과 간장[70]　　心肺 : 심장과 폐[71]
心房 : 심방, 가슴, 심장, 마음　　心气① : 심장의 기
心包 : 심낭　　心悸 : 심계, 심장의 고동[72]
心搏 : 심장 박동　　心电图 : 심전도
心绞痛 : 협심증　　心荡① : 가슴이 두근거리다
心胆 : 심장과 쓸개[73]　　心膂 : 가슴과 등뼈[74]
心窝(儿, 子) : 심장이 있는 부분, 명치[75]　　心胃 : 심장과 위[76]
心血 : 심혈[77]　　心脏 : 심장. 중심부. 심장부
心音① : 심장이 뛰는 소리　　心如刀割 : 칼로 에이는 듯 마음이 아프다[78]

---

69) 형태 결합 이후에 <마음속>, <심중>, <마음 깊은 곳> 등의 의미로 분화된다.
70) 형태 결합을 통해 <양심>, <정의감>, <기백>, <패기> 등의 의미로 분화된다.
71) 형태 결합을 통해 <마음>, <양심> 등의 의미로 분화된다.
72) 여기에서 <두려워하다>, <무서워하다>의 의미가 분화된다.
73) 여기에서 <의지와 담력>, <심지와 간담>의 의미가 분화된다.
74) 여기에서 <가장 소중한 것>, <가장 신뢰하는 사람>, <심복>의 의미가 분화된다.
75) 형태 결합을 통해 <내심>, <본심>, <마음속>의 의미가 분화된다.
76) 여기에서 <기질>, <성미>, <배짱>의 의미가 분화된다.
77) 이 단어가 갖는 <지성과 정력>의 의미는 형태 결합을 통해 생성된다.
78) 이 의미는 다른 형태의 결합을 통해 생성되므로 여기에서 {心}은 글자 그대로 <심장>의 뜻이다.

心疼病 : 위통　　　　　　　　　心室 : 심실
心型 : (주물의)심형　　　　　　　心跳 : 가슴이 뛰다(두근거리다), 심장의 고동
心动① : 심장의 박동　　　　　　　心力① : 심장 기능
心腹① : 심장과 배　　　　　　　　心尖尖① : 심장

여기에서는 <심장>의 의미를 기본으로 하면서 새로 결합한 형태가 의미를 더하면서 위에 제시한 것과 같은 다양한 의미로 분화된다. 이는 해당 어휘의 구성소를 분석해 보면 쉽게 알 수 있다.

2) [품성]으로 분화한 경우

한편, 중국어에서 {心}은 한국어의 {마음}에 대응하는 어휘소로 쓰이는데, 아래의 예는 {心}이 <마음>의 의미를 가진 것 중에서 [품성]을 원의미로 하는 것들이다.

心眼儿① : 내심, 심지, 마음씨　心窄 : 마음이 좁다(옹졸하다), 비관하다
心肠① : 마음씨, 마음 씀씀이　心硬 : 마음이 모질다, 마음이 독하다
心底① : 마음씨　　　　　　　　心地① : 심지, 마음씨, 마음, 심정, 심경
心田① : 마음씨, 마음 씀씀이　心善 : 마음이 착하다, 자애롭다, 어질다
心毒 : 마음씨가 악독하다, 독살스럽다
心话 : 마음속의 말, 진심어림 말, 진지한 말
心气(儿)② : 마음 씀씀이, 마음씨, 심보, 심기
心慈面软 : 마음씨가 인자하고 표정이 부드럽다
心狠 : 잔인하다, 냉혹하다, 인색하다, 야박하다
心影① : 마음, 심지, 회의하다, 의심을 품다, 마음이 언짢다
心热 : 친절하다, 열성적이다, 동정심이 많다, 마음이 따뜻하다, 부럽다
心慈手软 : 마음이 어질고 손길이 무르다, (악인・악행 따위에 대해) 우유부단하다

3) [知力]으로 분화한 경우

중국어에서는 {心}이 <知力>의 의미로 사용되는 예가 많다. {心}이 다른 형태와 결합하여 <생각>, <지혜>, <이해력>, <사고력> 등의 의미로

다양하게 분화되는 양상을 보여준다.

心细 : 세심하다, 꼼꼼하다 心窍 : 심안, 지혜, 이해력, 사고력
心经 : 궁리, 생각, 사려 心眼儿② : 생각
心机 : 생각, 꾀, 계략 心目① : 기억, 인상, 생각, 견지
心领 : 마음속으로 이해하다 心解 : 알다, 깨닫다, 납득하다
心数 : 분별, 생각 心术 : 심술, 심보, 계략, 지모
心算 : 암산(하다) 心笨 : 우둔하다, 미련하다
心智 : 마음의 지혜 心工儿 : 속셈, 속궁리
心孔 : 지혜, 슬기, 총기 心眼儿③ : 기지, 총기, 슬기, 판단력
心得 : 심득[79] 心绪① : 생각, 마음
心劲(儿) : 생각, 의욕, 사고력, 흥미 心路(儿) :기지, 계책, 도량
心念 : 염원, 생각 心苗 : 마음, 생각
心力② : 사고력, 정신력 心思① : 생각, 염두, 머리, 지력
心气(儿)③ : 생각 心红手巧 : 생각이 건실하고 재간도 뛰어나다
心短 : 생각이 짧다, 소견이 얕다 心计 : 심계, 지모, 속셈, 꿍꿍이셈, 마음속의 계산
心力③ : 심력, 정신력과 체력, 마음과 힘
心法 : 심법, 스승이 제자에게 전수해주는 정신(인격, 기품)
心明眼亮 : 마음이 환하고 눈이 밝다; 통찰력이 있다
心传 : 경전에 의하지 않고 이심전심으로 불법(佛法)을 전수하다
心秀 : (보기와는 달리)현명하고 지혜롭다, 영리하여 속셈이 있다
心手相应 : 마음과 손이 상응하다(솜씨가 빼어나서 글・그림 따위가)마음먹은 대로 되다

4) [감정]으로 분화한 경우

중국어 {心}의 어휘 분화에서 가장 많은 빈도수를 보이는 항목이 바로 [감정] 영역에 속하는 것들이다. 이 영역에서는 다른 영역에 비해 월등히 많은 예가 보이는데, '마음'에서 일어나는 정서적 측면과 관련된 어휘들이 이 영역에 분포한다.

79) 체험하거나 깨달은 바의 지식・기술・사상 따위를 말한다.

心头恨 : 마음속의 원한 心证 : 심증, 마음에 받는 인상

心迹 : 속마음, 속심, 본심 心潮 : 마음의 일렁임

心照 : 마음으로 이해하다 心肠② : 감정, 마음, 흥미, 기분, 재미

心尘 : (정욕 따위의)더러운 마음 心战 : 마음이 떨리다, 심리전, 심리작전

心贴心 : 서로 마음이 맞다 心印 : 서로 마음이 통하다

心疑 : 의심하다 心烦 : (마음이) 번거롭고 정신이 산란하다

心惊 : 깜짝 놀라다, 질겁하다 心扉 : 마음의 문

心对心 : 마음과 마음으로 대하다 心多 : 의심이 많다, 꿍꿍이속이 많다

心绪② : 기분, 심정 心甘 : 달가워하다, 기꺼워하다

心境 : 심경, 심정, 기분 心肝(儿)肉 : 가장 사랑하는 사람[80]

心感 : 감수성, 감동하다 心性 : 심성, 마음씨, 변하는 않는 참된 마음

心相 : 기분, 흥미 心花 : 마음의 꽃, 흐뭇한 마음, 유쾌한 기분

心慌 : 당황하다 心灰 : 맥이 빠지다, 실망(낙심)하다

心羡 : 마음속으로 부러워하다 心弦 : 심금, 어떤 자극에 울리는 마음결

心怯 : 겁이 나다, 겁을 내다 心情 : 심정, 마음, 기분

心屈 : 억울하다 心切 : 마음이 절실(절박)하다

心甜意洽 : 도취된 듯 기분이 좋다 心净 : 마음이 깨끗하다, 마음이 편안하다

心火 : 심화, 울화, 마음속의 노여움 心头火起 : 화가 치솟다(치밀다)

心伤 : 마음이 상하다(아프다) 心契 : 심계, 마음 맞는 친구, 지기

心碰心 : 마음을 터놓다 心腔 : 마음, 심리

心劳 : 근심하다, 심려하다 心理 : 심리, 심리(상태), 기분

心迷 : 마음이 흐려지다(미혹되다) 心乱 : 심란하다,

心满意足 : 매우 만족해하다 心眼儿② : 기분

80) 주로 어린아이를 가리킴.

心散 : 마음이 산란하다 心静 : 마음이 평온하다
心疚 : 마음이 괴롭다 心疼 : 몹시 아끼다(사랑하다)
心荡② : 마음이 흔들리다, 心懒 : 귀찮다, 마음이 내키지 않다
心顺 : 기분이 좋다 心气(儿)④ : 기분, 심정, 심경
心程① : 기분
心尖尖② : 애지중지하는 것(사람)
心不死 : 절망하지 않다, 단념하지 않다
心酸 : 마음이 쓰리다, 슬프다, 비통하다
心匠 : 심혈, 마음속에서 여러모로 생각함
心曲 : 마음속, 마음, 내심, 심사, 걱정거리
心痛 : 마음이 아프다, 속이 쓰리다, 아쉽다
心旷神怡 : 마음이 트이고 기분이 유쾌하다
心软 : 마음이 여리다(약하다), 동정심이 많다
心平气和 : 마음이 평온하고 태도가 온화하다
心折 : 충심으로 경복하다, 진심으로 경탄하다
心凉 : 마음이 오싹하다, (분발하던)마음이 식다
心影② : 회의하다, 의심을 품다, 마음이 언짢다
心向 : 마음이 향하다, 마음이 쏠리다, 사모하다
心爱 : 진심으로 사랑하다(아끼다), 애지중지하다
心急 : 초조하다, 애타다, 조급하다, 조마조마하다
心远 : (심적으로)소원하다, 쌀쌀하다, 뜻이 원대하다
心去难留 : 마음이 떠나는 것은 붙잡아 둘 수가 없다
心旌 : 흔들리는 깃발 같은 마음, 불안정한 마음(심정)
心地② : (천부적인)재능, 총기, 천성, 천분, 두뇌, 생각
心忙 : 가슴이 두근거리다, 가슴이 뛰며 혼미해지는 병
心连心 : 마음과 마음이 이어지다, 마음이 서로 통하다
心疾 : 심질, (근심・울화 따위로 인한)가슴앓이, 정신병
心赛刀 : 마음이 음험하고 악랄하다, 심보가 몹시 사납다
心事 : 심사, 걱정거리, 시름, 마음속으로 바라는 일, 염원
心灵 : 심령, 정신, 영혼, 마음, 예지, 슬기, 영리(명석)하다
心宽 : 마음이 느긋하다, 태평스럽다, 낙천적이다, 너그럽다
心花怒放 : 마음의 꽃이 활짝 피다; 기쁨 넘치다, 대단히 기쁘다
心动② : 가슴이 설레다, 마음이 움직이다(동요하다), 마음이 내키다

心寒 : 한심하다, 실망하여 마음이 아프다, 마음이 오싹하다(서늘하다)

心心意意 : 한마음으로, 전심전력으로

心心相印 : 서로 마음이 통하다

心广体胖 : 마음이 너그러우면 몸도 편안하다, 마음이 편하여 몸이 나다

心焦 : (원하는 일이 빨리 이루어지지 않아) 애타다, 초조하다, 안달하다

心兵 : 어떤 사물을 보고 일으키는 마음(욕망, 잡념), 마음속에 품은 살기

心到神知 : 성심을 다하면 귀신도 안다; 마음이 지극하여 남에게도 통하다

心碎 : 마음이 찢어지듯 슬프다, 마음이 대단히 아프다, 마음이 어수선하다

心虚 : (잘못을 저질러)켕기다, 제 발 저리다, 자신이 없다, 겸허하다, 겸손하다

心恶面善 : 마음은 악한데 얼굴은 선하다; 속은 검은 사람이 겉으로만 착한 체한다

心开 : 마음의 눈이 뜨이다, 마음이 탁 트이다, 명랑해지다, 상쾌해지다, 유쾌해지다

心安 : 근심이 없다, 마음이 편안하다

心醉 : 반하다, 도취하다, 매혹되다, 심취하다

心病 : 울화병, 심병, 마음의 병, 마음속의 고민(근심), 마음속의 비밀, 말할 수 없는 감정

5) [의지]로 분화한 경우

{心}은 [감정]장 다음으로 [의지]장에서 활발한 의미 분화를 보인다. 이 장에 속한 어휘는 주로 주체의 능동적인 개입을 반영한 의미들로 분화되는 것이 특징이다.

心愿 : 심원, 염원, 원망(願望)	心粗 : 소홀하다, 세심하지 못하다,
心许 : 묵인하다, 속으로 허락하다	心劲(儿) : 열의, 관심
心入 : 마음속으로 받아들이다	心气(儿)⑤ : 기개, 패기,
心记 : 마음에 새기다	心志 : 심지, 의지, 뜻
心裁 : 구상, 고안	心程② : 의욕
心肯 : 마음속으로 승낙하다	心说 : 마음속으로 말하다(생각하다)

心死 : 단념하다, 절망하다　　　　心投意合 : 의기투합하다
心胸 : 도량, 포부, 뜻, 마음, 가슴　心服 : 심복하다, 진심으로 감복하다
心腹人 : 심복　　　　　　　　　心药 : 마음의 병을 고치는 약
心意 : 마음, 성의　　　　　　　心骨 : 기골, 기개
心活 : 마음이 흔들려 생각이 바뀌다
心回意转 : 마음을 돌리고 뜻을 바꾸다
心坚皮坚 : 의지도 강하도 몸도 튼튼하다
心怀 : 마음에 품다, 심회, 심정, 품은 생각
心高 : (마음에 품은)포부가 크다, 기상이 높다
心心念念 : 한결같이 생각하다, 일념으로 바라다
心儀 : 마음속으로 흠모하다, 충심으로 경모하다
心思② : (하고 싶은)심정, 기분, (~하려고)생각하다
心盛 : (하고 싶은) 마음이 간절하다, 열망이 강하다
心痒 : (어떤 일이)하고 싶어 죽을 지경이다, 근지럽다
心期 : 충심으로 기대하다, 심원, 서로 마음을 허락하다
心腹② : 심복, 마음 놓고 믿을 수 있는 사람(측근, 부하), 속내, 속심, 진심, 성의
心坚石穿 : 의지가 굳으면 돌도 뚫을 수 있다; 의지가 굳으면 어떤 어려움도 이겨낼 수 있다

6) [공간]으로 분화한 경우

중국어에서는 {心}이 공간적 의미로서 '마음'을 표상하는 예들이 한국어보다 많은 것으로 나타난다. 이것은 {心}이 신체 기관인 '심장'을 기원적 의미로 가지기 때문이 아닌가 생각된다.

心底② : 마음속　　　　　　　　心版 : 마음(가슴) 속
心头 : 마음속, 마음　　　　　　心间 : 마음(속)
心田② : 마음속　　　　　　　　心儿 : 중심부, 내부, 속
心口窝 : 명치, 가슴　　　　　　心上 : 마음속
心髓 : 내심, 마음속, 마음 깊은 곳　心里 : 가슴속, 마음속, 심중
心坎(儿) : 명치, 마음속, 애지중지하는 것(사람)
心窠 : 마음속, 중심부,　　　　　心土 : 심토, 표토 아래의 토양
心口 : 명치, 마음과 말　　　　　心棒 : (수레의)굴대(축)

心子 : (물체의)중심, 심, 생각, 마음, 요리 따위의 속
心柱 : 마음의 중심　　　　　　心目② : 심중, 마음속, 안중
心儿里 : 심중, 마음속, 심, 속　　心内 : 마음속, 심중
心材 : 심재(나무줄기의 목질부의 내층)
心中 : 심중, 마음속

7) [양심]으로 분화한 경우

心黑 : 속이 검다, 음흉하다　　　心亏 : 마음에 부끄럽다
心音② : 마음의 소리　　　　　　心秤 : 양심의 저울, 공평한 마음 (입장)
心声 : 마음속에서 우러나오는 소리, 마음의 소리, 속말

8) [정신]으로 분화한 경우

心魄 : 심혼, 심령　　　　　　　心灯 : 심령
心魂 : 심혼, 마음, 넋　　　　　心神 : 마음, 정신, 정신 상태
心身 : 심신, 정신과 신체, 몸과 마음
心力④ : 심력, 정신력과 체력, 마음과 힘

이 밖에 중국어 {心}은 [양심]장, [정신]장을 형성하며 어휘·의미 분화를 이루고 있기도 하다.

이상의 내용을 정리하면 다음과 같다.

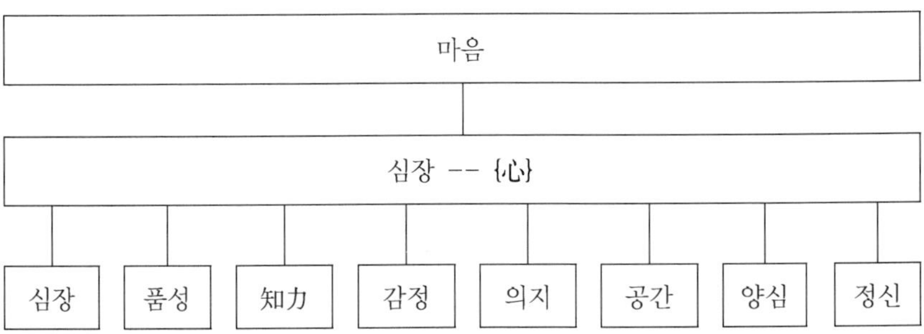

<그림 20> [心]의 의미 분화

나. 소결론 : 중국어 [마음]장의 의미 분화

1. 중국어의 [마음]장은 {心}이라는 어휘소로 실현된다.

2. {心}의 원의미는 <심장>이다.

3. 중국어의 [마음]장은 {心}이 형태 결합을 통해 [심장], [품성], [知力], [감정], [의지], [공간], [양심], [정신]의 하위장을 형성하는데, 이들 {心}이 단독으로 쓰이지 않고 반드시 형태 결합을 통해서만 어휘 분화를 이룬다는 점에서 이들 하위장은 한국어 [마음]장의 1차 분화 결과 형성되는 것과 하위장에 해당한다.

4. 한국어에 비해 중국어의 [마음]장이 갖는 특징은 한국어에 비해서 월등히 많은 어휘 분화를 이룬다는 점이다. 이는 중국어 {心}이 그만큼 중국어 어휘 체계 내에서 비중 있는 위치를 차지하는 기초 어휘(basic vocabulary)에 해당하기 때문인 것으로 보이며, 다른 한편 표의 문자의 특성상 형태 결합이 비교적 자유로운 중국어의 형태적 특성에 기인하는 것으로도 생각할 수 있다.

5. 이상의 논의를 종합적으로 정리하면, 중국어 [마음]장의 하위장들은 '심장'이라는 구체적 대상 영역과 '마음'의 본래적 영역, 인간의 주체적 개입이 일어난 영역으로 구분할 수 있겠다. 한국어가 '본래적 영역'과 '능동적 영역'으로 양분되는 데 비해, 중국어는 '구체적 대상' 영역이 존재한다는 점이 특징적이다.

1) 구체적 대상 영역에 속하는 하위장은 [심장]장이다.

2) 본래적 영역에 속하는 하위장은 [품성], [감정], [양심], [공간], [지력], [정신] 등이다.

3) 인간의 주체적 개입이 일어난 하위장은 [의지]장이다.

이상의 내용을 정리하여 도시하면 다음과 같다.

마음							
구체적 대상	본래적 영역						능동적 영역
심장	품성	감정	양심	공간	지력	정신	의지

<그림 21> 중국어 [마음]장의 의미 영역

2.2.3. 범어 [citta], [hṛd]장의 분화

범어의 [마음]장은 {√*citta*}와 {√*hṛd*}가 영역을 양분하고 있다. {citta}는 [마음]장에 속하는 어휘 중에서 주로 '사고(思考; to think)' 개념에 속하는 어휘를, {hṛd}는 영어의 'heart'로 번역되는 것으로서 한국어의 {마음}이나 중국어의 {心}에 해당하는 개념의 어휘를 형성한다.

범어의 특성상 형태 결합에 의해서만 어휘가 형성되며, 따라서 어근인 {citta}와 {hṛd}의 의미는 어휘 구성소를 분석해 냄으로써 파악될 수 있다.

가. 형태 결합(합성과 파생)에 의한 분화

1) {citta}의 분화

범어의 {citta}는 <생각>의 의미를 갖는 어휘를 형성하는 경우가 가장 많다. 그래서 우리는 {citta}의 원의미를 <생각>으로 설정한다.

(1) [생각] : {citta}의 중심 의미

① [상태]와 결합

ananyacitta : 다르지 않은 마음(같은 마음)[81]

anyacitta : 다른(anya) 곳에 마음이 팔린

dolācalacittavṛtti : 변덕스러운 마음을 가진[82]

niścitta : 없는·결여된(nis) 마음 → 마음이 결여된 삼매의 상태

baddhacitta : 생각이 ~에 묶인·속박된(baddha)

81) 부정접두어(an)-다른(anya)-citta(마음)

82) 그네·해먹(dolā)-움직임·떨림(cala)-citta(마음)-상태(vṛtti)

bhrāntacitta : 마음이 혼란스러운(bhrānta), 당혹스러운
samacitta : 공평한·평정한(sama; 한결같은) 마음을 지닌
prāyaścitta : 널리 퍼진(prāyas; 대부분, 일반적인) 생각
paracittajñāna : 타인(para)의 마음을 아는 것(jñāna; 지식·앎)

②[수]와 결합

ekacitta : 하나(eka)에 마음이 집중된 → 만장일치

범어의 {citta}는 주로 [상태]를 나타내는 요소와 결합하여 의미 분화를 이루는데, 이때 새로 분화된 의미들은 원의미인 <생각(思考)>를 유지하고 있는 것으로 판단된다. 예를 들어, {ananyacitta}의 경우에는 <다르지 않다>는 의미를 가진 {ananya-}가 {citta}와 결합하여 <생각이 같다, 의견이 같다>는 의미를 생성해 내는데 여기에서 우리는 {citta}가 <생각>의 원의미를 그대로 유지하고 있는 것을 볼 수 있다.

(2) [감정]으로 분화한 경우

anavasthitacitta : 불안정한 마음을 가진[83)]
anavasthitacittatva : 혼란스러운 마음의 상태[84)]
kṣiptacitta : 마음이 산란한(kṣipta; 던져진, 흩어진)
duścitta : 나쁜(dus) 마음 → 우울한, 슬픈
prītacitta : 기쁜(prīta) 마음
śūnyacitta : 마음이 비어 있는(śūnya), 공허한

위의 예에서는 {citta}가 '정서적'인 개념으로 사용되고 있음을 알 수 있다. {anavasthitacitta}를 그 구성소로 분석하면 <고정되지 않은 마음>이라는 의미를 추출할 수 있다. 그래서 이것이 <불안정한 마음을 가진>이라는 의미로 나타나게 되는데 이것은 '마음'의 정서적 측면을 표현한 것으로 판단된다. 따라서 우리는 이러한 유형의 {citta}의 원의미를 [감정]으로 분류하고자 한다.

83) 부정접두어(an)-고정된(avasthita)-citta(마음)
84) 부정접두어(an)-고정된(avasthita)-citta(마음)-추상명사형 접미사(tva)

(3) [태도]로 분화한 경우

agniprāyaścitta : 희생 제의(犧牲祭儀)를 준비하는 동안의 속죄하거나 준비하는 행위85)

aṅgaprāyaścitta : 사람이 죽었을 때 신체적 불순함을 정화하는 방법86)

avaśedriyacitta : 마음과 감관(感官)이 종속되지 않은87)

maitracitta : 친구로서의(maitra) 마음가짐 → 자비로운

우리가 원의미를 [태도]로 분류한 어휘는 {citta}가 어떤 대상에 대하여, 또는 어떤 행위에 대하여 경건하고 순종적인 태도를 갖는 것을 나타내고 있다. 즉, {agniprāyaśitta}의 구성소의 의미를 분석하면 <아그니신께 헌주하는 마음>이므로 이 '마음'은 경건할 수밖에 없는 것이다. 또, {maitracitta}의 경우에도 <친구로서의 마음가짐>이라는 구성소의 의미가 <자비로움>이라는 의미를 나타내므로 이것은 친구에 대한 태도를 가리킨다고 볼 수 있다. 그래서 우리는 이 경우의 {citta}의 원의미를 [태도]로 분류하고자 한다.

(4) [품성]으로 분화한 경우

raukṣacitta : '거친(rūkṣa) 마음(citta; 성정)을 지닌

kaṭhoracitta : 거친 · 딱딱한 · 날카로운(kaṭhora) 마음을 지닌, 잔인한

sucitta : 좋은(su) 마음을 지닌

여기에 쓰인 {citta}는 인간의 본래적 품성, 타고난 성품을 가리킨다. <거칠다>, <딱딱하다>, <좋다>의 수식을 받기 위해서는 뒤에 결합하는 요소가 <품성>의 의미 자질을 가져야 한다. 언어의 의미를 형성하는 데 작용하는 의미의 공기 관계(共起關係)를 고려하면 자연스럽게 이와 같이 판단하게 된다.

---

85) 불 · 아그니신(agni)-헌주 · 신주(prayas)-citta(마음)

86) 몸 · 사지(aṅga)-헌주 · 신주(prayas)-citta(마음)

87) 부정접두어(a)-순종하는(vaśa)-감관(indriya)-citta(마음)

(5) [정신]으로 분화한 경우

sukhacitta : 정신적 기쁨・안락함(sukha)
vicitta : 무의식의, 무력한[88]

이것은 {citta}가 <생각>의 의미에서 <정신>, <정신력>으로 분화한 경우이다. {sukhacitta}에서는 {citta}가 그대로 <정신적>이라는 의미로 쓰였고, {vicitta}에서는 {vi}가 <떨어진>, <분리된>의 의미인데, 여기에서 <무의식의>, <무력한>의 의미가 파생되었기 때문에 {citta}에서 쉽게 <정신력>이라는 의미를 추출할 수 있게 된다.

(6) [知力]으로 분화한 경우

acitta : 알아차리지 못함[89]
vicitta : 지각된, 관찰된[90]
sacitta : 앎을 가지고 있는(sa; 함께 있는・지닌)

위의 예에서 보듯이, {citta}는 <알다>, <지각하다>, <관찰하다>의 의미를 갖는다. 이는 인간의 지적 능력에 해당하는 의미이므로 이를 통해 우리는 {citta}의 원의미를 [知力]으로 설정한다.

(7) [의도]로 분화한 경우

ihacitta : 의도나 생각이 이 세상에 있는(iha)
devacitta : 신(deva)의 의도
manuṣyacitta : 인간(manuṣya)의 의도
yathācittam : 의도에 따라서(yathā; 그와 같이)

이 경우는 어휘의 구성소를 분리하면 쉽게 {citta}가 <의도>의 의미를

88) 떨어진・분리된(vi)-citta(마음)
89) 부정접두어(a)-citta(마음)
90) 떨어진, 분리된(vi)-citta(마음)

갖고 있음을 알게 된다. 그래서 우리는 이것의 원의미를 [의도]로 설정한다.

(8) [의지]로 분화한 경우

ūrjitacitta : 강력한(ūrjita) 마음을 가진
arthacitta : 부 · 재산(artha)을 탐내는

{ūrjitacitta}에서 {citta}는 <강력하다>라는 의미의 수식을 받는 '마음'이다. 따라서 의미의 공기 관계(共起關係)를 고려하여 쉽게 <의지>의 의미를 찾아낼 수 있다. {arthacitta}는 <부(富)를 탐내는>의 뜻이므로 {citta}는 <탐내는 마음>임을 알게 된다. 이것은 '탐내다'는 인간의 의지와 관련된 것이다.

2) {hṛd}의 분화

범어의 {hṛd}는 영어의 {heart}에 해당하는 어휘이다. 어근 {hṛd}가 다른 형태와 결합하면 인간의 정서적 측면의 마음을 나타내는 어휘를 형성하는 경우가 많다는 점이 이를 뒷받침한다. 따라서 우리는 {hṛd}의 원의미를 [감정]으로 설정하고자 한다.

(1) [감정] : {hṛd}의 중심 의미

① [감정]을 나타내는 경우

ayohṛdaya : 무정한[91]
asauhṛda : 증오[92]
ahṛdaya : 무심한[93]
ahṛdayajña : 호감이 가지 않는[94]

91) 철로 된(ayas)-hṛdaya(마음)
92) 부정접두어(a)-우정(sauhṛda)
93) 부정접두어(a)-hṛdaya(마음)
94) 부정접두어(a)-hṛdaya(마음)-아는 · 친숙한(jña)

āryahṛdya : 고귀한 자로부터 사랑을 받는[95]

gatasauhṛda : 우정(친근한 감정)을 빼앗긴, 불친절한, 무관심한[96]

śūnyahṛdaya : 무정한[97]

udvignahṛdaya : 공포로 흥분된, 슬픔에 풀 죽은[98]

riktīkṛtahṛdaya : 마음이 공허한[99]

vraṇitahṛdaya : 마음이 다친(vraṇita; 상처 입어 아픈)

śāntahṛdaya : 차분한(śānta; 가라앉은) 마음을 가진

hṛṣṭahṛdaya : 즐거운 마음을 가진, 쾌활한, 명랑한, 행복한[100]

hatahṛdaya : 상처 받은(hata; 매 맞은, 속은) 마음, 저주받은 마음

ahṛdya : 기분이 좋지 않은[101] <상태/기쁨>

hariṇahṛdaya : 사슴(hariṇa)의 마음을 가진, 겁 많은

② [친구・우정]으로 쓰인 경우

kusauhṛda : 나쁜 친구[102]

dṛḍhasauhṛda : 변치 않는 우정[103]

visuhṛd : 친구가 없는[104]

nisargasauhṛda : 자연스러운(nisarga) 우정, 어릴 때부터의 우정

priyasuhṛd : 사랑스러운・친애하는(priya) 벗, 친절하고 선량한 친구

rūḍhasauhṛda : 우정이 깊어진, 우정으로 굳은[105]

sauhṛdaya : 진심어린 우정

suhṛdāgama : 친구(suhṛd)가 오는 것(āgama; 도착)

suhṛdbala : 동맹군[106]

suhṛdbheda : 친구들과의 이별[107]

suhṛdvadha : 친구의 살해자(파괴자; vadha)

---

95) 고귀한(ārya)-hṛdya(마음)
96) 가버린(gata)-우정(sauhṛda)
97) 빈(śūnya)-hṛdaya(마음)
98) 두려운・슬픈(udvigna)-hṛdaya(마음)
99) 텅 빈(riktī)-만들어진・얻은・된(kṛta)-hṛdaya(마음)
100) 환희에 떠는・기쁜(hṛṣṭa)-hṛdaya(마음)
101) 부정접두어(a)-기쁜(hṛdya)
102) 결핍・경멸(ku)-우정・친구(sauhṛda)
103) 단단히 고정된・확고한(dṛḍha)-우정(sauhṛda)
104) 떨어진・나뉜(vi)-친구(suhṛd)
105) 올라가는・증가하는(rūḍha)-우정(sauhṛda)
106) 친구(suhṛd)-군대(bala)
107) 친구(suhṛd)-끊김・찢어짐(bheda)

suhṛdvākya : 친구의 말(vākya; 교훈)이나 충고

suhṛdadruh : 친구에게 상처를 입히는[108]

sthirasauhṛda : 우정이 견고한(sthira)

[감정]을 원의미로 하는 {hṛd}의 구체적인 의미는 크게 두 가지로 나뉜다. 하나는 <情>, <정서>를 나타내는 것이고, 다른 하나는 접두어 {su-}가 결합하여 <친구>, <우정>을 나타내는 경우이다.[109] 그 의미가 비교적 명료하므로 이들은 큰 어려움 없이 [감정]장으로 분류될 수 있다.

(2) [품성]으로 분화한 경우

kaṭhinahṛdaya : 몰인정한, 냉혹한[110]

klinnahṛd : 다정한[111]

ghorahṛdaya : 무자비한 마음의[112]

cakitahṛdaya : 나약한[113]

tīkṣṇahṛdayatva : 거친((tīkṣṇa) 마음을 가진 것

pāṣāṇahṛdaya : 무정한, 잔혹한[114]

mṛduhṛdaya : 다정한[115]

viṣa(poisionous)hṛdaya : 증오 또는 적개심을 품은, 악의 있는[116]

uttānahṛdaya : 열린(uttāna; 펼쳐진) 마음을 가진

durhṛd : 나쁜(dur) 마음을 지닌 → 적

śuddhahṛdaya : 마음이 깨끗한 · 순수한(śuddha), 정직한

{citta}의 경우와 마찬가지로 어휘 구성소의 결합 관계와 의미의 공기

---

108) 친구(suhṛda)-악의 · 배반(druh)

109) {su-}가 결합한 {hṛd}는 거의 예외 없이 <친구>, <우정>의 의미로 쓰인다. {su-}의 의미를 적시(摘示)하는 것은 쉽지 않지만, {hṛd}에서 <情>의 의미를 추출하면 {su-}가 논리적으로 <친구>라는 의미를 가지고 있음을 알 수 있다.

110) 단단한 · 거친(kaṭhina)-hṛdaya(마음)

111) 젖은 · 부드러운(klinna)-hṛd(마음)

112) '두려운 · 격렬한(ghora)-hṛdaya(마음)

113) 놀란 · 겁많은(cakita)-hṛdaya(마음)

114) 돌(pāṣāṇa)-hṛdaya(마음)

115) 부드러운 · 연약한(mṛdu)-hṛdaya(마음)

116) 독 · 유독한(viṣa)-hṛdaya(마음)

관계(共起關係)를 보면, {hṛd}가 <품성>의 의미를 가지고 있다는 것을 어렵지 않게 알게 된다.

(3) [의지]로 분화한 경우

cañcalahṛdaya : 의지가 약한, 변하기 쉬운(cañcala)
vajrahṛdaya : 단호한(vajra; 단단한 · 금강) 마음 → 불교도

위의 예에서는 {hṛd}가 <의지>의 의미를 가짐을 쉽게 알 수 있다.

(4) [특성]으로 분화한 경우

akṣahṛdaya : 주사위 노름의(akṣa) 감춰진 특성, 도박의 완벽한 기술
akṣahṛdayajña : 도박에 완전히 숙련된[117)]
aśvahṛdaya : 말(aśva)을 다루는 기술

{hṛd}는 <특성>의 의미로 분화하기도 한다. 어휘 구성소의 의미를 분석해 보면, {akṣahṛdaya}는 글자 그대로 {hṛd}에서 <특성>의 의미를 추출할 수 있다. 또한, {akṣahṛdayajña}에서는 구성소의 의미가 <주사위-마음-알다>로 이루어져 있는데, 이것이 <도박에 완전히 숙련된>이라는 의미를 형성하고 있다. 이는 '주사위 노름의 특성'을 완전히 파악했다는 것을 의미하므로 {hṛd}가 <특성>의 의미로 쓰이고 있음을 알게 된다.

(5) [심장]으로 분화한 경우

klomanhṛdaya : '우측 폐(kloman)와 심장
dvihṛdayā : 두 개의(dvi) 심장이 있는 여자 → 임신부

(6) [생각]으로 분화한 경우

antarhṛdaya : 마음을 내부(antar; 속)로 돌린

---

117) 주사위(akṣa)-hṛdaya(마음)-아는 · 친숙한(jña)

이상의 내용을 정리하면 다음과 같다.

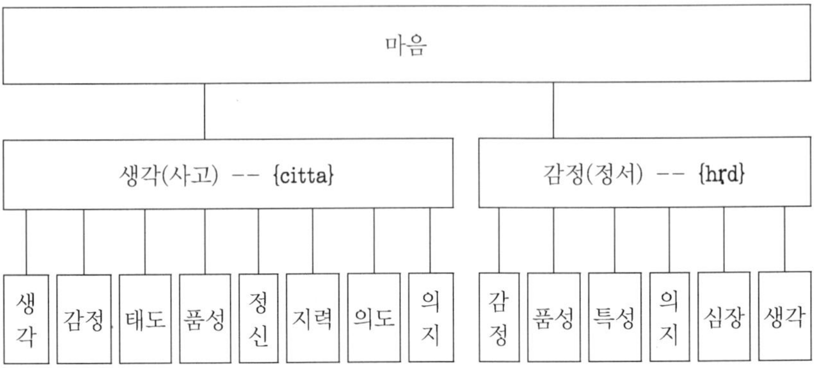

<그림 22> 범어 [마음]장의 의미 분화

나. 소결론 : 범어 [마음]장의 의미 분화

1. 범어의 [마음]장은 {citta}와 {hṛd}라는 어휘소로 실현되어 [마음]장의 의미 영역을 분할하고 있다.

2. {citta}의 원의미는 <생각>이며, {hṛd}의 원의미는 <감정>으로서, {citta}는 주로 사고(思考) 영역을, {hṛd}는 정서(情緖) 영역을 담당하고 있다.

3. 범어의 [마음]장은 {citta}와 {hṛd}가 형태 결합을 통해 각각 다음과 같은 하위장을 형성하는데, 이들은 반드시 형태 결합을 통해서만 어휘 분화를 이룬다. 이 점은 한국어와는 다르고 중국어와는 같다.

1) {citta}의 하위장은 [생각], [감정], [태도], [품성], [정신], [知力], [의도], [의지] 등으로 분화되며, [생각]장에 포함되는 어휘가 상대적으로 많다.

2} {hṛd}의 하위장은 [감정], [품성], [의지], [특성], [심장], [생각] 등으로 분화되며, [감정]장에 포함되는 어휘가 압도적으로 많다.

4. 이상의 논의를 요약하면, 범어의 [마음]장은 사고(思考) 영역과 정서(情緖) 영역으로 분할되어 있으며, {citta}와 {hṛd}가 원어휘소로 기능하고 있다. 이들을 의미 영역별로 분류하면 다음 그림과 같다.

<table>
<tr><td colspan="10">마음</td></tr>
<tr><td>구체적 대상</td><td colspan="5">본래적 영역</td><td colspan="4">능동적 영역</td></tr>
<tr><td>심장</td><td>품
성</td><td>감
정</td><td>특
성</td><td>지
력</td><td>정
신</td><td>생
각</td><td>태
도</td><td>의
지</td><td>의
도</td></tr>
</table>

<그림 23> 범어 [마음]장의 의미 영역

1) 하위장은 '심장'이라는 구체적 대상 영역, '마음'의 본래적 영역과 인간의 주체적 개입이 일어난 영역으로 구분할 수 있는데, 이는 한국어와는 다르고 중국어와는 같은 양상을 보이는 것이다.

2) 하위장의 구체적 실현 양상은 중국어와도 약간의 차이를 보인다.

① 중국어에는 [공간], [양심]장이 있는 반면, 범어에는 [공간], [양심]장 대신 [특성]장이 있다는 것이 특징이다.

② 인간의 주체적 개입이 일어난 하위장은 중국어보다 범어가 더 세부적으로 분할되어 있다는 것이 특징이다. 즉 중국어에는 [의지]만 있는 반면, 범어에는 [의지] 이외에 [생각], [태도], [의도] 등이 더 있다.

2.2.4. 희랍어 [psyche(ψυχή)]장의 분화

가. 의미의 다의화 : [psyche]의 1차 분화

희랍어의 [마음]장은 {psyche}에 의해 어휘로 실현되는데, 그 원어휘소는 생명의 신호로서의 [숨]이다. {psyche}의 사전적 의미는 다음과 같이 정리된다.

1. 생명의 신호로서의 숨
   1) 생명 (목숨) → 피
   2) 생기 → 용기
   3) (비유적 의미) 생명처럼 소중한
2. 몸과 분리된 영혼 → 귀신

3. 비물질적이고 불사하는 영혼
4. (감정, 욕망 등을 관장하는) 의식의 주체 → 자아, 생명체 자체
  1) 자아의 다양한 측면들
  2) 감정의 주체
  3) 도덕적, 지적 자아
  4) 생명체 자체
  5) 동물의 혼
  6) (무생물의 경우) 가장 중요한 것, 핵심
5. 철학적 의미
  1) 일차적인 실체, 생명과 의식의 근원
  2) 우주의 원리
  3) (플라톤 철학에서) 운동과 생명의 비물질적 원리
  4) (신플라톤주의 철학에서) 정신적 사유, nous의 모상 : εἰκών τίς νοῦ (ἡ ψυχή)
6. 나비 또는 나방

사전적 의미에 따라 {psyche}의 1차 분화 양상을 도시하면 다음과 같다.[118)]

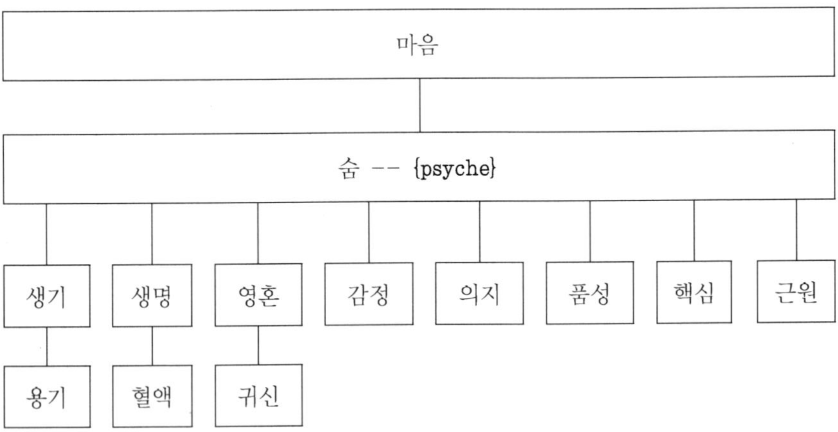

<그림 24> [psyche]의 1차 분화

118) 6의 <나비(나방)>은 비유적 의미로 쓰인 것으로 판단되므로 이 그림에서는 제외한다.

나. 형태 결합(합성과 파생)에 의한 분화

1) [생기]로 분화한 경우

psychosis(ψύχ-ωσις) : 생명의 혼을 줌, 생기 넘치게 함, 생명의 원리

lipopsycheo(λιπο-ψυχ-έω) : 기절하다, 생기 혹은 용기를 잃다(lipo; 결핍한)

oligopsycheo(ὀλιγο-ψυχ-έω) : 기절하다, 낙담하다[119]

eupsychia(εὐ-ψυχ-ία) : 활기 넘침, 용기[120]

kakopsychos(κακό-ψυχ-ος) : 자연적 성품이 좋지 못함(kako; 나쁨) = 용기 없음

여기에서 {psyche}는 생명의 원리로서의 숨, 즉 <생기>의 의미로 쓰였다. 이것은 더 세부적으로는 <용기>의 의미까지 분화한다.

2) [생명]으로 분화한 경우

{psyche}가 <생명>, 즉 <목숨>의 의미로 분화한 예들은 다음과 같다. <생명>의 의미는 더 나아가 생명을 존재케 하는 <피(혈액)>의 의미까지 분화하는데 {psychopotes}가 바로 그것이다.

psycheios(ψυχή-ιος) : 살아 있는

psychophthoros(ψυχο-φθόρος) : 생명을 파괴시키는(phthoros) 치명적인

psychotrophos(ψυχο-τρόφος) : 생명을 지탱하는(trophos; 먹이는)

psychodoter(ψυχο-δοτήρ) : 생명을 주는 자(doter)

psycholipes(ψυχο-λιπής) : 생명 없는(lipes; 결핍한)

apsychos(ἄ-ψυχ-ος) : 생명 없는(a; ~이 아닌)

psychorropheo(ψυχο-ρροφέω) : 생명을 생명을 빨다 들이다(rropheo; 삼키다), 찬물을 마시다.

psychorrageo(ψυχο-ρραγέω) : 숨을 거두게 하다(rrageo; 찢다)

---

119) oligo(적은)-psycheo(생기, 용기)

120) eu(잘)-psych(생기)-ia(εὐ-ψυχ-ία)

psychemporos(ψυχ-έμπορος) : 생명(혹은 사람들을) 사고 파는(emporos; 장사꾼)

psychomachia(ψυχο-μαχία) : 생명을 건 싸움(machia)

philopsycheo(φιλο-ψυχ-έω) : 자신의 목숨을 사랑하는(philo; 친애하는)

antipsychos apothanein(ἀντί-ψυχ-ος ἀποθανεῖν) : 대신(anti) 죽다(apothanein), 다른 사람 대신 자신의 목숨을 희생하다

psychopotes(ψυχο-πότης) : 생명을 마시는 것(potes), 혈액

3) [**영혼**]의 분화한 경우

① 몸과 분리된 영혼 → 귀신

psychopompos(ψυχο-πομπός) : 영혼을 인도하는 자(pompos: 보내는 자)[121)]

psychomanteia(ψυχο-μαντεία) : 강신술(manteia; 예언술, 점성술)

psychomanteion(ψυχο-μαντεῖον) : 유령들이 출몰하는 곳(manteion; 신탁, 신탁 장소)

psychopompeion(ψυχο-πομπεῖον) : 유령들이 출몰하는 곳(pompeion; 장엄한 행렬에 사용되는 그릇, 또는 그것을 모은 장소)

psychoulkos(ψυχ-ουλκός) : 영혼을 몸 밖으로 이끌어 내는(oulkos; 이끄는)[122)]

psychagogos(ψυχ-αγωγός) : 영혼을 저세상으로 이끄는 자(agogos: 이끄는 자)

psychagogeo(ψυχ-αγωγέω) : 영혼을 저세상으로 이끌다(agogeo; 이끌다), 살아있는 자의 마음을 매혹시키다, 설득시키다)

psychagogia(ψυχ-αγωγία) : 영혼을 설득함(agogia; 이끎)

② 비물질적이고 불사(不死)하는 영혼,[123)] 육체와 구별되는 의미로서의 영혼

---

121) 육체로부터 이탈된 영혼을 인도하는 자, 저승의 뱃사공 카론

122) 죽은 이들의 영혼을 유인한다는 의미를 갖는다.

123) εἰπόντες ὡς ἀνθρώπου **ψυχή(psyche)**, ἀθάνατος ἐστι(그들은 인간의 **영혼**이 불사적이라고 말한다).
ἡμεῖς ἐσμεν **ψυχή(psyche)** ζῷον ἀθάνατον ἐν θνητῷ καθειργμένον φρουρίῳ (우리는 가사적인 육체의 감옥에 갇힌, 영생하는 **영혼**이다).

psychoeides(ψυχο-ειδής) : 영혼의 본성을 지닌(eides; ~한 종류의), 영적인

psycholethros(ψυχ-όλεθρος) : 영혼의 죽음(olethros; 파괴적인)

psychoplanes(ψυχο-πλανής) : 영혼을 방황하게 하는(planes)

psychopoiia(ψυχο-ποιία) : 영혼을 만듦(poiia; 제작)

psychogonia(ψυχο-γονία) : 영혼의 탄생(gonia)

psychossoos(ψυχο-σσόος) : 영혼을 살리는(ssoos)

psychodaiktes(ψυχο-δαικτής) : 영혼을 파괴하는 자, 영혼을 죽이는 자(daiktes)[124]

위의 예들은 {psyche}가 <영혼>의 의미로 분화한 것을 보여준다. ①은 육체에서 이탈된 영혼을 뜻하는 것, ②는 영적인 의미로서의 <영혼>을 뜻하는 것이다.

4) [의지]로 분화한 경우[125]

megalopsychia(μεγαλο-ψυχ-ία) : 통 큼(megalo)

asthenopsychia(ἀσθενο-ψυχ-ία) : 심약함(astheno; 약함)

olopsychos(ὀλό-ψυχ-ος) : 전심전력(olo; 전체)을 다해서

atalopsychos(ἀταλό-ψυχ-ος) : 마음 약한(atalo; 연약한)

karteropsychia(καρτερο-ψυχ-ία) : 의지력이 강한(kartero)

5) [감정]으로 분화한 경우

dipsychos(δί-ψυχ-ος) : 고뇌하는[126]

psychoponia(ψυχο-πονία) : 마음의 고통(ponia)

sympsychos(σύμ-ψυχ-ος) : 한 마음의, 일치하는(sym; 함께)

6) [품성]으로 분화한 경우[127]

deilopsychos(δειλό-ψυχ-ος) : 비겁한(deilo) 마음

---

124) 디오니소스

125) 여기에서 '의지'는 감정과 욕망 등을 관장하는 의식의 주체를 가리킨다. 이것은 <자아>, <생명체>의 의미로 분화되기도 한다.

126) di(두 개의)-psychos(마음)

127) 여기에서의 '품성'은 도덕적, 지적 자아의 측면이 강하다.

hieropsych-os(ἱερό-ψυχ-ος) : 경건한(hiero) 마음

이상의 논의를 정리하여 도시하면 다음과 같다.

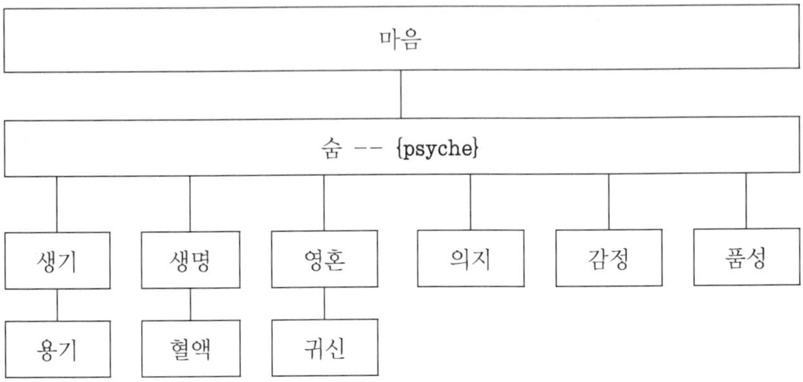

<그림 25> [psyche]의 2차 분화

나. 소결론 : 희랍어 [마음]장의 의미 분화

1. 희랍어의 [마음]장은 {psyche}라는 어휘소로 실현된다.

2. {psyche}의 원의미는 생명의 기호 내지 표식으로서의 <숨>이다. 이것은 1차 분화를 통해 [생기], [생명], [영혼], [감정], [의지], [품성], [근원] 등의 하위장을 형성한다.

3. 희랍어의 [마음]장은 {psyche}가 형태 결합을 통해 하위장을 형성함으로써 확대되는데, 2차분화에 의한 하위장으로는 [생기], [생명], [영혼], [의지], [감정], [품성] 등이다.

4. 희랍어의 [마음]장에서 높은 어휘 출현 빈도를 보이는 것은 [생명]과 [영혼]장이다.

5. 희랍어의 [마음]장은 인간의 사유와 관련하여 철학적 영역으로 의미 분화가 다양하게 이루어지는 것으로 보인다.

1) 한국어 등 다른 언어에는 보이지 않는 [생기], [생명], [영혼] 등이 [마음]의 어휘장을 형성하고 있다. 이는 희랍어에서 '마음'을 인식하는 양상이 다른 세 언어와는 달랐음을 보여주는 것이라고 할 수 있다.

2) 한국어 등 다른 언어의 [양심], [공간], [知力], [관심], [심장], [정신], [생각], [특성], [태도], [의도] 등은 보이지 않는다.

6. 이상의 논의를 요약하여 도시하면 다음과 같다.

마음					
본래적 영역					능동적 영역
생기	생명	영혼	감정	품성	의지

<그림 26> 희랍어 [마음]장의 의미 영역

2.1.5. [마음]장의 어휘 · 의미 분화 양상의 해석

[마음]장의 어휘 · 의미 분화 양상은 [머리]장의 경우와 마찬가지로 언어마다 다르게 나타난다. 그 분화 양상을 도시하면 다음과 같다.

언어	마음															
	구체적 대상	본래적 영역										능동적 영역				
	심장	품성	감정	양심	공간	지력	정신	특성	생기	생명	영혼	생각	태도	의지	의도	관심
한국어		■	■	■	■	■								■		■
중국어	■	■	■	■	■	■	■							■		
범어	■	■	■			■	■	■				■	■	■	■	
희랍어		■	■						■	■	■			■		

<그림 27> [마음]장의 의미 영역 대조

1. 구체적 대상 영역에 속하는 <심장>의 의미는 중국어와 범어에만

나타난다.

2. 본래적 영역에 속하는 하위장은 네 언어에서 비교적 다양하게 이루어졌으나, 그 구체적 양상이 달리 나타난다. 특히 [생기], [생명], [영혼]장은 희랍어에만 나타나는 특징이 있다.

3. 한국어와 중국어에 나타나는 [양심]과 [공간]장이 범어와 희랍어에는 나타나지 않는다.

4. 중국어와 범어에 나타나는 [정신]장은 한국어와 희랍어에 나타나지 않으며, [특성]장은 범어에만 나타난다.

5. 인간이 주체적으로 개입하는 능동적 영역에서는 하위장이 범어에서 가장 다양하게 나타난다.

6. 능동적 영역에서 [의지]장은 네 언어 모두에서 나타나는데, [생각], [태도], [의도]장은 범어에만 나타난다.

7. 능동적 영역에서 [관심]장은 한국어에만 나타난다.

2.3. [알다]의 어휘 · 의미 분화 양상

{알다}는 동사로서 인간의 정신 작용을 표시하는 어휘라고 할 수 있다. 이것은 기본적으로 <새롭게 깨닫다>라는 의미를 갖는다. 무엇을 '새롭게 깨닫는' 방법은, 감각과 지각을 통해 '인식'하거나 학습을 통해 '이해'하는 것이다. 이 글에서 우리는, [인식]을 원초적인 의미로 규정하고, [이해]는 경험을 통한 2차적인 것으로 규정한다. 자연 상태에서 감각을 통해 체득하는 것이 학습을 통해 얻는 것보다 원형에 가깝다고 판단했기 때문이다. 따라서 이 글에서는 {알다}의 원의미를 [인식]으로 설정하고자 한다. [인식]은 '감각(感覺)'과 '지각(知覺)'을 거쳐 형성되며, 인간 사유의 바탕이 되는 정신 작용이라고 할 수 있다.[128]

128) 일반적으로 '인식'이 갖는 의미 영역은 대상을 감지하는 감각 및 지각으로부터 이를 분별·판단하는 기억·사유에 이르기까지의 광의의 의식 작용을 포괄한다. 이 글에서는 [인식]이 '감각'과 '지각'을 거쳐 형성된다고 이해하고자 한다. 우리가 설정한 [인식]이라는 원의미는 '인식'이 갖는 철학적 함의를 모두 포괄하지는 않는다. 우리는 [인식]을 '감각'과 '지각'을 통해 '인식'되기까지의 과정을 포괄하는 것으로 사용하고자 한다. 그 밖의 의식 작용은 [인식]을 바탕

2.3.1. 한국어 [알다]장의 분화

가. 의미의 다의화 : {알다}의 1차 분화

한국어에서 [인식]을 표상하는 어휘는 {알다}이다. {알다}는 문장에서 여러 가지 의미로 분화되어 쓰이기도 하고, 한국어의 교착적(膠着的) 특성에 따라 다른 형태와 결합하여 형태 분화와 함께 의미 분화를 이루기도 한다.129)

{알다}의 사전적 의미는 다음과 같다.

1. (경험, 학습, 정보를 통하여) 모르던 것을 깨닫다
2. 심리적 상태를 마음속으로 느끼거나 깨닫다
3. 잘 모르던 대상에 대하여 그 좋은 점을 깨달아 가까이하려 하다
4. (어떤 것을) 이해하는 지식을 가지다, (어떠한 것을) 이해하다
5. 기술이나 능력을 가지고 있다
6. 다른 사람과 사귐이 있거나 안면이 있다
7. (바로 판단하여) 의식하다
8. [주로 '알아서 '의 꼴로 쓰이어] 분별하거나 판단하다
9. (어떻게) 여기거나 이해하다
10. 어떠한 사실에 대하여 그러하다고 믿거나 생각하다
11. ['~만 알다'의 꼴로 쓰이어] 가치가 있다고 여기거나 소중히 여기다
12. ['알 게, 알 바'의 꼴로 쓰이어] (어떤 일에) 상관하거나 아랑곳하다
13. [주로 '알아주다'의 꼴로 쓰이어] 인정하다
14. 상대편의 어떤 명령이나 요청에 대하여 그대로 하겠다는 동의의 뜻을 나타내는 말

으로 이루어지는 2차적인 것으로 이해하고자 하는 것이다.

129) 어휘가 다른 형태와의 결합 없이 여러 가지 의미로 분화되는 것을 1차 분화, 형태 결합을 통해 어휘가 분화되면서 의미 분화가 일어나는 것을 2차 분화라고 명명해 왔음을 상기하자. 2차로 분화된 어휘는 또다시 제3, 제4의 의미로 자체 분화하기도 하는데 이에 대해서는 이 글에서 다루지 않는다. 이 글에서는 선정된 어휘의 1차 분화와 2차 분화 양상만 다루기 때문이다.

15. 소리를 분간하여 듣다, 눈으로 보고 분간하다

위의 풀이를 바탕으로 구체적 문장 속에서 {알다}가 어떤 세부 의미로 쓰이는지 알아보자.

(18) 가. 밖으로 나와서야 날씨가 추운 것을 알았다.
나. 부부는 함께 살다 보면 서로의 생각을 속속들이 알게 된다.

(19) 가. 부모님의 사랑을 돌아가신 후에야 알았다.
나. 사람이 수치를 알지 못하면 짐승에 다를 바 없다.

(20) 가. 사람이 돈을 알면 인색해져서 못쓴다.
나. 공부하는 학생이 여자를 너무 일찍 알아서는 안 된다.

(18)~(20)에 쓰인 {알다}는 모두 <깨닫다>의 의미로 쓰였다. (18)은 모르고 있던 것을 새롭게 깨닫는다는 의미로 쓰였고, (19)는 심리적 상태를 마음속으로 느끼거나 깨닫는다는 의미로, (20)은 잘 모르던 대상을 알게 된다는 의미로 쓰였다. 이와 같이 이들은 모두 <깨닫다>의 의미를 가지므로 그 원의미를 [인식]으로 설정하였다.

(21) 가. 그는 외국어를 아는 지식층일 가능성이 크다.
나. 우리 민족은 물질적으로 가난하게 살아오면서도 멋을 알고 풍류를 즐기는 민족이었다.

(21)의 {알다}는 모르던 것을 이해하거나 지식을 갖게 되는 것을 뜻한다. 그러므로 이와 같은 의미를 가지는 어휘는 원의미를 [지식/이해]로 설정한다.

(22) 가. 형은 기타를 칠 줄 안다.
나. 저도 글을 읽고 쓸 줄은 알아요.

(22)에서 {알다}는 <능력>의 의미로 쓰였다.

(23) 가. 나는 그녀와 아는 사이이다.
나. 그들은 이미 서로 알고 지내는 사이였다.

(23)의 {알다}는 사귀거나 안면이 있는 사이라는 뜻으로 쓰였다. 이것의 원의미는 [친교/관계]로 설정한다.

(24) 가. 창피한 걸 아는 녀석들이 그 따위 짓을 하니?
나. 사람은 은혜를 알아야지요.

(25) 가. 네가 알아서 잘 처리해라.
나. 상사는 부하에게 적당히 알아서 하라고 곧잘 말한다.

(26) 가. 이거라도 전해 주는 걸 고맙게 아시오.
나. 자세한 계획은 최 과장이 설명해 줄 것이니, 그리 아십시오.

(27) 가. 저는 우리 팀이 우승할 줄로 알고 있었습니다.
나. 나는 시험이 내일인 줄로 알았다.

(24)~(27)에 쓰인 {알다}는 모두 [판단]의 의미로 사용되었다. (24)는 <판단하여 의식하다>, (25)는 <분별하거나 판단하다>, (26)은 <어떻게 여기다>, (27)은 <어떠하다고 믿다>의 의미로 쓰였다.

(28) 가. 그는 돈만 아는 구두쇠였다.
나. 그 사람은 공부만 알지 세상 물정을 통 모른다.

(29) 가. 내가 알 바가 아니다.
네가 무슨 짓을 하든 내가 알 게 뭐야.

(28)과 (29)는 공통 의미로 [관심]을 설정할 수 있다. (28)의 {알다}는 어떤 것을 가치가 있다고 여기거나 소중히 여기는 것을 뜻하는 말로, (29)에서는 어떤 일에 상관한다는 뜻으로 쓰였다.

(30) 가. 남을 위해 살아 봐야 아무도 알아 주지 않아.
나. 저 사람은 사회계와 법조계에서도 알아 주는 인물이지.

(30)에서는 {알다}가 <인정하다>의 뜻으로 쓰였다.

(31) 가. "일찍 오너라." "예, 알겠습니다."
나. "선생님, 꼭 참석해 주십시오." "알았네."

(31)에서는 {알다}가 상대편의 명령이나 요청에 대하여 동의한다는 의미로 사용되었다.

(32) 가. 누구의 목소리인지를 알아들을 수 없다.
나. 그렇게 작은 소리를 누가 알아듣겠어?

이상의 논의를 바탕으로 1차 분화 양상을 도시하면 다음과 같다.130)

130) 사전적 풀이에는 이것이 등재되어 있으나 이런 뜻으로 실제 사용되는 어휘는 {알아듣다}, {알아보다②}가 있다. 이들은 {알다}와 {듣다}, {보다}가 합성된 어휘이다. 여기에서 {알다}는 [분간]의 의미로 분화하였는데, 형태 변화 없이 1차 분화하는 다른 경우와는 달리 형태 결합을 통한 2차 분화를 하면서 원의미가 [인식]에서 [분간]으로 분화하였다. 다른 경우들이 1차 분화가 일어난 상태에서 다른 형태와 결합하여 2차 분화를 이룬다면, [분간]의 경우에는 2차 분화를 하면서 [인식]의 원의미가 [분간]의 의미로 하위 분화한다는 점이 특기할 만하다.

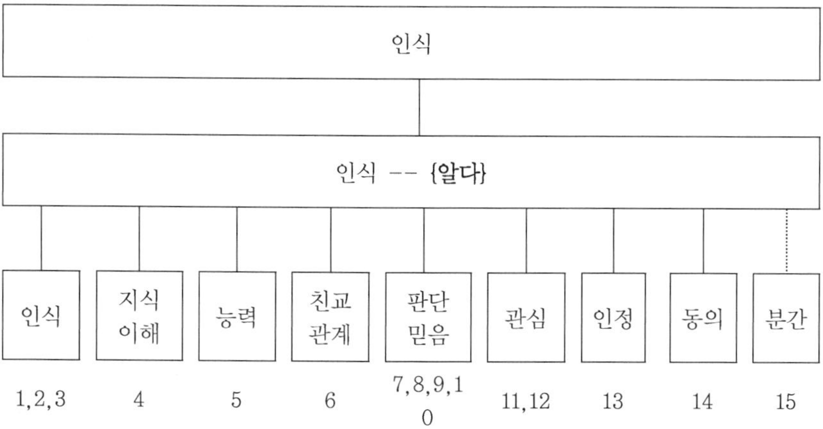

<그림 28> {알다}의 1차 분화

나. 형태 결합(합성과 파생)에 의한 분화

1) [인식]으로 분화한 경우

① [인식]의 의미 유지

알아내다 : 방법이나 수단을 써서 모르던 것을 알 수 있게 되다

알아차리다(=알아채다) : 알고 정신을 차려 깨닫다

알음알음하다 : 알 듯 알 듯하다

낯알다 : 얼굴을 기억하고 알아보다

② [전달]

알리다① : 모르던 것이나 잊었던 것을 깨닫거나 알게 하다

알리다③ : 어떠한 사실을 알게 하다

③ [명성]

알려지다② : 유명하게 되어 있다[131]

---

131) '알려지다②'는 '안면이 있다'와 같은 것으로 보아 [친교/관계]로 볼 수 있으나 '유명하게 되다'의 의미는 모르던 것이 널리 인식되는 것으로 파악하여 [인식]으로 분류하였음. 이렇게 보면, '알려지다②'는 '알리다(알-+-리-)+-어지다'의 구성으로 된 것인데 '알다'에 [인식]의 의미가 있고, 이것이 '-어지다'와 결합하여 [명성]의 의미가 2차로 파생되는 것으로 파악할 수 있다. 즉, '알다' 자체는 [인식]의 의미만을 갖는 것이다.

위의 예들은 {알다}의 원의미인 [인식]의 의미를 그대로 지니면서 형태 분화가 이루어진 어휘이다. 여기에서 {알리다①③}은 <전달>의 의미로 다시 분화되며, {알려지다②}는 <명성>의 의미로 분화된다. 그러나 이들 2차 분화는 모두 새로 결합된 형태에 의해 이루어지는 데 주의할 필요가 있다. 이들을 분리해 냈을 때 {알다}의 원의미는 변함없이 [인식]이다.

2) [지식/이해]로 분화한 경우

① [지식/이해]의 의미 유지

알아듣다① : 남의 말을 듣고 그 뜻을 알다

알음② : 지식이나 지혜가 있음

알음알이① : 약삭빠른 수단, 꾀바른 수단

② [전달]

알리다② : (다른 사람에게 어떠한 것에 대한 지식 등을) 소개하여 알게 하다

알려지다① : 다른 사람이 아는 바가 되다, 정보나 지식이 퍼져 있다

알음장 : 눈치로 넌지시 알려줌

③ [적중]

알아맞히다 : 요구되거나 기대되는 답을 알아서 맞게 하다

④ [미숙]

데알다 : 자세히 모르고 대강 또는 반쯤만 알다

위의 예들은 [인식]의 원의미가 [지식/이해]로 분화한 후, 2차적으로 형태 결합을 통해 다시 의미 분화가 이루어진 것들이다. 여기에서는 새로 분화된 <전달>, <적중>, <미숙>의 의미는 새로 분화되었다.

3) [친교/관계]로 분화한 경우

① [친교/관계]의 의미 유지

알음① : 사람끼리 서로 아는 일

알음알음① : 서로 아는 관계, 서로의 친분

② [태도]
알은척(=알은체)② : 사람을 보고 인사하는 표정을 지음
③ [사람]
알음알이② : 서로 가까이 아는 사람
④ [기억]
알아보다③ : 잊어버리지 않고 오래 기억하다
낯알다 : 얼굴을 기억하고 알아보다

①은 [친교/관계]의 원의미가 유지되면서 형태 분화가 이루어졌는데 추가적인 의미 분화가 이루어지지 않은 것이고, ②~④는 형태 분화가 이루어지면서 <태도>, <사람>, <기억>에 해당하는 의미가 추가된 것이다. 이 때에도 {알다}는 원의미인 [친교/관계]가 그대로 유지된다.

4) [판단/믿음]으로 분화한 경우

① [수용]
알아주다② : 다른 사람의 (어려운) 사정이나 형편을 이해하여 주다
② [인지]
알아차리다(=알아채다) : 알고 정신 차려 깨닫다

이 경우는 원의미를 유지한 어휘가 없고, 형태 분화를 하면서 의미 분화가 같이 일어난 예들이다. {알다}에 결합되는 다른 형태에 의해 <수용>, <인지>의 의미가 생성된다.

5) [관심]으로 분화한 경우

① [관심]의 의미 유지
알은척(=알은체)① : 어떤 일에 관심을 가지는 듯한 태도를 보임
② [조사]
알아보다① : 조사하거나 살펴보다

[관심]장의 2차 분화에서는 원의미가 유지되는 경우와 형태 결합을 통

해 <조사>의 의미가 분화하는 경우가 있다. 이때에도 {알다}의 의미는 [관심]이 그대로 유지된다.

6) [인정]으로 분화한 경우

[인정]의 의미 유지

알아주다① : (누구의 특징이나 성격이) 그 방면으로는 뛰어나다고 인정해 주다

알음③ : 어떤 사정이나 수고에 대하여 알아주는 것[132)]

[인정]장에 속하는 어휘는 형태 결합 후에도 어휘의 원의미에는 변함이 없다.

7) [분간]으로 분화한 경우

① [분간]

알아듣다② : 소리를 분간하여 듣다

알아보다② : 눈으로 보고 분간하다

이 경우는 {알다}가 {듣다}, {보다}와 결합하면서 [인식]에서 [분간]으로 분화한다. 형태 결합을 통한 2차 분화를 하면서 원래 형태인 {알다}의 의미도 함께 분화하는 특이한 현상을 보여준다.

지금까지의 논의를 정리하여 {알다}의 형태 및 의미 분화 양상을 도시하면 다음과 같다.

132) '알음'의 뜻에 '신의 보호나 신이 보호하여 준 보람'이 있지만 '알다'의 의미와 무관한 것으로 판단되어 제외한다.

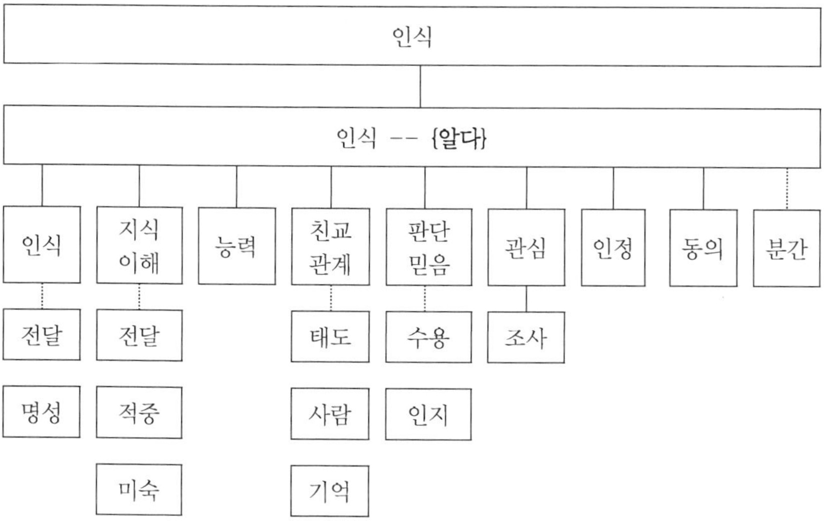

<그림 29> {알다}의 2차 분화

다. 소결론 : 한국어 [인식]장의 의미 분화

1. 한국어의 [인식]장은 {알다}라는 어휘소로 실현된다.

2. {알다}의 원의미는 '깨달음'을 뜻하는 [인식]이다. 이것은 1차 분화를 통하여 [인식], [지식/이해], [능력], [친교/관계], [판단/믿음], [관심], [인정], [동의] 등으로 분화하며, 형태 결합을 통해 2차 분화한다.

3. 2차 분화를 통해 형성되는 하위장은 적어도 이 글에서 다룬 내용으로만 본다면 [분간]장 하나뿐이다. [분간]장을 제외하면 형태 결합을 하더라도 1차 분화된 의미에는 변화가 일어나는 하위장은 없다.

4. 한국어의 [인식]장에서는 그다지 활발하게 어휘 분화가 일어나지 않는 것으로 보인다. 그것은 원어휘소 {알다}가 매우 활발하게 의미 작용에 관여하기 때문이 아닌가 생각된다. 즉, 1차 분화가 활발하게 일어남으로써 2차 분화가 그다지 필요하지 않았기 때문인 것으로 판단되는 것이다.

5. [인식]장의 하위장은 크게 '인지 작용'에 해당하는 것, '수행 행위'에 해당하는 것으로 분류할 수 있다.[133]

133) 이러한 영역을 규정하는 '인지 작용'과 '수행 행위'라는 메타어의 적절성에 대

1) 인지 작용에 속하는 것으로는 [인식], [지식/이해], [친교/관계], [분간] 등이 있다.

2) 수행 행위에 속하는 것으로는 [능력], [판단/믿음], [관심], [인정], [동의] 등이 있다.

6. 전반적으로 보았을 때, 한국어 {알다}의 경우에는 '인지 작용'의 영역에 해당하는 어휘의 분화가 '수행 행위' 영역에 속한 어휘보다 상대적으로 활발하게 일어난다.

7. 이상의 논의를 요약하여 도시하면 다음과 같다.

<table>
<tr><td colspan="9">인식</td></tr>
<tr><td colspan="4">인지 작용</td><td colspan="5">수행 행위</td></tr>
<tr><td>인식</td><td>지식
이해</td><td>친교
관계</td><td>분간</td><td>능력</td><td>판단
믿음</td><td>관심</td><td>인정</td><td>동의</td></tr>
</table>

<그림 30> 한국어 [인식]장의 의미 영역

2.3.2. 중국어 [知]장의 분화

중국어에서 한국어의 {알다}에 해당되는 어휘는 {知} 이외에도 10여개가 있으나, 가장 다양한 함의를 유지하고 있는 {知}를 선택하였다. 이는 한국어 {알다}의 어휘장과 대조하기 위한 것이다.[134]

해서는 논란이 있을 수 있겠다.

134) <알다>의 의미를 가진 중국어 어휘에는 {懂}, {明}, {曉}, {認}, {識}, {熟}, {會}, {解}, {了}, {悟} 등이 있다.

{懂} : <이해하다>의 의미로 주로 쓰이며 [인식]과 관련하여 {知}처럼 다양한 함의를 갖지 못한다.

{明} : <명백하다>, <확실하다>가 중심 의미이고 <알다>, <이해하다>는 주변 의미이다.

{曉} : <알다>, <이해하다>의 의미가 있으나 이는 의미 확장이 일어난 것이며 <새벽>이 중심 의미이다.

{認} : <분간하다>, <인정하다>의 의미로 주로 쓰이며 [인식]과 관련하여 {知}처럼 다양한 함의를 갖지 못한다.

가. 의미의 다의화

중국어의 {知}의 사전적 의미는 다음과 같다.

1. 알다, 이해하다
2. 깨닫다
3. 지식, 학문
4. 주관하다, 관장하다, 맡아보다
5. 사귀다
6. 친한 벗(친구), 지기(知己)

이를 도시하면 다음과 같다.

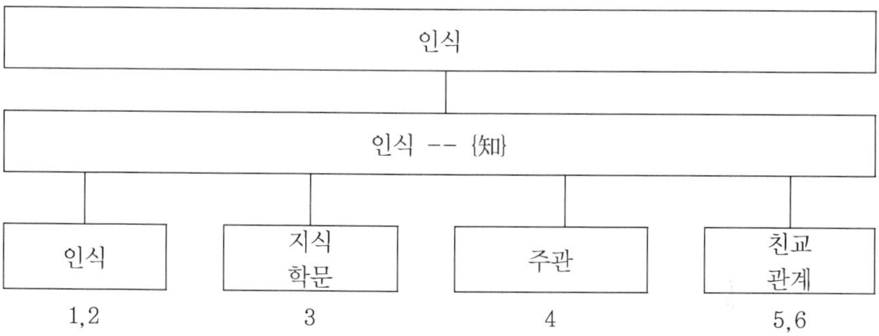

<그림 31> {知}의 의미 분화

{識} : <알다>, <식별하다>, <인식하다>의 의미로 주로 쓰이며 [인식]과 관련하여 {知}처럼 다양한 함의를 갖지 못한다.

{熟} : <익다>, <여물다>가 중심 의미인데, 여기에서 어떤 것을 잘할 수 있는 능력, 즉 <능숙하다>의 의미가 파생되었다.

{會} : 동사로 <이해하다>, <깨닫다>, <능숙하다>의 의미가 있으나 이는 주변 의미에 불과하다.

{解} : <나누다>, <분리하다>, <풀다>가 중심 의미이며, 여기에서 파생된 <이해하다>의 의미도 있다.

{了} : <완료하다>, <마치다>가 중심 의미이며, 여기에서 <명백하다>, <알고 있다>의 의미가 파생되었다.

{悟} : <이해하다>, <각성하다>, <깨닫다>의 의미가 있으나, [인식]과 관련하여 {知}처럼 다양한 함의를 갖지 못한다.

나. 형태 결합(합성과 파생)에 의한 분화

1) [인식] : {知}의 중심 의미

① [인식]

知冷知熱① : 춥고 더움을 알다

知彼知己 : 적을 알고 나를 알다[135)]

知道 : 알다, 이해하다, 깨닫다

知根 : 내막을 알다

知根知底 : 내막(속내)를 알다

知風 : 소식을 듣다

知足 : 만족을 알다

知覺 : 알다, 깨닫다

知事① : 사리를 알다

知照 : 알리다

知曉 : 알다, 이해하다

知行① : 아는 것과 행하는 것

知會 : 통지하다, 알리다

知悉 : 알다

知恥 : 부끄러움을 알다

知耻 : 부끄러움을 알다, 염치를 알다

知底 : 내막을 알다, 속내를 알다

知非 : 잘못을 깨닫다 → 50세

知過 : 잘못을 알다

知政 : 정치를 알다

知情 : 사정을 알다, 내막을 알다

知他 : 누가 알아!

知名 : 명성

知音① : 음률에 정통하다

知古今(儿)① : 고금을 잘 알다

知命 : 하늘의 명을 알다 → 50세

知非 : (옛날의) 잘못을 깨닫다. 50세(=知命)

知情达理① : 인정을 알고 사리(이치)를 알다

知无不言 : 알고 있는 바는 다 말하다

知難而退 : 곤란한 것을 알고 물러서다

知難行易 : 알기는 힘들고 하기는 쉽다

知錯改錯 : 잘못을 알고 (바로) 고치다

知名不具 : 제 이름을 알고 계시므로 생략함

知法犯法 : 법을 알면서 고의로 법을 범하다

知而不言 : 알고 있으면서도 말하려 하지 않는다[136)]

知難而進 : 어려움을 알면서도 앞으로 나아가다

知进知退 : 나아갈 때와 물러설 때를 알다, 잘 대처하다(처신하다)

知名度 : 이름이 세상에 알려진 정도

---

135) 知彼知己 百戰不殆 : 적을 알고 나를 알면 백 번 싸워 위태롭지 않다.

136) 知而不言, 言而不盡 : 알고 있으면서도 말하려 하지 않고, 말을 해도 전부 말하지 않는다.; 발언에 소극적이다.

知根(儿) : 내막(진상)을 알다. 근본을 알다. 속내를 알다.

知雄守雌 : 사나이다운 적극적인 태도를 이해하면서, 연약한 여자 같은 소극적인 태도를 취하다, 유약의 도를 지켜 이기기를 원하지 않다.

② [식별/분별]

知趣(儿) : 눈치가 있다, 남의 기분을 잘 알아차리다, 눈치 있게 굴다

知几 : 일의 기미를 알아채다, 일의 낌새를 채다

知白守黑 : 사리와 시비를 분명히 알면서도 모르는 척하며 지내다[137)]

知好歹 : 사리를 분별하다

③ [관심]

知冷知热② : 지극한 관심으로 (자상하게) 돌보아 주다

知疼着热 : 남(상대방)에게 관심을 갖고 아껴주다, 서로 아끼고 사랑하다

④ [감사]

知情 : (남의 호의적 행동에) 고마워하다(감격해 하다), 감사하다

⑤ [인정(認定)]

知人 : 사람(의 품행·재능)을 잘 알아보다

중국어의 {知}는 형태 결합을 통하여 많은 어휘로 분화를 하는데, 그 중에서 원의미 [인식]을 유지하는 것이 가장 많다. 이것은 한자어라는 특징에서 비롯된 것이 아닌가 한다. 즉, 한자어는 낱글자 하나하나가 모두 의미를 가지고 있으므로 다른 어휘의 의미적 간섭을 덜 받기 때문일 것이다.

[인식]은 형태 결합을 통하여 의미의 2차 분화를 겪기도 하는데, 이때 생성되는 의미는 <식별/분별>, <관심>, <감사>, <인정> 등이다.

2) [지식/학문]으로 분화한 경우

知古今(儿)② : 박식하다

知心① : 마음을 이해하다

知能 : 지식과 능력

知青办 : 지식 청년 하방 사무실

知情达理② : 사리에 밝다

知性 : 지성

知行② : 지식과 행위

知青 : 지식 청년

知识 : 지식

137) 사리를 알면서도 침묵하며 나서지 않다.

知尽能索 : 있는 지혜와 재능이 다하다
知书达礼 : 학식과 교양이 있고 예절에 밝다

위의 예에서처럼 {知}가 다의화하여 원의미 [인식]이 [지식/학문]으로 분화하기도 한다. 이것도 원의미를 유지한 채 형태 결합을 통한 자체 분화를 하거나 <식견>과 같이 보다 세밀한 의미로 분화되기도 한다. 그러나 2차 분화는 어휘의 빈도수가 극히 낮다.

3) [주관(主管)]으로 분화한 경우

知事② : 일을 (사무를) 주관하다
知客 : 지객, 접대를 담당하는 스님, (옛날 혼례・상례 등의) 접대인

위는 {知}의 의미가 <주관하다>로 분화된 예들이다. {知事}의 경우, <사리를 알다, 사정을 알다>라는 의미도 가진 말로서, 여기서는 사리에 밝은 사람이 일을 주관한다는 뜻으로 쓰였다고 판단된다. <알다, 이해하다>와 의미적 연관성을 놓치지 않고 있다.

4) [친교/관계]로 분화한 경우

知友 : 지우
知交 : 지기, 절친한 친구
知心② : 절친하다. 마음을 이해하다
知近 : 서로 친근한, 절친한
知面 : 얼굴을 알다, 면식이 있다
知己 : 서로 친근하다, 막역하다, 절친하다, 절친한(막역한) 친구
知音② : 지기(知己), 작품을 깊이 이해하고 정확히 평가하는 사람(=자신을 알아주는 친구)
知遇 : 지우를 얻다, 지우하다, 남이 자기의 학식・인격・재능을 알고 대접하다(등용하다)

위는 {知}가 <친구>의 의미로 분화한 예들을 보여준다. 이들 어휘에 쓰인 {知}를 직역하면 모두 <알다>의 의미를 가지는데, 이는 위에서 살펴 본 다른 예들과 마찬가지로 {知}의 의미가 분화하였으나 원의미와 의

미석 연관성을 유지하고 있음을 보여준다. 형태 결합을 통해 2차 분화를 한 어휘가 형태 변화 없이 <친구>의 의미로 분화하는 예들도 있다.

이상의 논의를 정리하여 도시하면 다음과 같다.

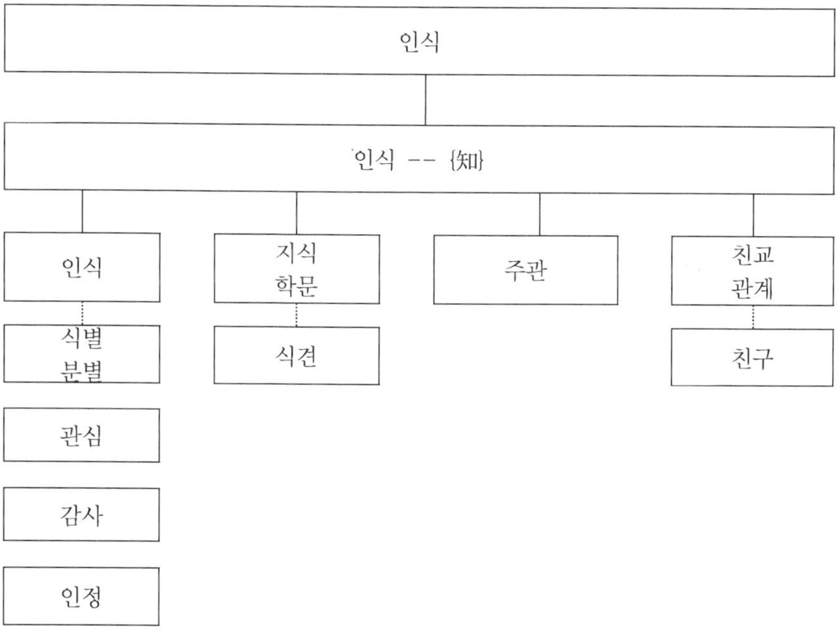

<그림 32> {知}의 의미 분화

다. 소결론 : 중국어 [인식]장의 의미 분화

1. 중국어의 [인식]장은 {知}로 실현되는데, 현대 중국어에서는 단독 어휘로 실현되지 못하고 반드시 다른 형태와 결합하여야 의미를 나타낼 수 있다.

2. {知}의 원의미는 '깨달음'을 뜻하는 [인식]이다. 이것은 [지식/학문], [주관], [친교/관계]의 의미로 분화된다.

3. 이 하위장들은 형태 결합을 통해 2차 의미 분화를 하게 되는데, [인식]은 [식별/분별], [관심], [감사], [인정]의 하위장을 형성하며, [지식/학

문]은 [식견]의 하위장을 형성한다. [주관]과 [친교/관계]는 하위장을 형성하지 않는다.

4. 각 하위장은 해당 장의 원의미와 의미적 유연성을 잃지 않고 있다. 이것은 한자어의 특성에서 기인하는 현상이라고 생각된다. 한자어는 개개의 낱글자가 의미를 확실히 가지고 있으므로 다른 형태의 의미로부터의 간섭을 덜 받는 것이라고 생각한다.

5. 중국어 [인식]장에서는 원래 의미인 <인식>을 유지하는 것이 압도적으로 많다. 즉, 의미 분화가 활발히 일어나지 않는 것이다.

6. 중국어의 [인식]장은 인지 작용 영역에 [인식], [지식/이해], [친교/관계], 수행 행위 영역에 [주관]장이 분포한다.

7. 중국어는 한국어에 비해서 [인식]장의 분화가 훨씬 단순하다.

8. 이상의 논의를 요약하여 도시하면 다음과 같다.

인식			
인지 작용			수행 행위
인식	지식/이해	친교/관계	주관

<그림 33> 중국어 [인식]장의 의미 영역

2.3.3. 범어 [jñā]장의 분화

범어의 [인식]장은 어근 {√jñā}와 다른 형태가 결합하여 형성하는 어휘에 의해 형성되고 있다. {jñā}는 한국어의 {알다}에 대응하는 어근이다.

가. 형태 결합(합성과 파생)에 의한 분화

1) [인식] : {jñā}의 중심 의미

① [인식]의 의미 유지

abhijñā① : 알다, 깨닫게 되다[138]

parijñā① : 깨닫다[139]

samabhijñā : 충분히 인식하다[140]

abhivijñā① : 알아차리다[141]

② [식별/구별]

prajñā② : 식별하다[142]

ājñā② : 눈치 채다, 알아차리다[143]

pratijñā④ : 알아차리다[144]

vinirjñā : 구별하다, 분별하다, 찾아내다[145]

vijñā : 식별하다, 분별하다[146]

samprajñā : 구별하다, 분별하다[147]

③ [관심]

ājñā① : 주의를 기울이다[148]

④ [은폐]

apajñā : 숨기다, 감추다, 비밀로 하다[149]

⑤ [경멸/무시]

avajñā : 천하게 생각하다, 경멸하다, 무시하다[150]

위는 {jñā}가 원의미인 <인식>의 의미를 가진 경우들이다. {jñā}는 <인식>의 의미를 유지하면서 <식별/구별>, <관심>, <은폐>, <경멸/무시> 등의 의미로 분화한다.

---

138) 대하여(abhi)-jñā(알다)
139) 주위에(pari)-jñā(알다)
140) 함께(sam)-대하여(abhi)-jñā(알다)
141) 대하여(abhi)-분리(vi)-jñā(알다)
142) 앞으로(pra)-jñā(알다)
143) 강조(ā)-jñā(알다)
144) 다시(prati)-jñā(알다)
145) 분리(vi)-밖(nir)-jñā(알다)
146) 분리(vi)-jñā(알다)
147) 함께(sam)-앞으로(pra)-jñā(알다)
148) 강조(ā)-jñā(알다)
149) 떨어져서(apa)-jñā(알다)
150) 아래에(ava)-jñā(알다)

2) [지식/이해]로 분화한 경우

① [지식/이해]의 의미 유지

prajñā① : 알다, 이해하다[151)]

parijñā② : 알다, 이해하다[152)]

pravijñā : 자세하고 정확하게 알다[153)]

gandhajñā : 냄새(gandha)에 대한

padajñā : 집에 대한 지식[154)]

ṛtajñā : 계율이나 종교적 관습에 정통하다[155)]

strīprajñā : 여성에 대한 이해를 가지다[156)]

vijñā : 알거나 이해하다, 바른 지식을 가지다[157)]

savijñā : 알게 하다[158)]

samājñā① : 완전히 알거나 이해하다[159)]

samupajñā① : 충분히 알아내다, 배우다[160)]

ājñā③ : 알아듣다[161)]

② [기억]

upajñā② : 생각해내다, 떠올리다, 스스로 고안한 지식[162)]

pratyabhijñā① : 기억하고 있다, 알다, 이해하다[163)]

pūrvaprajñā : 과거에 대한 지식[164)]

{jñā}는 <인식>의 의미에서 <지식/이해>의 의미로 분화하기도 한다.

---

151) 앞으로(pra)-jñā(알다)
152) 주위에(pari)-jñā(알다)
153) 앞에(pra)-분리(vi)-jñā(알다)
154) 위치(pada)-jñā(알다)
155) 도덕률(ṛta)-jñā(알다)
156) 여자(strī)-앞으로(pra)-jñā(알다)
157) 분리(vi)-jñā(알다)
158) 함께(sa)-상호적 행위(vi)-jñā(알다)
159) 함께(sam)-강조(ā)-jñā(알다)
160) 함께(sam)-향해(upa)-jñā(알다)
161) 강조(ā)-jñā(알다)
162) 가까이(upa)-jñā(알다)
163) 다시(prati)-대하여(abhi)-jñā(알다)
164) 이전(pūrva)-앞에(pra)-jñā(알다)

<지식/이해>의 의미를 그대로 유지한 것도 있으며, 다른 형태와 결합함으로써 새롭게 <기억>의 의미로 분화한 것도 있다.

3) [지각]으로 분화한 경우

prajñā③ : 발견하다, 지각하다[165)] abhivijñā② : 지각하다[166)]
anuprajñā : 발견하다[167)] abhijñā② : 지각하다[168)]
parijñā③ : 지각하다[169)] pratiprajñā⑤ : 찾아내다[170)]
pratijñā③ : 지각하다[171)] samājñā② : 지각하다[172)]
samājñā② : 지각하다[173)] samupajñā② : 지각하다[174)]

4) [인정/승인]으로 분화한 경우

pratijñā① : 동의하다, 인정하다[175)] pratijñā② : 약속하다[176)]
pratyabhyanujñā : 허가[177)] rājājñā : 왕의 칙명, 명령[178)]
samanujñā② : 권한을 주다[179)] samanujñā③ : 용서하다, 면제하다[180)]
sampratijñā : 약속하다[181)] pratyabhijñā② : 인정하다[182)]
vijñā : 인정하다[183)] savijñā : 동의하다[184)]

---

165) 앞으로(pra)-jñā(알다)
166) 대하여(abhi)-분리(vi)-jñā(알다)
167) 뒤에(anu)-앞에(pra)-jñā(알다)
168) 대하여(abhi)-jñā(알다)
169) 주위에(pari)-jñā(알다)
170) 다시(prati)-앞에(pra)-jñā(알다)
171) 다시(prati)-jñā(알다)
172) 함께(sam)-강조(ā)-jñā(알다)
173) 함께(sam)-강조(ā)-jñā(알다)
174) 함께(sam)-향해(upa)-jñā(알다)
175) 다시(prati)-jñā(알다)
176) 다시(prati)-jñā(알다)
177) 다시(prati)-abhi(대하여)-뒤따라(anu)-jñā(알다)
178) 왕(rāja)-강조(ā)-jñā(알다)
179) 함께(sam)-anu(뒤따라)-jñā(알다)
180) 함께(sam)-anu(뒤따라)-jñā(알다)
181) 함께(sam)-다시(prati)-jñā(알다)
182) 다시(prati)-대하여(abhi)-jñā(알다)

saṃjñā① : 동의하다, 인정하다[185] abhijñā③ : 인정하다, 동의하다[186]
anujñā : 허락하다, 허가하다, 동의하다[187]
abhisamjñā : 동의하다, 허락하다, 인정하다[188]
abhyanujñā① : 동의하다, 승인하다, 허락하다[189]
prativijñā : 감사의 마음을 인정하다[190]
samanujñā① : 충분히 허락하거나 동의하다[191]

이상의 어휘는 {jñā}가 <인정/승인>의 의미로 분화한 것을 보여준다. 여기에서는 <용서>, <약속>, <명령> 등의 의미가 세부적으로 분화한 예들도 보인다.

5) [지시/명령]으로 분화한 경우

ājñā④ : 지시하다, 명령하다, 지휘하다[192]
svājñā : 자신을 제어하다, 명령에 복종시키다[193]
abhyanujñā② : 떠나게 하다, 떠나다[194]
saṃjñā② : 지도하다, 달래다, 명령하다[195]
samājñā③ : 명령하다, 지휘하다[196]

{jñā}가 <지시/명령>의 의미로 분화한 예들이다.

---

183) 분리(vi)-jñā(알다)
184) 함께(sa)-상호적 행위(vi)-jñā(알다)
185) 함께(sam)-jñā(알다)
186) 대하여(abhi)-jñā(알다)
187) 뒤따라(anu)--jñā(알다)
188) 대하여(abhi)-함께(sam)-jñā(알다)
189) 대하여(abhi)-뒤따라(anu)-jñā(알다)
190) 다시(prati)-서로(vi)-jñā(알다)
191) 함께(sam)-anu(뒤따라)-jñā(알다)
192) 강조(ā)-jñā(알다)
193) 자신(sva)-강조(ā)-jñā(알다)
194) 대하여(abhi)-뒤따라(anu)-jñā(알다)
195) 함께(sam)-jñā(알다)
196) 함께(sam)-강조(ā)-jñā(알다)

6) [확인]으로 분화한 경우

parijñā④ : 확인하다[197]

pratijñā⑤ : 확인하다, 단언하다[198]

vijñā : 확인하다[199]

praṇijñā : 반성하다, 숙고하다[200]

upajñā① : 확인하다, 생각해내다, 꾸며내다[201]

{jñā}가 <확인>의 의미로 분화한 예들이다. 부분적으로 <생각>의 의미가 분화되기도 하나 일반적이지 않다.

이상의 논의를 정리하여 도시하면 다음과 같다.

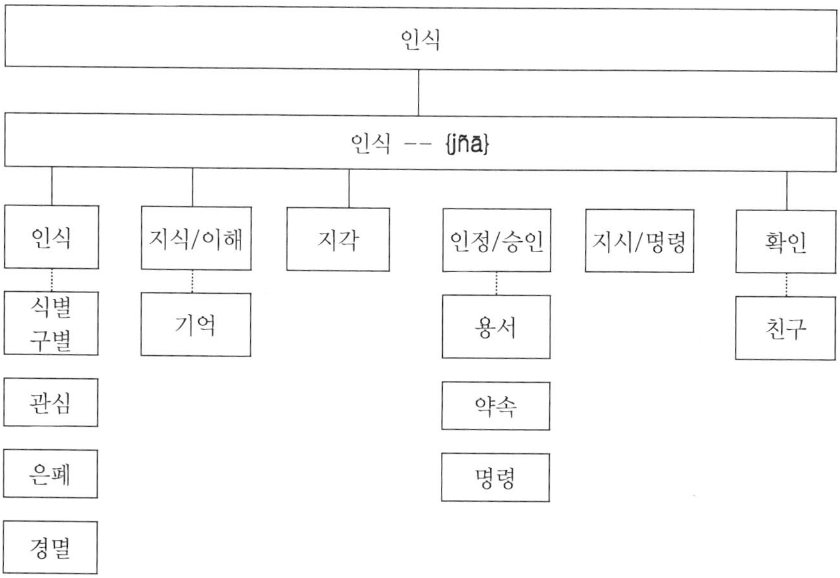

<그림 34> {jñā}의 의미 분화

197) 주위에(pari)-jñā(알다)
198) 다시(prati)-jñā(알다)
199) 분리(vi)-jñā(알다)
200) 앞에(pra)-안에(ni)-jñā(알다)
201) 가까이(upa)-jñā(알다)

나. 소결론 : 범어 [인식]장의 의미 분화

1. 범어의 [인식]장은 {jñā}로 실현되는데, 범어의 형태적 특성상 단독 어휘로 실현되지 못하고 형태 결합 시의 어근으로 기능하고 있다.

2. {jñā}의 원의미는 [인식]이다. 이것이 [지식/이해], [지각], [인정/승인], [지시/명령], [확인]의 의미로 분화된다.

3. 이 하위장에서는 형태 결합을 하는 과정에서 다시 의미 분화가 일어나기도 하는데, [인식]에서는 [식별/구별], [은폐], [관심], [경멸] 등이, [지식/이해]에서는 [기억]이 분화하였으며, [인정/승인]에서는 [용서], [약속], [명령]이 분화하였다.

4. 범어 [인식]장에서는 [인식]과 [지식/이해], [지각], [인정/승인]이 비교적 비슷한 어휘 빈도수를 보여준다. 이는 범어가 중국어에 비해서 의미 분화가 활발히 이루어지고 있음을 보여주는 것이라고 생각된다.

5. 범어의 [인식]장은 인지 작용 영역에 [인식], [지식/이해], [지각]장이, 수행 행위 영역에 [인정/승인], [지시/명령], [확인]장이 분포한다.

6. 이상의 논의를 요약하여 도시하면 다음과 같다.

인식					
인지 작용			수행 행위		
인식	지식/이해	지각	인정/승인	지시/명령	확인

<그림 35> 범어 [인식]장의 의미 영역

2.3.4. 희랍어 [알다]장([oida/eido], [gignosko], [epistamai]장)의 분화

한국어의 {알다}에 대응하는 희랍어의 어휘는 {oida/eido}, {gignosko}, {epistamai} 등이다. 이들은 대체로 의미 영역을 분할하는 것으로 보이는데, {oida/eido}는 [인식]을, {gignosko}는 [지각]을, {epistamai}는 인식과 관계되는 [능력]의 의미 영역을 담당하고 있는 것으로 보인다.

1) **의미의 다의화** : [oida/eido], [gignosko], [epistamai]**의** 1**차 분화**

{oida/eido}(οἶδα)는 과거에 어떤 대상을 본 결과 그것에 대한 앎을 얻게 되었다는 것이 원래의 의미이다. 그러니까 우리는 이것의 원의미를 [인식]으로 설정할 수 있다. {oida/eido}는 [인식]에서 [성향/기질], [능력], [인정], [학습]의 의미로 분화해 간다.

{gignosko}(γιγνώσκω)는 <지각하다>, <인지하다>의 의미를 갖는다. 이와 같은 의미에 기초하여 우리는 이것의 원의미를 [지각]으로 설정하고자 한다. {oida/eido}가 반성이나 숙고를 통해 아는 것을 의미한다면, {gigonosko}는 기본적으로 관찰이나 주시 등을 통해 아는 것을 의미한다. {gignosko}에서는 [지각/인지]에서 [분간], [판단/결정], [전달] 등의 하위장이 형성된다.

{epistamai}(ἐπίσταμαι)는 <~을 할 수 있는 능력을 가지다>는 뜻을 가진다. 이러한 기본적 의미를 기준으로 우리는 이것의 원의미를 [능력]으로 설정한다. 여기에서는 [능력], [판단/믿음], [친교/관계]의 하위장이 형성된다.

이상의 논의를 정리하여 도시하면 다음과 같다.

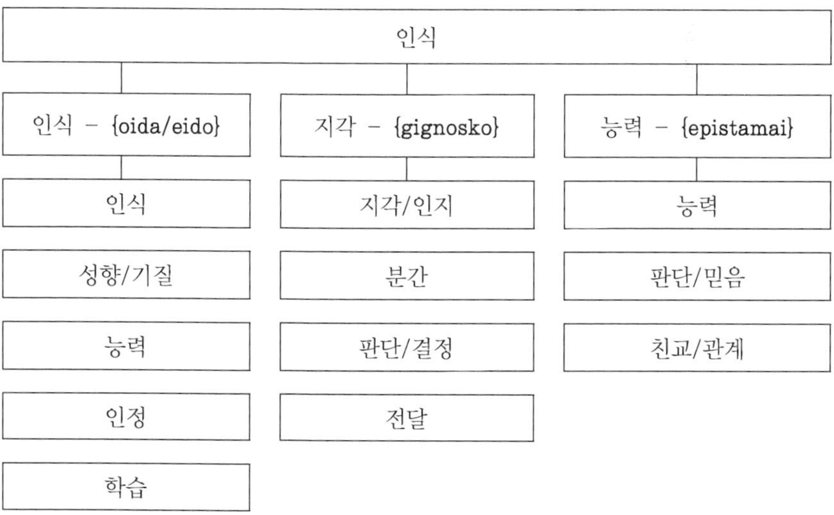

<그림 36> 희랍어 [인식]장의 의미 분화

나. 형태 결합(합성과 파생)에 의한 분화

1) {oida/eido}(οἶδα)의 분화

(1) [인식]의 의미를 유지하는 경우

prooida : 미리(pro; 앞에) 알다
prosoida : ~도(pro; ~에 덧붙여) 알다

(2) [학습]으로 분화한 경우

exoida : 제대로(ex; 완성) 알다(oida) 완전히 알다, 잘 알다, 배워서 알다.
katoida① : 보아서 알다[202]
katoida② : 잘 알다, 인지하다
katoida③ : ~할 줄 알다
perioida : 잘 알다, ~에(peri) 능하다
synoida① : 누군가에 대해 무언가를 알다, 누군가와 함께 무언가에 대한 앎을 나누다[203]
synoida② : ~에 관련(또는 연루)되다, -에 내밀히 관여하다
synoida③ : 잘 알다. 의식하다, 자각하다

위의 경우는 {oida/eido}에 다른 형태가 결합하면서 원의미 [인식]이 의미 분화를 이루는 것을 보여준다. ①은 원의미 [인식]이 자체의 의미를 유지하는 예를 보인 것이고, ②는 [인식]이 [학습]의 의미로 분화하고, <완성>, <철저하다> 등의 의미를 나타내는 다른 형태와 결합하여 <능력>의 의미로 분화하는 것을, ③은 <함께>를 나타내는 형태와 결합하여 <관여>의 의미로 분화하는 것을 보여준다.

2) {gignosko}(γιγνώσκω)의 분화

{gignosko}의 원의미는 [지각]이다. 이를 바탕으로 {gignosko}는 아래와

202) 철저히(kat)-oida(알다)
203) 함께(syn)-oida(알다)

갈은 다양한 의미로 분화한다.

(1) [지각/인지]의 의미를 유지한 경우

anagignosko① : 제대로(ana; 철저히) 알다, 확실히 알다
anagignosko② : 인지하다
epigignosko② : 알다, 인식하다
proanagignosko②[204] : 미리 앞서 알아차리다
anagignosko⑥[205] : 설득하다, 납득시키다, 믿게 하다
diagignosko①[206] : 구분하다, 식별하다, 알아내다
syndiagignosko②[207] : 구별하다, 구분하다
epigignosko①[208] : 보다, 구경하다, 관찰하다
epigignosko③[209] : 발견하다, 찾아내다
katagignosko①[210] : 주목하다, 보다
katagignosko③[211] : 이해하다, 알다
metagignosko①[212] : 후에 발견하다. 뒤늦게 발견하다
paranagignosko② : 공공연히 알아차리다
synprogignosko : 함께(syn) 미리(pro) 알다, 예견하다
progignosko① : 미리(pro) 알다, 사전에 인지하다, 예지하다
syngignosko② : 의식하다, 알아채다, 알아보다, 인지하다

위의 예들은 [지각/인지]의 원의미를 유지하고 있는 어휘를 보인 것이다. 여기에 여러 형태들이 결합하여 <식별>, <설득>, <관찰> 등의 세부적 의미로 분화되기도 한다.

(2) [인정/승인]으로 분화한 경우

204) 앞에(pro)-ana(잘)-gignosko(읽다)
205) 철저히(ana)-gignosko(알다)
206) 구별해서(dia)-gignosko(알다)
207) 함께(syn)-(구별해서)dia-gignosko(알다)
208) 위에(epi)-gignosko(알다)
209) 위에(epi)-gignosko(알다)
210) ~에 따라(kata)-gignosko(알다)
211) ~에 따라(kata)-gignosko(알다)
212) 뒤에(meta)-gignosko(발견하다)

anagignosko③ : 철저히(ana) 시인하다, 인정하다, 용인하다
engignosko[213] : 승인하다. 인정하다
epigignosko⑥[214] : 승인하다, 인정하다
epigignosko④[215] : 주목하다, 마음에 두다, 호의를 보이다
synkatagignosko(인정하다)[216] : 함께 비난하다
syngignosko① : 같은(syn; 함께) 의견을 가지다, 동의하다, 인정하다, 자인하다

{gignosko}의 [지각]의 의미는 <인정/승인>, <시인>, <비난> 등으로 확대되는데, 이는 '철저한' 지각을 바탕으로 하여 분간하고 식별한 판단의 결과로 이해된다.

(3) [학습/독서]로 분화한 경우

anagignosko④[217] : 읽다, 책 등이 널리 읽히다, 출판하다
anagignosko⑤[218] : 배우다
epanagignosko[219] : 훑어보다, 숙독하다
proanagignosko①[220] : 소리 내어 읽다, 통독하다, 미리 앞서 읽다
synanagignosko : 함께(syn) 읽다
hypanagignosko[221] : 한 구절씩 소리 내어 읽다
diagignosko③[222] : 통독하다
progignosko② : 미리(pro) 배우다
pros-gignosko : 덧붙여(pros) 배우다, 더 배우다

위에서 {gignosko}가 [인식]의 의미에서 [학습/독서]로 분화한 예를 보

213) ~에 의거하여(en)-gignosko(알다)
214) 위에(epi)-gignosko(알다)
215) 위에(epi)-gignosko(알다)
216) 함께(syn)-대항해서(kata)-gignosko(인정하다)
217) 철저히(ana)-gignosko(알다)
218) 철저히(ana)-gignosko(알다)
219) 위에(ep)-ana(잘)-gignosko(읽다)
220) 앞에(pro)-ana(잘)-gignosko(읽다)
221) 밑에(hyp)-ana(잘)-gignosko(읽다)
222) 구별해서(dia)-gignosko(읽다)

였다.

(4) [판단/결정]으로 분화한 경우

apogignosko[223] : 판결을 정정하다, 철회하다, 포기하다
diagignosko②[224] : 소송, 탄원 등을 결정하다, 판결을 내리다
epigignosko⑤[225] : 판결에 이르다, 결정하다
katagignosko②[226] : 판단하다, 판결을 내리다
metagignosko②[227] : 마음을 바꾸다, 후회하다
paragignosko[228] : 올바르지 않게 결심하다. 잘못 결정하다. 판단의 실수를 저지르다
syndiagignosko①[229] : 함께 결정하다
prokatagignosko : 미리(pro) 투표하다, 앞서(pro) 판결을 내리다
progignosko④ : 앞서(pro) 판단하다.

여기에서는 {gignosko}가 [판단/결정]의 의미를 갖는 예들을 보였다. 어근의 앞뒤에 결합하는 구성소들에 따라 <판결>, <판단>, <투표>, <포기>, <후회> 등의 다양한 의미를 생성해 내고 있다.

3) {epistamai}(ἐπίσταμαι)의 분화

{epistamai}는 {oido/eido}, {gignosko}에 비해 형태 결합에 의한 어휘 분화의 빈도가 현저히 낮다. 여기에서는 <인식>의 의미를 가진 것과 <관여>의 의미를 가진 어휘가 보이는데, 원래 {epistamai}는 원의미가 [능력]이다. <능력>의 의미에서 <인식>의 의미로 분화하는 데에는 '능력 → 숙달 → 이해 → 확실한 인식'의 논리적 분화 과정이 있었을 것이다. <관여>의 의미는 '확실한 인식 → 관여'의 분화 과정이 전제되었을 것으

---

223) ~로부터 분리되어 · 새로이(apo)-gignosko(판단하다)
224) 구별해서(dia)-gignosko(판단하다)
225) 위에(epi)-gignosko(판단하다)
226) ~에 따라(kata)-gignosko(판단하다)
227) 뒤에(meta)-gignosko(판단하다)
228) 옆에(para)-gignosko(판단하다)
229) 함께(syn)-(구별해서)dia-gignosko(판단하다)

로 추정한다.

(1) [인식]으로 분화한 경우

exepistamai : 철저하게(ex; 완성) 알다, 전체적으로 알다, 제대로 알다
katepistamai : 충분히(kat; 철저히) 알다, 제대로 알다
proepistamai : 미리(pro) 알다, 사전에 이해하다
prosepistamai : ~도(pros; 덧붙여) 알다
synepistamai② : 완벽/히 알다, 충분히 제대로 알다

(2) [관여]로 분화한 경우

synepistamai① : ~에 내밀히 관여하다

지금까지의 논의를 정리하여 어휘·의미 분화의 양상을 정리하면 다음과 같다.

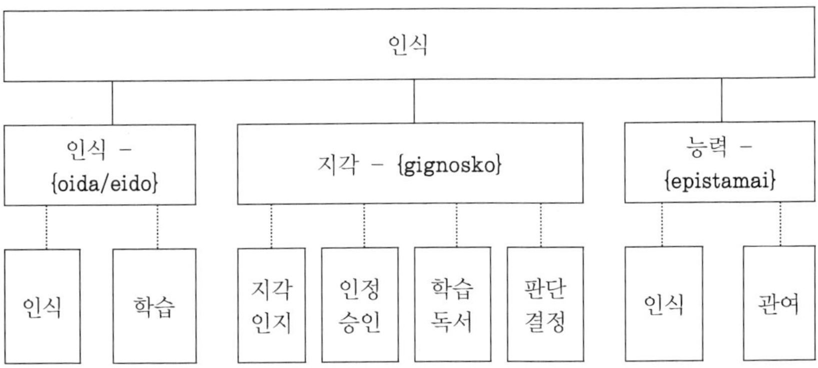

<그림 36> 희랍어 [인식]장의 의미 분화

다. 소결론 : 희랍어 [인식]장의 의미 분화

1. 희랍의 [인식]장은 {oida/eido}, {gignosko}, {epistamai}로 실현되는데, 이들은 각각 [인식], [지각], [능력]의 의미 영역을 분할하고 있는 것으로

보인다. 이것은 [인식]장에 있어서는 한국어, 중국어, 범어와 다른 희랍어의 특징이다.

2. {oida/eido}의 원의미는 [인식]이며, 어휘 분화를 통해 [인식]과 [학습]으로 분화된다.

3. {gignosko}는 [지각]을 원의미로 하며, 여기에서 [지각/인지], [인정/승인], [학습/독서], [판단/결정]의 하위장이 분화된다.

4. {epistamai}는 [능력]을 원의미로 하며, 각각 [인식]과 [관여]의 하위장이 생성되나 어휘 빈도는 극히 제한적이다. 특히, {epistamai}는 원의미가 [능력]이며, 다의화를 통한 1차 분화에서 [판단/믿음], [친교/관계] 등의 의미가 분화되나 형태 분화를 통한 분화에서는 이런 것들이 나타나지 않는 점이 특이하다.

5. 희랍어의 [인식]장은 인지 작용 영역에 [인식], [지각/인지], [친교/관계]장이, 수행 행위 영역에 [능력], [판단/결정], [관여], [인정/승인], [학습]장이 분포한다.

6. 이상의 논의를 요약하여 도시하면 다음과 같다.

<table>
<tr><td colspan="8">인식</td></tr>
<tr><td colspan="3">인지 작용</td><td colspan="5">수행 행위</td></tr>
<tr><td>인식</td><td>지각
인지</td><td>친교
관계</td><td>능력</td><td>판단
결정</td><td>관여</td><td>인정
승인</td><td>학습</td></tr>
</table>

<그림 37> 희랍어 [인식]장의 의미 영역

2.3.5. [인식]장의 어휘 · 의미 분화 양상의 해석

[인식]장의 어휘·의미 분화 양상은 큰 틀에서는 대체로 비슷한 양상을 보이나 세부적인 어휘 분화의 양상은 언어마다 조금씩 다르게 나타난다. 그 분화 양상을 도시하면 다음과 같다.

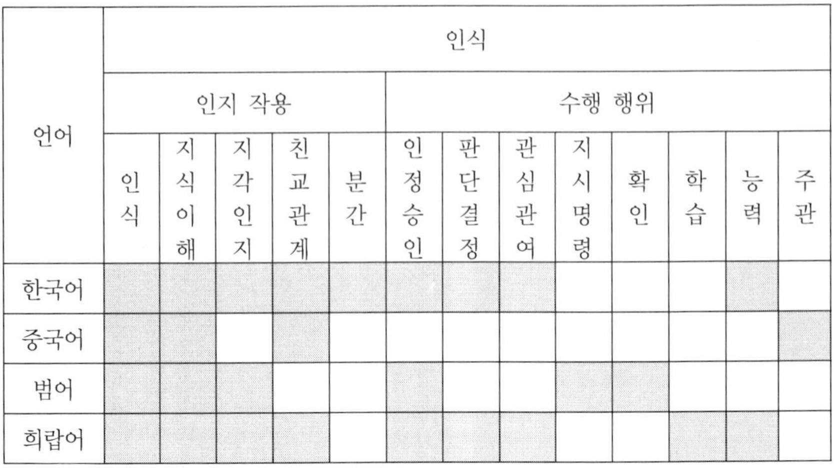

<그림 38> [인식]장의 의미 영역 대조

1. 인지 작용 영역의 특징을 기술하면 다음과 같다.

1) [인식], [지식/이해]장은 네 언어 모두에서 나타난다. 이것은 이 의미장이 인간의 인지 활동 영역의 중심이 되기 때문일 것이다.

2) [지각/인지]장은 중국어를 제외한 세 언어에 나타나고, [친교/관계] 영역은 범어를 제외한 세 언어에 나타난다.

3) [분간]장은 한국어에만 나타난다. 다만, 한국어에서도 그다지 빈도가 높지 않아 유의미한 분류인지 검토가 필요할 것이다.

2. 수행 행위 영역에서는 인지 작용 영역에 비해서 언어 간 차이가 많이 나타난다.

1) 중국어를 제외하고 세 언어에 공통되는 것은 [인정/승인]장이다. 중국어에서 이것이 두드러지지 않는 것이 특이하다.

2) [판단·믿음/결정], [능력]장은 한국어와 희랍어에 나타나고, 중국어와 범어에는 없다.

3) 범어에는 다른 언어에서 보이지 않는 [지시/명령], [확인]장이 있으며, 중국어에는 [주관]장이 있다. 그러나 이들 역시 어휘 빈도가 높지 않아 이들 언어만의 특징이라고 단정하기 어렵다.

2.4. [보다]의 어휘 · 의미 분화 양상

<보다>는 인간이 감각 기관인 눈을 이용해서 외계를 받아들이는 것을 표시하는 동사이다. 따라서 <보다>의 원의미를 확정하는 것은 그리 어려운 일이 아니다. 바로 구체적인 행위로서의 [시각 행위]가 <보다>의 원의미라고 하겠다.

2.4.1. 한국어 [보다]장의 분화

가. 의미의 다의화 : {보다}의 1차 분화

한국어 {보다}의 사전적 의미는 다음과 같다.230)

보다[1]

1.
   1) (눈으로) 인식하거나 느끼다.
   2) 눈에 보이는 것의 내용을 알아차리다, 뜻을 알아내다, 읽다.
   3) (눈으로) 즐기거나 감상하다.
   4) 인식하고 판단하다.
2. (사람을) 만나다.
3. (사기 위해서 무엇을) 잘 살피다.
4. (의사가 환자를) 진찰하다.
5. (음식의 맛이나 간을 알기 위해) 미리 시험삼아 조금 먹다.
6. (어떤 일을) 맡아 하거나 처리하다.
7. 지키거나 돌보다.
8. 시장에 가서 물건을 사다.
9. (시험을) 치르다.
10. 새 가족을 얻거나 맞아들이다.
11. (점 따위로) 좋고 나쁜 운수를 알아보다.

---

230) 여기에서 제시된 보다3의 의미는 거의 모두 보다1에 포함되므로 이 글에서는 다루지 않기로 한다. 또한, 각 의미의 용법을 보여주는 용례는 양이 많은 관계로 제시하지 않기로 하겠다.

12. (상이나 자리를) 잘 치르든가 갖추다.

13. 잡지나 신문 따위를 정기적으로 받아서 읽다

14. (예배를) 드리다

15. (어떤 결과가) 있다, 생기다, 발생하다

16. (어떤 결과를) 이루다, (결과에) 도달하다

17. 배설하다, 싸다

18. ['보면, 보니까'의 꼴로 쓰이어] ~에 의하면, ~을 참고하면

19. ['보아, 보면, 보건대, 보자면, 보니…'의 꼴로 쓰이어] 미루어 추측하자면, ~을 근거로 판단하면

20. ['보아서'의 꼴로 쓰이어] 잘 살피거나 고려하여

21. ['보아(서)'의 꼴로 쓰이어] 어떤 사람의 입장을 고려하여

22. ['보고'의 꼴로 쓰이어] 바라고, 의지하고

23. ['보고'의 꼴로 쓰이어] 어떤 사람 혹은 무엇을 상대로 하여, ~한테, ~더러

보다[2] (무엇을 어떠하다고/무엇이라고) 생각하다, 판단하다

보다[3]

1. [동사의 '-고' 뒤에, '보면, 보니'의 꼴로 쓰이어] 어떠한 행위를 하고 나서, 또는 어떤 일이 있은 후에 생각하니까, 판단하건대

2. [형용사나 '이다'의 '-고' 뒤에, '보니, 보면'의 꼴로 쓰이어] 그런 상태이기 때문에

3. [용언의 '-고' 뒤에, 주로 '봤다, 보자, 봐라'의 꼴로 쓰이어] 우선 어떤 일을 하고 나서 그 뒷일은 나중에 생각하다

4. [동사의 '-다(가)' 뒤에, '보면, 보니'의 꼴로 쓰이어] 어떤 일을 계속하다가 그 결과로 드디어

5. [형용사나 '이다'의 '-다(가)' 뒤에, '보니, 보면'의 꼴로 쓰이어] 어떤 상태가 계속되어서 그 결과로

6. [용언의 '-(으)ㄹ까' 뒤에, '봐(서)'의 꼴로 쓰이어] 어떤 상태가 되거나 어떤 일이 일어날 것 같아( )?) 걱정이 되어서

7. [보조 동사 '주다' 뒤에 쓰이어] 남이 그렇게 해 주리라고 기대하여

8. [동사의 '-어' 뒤에, 명령형으로만 쓰이어] 그러한 상황을 가정하다.

9. [용언의 '-담' 뒤에, 명령형으로만 쓰이어] 어떤 일을 하고 나면 그 결과가 어떻게 되는지 기다렸다가 보라는 뜻.

10. [용언의 '-나, -는가' 뒤에, 주로 '봐라, 봐, 보라지'의 꼴로 쓰이어]

어떤 일을 하면 어떻게 되는지 나중에 보라는 뜻.

이상의 의미를 기준으로 하여 {보다}의 1차 분화 양상을 도시하면 다음과 같다.

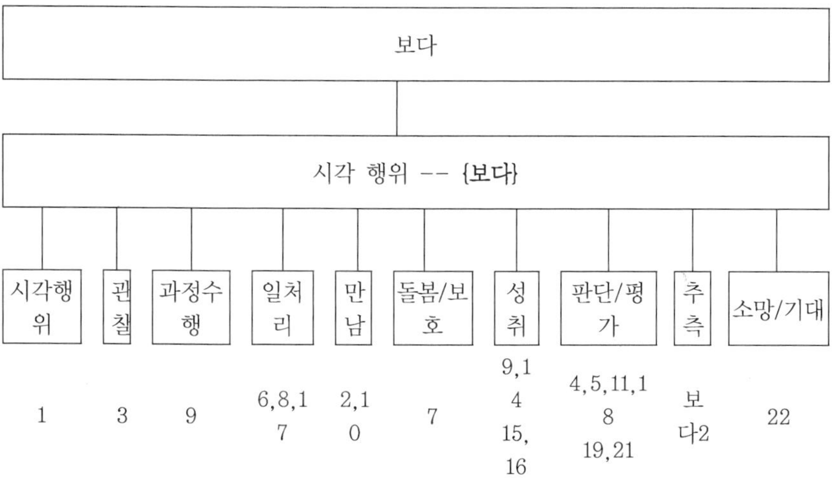

<그림 39> [보다]의 1차 분화

나. 형태 결합(합성과 파생)에 의한 분화

1) [시각 행위]로 분화한 경우

① [시각 행위]의 의미 유지

건너다보다 건너보다 굽어보다①② 내다보다①
내려다보다① 넘겨다보다① 넘보다② 넘어다보다①
돌아다보다① 돌아보다① 되돌아보다① 뒤돌아보다①
들여다보다① 마주보다①② 맞바라보다①② 맞보다
바라다보다① 바라보다① 살펴보다① 올려다보다①
우러러보다① 쳐다보다①② 치어다보다 칩떠보다
훑어보다① 훔쳐보다①② 휘둘러보다 흘겨보다

② 기타 의미로 분화

[관심]	거들떠보다	들여다보다④	지켜보다①②
[응시]	노려보다①	쏘아보다	
[간과]	스쳐보다		

{보다}의 원의미인 [시각 행위]는 자체 의미를 유지하면서 다른 형태와 결합하여 많은 어휘를 생산하고 있다. 어휘 분포가 다른 하위장들보다 상대적으로 많다. ②는 {보다}가 다른 형태와 결합하였지만, <보다>의 의미에는 변함이 없이 새로 결합하는 다른 어휘의 의미에 의해 '새로' 구성된 어휘의 의미가 <관심>, <응시>, <간과> 등으로 바뀐 것들의 예이다. 원의미 <시각 행위>가 변하지 않았다는 점에서 다음에 살필 [관심]장의 양상과 다르다.

2) [관심]으로 분화한 경우

① [관심]의 의미 유지

눈치보다	돌아다보다③	돌아보다②③	둘러보다
들여다보다②	뜯어보다	바라다보다⑤	바라보다⑤

② [중시/존경]

눈여겨보다	여겨보다	올려다보다②	우러러보다②
본보다	쳐다보다③		

③ [조사] 알아보다①

이 경우는 원의미 [시각 행위]가 [관심]으로 분화한 {보다}에 다른 어휘가 결합한 것이다. ①은 <관심>의 의미를 그대로 유지한 예, ②와 ③은 각각 <중시/존경하다>, <조사하다>의 의미로 바뀐 예들이다.

3) [과정 수행]으로 분화한 경우

① [과정 수행]의 의미 유지	일보다①
② [책임]	일보다②
③ [수리]	손보다①

④ [응징] 손보다②
⑤ [수고/욕됨] 욕보다①②

이 경우는 {보다}가 [과정 수행]으로 분화하여 새로운 형태와 결합한 예를 보인 것이다. (여기에서도) 앞의 유형과 마찬가지로 {보다}가 원의미인 <과정을 수행하다>를 유지하기도 하고, <책임>, <수리>, <응징>, <수고/욕됨> 등으로 분화되기도 한다.

4) [판단/평가]로 분화한 경우

① [판단/평가]의 의미 유지

깔보다(경시)	대보다(비교)	돌아다보다②	돌이켜보다
뒤돌아보다②	떠보다	맛보다①②	몰라보다③
바라보다2	살펴보다②		

② [경시]

꼬나보다	내려다보다②	넘보다②	막보다
몰라보다②	얕보다①②	얕잡아보다	흉보다

③ [관용] 눌러보다
④ [반성] 되돌아보다②
⑤ [이해] 들여다보다③ 몰라보다1. 알아보다②④
⑥ [경험] 맛보다③
⑦ [분간] 알아보다③

[판단/평가]장은 어휘 수로나, 하위장의 분화 양상에서나 {보다}의 원의미를 유지하는 [시각 행위]장과 함께 가장 많은 어휘가 분포하고 있다. 특히, 하위장의 수가 [시각 행위]장보다 더 많다는 점에서 한국어 {보다}의 의미 분화의 방향성을 엿볼 수 있다.

여기에서는 [경시], [관용], [반성], [이해], [경험], [분간] 등의 하위장이 분화한 것으로 나타난다.

이 밖에도 {보다}는 아래와 같은 다양한 의미장으로 분화한다.

5) [소망/기대]으로 분화한 경우

① [소망/기대]의 의미 유지

바라다보다④ 바라보다④ 쳐다보다④

② [욕심]

넘겨다보다② 넘보다② 넘어다보다②

6) [성취]로 분화한 경우

① [성취]의 의미 유지

덕보다 이(利)보다 재미보다①

7) [추측]으로 분화한 경우

① [추측]의 의미 유지

내다보다② 바라다보다② 바라보다②

8) [돌봄/보호]로 분화한 경우

① [돌봄/보호]의 의미 유지

굽어보다③ 돌보다①② 돌아보다④

9) 기타 의미로 분화한 경우

① [일처리]로 분화 일보다③

② [만남]으로 분화 찾아보다

이상의 논의를 정리하여 한국어 {보다}의 어휘 분화 양상을 도시하면 다음과 같다.

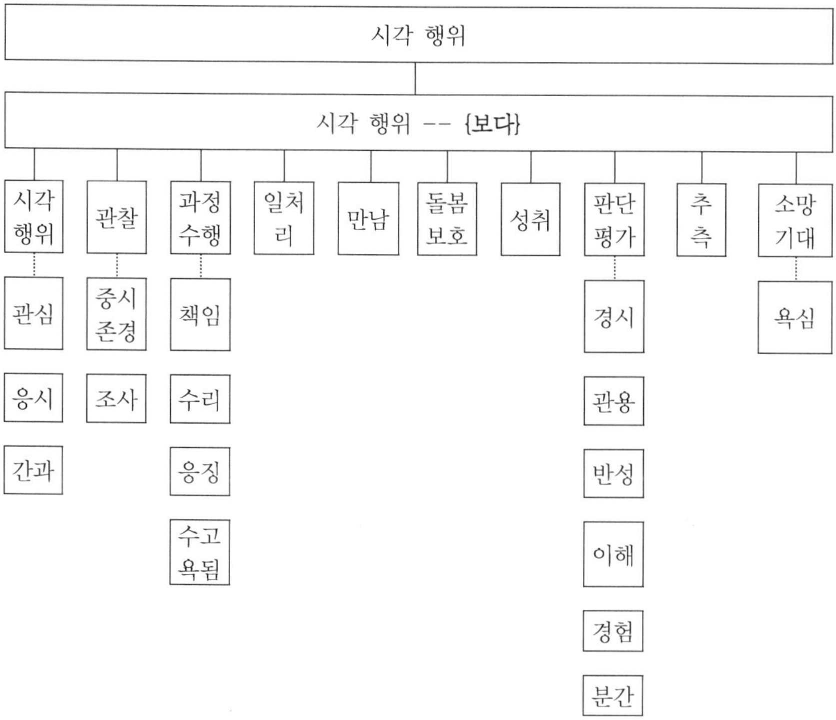

<그림 40> [보다]의 2차 분화

다. 소결론 : 한국어 [시각 행위(보다)]장의 의미 분화

1. 한국어의 [시각 행위]장은 {보다}라는 어휘소로 실현된다.
2. {보다}의 원의미는 눈을 통해 외계를 수용하는 [시각 행위]이다. 이것은 1차 분화를 통하여 [시각 행위], [관찰], [과정 수행], [일처리], [만남], [돌봄/보호], [성취], [판단/평가], [추측], [소망/기대] 등으로 분화하며, 형태 결합을 통해 2차 분화한다.
3. 2차 분화를 통해 형성되는 하위장은 다음과 같다.
   1) [시각 행위장]은 [관찰], [응시], [간과] 등의 장이 형성되나, 여기에서 다른 형태와 결합한 {보다}는 모두 <시각 행위>를 나타낸다. <관찰>, <응시>, <간과> 등의 새로운 의미는 {보다}에 결합하는 다른 어휘에서 덧붙은 의미들이다.

2) [관찰]장은 [중시/존경], [조사]의 하위장을 생성한다.

3) [과정 수행]장에는 [책임], [수리], [응징], [수고, 욕됨] 등의 하위장이 분포한다.

4) [판단/평가] 장이 {보다}와 관련하여 가장 많은 하위장을 생성하는데, [경시], [관용], [반성], [이해], [경험], [분간] 등이 그것이다.

5) [소망/추측]장에는 [욕심]장 하나가 생성된다.

6) [일처리], [만남], [돌봄/보호], [성취], [추측]장에는 하위장이 생성되지 않는다.

4. 한국어의 [시각 행위]장에서는 {보다}가 원의미를 유지하는 경우가 많고, <판단/평가>의 의미를 획득하는 방향으로 어휘 및 의미 분화가 이루어지고 있는 것으로 판단된다.

5. [시각 행위]장의 하위장은 크게 '구체적 행위'에 해당하는 것, '정신 작용'에 해당하는 것으로 분류할 수 있다.

1) 구체적 행위 영역에 속하는 것은 다시 '감각 행위'와 '수행 행위'로 구분될 수 있다.

① 감각 행위 영역에는 [시각 행위], [관찰]장이 분포한다.

② 수행 행위 영역에는 [과정 수행], [일처리], [만남], [돌봄/보호], [성취]장이 포함된다.

2) 정신 작용 영역에 속하는 것 역시 '현재적 작용'과 '미래적 작용'으로 양분할 수 있다.

① 현재적 작용 영역에는 [판단/평가]장이 분포한다.

② 미래적 작용 영역에는 [추측], [소망/기대]장이 포함된다.

6. 이상의 논의를 요약하여 도시하면 다음과 같다.

<table>
<tr><td colspan="10">시각 행위</td></tr>
<tr><td colspan="7">구체적 행위</td><td colspan="3">정신 작용</td></tr>
<tr><td colspan="2">감각 행위</td><td colspan="5">수행 행위</td><td>현재적 작용</td><td colspan="2">미래적 작용</td></tr>
<tr><td>시각 행위</td><td>관찰</td><td>과정 수행</td><td>일처리</td><td>만남</td><td>돌봄/보호</td><td>성취</td><td>판단/평가</td><td>추측</td><td>소망/기대</td></tr>
</table>

<그림 41> 한국어 [시각 행위]장의 의미 영역

2.4.2. 중국어 [看], [視]장의 분화

현대 중국어에서 [시각 행위]를 원의미로 갖는 중국어 어휘는 {看}과 {視}가 있다. {看}은 본래 사람의 손과 눈을 그린 상형 문자로서, 기원적 의미는 <바라보다>이다. 이마에 손을 대고 바라보는 모습을 그린 것이다. {視}는 {示}와 {見}이 결합한 형성 문자(形聲文字)로서, {示}가 발음을, {見}이 의미를 나타낸다. 이것의 본래 의미는 <보다>이다.

이 밖에,(도) {見}, {覽} 등의 글자도 <보다>를 의미하는데, {見}은 <보다>의 의미와 함께 <나타나다>의 의미를 갖는 글자였다. 이것은 현재 <보다> 이외에 <견해>, <견식> 등의 의미로 확대되어 쓰이고 있으며, 문법화하여 조동사로서 '피동'을 나타내기도 한다. {覽}은 <살펴보다>, <비교해 보다>의 의미로 특수화되었다.

이 글에서는 다른 언어와의 대조를 위해 현대 중국어에서 가장 직접적으로 <보다>의 의미를 나타내는 {看}과 {視}를 대상으로 논의하도록 하겠다.

가. 의미의 다의화 : {看}과 {視}의 의미 분화

먼저, 사전적 풀이를 통해 이들의 다의화 양상을 살펴보도록 하자.

{看} 1. 보다

2. 여기다
3. 읽다
4. (병을) 고치다
5. 방문하다
6. 돌보다

{視}　　1. 보다
2. 살피다
3. 여기다

이를 도시하면 다음과 같다.

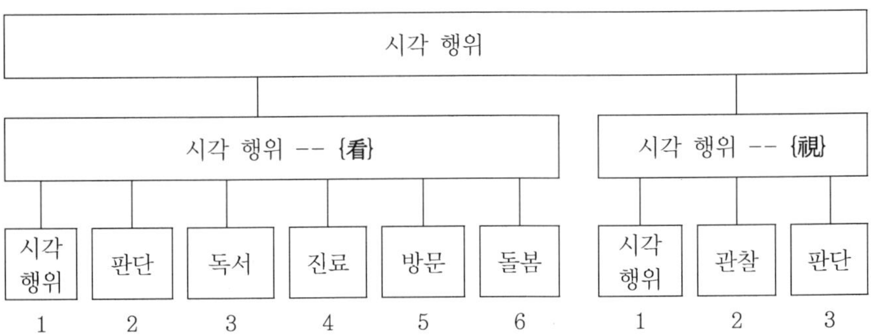

<그림42> 중국어 [보다]장의 의미 분화

나. 형태 결합(합성과 파생)에 의한 분화

1) {看}의 분화

(1) [시각 행위]로 분화한 경우

① [시각 행위]의 의미 유지

看不得 : 차마 볼 수 없다　　看不惯 : 익숙하지 않다, 낯설다
看不见 : 보이지 않다　　看不盡 : 다 볼 수 없다
看不破 : 간파할 수 없다　　看不来 : 보기 싫다, 눈에 거슬리다

看资 : 구경값

看准 : 정확하게 보다

看主 : 구경꾼

看不顺眼 : 눈에 거슬리다

看野眼 : 눈을 팔다

看到 : 보다

看得来 : 볼 만하다

看灯 : 등불놀이를 보다

看台 : 관람석

看见 : 보다, 만나보다

看热闹 : 구경을 하다

看不清 : 똑똑히 보이지 않다

看不完 : 다 볼 수 없다

看不下去 : 차마 볼 수 없다

看终 : 끝을 보다, 결말이 나다

看厌 : 보는 데 싫증이 나다

看得过 : 볼 가치가 있다

看外 : 따돌리다

看头儿 : 볼 만한 것

看火镜 : 보호 안경

看客 : 구경꾼

看红了眼 : 남의 것을 보고 탐내다

看不过 : 간파할 수 없다, 차마 볼 수 없다

看觑 : 보다, 바라보다, 구경하다

看不懂 : 보아서 알아볼 수 없다, 이해할 수 없다

② [판단]

看茔地 : 묘자리를 보다

看地方 : 터를 보다

看手相的 : 손금쟁이

看时候 : 때를 보다

看脸子 : 남에게 얕보이다

·看相 : 관상을 보다, 관상술

看香的 : 향불로 점치는(점쟁이)

看风色 : 형편을 보다, 기회를 보다

看风水 : 풍수를 보다, 풍수쟁이

看事 : 형편을 보다, 정황을 보다

看脚路 : 미리 형편을 탐지하다

③ [식별]

看出 : 알아내다

看得出来 : 알아낼 수 있다

看得明白 : 잘 알 수 있다

看明 : 잘 보다, 분간하다

看出来 : 알아내다, 식별하다

看得懂 : 알아볼 수 있다

看清 : 똑똑히 보다

看色 : 은의 순도를 가려내다, 구분하다

看不出 : 알아낼 수 없다, 구별할 수 없다

④ [관찰]

看风 : 망을 보다, 바람의 방향을 보다

[看}은 [시각 행위]를 표시하는 경우가 가장 많다. 이외에 [판단], [식별], [관찰] 등의 의미로 분화되었는데, 이에 해당하는 어휘의 수는 그리

많지 않다. 이런 경우에도 [시각 행위], 즉 <보다>의 의미를 유지하고 있는 것은, {知}의 경우와 마찬가지로 각각의 글자가 의미를 담고 있는 중국어의 특성이 드러난 것이 아닌가 생각한다.

(2) [판단](여기다)으로 분화한 경우

看法 : 견해, 관점
看起 : 중시하다
看轻 : 얕보다, 경시하다
看情 : 정의를 중히 여기다
看重 : 중요하게 여기다
看眉眼 : 냉대받다
看中 : 마음에 들다
看不上 : 마음에 들지 않다
看不中 : 마음에 들지 않다
看透 : 꿰뚫어보다
看不准 : 똑똑히 모르다
看待 : 여기다, 대하다
看样 : 본을 보다.
看赚 : 돈벌이가 되다

看齐 : 나란히 하다, 본받다
看起来 : 보아하니(,)
看面子 : 체면을 보다, 사정을 보다
看情面 : 체면을 보다, 낯을 가리다
看来 : ~해 보건대, 보아하니
看上 : 보고 마음에 들다
看做 : 여기다, 간주하다
看不起 : 업신여기다, 깔보다
看得上 : 마음에 들다
看得起 : 존경하다, 존대하다
看涨 : 시가가 올라가는 것을 간파하다.
看不透 : 간파하지 못하다
看成 : ~으로 여기다

{看}이 <보다>의 의미에서 <판단>의 의미로 분화한 예들이다. 이 경우에도 <보다>와의 의미적 유연성이 포착되는데, 시각을 통해서 받아들인 외계 사물이나 현상에 대한 '사유' 작용을 반영하는 의미라고 생각된다.

(3) [진료]로 분화한 경우

看病 : 병을 고치다, 치료하다, 진찰을 받다
看大夫 : 의사에게 보이다
看门诊 : 병을 보려고 가다, 진찰하다
看医生 : 의사에게 병을 보이다

(4) [독서](읽다)로 분화한 경우

看书 : 책을 보다, 공부하다

(5) [방문]으로 분화한 경우

看望 : 찾아가다, 방문하다

(6) [돌봄/보호]로 분화한 경우

看承 : 보살피다, 돌보다　　看顾 : 돌보다, 보살피다

(3)~(6)의 경우는 어휘 빈도수가 많지 않아 유의미한 논의를 하기 어렵다. 다만, 이들의 의미 분화 내용이 한국어와도 크게 다르지 않은 것이 유의할 만하다.

2) {视}의 분화

{视}는 <시각 행위>, <관찰>, <판단>의 의미로 분화하여 각각의 하위장을 형성한다. [시각 행위]장에서는 원의미를 그대로 유지하고 있으며, [관찰]장이나 [판단]장도 의미 분화에 있어서 특이한 점을 찾아보기 어렵다.

(1)[시각 행위]로 분화한 경우

① [시각 행위]의 의미 유지

视野 : 시야	视而不见 : 보고도 모른 체하다
视角 : 시각	视界 : 시계
视觉 : 시각	视力 : 시력
视力计 : 시력계	视泡 : 눈주머니
视线 : 눈초리	视位 : 시위치
视听 : 보고 들은 것	视神经 : 시신경

视差 : 시차

(2) [관찰]로 분화한 경우

视察 : 시찰하다
视导 : 시찰하고 지도하다
视察 : 시찰하다
视事 : 일을 보다, 일을 처리하다
视息 : 근근히 목숨을 유지하다

(3) [판단](여기다)으로 분화한 경우

视同 : …처럼 보다
视如寇仇 : 원수처럼 여기다
视为 : …으로 보다
视若无睹 : 본척만척하다
视同路人 : 길가는 사람처럼 여기다
视为知己 : 진정한 벗으로 여기다
视若草芥 : 보잘 것 없이 여기다
视如敝屣 : 헌신짝처럼 여기다
视死如归 : 죽음을 두려워하지 않다

이상의 논의를 바탕으로 중국어 {看}과 {視}의 2차 분화 양상을 도시하면 다음과 같다.

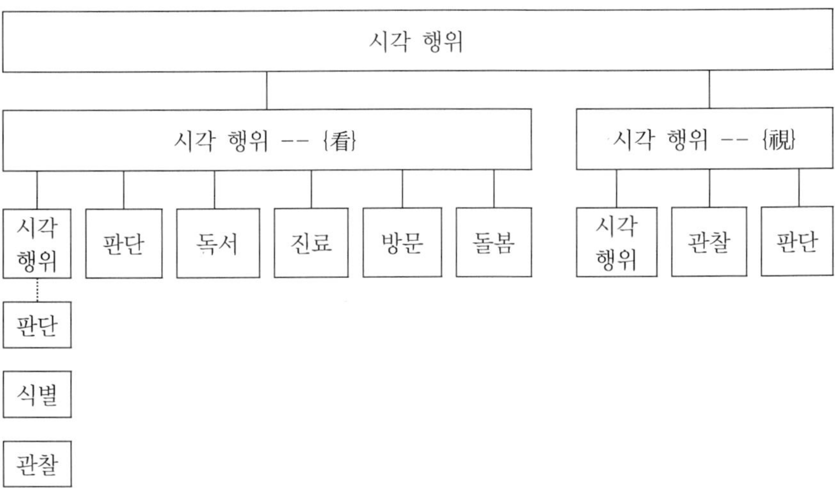

<그림 43> 중국어 [보다]장의 2차 분화

다. 소결론 : 중국어 [시각 행위{看}, {視}]장의 의미 분화

1. 중국어의 [시각 행위]장은 {看}과 {視라}는 어휘소로 실현된다.
2. {看}, {視}의 원의미는 눈을 통해 외계를 수용하는 [시각 행위]이다. 이것은 의미 분화를 통하여 각각 다음의 하위장을 구성한다.
   1) {看}은 [시각 행위], [판단], [독서], [진료], [방문], [돌봄] 등의 하위장을 구성한다. 여기에서 형태 결합을 통해 하위 분화가 이루어질 수 있는데, [시각 행위]장에서만 하위 분화가 일어났다. 그것은 [판단], [식별], [관찰]장이다.
   2) {視}는 [시각 행위], [관찰], [판단]장을 하위장으로 구성한다. 형태 결합에 의한 2차 분화는 일어나지 않는 것으로 판단된다. 이것은 {視}가 {看}에 비하여 유의경쟁에서 밀리고 있기 때문이 아닌가 한다.
3. 한국어와 마찬가지로 [시각 행위]장의 하위장은 크게 '구체적 행위'에 해당하는 것, '정신 작용'에 해당하는 것으로 분류할 수 있다.
   1) 구체적 행위 영역에 속하는 것은 다시 '감각 행위'와 '수행 행위'로 구분될 수 있다.
      ① 감각 행위 영역에는 [시각 행위], [관찰]장이 분포한다.
      ② 수행 행위 영역에는 [만남], [돌봄], [독서], [진료], [방문]장이 포함된다.
   2) 정신 작용 영역에 속하는 것 역시 '현재적 작용'과 '미래적 작용'으로 양분할 수 있다.
      ① 현재적 작용 영역에는 [판단], [식별]장이 분포한다.
      ② 미래적 작용 영역에 해당하는 어휘장은 보이지 않는다.
4. 이상의 논의를 요약하여 도시하면 다음과 같다.

<table>
<tr><td colspan="9">시각 행위</td></tr>
<tr><td colspan="7">구체적 행위</td><td colspan="2">정신 작용</td></tr>
<tr><td colspan="2">감각 행위</td><td colspan="5">수행 행위</td><td colspan="2">현재적 작용</td></tr>
<tr><td>시각 행위</td><td>관찰</td><td>만남</td><td>돌봄</td><td>독서</td><td>진료</td><td>방문</td><td>판단</td><td>식별</td></tr>
</table>

<그림 44> 중국어 [시각 행위]장의 의미 영역

2.4.3. 범어 [√ *dṛś*]장의 분화

범어에서 <보다>를 원의미로 하는 어휘는 {dṛś}이다. 범어의 특성상 이것은 형태 결합을 통해 여러 어휘를 형성하기 때문에 {dṛś}의 의미를 어휘별로 추출하기 위해서는 결합된 형태를 분석해 내야 한다. 그 분석의 결과를 아래에 제시한다.

가. 형태 결합(합성과 파생)에 의한 분화

범어의 {dṛś}는 형태 결합에 의해 다음과 같이 다양한 의미 분화를 보인다.

1) [시각 행위]로 분화한 경우

① [상태]와 결합

adṛś[231) : 눈이 먼

vyādṛś : 명백히 보다[232)

dūredṛś : 널리(dūre; 멀리서) 보는

durdṛś : 잘 보지 못하다(dur : 나쁜, 어려운)

231) 부정접두어(a)-보다(dṛś)

232) 나누고 다가가서(vy-ā)-보다(dṛś)

vyapadṛś[233] : 명백히 보다, 식별하여 보다

vidṛś[234] : 명백해지다, 나타나다

② [방향/위치]과 결합

abhidṛś[235] : 보다, 보여주다

upadṛś[236] : 식별하다, 지각하다

ūrdhvadṛś : 위로(ūrdhva) 보는

③ [행위]와 결합

akṣadṛś[237] : 판사

[시각 행위]를 나타내는 범어 {dṛś}는 '상태', '방향 및 위치', '행위'를 나타내는 말과 결합하여 새로운 어휘를 형성한다. 이때 {dṛś}는 <보다>라는 시각 행위 자체의 원의미를 그대로 유지하고 있으며, 새로 형성된 어휘의 의미를 생성하는 데 관여한다.

2) [눈]으로 분화한 경우

외부 세계를 '보는' 것은 '눈'을 통해서 가능하다. 그래서 '눈'과 <보다>의 의미는 매우 밀접하다. 눈은 외부 세계를 받아들이는 능동적 주체이며, 그에 따라 외부 세계를 받아들이는 것을 <보다>라고 한다.

범어의 {dṛś}는 시각 행위로서 <보다>의 의미를 가지면서 한편으로는 <눈>의 의미도 갖는다. 아래의 예들은 '행위, 사물, 상태, 수, 동물' 등과 관련된 다양한 어휘 형태와 결합하여 <눈>의 상태나 작용 등과 관련된 의미를 생성하고 있다. 이때 {dṛś}는 <눈>의 의미를 유지하고 있다. [시각 행위]를 원의미로 설정한다면 <눈>은 여기에서 분화된 의미로 간주될 수 있다. {dṛś}가 <눈>으로 분화하는 다양한 예들을 아래에 제시한다.

① [행위]와 결합

233) 나누고 떨어뜨려(vy-apa)-보다(dṛś)

234) 나누어(vi)-보다(dṛś)

235) ~을 향해・~에 대해(abhi)-보다(dṛś)

236) 다가가서(upa)-보다(dṛś)

237) 소송(akṣa)-보다(dṛś)

dṛśi : 보는 행위 → 눈

② [사물]과 결합

abjadṛś : 연꽃(ab-ja)의 눈(을 가진 사람)

kuvalayadṛś : 수련(kuvalaya)의 눈 → 눈이 예쁜 여인

③ [상태]와 결합

amoghadṛś[238] : 확실한 눈을 가진

krūradṛś[239] : 올빼미, 잔혹한

pakṣmaladṛś : 속눈썹이 긴(pakṣmala) 여인

piṅgadṛś : 노란(piṅga) 눈 → 쉬바의 이름

mugdhadṛś : 순수한 · 아름다운(mugdha) 눈을 지닌

madiradṛś : 매혹적인(madirā; 취하게 하는 음료) 눈을 지닌(여인)

vāmadṛś : 사랑스런(vāma) 눈을 지닌 여인

rāgadṛś : 붉은(rāga) 눈 → 루비

vidṛś[240] : 눈이 먼

cāradṛś : 첩자(cāra)와 같은 눈을 지닌

④ [수]와 결합

ekadṛś : 하나(eka)의 눈을 가진(애꾸눈의)

⑤ [동물]과 결합

eṇīdṛś : 영양 · 사슴(eṇī)의 눈을 가진

cakoradṛś[241] : 눈이 예쁜

camūrudṛś : 영양(camūru)의 눈을 가진, 영양의 눈을 가진 여인, 눈이 크고 예쁜 여인

mṛgadṛś : 사슴(mṛga)의 눈을 한 여인

mṛgīdṛś : 사슴(mṛgī; 암사슴)의 눈을 한 여인

3) [대상]으로 분화한 경우

이번에는 {dṛś}가 수동적 대상으로 의미 분화한 경우를 보자.
{dṛś}는 다른 어휘 형태와 결합하여 '보이는 대상', 즉 <시각적 대상>

238) 부정접두어(a)-헛된(mogha)-눈(dṛś)
239) 잔혹한(krūra)-눈(dṛś)
240) ~을 결여한(vi)-눈(dṛś)
241) 반시 · 메추라기(cakora)-눈(dṛś)

의 의미로 분화한다. 대상 자체로 분화한 경우, 앞의 경우와 마찬가지로 '상태, 방향/위치' 등을 지칭하는 어휘와 결합한 경우가 있다.

여기에서 {dṛś}는 다른 어휘나 형태소의 수식을 받아 그러한 속성을 가진 <대상>의 의미를 갖는다. 능동적 시각 형태를 표현하는 {dṛś}가 수동적인 시각 대상이 되는 것이 이채롭다.

① [대상 자체]로 분화

dṛśa[242) : 외모
dṛśati : 외모
dṛśya : 시각적 대상
dṛśyatva : 시각적 대상(dṛśya)성, 시계
etādṛś[243) : 그러한, 그와 같은, 유사한

② [상태]와 결합

piśaṅgasaṃdṛś : 붉은 혹은 노란 외형을 가진[244)
yakṣadṛś[245) : 약샤(yakṣa)의 외모를 가진
raṇvasaṃdṛś[246) : 아름답게(raṇva; 기쁜・아름다운) 보이는
ruddhadṛś[247) : (눈물로) 시야가 가려진
saṃdṛś[248) : 시야, 외모
sudṛś[249) : 잘 생긴, 날카로운 식견을 가진
smitadṛś[250) : 예쁜 여인
adṛśya[251) : 눈에 보이지 않는, 잠재적인
adṛśyat[252) : 눈에 보이지 않는
dṛśvan[253) : 주변에 흔히 보이는 것

---

242) dṛś(시각/보이는 대상)-명사접미사(a)
243) 이것・그것(etad)-dṛś(대상)
244) 붉은・노란(piśaṅga)-함께・가진(sam)-dṛś(대상)
245) 약샤(yakṣa)-dṛś(시각적 대상)
246) 기쁜・아름다운(raṇva)-가진(sam)-dṛś(대상)
247) 방해된(ruddha)-dṛś(시야; 광경/시각적대상)
248) 가진(sam)-dṛś(대상)
249) 좋은(su)-dṛś(대상)
250) 미소짓는・피어나는(smita)-dṛś(대상)
251) 부정접두어(a)-dṛśya(보여지는)
252) 부정접두어(a)-dṛśyat(보여지는)
253) dṛś(대상)-van(가득 참)

dṛśika[254] : 볼 만한, 멋있는
dṛśākāṅkṣya[255] : 눈에 보기 좋은 것 → 연꽃
nipuṇadṛś[256] : 눈치 빠른, 잘 아는
svadhāvindṛś[257] : 스스로 명료한

③ [방향/위치]와 결합

pratyakṣadṛśya[258] : 눈에 보이는

4) [알다/지각하다]로 분화한 경우

{dṛś}는 특정 대상이나 상태, 행위, 방향이나 위치 등을 나타내는 어휘 형태와 결합하여 <알다, 지각하다>라는 의미로 분화되기도 한다. 특히, '대상'을 나타내는 어휘와의 결합 빈도가 높은데, 바로 이 대상에 대하여 {dṛś}는 <알다>, <지각하다>라는 의미를 나타낸다.

① [대상]과 결합

adhyātmadṛś : 자아(ātma)에 대해(adhi) 아는(dṛś)
asvadṛś[259] : 자아를 모르는
diṣṭadṛś : 운명(diṣṭa)을 아는(dṛś)
dharmadṛś : 정의(dharma)를 아는(dṛś)
parādṛś[260] : 지각하다, 보다
pratidṛś[261] : 지각하다, 알아차리다
mantradṛś : 성전의 말(matra)을 인지하다(dṛś)
svadṛś : 자신(sva)에 대해 인지하는(dṛś)

② [상태]와 결합

paridṛś[262] : 주목하다, 두루 생각하다

---

254) dṛś(대상)-가진(ika)
255) dṛś(대상)-탐나는 · 갖고 싶은(ākāṅksya)
256) 영리한, 능숙한(nipuṇa)-dṛś(보이는 것)
257) 자기 확신을 가진(svadhāvin)-dṛś(대상)
258) 가까이 · 앞에(prati)-눈(akṣa)-dṛzya(대상)
259) 부정접두어(a)-자신(sva)-dṛz(알다)
260) ~을 따라(parā)-dṛś(알다)
261) …에 대하여(prati)-dṛś(알다)
262) 주위의, 풍부한(pari)-dṛś(알다)

③ [행위]와 결합

samḍṛś : 함께・같이(sam) 보다(dṛś), 관찰하다

④ [방향/위치]와 결합

pradṛś[263] : 보이다, 나타나다

bahirdṛś[264] : 피상적인

⑤ [사람]을 나타내는 경우

dūradṛś[265] : 교육받은 사람

viśvadṛś[266] : 모든 것을 보는(아는)

sarvadr's : 모든, 전체(sarva)적인 것을 보는(drs')

śrutapāradṛśvan[267] : 아주 많이 아는 사람

특히, ⑤에서는 {dṛś}가 <보는 사람>의 의미를 가진 것으로 분석되는데, 교육 등을 통해 지식을 구비한 사람을 가리키는 의미로 쓰이고 있다. 비록 '사람'의 의미까지 가지고 있지만, 기본적으로는 <알다>, <이해하다>의 의미로 포괄할 수 있기 때문에 이 항목에서 함께 다루었다.

5) 기타의 의미로 분화한 경우

(1) [생각하다]

① [행위]와 결합 : anusamḍṛś[268] : 계속해서 생각하다

② [대상]과 결합 : dṛśāna[269] : 관점, 견해, 철학

(2) [척도]

① [대상]과 결합 : arthadṛś[270] : 진리의 척도

② [상태]와 결합 : asaddṛś[271] : 사악한 눈을 가진

263) 앞에(pra)-dṛś(보이다)
264) 외면・외부(bahis)-dṛś(알다)
265) 많은(dūra)-dṛś(보는 자)
266) 모든, 전체의(viśva)-dṛś(보는 자)
267) 들은(śruta)-반대쪽의(pāra)-dṛśvan(보는 자)
268) 뒤따르는(anu)-함께(sam)-dṛś(알다・생각하다)
269) dṛś(보다)+āna(-는 것)
270) 목적(artha)-dṛś(관점)
271) 부정접두어(a)-진실한(sat)-dṛś(눈・척도)

(3) [**삶**]

①[상태]와 결합 : ahardṛś : 하루(ahar)를 보다(dṛś) → 생활

이 밖에도 {dṛś}는 <생각하다>, <척도>, <삶> 등의 의미로 분화되기도 한다.

이상의 논의를 정리하여 도시하면 다음과 같다.

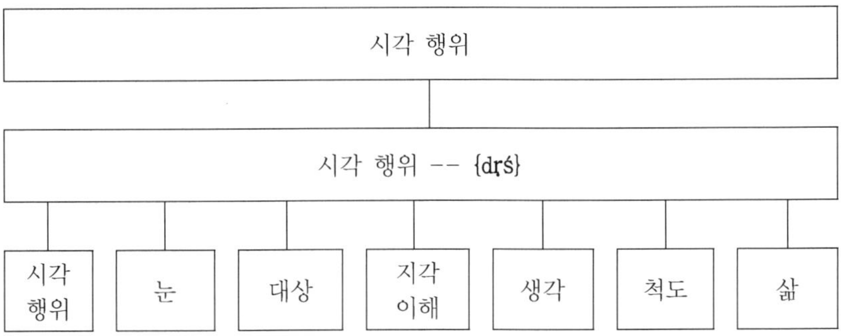

<그림 45> 범어 [보다]장의 2차 분화

나. 소결론 : 범어 {dṛś}장의 의미 분화

1. 중국어의 [시각 행위]장 {dṛś}는 어휘소로 실현된다.
2. {dṛś}의 원의미는 눈을 통해 외계를 수용하는 [시각 행위]이다. 이것은 의미 분화를 통하여 [시각 행위], [눈], [(보이는) 대상], [지각/이해], [생각], [척도], [삶] 등의 하위장을 구성한다. 여기에서 형태 결합을 통해 하위 분화가 이루어질 수 있는데, 하위장으로의 분화는 두드러지지 않는다.
3. 한국어와 중국어에서는 [시각 행위]장의 하위장을 크게 '구체적 행위' 영역, '정신 작용' 영역으로 범주화할 수 있었는데, 범어는 조금 다른 양상으로 나타난다. 이들 영역 이외에 '주체와 대상' 영역을 설정할 필요가 있는 것이다. 외부 세계를 받아들이는 주체로서의 '눈'과 지각 및 이해의 '대상체'를 우리의 범주에 포섭

해야 하기 때문이다. 그래서 우리는 범어의 [시각 행위]장에 '주체와 대상' 영역을 추가하기로 한다.

1) 주체와 대상 영역에는 주체로서 [눈]이, 대상으로서 '앎, 지각, 인지'의 [대상체]가 분포한다.
2) 구체적 행위 영역에는 '수행 행위'에 해당하는 하위장이 없고, '감각 행위'만이 존재하는데 그것은 <시각 행위>이다. 이러한 사실도 범어의 특징일 수 있겠다.
3) 정신 작용 영역은 중국어와 마찬가지로 현재적 작용에 해당하는 하위장만 분포한다. 여기는 [지각/이해], [생각], [척도]장이 포함된다.

4. 이상의 논의를 요약하여 도시하면 다음과 같다.

<table>
<tr><td colspan="6">시각 행위</td></tr>
<tr><td colspan="2">주체와 대상</td><td>구체적 행위</td><td colspan="3">정신 작용</td></tr>
<tr><td>주체</td><td>대상</td><td>감각 행위</td><td colspan="3">현재적 작용</td></tr>
<tr><td>눈</td><td>대상체</td><td>시각 행위</td><td>지각
이해</td><td>생각</td><td>척도</td></tr>
</table>

<그림 46> 범어 [시각 행위]장의 의미 영역

2.4.4. 희랍어 [시각 행위]장의 분화

희랍어에서 <보다>의 의미를 갖는 어휘는 {horao}, {belpo}, {eido}가 있다. 그 각각의 사전적 의미는 다음과 같다.

가. 의미의 다의화 : {horao}, {belpo}, {eido}의 1차 분화

horao(ὁραώ)

1. 어떤 대상을 보다, 인지하다, 관찰하다, 지각하다
2. 시각(시력)을 가지다

3. 주의하다, 유의하다, 마음에 두다
4. ~처럼 보이다
5. 주의하다, 경계하다, 준비하다
6. (은유적으로 심정적 상태에 대하여) 구분하다, 알아보다, 지각하다, 인지하다

belpo(βλέπω)
1. 보다, 시각 능력을 가지다
2. 바라보다(look)
3. ~처럼 보이다
4. 의존하다, 믿다
5. 향하다
6. ~을 바라보다, 기대하다, 예기하다, 경계하다
7. 살아 있다, 실제로 존재하다
8. 찾다, 기다리다

eido(εἶδο)
< I > 능동태로 사용되는 경우
1. (눈으로) 보다, 지각하다
2. (주로 관계대명사절을 이끌어)~을 주목하다, 보다, 관찰하다
3. (누군가를) 만나다, (누군가와) 이야기하다
4. 경험하다
5. 정신적으로 보다, 지각하다
6. 검토하다, 조사하다
7. 고려하다, 심사숙고하다
<Ⅱ> 중간태 또는 수동태로 사용되는 경우
8. 보이다, 나타나다
9. ~하는 시늉을 하다, ~처럼 보이게 하다

{horao}는 눈을 통한 지각, 시각 행위를 뜻하는 어휘로 주로 쓰이고, {belpo}는 시각 능력, {eido}는 지각의 의미로 주로 쓰이는 것으로 보인다. 사전적 풀이를 바탕으로 이들의 1차 분화 양상을 도시하면 다음과 같다.

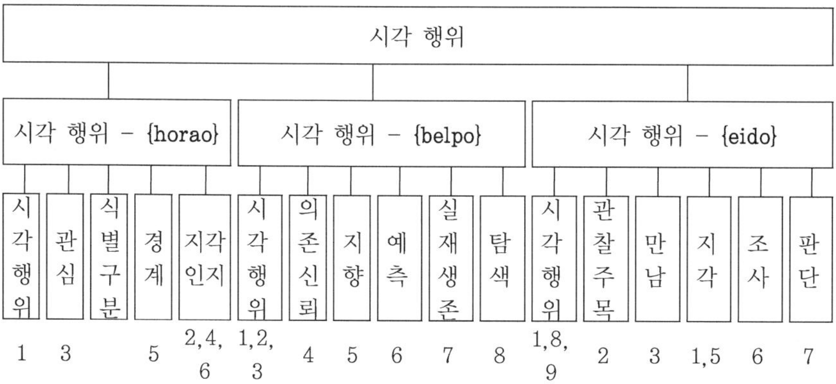

<그림 47> 희랍어 [인식]장의 의미 분화

나. 형태 결합(합성과 파생)에 의한 분화

이 경우에는 접두어나 접미어의 의미를 제외한 어근의 의미를 추출해 보면 시각 행위로서의 <보다>의 의미가 비교적 잘 드러난다. 그러나 간혹 비유적 의미로 쓰이는 예들이 있어 정밀한 의미 분석에는 한계가 있다.

범어와 유사하게 희랍어에서도 어근의 의미가 비교적 유연적(有緣的)으로 유지되는 경우들이 많다. 이 점을 고려하면서 실제 어휘를 대상으로 희랍어 [시각 행위]장의 의미 분화 양상을 분석한 결과를 아래에 제시한다. 전체적으로 보았을 때, 세세한 부분을 제외하고는 대체로 세 어휘의 분화 양상이 유사하다. 형태 결합의 방식이나 산출되는 의미의 유형이 대체로 다르지 않다.

1) {horao}의 분화

(1) [시각 행위]의 의미를 유지하는 경우

aph(-로부터)-orao② : 바라보다, 충분한 시야를 확보하다
aphorao③ : (어느 한 곳에서) 바라보다
eis(-로)-orao① : 들여다보다, 보다

eisorao② : (감탄/찬탄하며) 보다
eisorao④ : 마음의 눈으로 보다, 진심을 기울이다
kath(아래에)-orao① : 내려다보다
kath(아래에)-orao③ : 시야에 들다, 뚜렷이 보다
par(옆에)-orao② : 재빨리 보다, 대강 훑어보다
syn(함께)-orao① : -을 볼 수 있다, 시야의 범위에 들다
peri(주위에)-orao① : 둘러보다, ~을 보고 다니다, 여러모로 조사하다
peri(주위에)-orao② : 바라보다, 대충 훑어보다
pro(앞에)-orao① : ~을 미리 보다, 기대하다, 예견하다
pro(앞에)-orao② : 주의를 기울이다, 대비하다
pros(~을 향해)-orao : ~을 향해서 보다
hyper(-을 넘어서)-orao① : ~을 대강 훑어보다, 얼핏 보다
hyph(아래에, 은밀히)-orao : 아래로부터 보다, 몰래 보다, 훔쳐보다

(2) [주시]로 분화한 경우

aph(-로부터)-orao① : 눈길을 돌리다, ~로부터 주시하다
kath(아래에)-orao⑦ : 주시하다, 주목하다
eis(-로)-orao③ : 주목하다, 관심을 기울이다
par(옆에)-orao① : 주의하다, 주시하다, 주목하다
en(안에)-orao① : 주목하다, 관찰하다
kath(아래에)-orao④ : 응시하다, 관찰하다, 관측하다, 인지하다
peri(주위에)-orao④ : 자세히 보다, 관찰하다
syn(함께)-orao③ : ~에 주의를 기울이다

(3) [조사]로 분화한 경우

eph(위에)-orao② : 조사하다(inspect)
kath(아래에)-orao⑤ : 탐구하다, 조사하다, 살피다

(4) [경시/경멸]으로 분화한 경우

kath(아래에)-orao② : (타동사로서) 내려다보다, 깔보다, ~을 대강 훑어

보다
par(옆에)-orao③ : 경시하다, 무시하다
peri(주위에)-orao③ : 탄원자를 무시하다
hyper(-을 넘어서)-orao③ : 경시하다, 멸시하다, 얕보다

(5) [인정/시인]으로 분화한 경우

par(옆에)-orao④ : 인정하다, 시인하다

(6) [지각/인지]로 분화한 경우

syn(함께)-orao② : 보다, 이해하다
syn(함께)-orao④ : -에 대해서 알다

2) {blepo}의 분화

(1) [시각 행위]의 의미를 유지한 경우

ana(위에)-blepo① : 올려다보다
apo(-로부터)-blepo② : 눈길을 돌려서 바라보다, 쳐다보다
dia(구별하여)-blepo① : 눈을 크게 뜨고 응시하다, 보다
dys(힘든)-anti(-에 대해)-blep-tos(-할 수 있는) : 보기 어려운
eis(에)-blepo : -을 보다, 바라보다
ek(-로부터)-blepo① : 보다
em(-안에)-blepo① : -을 바라 보다
en(-안에)-apo(-로부터)-blepo : 들여다 보다
epi(-위에)-blepo④ : 선망하면서 바라보다
kata(아래로)-blepo① : 내려다 보다
meta(-뒤에, 바꾸어서)-blepo① : 시각의 관점을 바꾸다
para(옆에)-blepo① : 떨어져서 보다, 곁에서 보다, 측면에서 보다
peri(주위에)-blepo① : 둘러보다
pro(앞에)-ana(잘)-blepo : 앞에서 보다, 앞서 보다
pros(-을 향해서)-blepo : -을 향해서 보다, 주시하다

syn(함께)-apo(-로부터)-blepo : 눈을 고정시키다
hypo(은밀히)-blepo① : 흘기며 보다, 곁눈질로 보다

(2) [회복/소생]으로 분화한 경우

ana(위에)-blepo② : 시력을 회복하다, 눈을 뜨다, (은유적으로) 소생하다. 되살다.
ek(-로부터)-blepo① : 시각 능력을 획득하다

(3) [주시]로 분화한 경우

anti(-에 대해서)-blepo : 똑바로 보다, 바로 응시하다, 직면하다
apo(-로부터)-blepo① : 계속하여 응시하다, 주의를 기울이다, 주목하다(,
epi(-위에)-blepo① : 주의 깊게 보다, 세심히 보다
kata(아래로)-blepo③ : 심사숙고하다
syn(함께)-epi(-에 대해)-blepo : 동시에 주시하다, 주목하다

(4) [조사]로 분화한 경우

em(-안에)-blepo② : -을 들여다 보다, 조사하다
peri(주위에)-blepo② : 조사하다
pros(-에 덧붙여서)-em(-안에)-blepo : 더불어 조사하다

(5) [경시/경멸]로 분화한 경우

kata(아래로)-blepo② : 경멸하다, 멸시하다, 얕보다
para(옆에)-blepo② : 경멸하다, 멸시하다

(6) [돌봄/보호]로 분화한 경우

meta(-뒤에, 바꾸어서)-blepo② : 보살피다

(7) [예기/예견]으로 분화한 경우

pro(앞에)-blepo① : 예기하다, 예견하다, 앞서 보다

3) {eido}의 분화

(1) [시각 행위]의 의미를 유지하는 경우

di(-을 통해서)-eidon① : 철저히 보다, 자세히 보다, 깨닫다, 꿰뚫어 보다
kat(아래로)-eidon① : 내려다 보다
par(옆에)-eidon② : 대강 훑어보다
pro(앞에)-eidon① : 앞을 향해 보다
hyph(밑에)-eidon① : 아래서 보다

(2) [식별/구분]으로 분화한 경우

di(-을 통해서)-eidon② : 구분하다, 구별하다, 이해하다, 알다

(3) [주시]로 분화한 경우

en(-안에)-eidon① : 들여다 보다, 들여다 관찰하다
en(-안에)-eidon② : 주시하다, 주의하다, 주목하다
ep(-에 대해)-eidon : 보다, 응시하다, 바라보다
kat(아래로)-eidon② : 응시하다, 주시하다, 주목하다
par(옆에)-eidon① : 주목하다, 관찰하다, 주시하다

(4) [지각/인지]로 분화한 경우

kat(아래로)-eidon③ : 인지하다, 알다, 이해하다, 깨닫다
pro(앞에)-eidon③ : -에 대해 생각하다
hyph(밑에)-eidon② : 알다, 인지하다, 간파하다

(5) [경시/경멸]로 분화한 경우

par(옆에)-eidon② : 무시하다, 경시하다

(6) [**예기/예견**]**으로 분화한 경우**

pro(앞에)-eidon② : 예기하다, 미리 알리다, 전조가 되다

이상에서 살펴 본 바를 도시하면 다음과 같다.

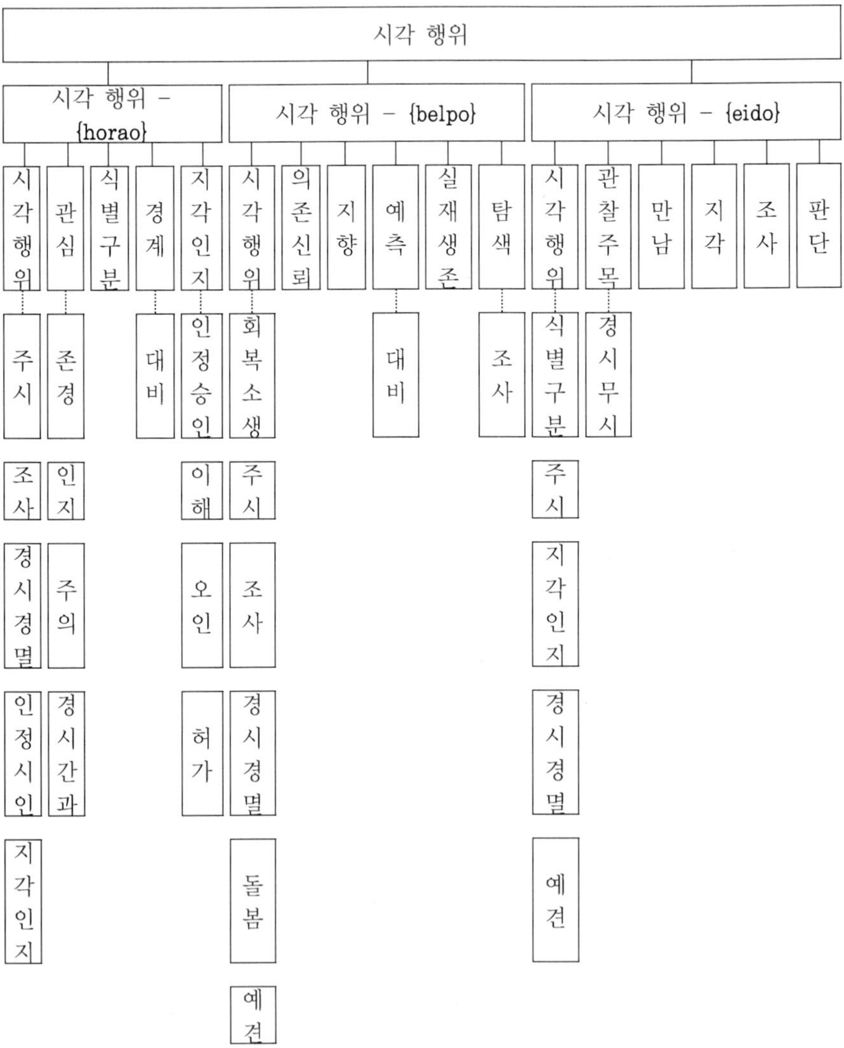

<그림 48> 희랍어 [인식]장의 의미 분화

나. 희랍어 [시각 행위]장({horao}, {belpo}, {eido})의 분화

1. 희랍어의 [시각 행위]장은 {horao}, {belpo}, {eido}에 의해 구체적인 어휘로 실현된다.

2. 희랍어의 [시각 행위]장을 대표하는 세 어휘의 원의미는 <보다>이다. 이들은 의미 영역을 분할하면서 자체로 하위장으로 분화된다.

   1) {horao}는 의미의 다의화를 통해 [시각 행위], [관심], [식별/구분], [경계], [지각/인지]의 하위장을 생성하며, 이것이 다시 다른 어휘 형태와 결합하여 2차 분화함으로써 다양한 하위장이 생성된다.
   2) {belpo}는 [시각 행위], [의존/신뢰], [지향], [예측], [실재/생존], [탐색] 등으로 하위 분화된다.
   3) {eido}는 [시각 행위], [관찰/주목], [만남], [지각], [조사], [판단] 등의 하위장을 구성한다.

3. 희랍어의 [시각 행위]장은 한국어와 유사한 경향을 보이며 영역 분할을 하고 있다.

   1) 구체적 행위 영역에는 '감각 행위'로 [시각 행위]와 [관찰]이, '수행 행위'로 [경계], [만남], [조사 탐색], [생존]이 하위장을 구성한다.
   2) 정신 작용 영역은 '현재적 작용' 영역에 [지각], [판단], [식별/분별], [관심]장이, '미래적 작용' 영역에 [예측], [지향], [기대]장이 분포한다.

4. 이상의 논의를 요약하여 도시하면 다음과 같다.

<table>
<tr><td colspan="13">시각 행위</td></tr>
<tr><td colspan="6">구체적 행위</td><td colspan="7">정신 작용</td></tr>
<tr><td colspan="2">감각 행위</td><td colspan="4">수행 행위</td><td colspan="4">현재적 작용</td><td colspan="3">미래적 작용</td></tr>
<tr><td>시각 행위</td><td>관찰</td><td>경계</td><td>만남</td><td>조사 탐색</td><td>생존</td><td>지각</td><td>판단</td><td>식별 구분</td><td>관심</td><td>예측</td><td>지향</td><td>기대</td></tr>
</table>

<그림 49> 희랍어 [시각 행위]장의 의미 영역

2.3.5. [시각 행위]장의 어휘 · 의미 분화 양상의 해석

[시각 행위]장에서는 네 언어가 큰 틀에서는 유사한 경향을 보인다. 다만, 범어의 하위장의 구성이 다른 언어에 차이가 나는 점이 특기할 사항이다. 그 분화 양상을 살펴보자.

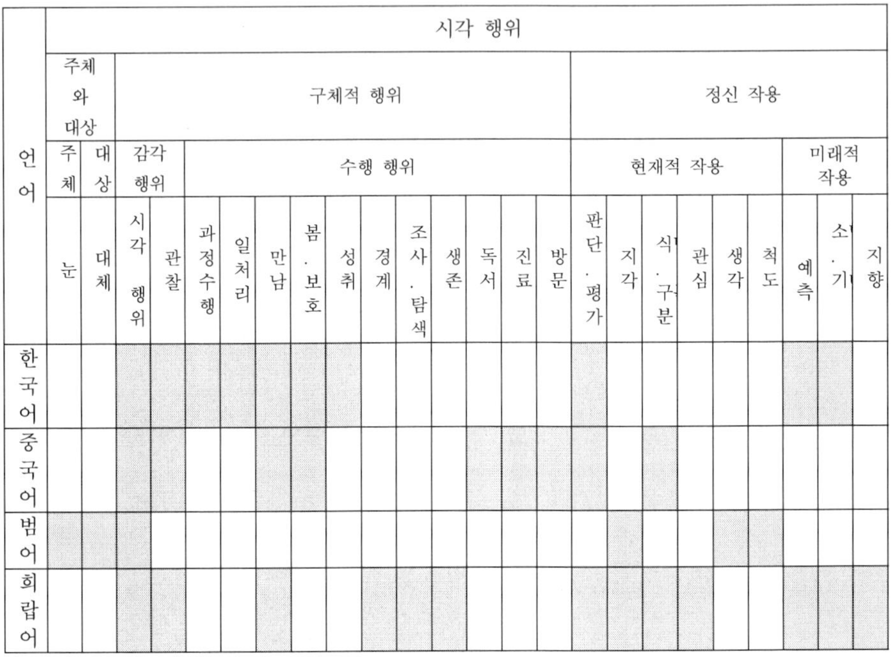

<그림 50> [시각 행위]장의 의미 영역 대조

1. 주체와 대상 영역은 범어에만 나타나는 특징이다.

2. 구체적 행위 영역은 둘로 나누어 '감각 행위' 영역과 '수행 행위' 영역을 설정하였다.

1) 감각 행위 영역에 속하는 하위장은 [시각 행위]와 [관찰]이다. [시각 행위]장은 4개 언어 모두에 있고, [관찰]장은 범어에만 없다.

2) 수행 행위 영역에서는 [만남]장이 범어를 제외한 3개 언어에 있고, [돌봄/보호]장은 한국어와 중국어에 있다. [과정 수행]·[일처리]·[성취]장은 한국어에만 있고, [경계]·[조사/탐색]·[생존]장은 희랍어에만 있으며, [독서]·[진료]·[방문]장은 중국어에만 있

다.[272] 그런데, 범어에는 아예 수행 행위 영역에 해당하는 시각 행위 어휘가 없는 것으로 나타났다.

3. 정신작용 영역은 현재적 작용과 미래적 작용으로 나누어 설정하였다.
   1) 정신작용 영역에서는 희랍어가 가장 활발한 의미 분포를 보였다.
   2) [판단/평가]장은 범어를 제외한 세 언어에 모두 있으며, [지각]장은 범어와 희랍어에, [식별/구분]장은 중국어와 희랍어에 각각 나타났으며, [관심]장은 희랍어에만, [생각], [척도]장은 범어에만 나타났다.
   3) 미래적 작용을 나타내는 하위장은 한국어와 희랍어에만 나타났으며, 한국어에는 [추측/예측], [소망/기대]장이, 희랍어에는 [추측/예측], [소망/기대], [지향]장이 나타났다.

272) 문장 단위에서는 있을 수가 있으나, 어휘 차원에서는 중국어의 특징이라고 할 수 있다.

【참 고 문 헌】

강기진(1985), 국어 다의어의 의미구조, 한국문학연구 8, 동국대학교 한국문학연구소.

강범모(1987), 어휘 의미 정보의 구조와 표상, 한국어 의미학 5, 한국어의미학회.

김광해(1989), 고유어와 한자어의 대응 현상, 탑출판사.

김봉주(1992), 개념학 : 의미론의 기초, 한신문화사.

김종택(1993), 국어 어휘론, 탑출판사.

김지형(1990), 한국어와 중국어의 어두음 비교 연구 : 기초어휘를 중심으로, 경희대학교 석사학위 논문.

김지형(1991), 한국어 인칭접미사의 형성에 대하여, 논문집 창간호, 경희알타이어연구소.

김지형(1992a), 한국어 사물접미사의 형성에 대하여, 경희어문학 제13집, 경희대학교 국어국문학과.

김지형(1992b), 중국어의 단어족 설정에 대하여 : '水'를 중심으로, 어문연구 제76호, 한국어문교육연구회.

김지형(1993), 어원연구에서의 단어족 설정에 대하여 : '물(水)' 관련 어휘의 단어족 설정을 중심으로, 국어국문학 연구의 새로운 모색, 집문당.

김지형(1998a), '새[鳥]' 명칭 어휘의 명명 원리 : '새[鳥]' 명칭 어휘의 단어족 설정을 위한 시론, 어원연구 1, 한국어원학회.

김지형(1998b), 한국어와 중국어의 자음대응 양상 : '머리場' 어휘를 중심으로, 경희어문학 제19집, 경희대학교 국어국문학과.

김지형(1999), 어휘장(낱말밭) 연구의 새로운 모색 : [머리]장 어휘를 중심으로, 한국어 의미학 4, 한국어의미학회.

김진해(2000), 국어 연어 연구, 한국문화사.

김철남(1997), 우리말 어휘소 되기, 한국문화사.

마성식(1991), 국어 어의변화 유형론, 한남대출판부.

박경현(1983), 국어 신체어의 은유적 확장, 명지어문학 15, 명지대 국어국문학과.

박지홍(1987), 우리말의 의미, 과학사.

배도용(2002), 우리말 의미 확장 연구, 한국문화사.

배해수(1989), 성격그림씨에 대한 고찰(16) : <너그러움>의 표현을 중심으로, 언어 내용 연구, 허발 박사 환갑 기념 논문집 간행위원회.

서재극(1980), 중세국어의 단어족 연구, 계명대학교 출판부.

심재기(1982), 국어 어휘론, 집문당.
우형식(1988), 신체어의 의미론, 연세어문학 21집, 연세대학교 국어국문학과.
이경자(1999), 우리말 신체어 형성, 충남대 출판부.
이기동 편(1983), 언어와 인지, 한신문화사.
이성하(1998), 국어 문법화의 이해, 한국문화사.
이수련(2001), 한국어와 인지, 도서출판 박이정.
이예식(1999), 어휘의미론과 다의어의 의미 분석(강범모 외 1999, 형식의미론과 한국어 기술), 한신문화사.
임지룡(1989), 국어대립어의 인지적 의미 특성, 형설출판사.
임지룡(1992), 국어의미론, 탑출판사.
임지룡(1996), 다의어의 인지적 의미 특성, 언어학 18, 한국언어학회.
임지룡(1998), 다의어의 비대칭 양상 연구, 언어과학연구 15, 언어과학회.
천시권 · 김종택(1973), 국어의미론, 형설출판사.
최경봉(1998), 국어 명사의 의미 연구, 태학사.
홍사만(1986), 신체어의 다의구조 분석(Ⅱ) : '머리'의 의미, 국어학신연구, 탑출판사.
홍사만(1993), 국어어휘의미연구, 학문사.
홍재성(1987), 한국어 사전에서의 다의어 처리와 동형어 처리의 선택 : 찾아가다/찾아오다의 경우, 동방학지 54-56, 연세대학교 국학연구소.
Rudi Keller(1990), *Sprachwandel*(이기숙 역 1994), 언어변화, 서광학술자료사.

II. 각 언어권의 "이다", "있다" 동사 비교분석

1. 희랍어

einai는 가장 중요한 희랍어 동사 중 하나이다. 그런데 einai는 다양한 구문으로 사용될 뿐 아니라 여러 의미를 가지고 있어서 예로부터 논란의 대상이 되었다. einai는 기본적으로 "있다", "-이다", "-가 사실이다", "-가 가능하다" 등의 뜻을 가지고 있다. Kahn에 따르면, einai 동사는 크게 서술어적 용법과 비서술어적 용법으로 나뉘며, 비서술어적 용법은 다시 존재 구문, 가능 구문, 소유 구문, 진리 구문으로 나뉜다.

I. Copulative uses

* ἐπεὶ οὔ ἑθέν **ἐστι χερείων** (Il. 1. 114) : since she is not inferior to her

* ἀλλ' αὕτη **δίκη ἐστὶ** βροτῶν, ὅτε τίς κε θάνησιν (Od. 11. 218) : But this is the way with mortals when they die

* ἠπείλησεν μῦθον, ὁ δὴ **τετελεσμένος ἐστί** (Il. 1. 388) : He uttered his threat, and now it is accomplished (= τελεῖται, ἐτελείετο)

* δεινῶς ἀθυμῶ μὴ **βλέπων** ὁ μάντης **ᾖ** (Soph., O.T. 747) : I fear the prophet may not be blind after all

II. Non-copulative uses

A. Existential sentence types

1. vital nuance : being alive

* ἦ γὰρ ἔτ' **εἰσὶ** καὶ ἀφνειοὶ καλέονται (Od. 15. 433) : (Your parents)

are living still and still accounted rich

* οὐδὲ γὰρ οὐδὲ Δρύαντος υἱός, κρατερὸς Λυκόοργος δὴν **ἦν** (Il. 6.130) : Since even the son of Dryas, Lykourgos the powerful, did not live long

* πατρὸς καὶ μητρὸς **ἐόντων** (Od. 6. 287) : While father and mother were alive

2. durative nuance : occurrence or continuing to be so

* ἀμφὶ δέ μιν κλαγγὴ νεκρύων **ἦν** οἰωνῶν ὥς (Od. 11. 605) : Around him rose a clamor of the dead, like that of birds

* ἐκ γὰρ Ὀρέσταο τίσις **ἔσσεται** (Od. 1. 40) : Vengeance shall come from Orestes

* ἀλλ' οὐ σοί γ', Ὀδυσεῦ, φόνος **ἔσσεται** ἔκ γε γυναικός (Od. 11. 444) : On you no violent death shall ever fall from your wife's hand

3. existential idea *sensu stricto* : $(\exists x)Fx$

* **οὐδέ τίς ἐστιν** ἀρὴν καὶ λοιγὸν ἀμῦναι (Il. 24.489) : nor is there any to defend him against the wrath, the destruction

* ποῖος Ζεύς; οὐ μὴ ληρήσεις. οὐδ' **ἔστι** Ζεύς. (Aristophanes, Clouds 367) : What Zeus? Don't be silly; there is no Zeus.

* περὶ μὲν θεῶν οὐκ ἔχω εἰδέναι, οὔθ' ὡς **εἰσιν** οὔθ' ὡς **οὐκ εἰσιν** οὔθ' ὁποῖοί τινες
ἰδέαν (Protagoras fr. 4) : Concerning the gods I am unable to know whether they exist or whether they do not exist or what they are like in form.

B. Possessive construction (ἔστι μοι)

* **ἔστι τοι** ἐν κλισίῃ χρυσὸς πολύς, **ἔστι** δὲ χαλκὸς (Il. 23.549) :

There is abundant gold in your shelter, and there is bronze

* **ἔστι** δέ μοι μάλα πολλά, τὰ κάλλιπον ἐνυάδε ἔρρων (Il. 9.364) : I have many possessions there that I left behind when I came here

* οὐδέ **μοι ἔστι** πατὴρ καὶ πότνια μήτηρ (Il. 6.413) : I have no father, no honored mother

C. Potential constructions (ἔστι + infinitive)

* ἀλλ' οὐκ **ἔστι** Διὶ Κρονίωνι **μάχεσθαι** (Il. 21.193) : But it is not possible to fight Zeus, son of Kronos

* ἡμέας γ' οὔ πως **ἔστι μεθιέμεναι** πολέμοιο (Il. 13.114) : There is no way for us now to hang back from the fighting

* οὐδέ τι **κινῆσαι** μελέων **ἦν** οὐδ' **ἀναεῖραι** (Od. 8.298) : It was not in their power to move or raise a limb

D. Veridical construction

* **ἔστι** γὰρ **οὕτως** ὥσπερ οὗτος ἐννέπει (Sophocles, Trachiniae 474) : it is just as he says

* **εἴη** κεν καὶ **τοῦτο** τεὸν ἔπος (Il. 24.56) : What you have said could be true

* ὁ δὲ ἀγόμενος ἐς τὰς ἀνάγκας οὕτω δὴ ἔφαινε τὸν **ἐόντα** λόγον (Hdt I.116.5) : When he was brought to torture, he revealed the true story

* οὐ γὰρ δοκεῖν ἄριστος, ἀλλ' **εἶναι** θέλει (Aeschylus, Septem 592) : He wants not to appear but to be the noblest

물론 희랍어 문법책을 보면, εἶναι 동사가 서술적 용법("-이다")으로 사용될 때에는 ἐστὶ라고 쓰는 반면, 존재 구문이나 가능 구문에서 사용되는 경우에는 ἔστι라고 표기한다(Smyth, 187)고 되어 있다. 하지만 이것은 어디까지나 원칙일 뿐 실제로 εἶναι 동사가 enclitic으로 사용되었으나 존재사의 의미를 가지는 경우도 있다. 가령 다음 문장을 보자.

Φόρκυνος δέ **τίς ἐστι** λιμήν, ἁλίοιο γέροντος (Od. 13.96) : there is a certain harbor sacred to Phorcys, the old man of the sea.

이 문장에서 ἐστι에는 악센트가 찍혀 있지 않다. 따라서 형태상으로 이 단어는 존재사가 아니라 서술사이어야 한다. 그럼에도 불구하고 이 경우 ἐστι는 "존재한다"라는 의미를 가지고 있다. 이 때문에 A.T. Murray를 비롯한 대부분의 영미권 학자들도 이 구절을 "there is"라고 번역했다. 그러면 이 경우는 단순한 예외라고 생각해야 할까? 그렇지는 않다. 왜냐하면 우리는 이 문장을 다음과 같은 방식들로 번역할 수 있기 때문이다.

① 어떤 것이 포르퀴스에게 신성한 항구이다.
② 어떤 항구는 포르퀴스에게 신성한 것이다.
③ 포르퀴스에게 신성한 어떤 항구가 있다.

①의 경우 tis는 대명사이고 문장에서 주어로 사용된 반면, ②와 ③의 경우 tis는 "항구"를 수식해 주는 형용사이다. 또한 ①과 ②의 esti는 "-이다"를 의미하는 반면, ③의 esti는 "있다"를 의미한다. 그러면 이처럼 ti + einai 구문이 몇 가지 해석 가능성을 가진다는 사실은 어떤 함축을 가질까? 어째서 희랍인들은 ti + einai 구문을 필요로 하게 되었을까?

이와 관련해서 가장 먼저 지적할 수 있는 점은 우리가 einai를 영어의 be 동사로 그대로 번역하기 힘들다는 사실이다. 영어나 독일어, 프랑스어 등에서는 "존재한다"를 의미하는 동사를 be 동사와 구별해서 "exist", "Es gibt", "Il y a" 등으로 따로 발전시켜 왔다. 물론 영어의 be 동사도 "있다"라는 의미로 사용되는 경우가 있지만, 그냥 "is"라고 쓰기보다는 주로 "There is"를 사용한다. 반면 고전 희랍어에서는 einai가 "있다"와 "이다" 모두를 나타낼 수 있으며, 특히 ti + einai 구문에서는 "있다"라는 의미와 "그것이 어떠어떠한 것이다"라는 의미 모두가 생생히 살아 있다. 달리 말하면, ti + einai 구문에서 einai는 계사적 기능을 담당하는 동시에 존재사적인 의미를 가지고 있다. 따라서 이 때 einai를 굳이 영어로 번역하자면 "exists as x"라고 해야겠으나, "exist"는 이처럼 계사적 용법으로 사용되지 않는다. 결국 이런 구문을 영어로 직역하는 것은 가능하지 않다고 생각된다. 오히려 우리말의 "-로서 있다"가 보다 나은 번역일 것이다.

특히 ti가 빈번히 einai와 함께 사용된다는 사실, 그리고 이 때 einai가 "있다"와 "이다"의 의미를 모두 가진다는 사실을 고려할 때, 우리는 고전 희랍어에서 "있는 것"은 "어떠어떠한 성질을 가지는 것"이라는 결론을 추론할 수 있다. 다시 말해 동사 einai는 존재하는 대상에 대한 술어로 기능하고 있는 동시에, 그 대상의 성격(가령 속성이나 위치, 관계 등)을 규정해 주고 있다고 생각된다. 아리스토텔레스가 실체를 tode ti("이 무엇")로 규정한 것도 같은 이유에서일 것이다. 왜냐 하면 우리의 모든 탐구는 있는 것을 대상으로 해야 하는데, 있는 것은 여기에 어떠어떠한 것으로 있기 때문이다. 따라서 어떤 대상이 존재하지만 우리가 그것에 대해 알 수도 없고 말할 수도 없다는 것은 불가능하며, 존재하는 대상이란 우리가 그것이 어떠어떠한 것인지 알 수 있고 말할 수도 있는 것이어야 한다.

이렇듯 희랍어 동사 einai의 경우 "있다"라는 의미와 "-이다"라는 의미가 긴밀히 연결되어 있다. 다시 말해 희랍인들이 생각하기에, 존재하는 대상은 항상 어떠어떠한 성질을 가진 것으로 규정될 수 있는 것이다. 반대로 존재하지 않는 것은 아무런 규정성도 가지지 않았으며 사실이 아닌 것이 된다.

가령 고전 희랍어에서 ti(s)의 부정어로 많이 사용되는 단어는 outi(s)가 아니라 oudeis/ouden 또는 medeis/meden이다. 두 단어는 εἷς / ἕν (one)이라는 단어에 oude 또는 mede라는 부정어를 붙인 복합어이다. 따라서 우리는 두 단어의 기본적 의미를 "하나도 (-이지 않다)" 혹은 "어떤 것도 (-이지 않다)"라고 번역할 수 있지만, 두 단어는 모두 "아무 짝에도 쓸모없는 것"이라는 의미도 가지고 있다. 우리는 두 단어의 용례를 분석함으로써, oudeis/ouden 또는 medeis/meden이 "아무 짝에도 쓸모 없는 것"이라는 의미를 가지게 된 까닭은 그 대상이 아무런 규정성도 가지지 않기 때문임을 입증하고자 한다.

νῦν μὲν γὰρ **οὐδὲν ὄντα** βαστάζω χεροῖν (Sophocles, El. 1129) : Now I raise your nothingness in my hands.

위의 구절은 자기 동생 오레스테스의 주검이 담겨 있는 단지를 엘렉트라가 손에 쥔 채, 비통한 심정으로 말한 내용이다. 여기서 엘렉트라는 이제 오레스테스가 ouden이 되었다고 말하는데, 이 말이 무슨 뜻일까? 이 단지에는 오레스테스의 시신이 들어 있으므로 그것이 "존재하지 않는 것"일 수도 없으며, 비록 죽었지만 사랑하는 동생의 시체라는 점에서 "아무런 의미도 없는 것"도 아니다. 그러면 오레스테스는 어떤 이유로 엘렉트라에게 ouden인가? 1030행부터 1060행까지 엘렉트라는 오레스테스의 죽음을 슬퍼하면서, 그녀가 갓난아기였던 동생 오레스테스를 피신시켰을 때 그가 얼마나 찬란하게 아름다웠으며, 그를 돌볼 때 얼마나 기뻤는지 회상하고 있다. 또한 그녀는 오레스테스가 있음으로 인해 "누나"라는 호칭을 가질 수 있었다. 하지만 이제 (오레스테스와 엘렉트라의) 운명은 모든 것을 날려 버렸다. 마지막 희망이었던 오레스테스가 죽은 지금, 엘렉트라 자신도 모든 것을 잃었으며 그녀는 죽은 사람이나 마찬가지가 되었다. 다시 말해 이제 오레스테스는 더 이상 살아생전의 모습을 가지고 있지 않으며 마치 폭풍우에 모든 것이 쓸려 내려가듯 그가 가지고 있던 모든 규정성으로부터 박탈당했고, 엘렉트라의 정체성을 규정해 주던 유일한 요소(즉 "-의 누나")였던 오레스테스가 사라진 지금 엘렉트라도 마지막 남은 규정성을 잃고 만 것이다[1]. 그래서 엘렉트라는 자신의 처지를 오레스테스의 상황과 동일시하면서 다음과 같이 말하고 있다.

> τοιγὰρ σὺ δέξαι μ' ἐς τὸ σὸν τόδε στέγος
> **τὴν μηδὲν** εἰς **τὸ μηδὲν**, ὡς σὺν σοὶ κάτω
> ναίω τὸ λοιπὸν (Sophocles, El. 1165-67) :
> Therefore accept me into this abode of yours
> --me, a nothing, into your nothingness,--so that I
> may dwell with you hereafter below.

---

1) 이러한 해석에 대해서는 Alexander P.D. Mourelatos, "'Nothing' as 'Not-being' : Some literary contexts that bear on Plato", in John P. Anton & Anthony Preus (eds.), *Essays in Ancient Greek Philosophy* vol.2, Albany: State University of New York Press, 1983. 62-65쪽 참고.

여기서 τὴν μηδὲν은 엘렉트라 자신을 지칭하는 반면 τὸ μηδὲν은 오레스테스의 재가 담긴 단지를 가리킨다. 이처럼 엘렉트라나 오레스테스가 meden으로 전락한 까닭은 그들이 갑자기 존재하지 않는 대상이 되었기 때문이 아니라, 그들의 정체성을 이루어 주던 규정성을 박탈당했으며, 이로 인해 그들이 이제 부질없는 존재가 되었기 때문이다.

하지만 도대체 아무 것도 아닌 것을 생각하거나 배울 수 있는가? 어떻게 아무런 규정성도 없는 것에서 존재하는 것들이 생겨날 수 있는가? 바로 이것이 me on (not being)의 역설이 며, 파르메니데스 이후 희랍 철학자들은 이 문제를 해결하기 위해서 많은 노력을 기울여야 했다. 파르메니데스가 einai 동사의 함축을 어떻게 철학적으로 해석했는지 이해하려면 먼저 그의 조각글을 살펴보아야 한다. 그의 조각글 2에서 먼 길을 여행한 파르메니데스에게 여신은 두 가지 길을 소개한다.

εἰ δ' ἄγε, τῶν ἐρέω, κόμισαι δὲ σὺ μῦθον ἀκούσας,
αἵπερ ὁδοὶ μοῦναι διζήσιός εἰσι νοῆσαι,
ἡ μὲν ὅπως **ἔστιν** τε καὶ ὡς **οὐκ ἔστι μὴ εἶναι,** (2.3)
Πειθοῦς ἐστι κέλευθος (Ἀληθείηι γὰρ ὀπηδεῖ),
ἡ δ' ὡς **οὐκ ἔστιν** τε καὶ ὡς **χρεών ἐστι μὴ εἶναι,** (2.5)
τὴν δή τοι φράζω παναπευθέα ἔμμεν ἀταρπόν
οὔτε γὰρ ἂν γνοίης τό γε μὴ ἐόν, οὐ γὰρ ἀνυστόν,
οὔτε φράσαις. (DK28 B2)

Come now, I will tell you (and do you preserve my story, when you have heard it) about those ways of enquiry which are alone conceivable.
The one, that a thing is, and that it is not for not being, is (2.3)
the journey of persuasion, for persuasion attends on reality;
the other, that a thing is not, and that it must needs not be, (2.5) this I tell you is a path wholly without report,
for you can neither know what is not (for it is impossible) nor tell of it[2].

---

2) 조각글의 번역은 A.H. Coxon, The Fragments of Parmenides, Assen: Van Gorum,

이 구절을 어떻게 해석할 것인지에 대해서 많은 논란이 있었다. 가장 큰 문제는 esti를 어떻게 해석할 것인가인데, 이 동사의 주어가 생략되어 있다는 사실이 문제를 더욱 꼬이게 만들었다. 이와 관련해서 오랫동안 학계를 지배해 온 해석은 존재적 해석이었다. 특히 Diels나 Cornford는 "존재한다"의 주어를 "존재하는 것"이라고 봄으로써 파르메니데스 조각글 2의 내용을 "있는 것은 있고 없는 것은 없다"는 식의 동어반복문으로 해석했다. 가령 Cornford는 조각글 2의 3행과 5행에 생략된 주어를 보충해서 각각 다음과 같이 번역했다.[3)]

<That which is>, is, and it is impossible for it not to be (2.3)
<That which is>, is not, and must not be (2.5)

이에 따르면 2.3은 동어반복이므로 참인 반면, 2.5는 모순이므로 거짓이다. 결국 우리가 따라야 할 길은 당연히 동어반복의 길이라는 것이다. 하지만 만약 파르메니데스가 추구한 길이 이처럼 자명한 길이라면 어째서 그가 조각글 2와 8에서 자신의 주장을 입증하기 위해 논증을 펼쳤는지가 불분명해진다. 오히려 파르메니데스는 비존재의 길이 탈락하는 이유가 그것이 알 수 없고 말할 수 없으며 배울 수도 없기 때문이라고 주장하고 있다. 다시 말해 비존재가 탐구의 길로부터 배제되는 이유는 그것에 대해 유의미한 진술 자체가 불가능하기 때문이지, 비존재에 대한 언명이 모순을 일으키기 때문은 아니다. 결국 "존재한다(esti)"의 주어가 "존재하는 것"이라는 해석은 난관에 부딪치게 되었다.

이런 이유로 존재적 해석을 받아들이는 학자들은 esti 동사의 주어를 "존재하는 것" 이외의 것들에서 찾고자 했다. 가장 유력하게 받아들여지고 있는 학설은 오웬의 해석이다. 그는 esti의 주어가 "생각하거나 말해질 수 있는 것"이라고 해석함으로써 콘포드가 당면했던 난점을 피하고자 했다. 하지만 파르메니데스의 모든 조각글들에서 einai 동사가 존재사의 의미로 사용되고 있다고 보기는 힘들다. 가령 조각글 2의 3행에서 두 번째 esti는 분명히 비인칭 구문으로 사용되고 있다. 그러므로 우리는 이

1986. 52쪽 참고.

3) Cornford, *Plato and Parmenides*, London, (1939) 30-31쪽 참고.

단어의 의미를 "-임이 필연적이다" 혹은 "-임이 사실이다" 등과 같이 해석해야 한다. 한편 조각글 8의 경우에도 einai 동사가 분명히 서술적 용법 혹은 계사적 용법으로도 사용되고 있을뿐더러[4], 보다 일반적으로 말해서, 희랍어 문장에서 einai 동사는 대개 서술적 용법으로 사용된다. 더구나 존재적 해석을 받아들일 경우, 파르메니데스가 어떤 선대 철학자를 공격하고 있는지가 불분명하다. 자연철학자들 중 어느 누구도 존재하지 않는 것을 탐구하려 시도하지 않았기 때문이다. 이렇게 볼 때, 조각글 2의 einai가 존재적 용법이 아니라 서술적 용법으로 사용되었을 가능성은 여전히 남는다. 이러한 정황들을 고려해 볼 때, 우리는 파르메니데스의 조각글 2에서 einai가 "있음"의 의미와 함께 "-임"이라는 뜻도 가지고 있다고 보아야 할 것이다.

이 점을 염두에 두면서 조각글 2를 해석해 보자. 1-2행에서 여신은 파르메니데스에게 어떤 탐구의 길이 사유를 위한 유일한 길인지 말해 주겠다고 하면서, eon과 me eon의 두 길이 각각 무엇인지 설명한 후, 이 중 me eon의 길이 전혀 배움이 없는 길이므로 남는 선택지는 eon의 길뿐이라고 말한다. 여기서 me eon의 길이 기각되는 까닭은 그것이 어떤 것으로도 있지 않으며 따라서 우리가 그것이 무엇인지 알거나 그것에 대해 말할 수 없기 때문이다. 그런데 흥미로운 점은 파르메니데스가 "비존재는 아무런 규정도 가능하지 않은 것이며, 우리가 이에 대해 배우거나 언표할 수 없다."는 명제를 논증의 전제로 사용하고 있으면서, 이 전제에 대해 더 이상 아무런 증명을 제시하지 않고 있다는 사실이다. 다시 말해 파르메니데스는 사유 대상의 영역과 존재자의 영역이 동일하다[5]는 주장을 아주 당연한 것으로 받아들이고 있다. 과연 이러한 그의 당당함은 어디에서 비롯되는 것일까?

우리는 파르메니데스가 진정으로 einai하는 것은 eon이며[6] eon이야말로 우리의 유일한 탐구의 길로 남는다고 주장할 수 있었던 까닭이 einai 동사의 특징에서 기인했다고 볼 수 있다. 앞에서 살펴 본 바와 같이 einai

---

4) ὡς ἀγένητον **ἐὸν** καὶ ἀνώλευρόν **ἐστιν** : 있는 것(eon : -인 것)은 생성되지 않고 소멸되지 않는 것이다.

5) τὸ γὰρ αὐτὸ νοεῖν ἐστίν τε καὶ εἶναι. (DK28 B3) : for the samething is for conceiving as is for being.

6) ὡς ἀγένητον **ἐὸν** καὶ ἀνώλεθρόν **ἐστιν** (DK28 B8.3).

동사는 “x로서 있다”라는 의미를 가진다. 그런데 문제는 “아무것도 아닌 것” 혹은 “아무런 규정도 불가능한 것”이 x자리를 만족시킬 수 있는가이다. 가령 οὐδέν ὄντα와 같은 표현이 어떻게 가능한지가 해명되어야 할 물음이다. 이와 관련해서 파르메니데스의 입장은 확고하다. 있는 것은 항상 어떠어떠한 것으로 있어야 하는데, 어떻게 “아무것도 아닌 것으로 있다.”는 말이 가능하겠는가? 이것은 상식적으로 보기에도 어불성설이며 οὐδέν ὄντα은 잘못된 표현이다. 우리는 이런 식으로 말할 수 없고, 그 말이 무슨 뜻인지 알 수도 없다. 결국 esti의 보어가 될 수 있는 것은 오직 eon 뿐이다[7]. 우리의 언어나 사유로 아무런 규정도 할 수 없는 대상(meden)은 존재하지 않는 것(me eon)이며, 반대로 존재하는 것은 모두 사유나 언표가 가능하다.

그렇다면 우리는 오직 "eon esti"라는 말만 해야 하는가? 즉 우리는 어떤 대상에 대해 그것이 “eon으로서 있다.”라고만 말할 수 있을 뿐, “F로서 있다 (F이다).” 또는 “G로서 있다 (G이다).”고 말해서는 안 되는가? 파르메니데스는 "esti F"나 "esti G"가 일단 논리적으로 가능하다는 점을 인정하고 있다. 가령 조각글 1에서 여신은 먼 길을 찾아 온 파르메니데스를 환영하면서 다음과 같이 말한다 : “자, 그대는 모든 것들을 배워야 한다. 설득력 있는 진리의 흔들리는 심장과, 가사적인 자들의 억견들을. 억견들 속에는 참된 확신이 없지만, 그대는 이것들도 배우게 될 것이다. 어떠어떠하다고 여겨지는 것들이 어떻게 내내 모두 있는 것들로서 받아들여질 만하게 있어야 했는가를...”(1.28-32)

조각글 1에 따르면, 파르메니데스는 여신으로부터 진리뿐 아니라 가사적인 자들(또는 자연 철학자들)의 억견들도 배우게 된다. 그런데 가사적인 자들은 있는 것을 탐구 대상으로 삼는다는 점에서, 비존재의 길과는 달리 억견의 길도 가능한 탐구의 길이기는 하다. 하지만 자연 철학자들은 eon을 탐구 대상으로 삼기는 했으나, eon으로서의 eon에 대해 탐구한 것이 아니라 그 부분적 속성들에 대해서만 관심을 기울였다. 가령 이들에 따르면 만물이 생성하고 소멸하는 궁극 원리는 물이지만(또는 차가움의 원리로서 있지만), 동시에 불이 아니다(뜨거움의 원리로서 있지 않다). 결국 이들은 기껏해야 eon의 상대적인 측면밖에 발견할 수 없다. 이런

---

7) 조각글 2에서 esti의 주어는 “탐구 대상”이라고 생각된다.

이유로 파르메니데스는 사연 철학자들의 존재론을 기만적인 질서라고 규정했으며(8.52), 이들이 있음과 있지 않음을 같은 것으로 여기기도 하고 같지 않은 것으로 여겨왔다고 주장한다(6.8-9). 다시 말해 파르메니데스가 보기에 자연철학자들은 서로 상반되는 요소들을 하나로 묶어 주는 있음의 원리에 대해 무지하기 때문에, 이들은 귀먹고 눈먼 상태로 머리가 둘인 채[8)] 헤매다닌다.

이렇게 볼 때, 우리는 파르메니데스에게 있어서 탐구의 길이 오직 하나만 남게 되는 이유를 다음과 같이 설명할 수 있다. 우선 me eon의 길이 불가능한 탐구의 길로 지목되어 배제된다. 왜냐 하면 me eon이란 우리가 그것에 대해 알 수도 생각할 수도 없는 대상이므로, 이에 대한 탐구가 원리상 불가능하기 때문이다. 존재하지 않는 것(me eon)은 아무것도 아닌 것(meden)이므로, "meden esti"라는 말은 성립하지 않으며, 우리는 이 말이 무슨 뜻인지 알 수 없다. 한편 억견의 길은 eon을 대상으로 한다는 점에서 가능한 탐구의 길이기는 하지만, eon을 올바르게 규정하지 못한다는 점에서 잘못된 (또는 성공적이지 못한) 탐구의 길이다. 억견의 길은 eon의 부분적 특징만을 밝혀 주므로, eon과 me eon을 같은 것으로 여기기도 하고 같지 않은 것으로 여기는 혼란[9)]에 빠지게 된다. 결국 파르메니데스는 우리가 추구해야 할 유일한 탐구의 길이 eon으로서의 eon에 대한 탐구라는 결론에 이르게 된다. 즉 성공을 보장해 줄 수 있는 유일한 탐구의 길은 "eon esti"라고 말하는 것이며, 이러한 탐구의 길에는 어떤 오류도 없게 된다는 것이다.

여기까지 우리의 논의가 정당하다면, 우리는 파르메니데스의 탐구의 길을 다음과 같이 요약할 수 있을 것이다.

1) 탐구가 가능한 길 : eon의 길

Ⓐ 올바른 탐구의 길 (진리의 길) : eon을 eon으로서 탐구하는 존재론적인 길

Ⓑ 올바르지 않은 탐구의 길 (억견의 길) : eon을 서로 상반되는 다

---

8) 다시 말해 두 가지 선택지(가령 차가움과 뜨거움) 중 어떤 것을 골라야 할 지 결정하지 못한 채.

9) 가령 "A is F", "A is not G".

양한 성질들로 규정하는 자연학의 길

2) 탐구가 불가능한 길 : me eon의 길 (아무런 규정도 불가능한 것에 대한 탐구)

파르메니데스는 eon이 eon에 달라붙어 있기 때문에(4.2), eon을 떼어 내어 me eon과 결합시킬 수 없다고 주장한다. 하지만 그의 주장처럼 me eon = meden이라는 등식이 필연적으로 성립하는 것일까? 정말로 me eon과 eon의 결합은 불가능한가? 플라톤이 <소피스테스> 편에서 대답하고자 하는 의문이 바로 이와 같은 것들이었다고 생각된다. 그는 "완전히 아무것도 아닌 것"과 "-가 아닌 것(-와 다른 것)"을 구별함으로써 me eon의 아포리아를 극복하고자 했다.

2. 범어

한편 범어의 경우 √as 동사가 "이다"와 "있다" 모두를 의미할 수 있다. 가령 다음 문장을 살펴보자.

> brahma vā idam agra āsīt ekam eva, tad ātmānam eva avet: aham brahma asmi iti. tasmāt tat sarvam abhavat. : 이 [세계]는 최초에 브라만 오직 하나뿐이었다(√as). 그 [브라만]은 '내가 바로 브라만이다(√as).'라고 스스로 알았다. 따라서 그 [브라만]은 [있는] 모든 것이 되었다(√bhū).

위의 예문에서 √as는 전자의 경우 직설법 과거로 후자의 경우 직설법 현재로 사용되었지만, 양자 모두 피한정어와 한정어가 동일하다는 것을 보여주는 to be의 서술적인 용법으로 사용되었다. 한편 마지막의 √bhū는 최초의 그 브라만으로부터 오늘날 우리 주변의 있는 모든 것들이 나왔다고 하는 것으로 to be의 의미가 아니라 to become의 의미로 사용되고 있다. 하지만 브리하드아란야까(*Bṛhadāraṇyaka*)와 같은 초기 우빠니샤드(*Upaniṣad*)에서 이미 이러한 양자의 차이는 희미해지고 있다. 자기 자신(ātman)이 곧 브라만(brahman)임을 아는 와마데와(Vāmadeva) 현인은 자신

의 깨달음을 다음과 같이 표현하고 있다:10)

나는 최초의 인간(Manu)이자 태양(śūrya)이었다(√bhū).

여기에서 √bhū는 직설법과거로 표현되었지만 나(aham)라는 피한정어와 최초의 인간 및 태양이라는 한정어가 동일하다는 것을 보여주는 전형적인 to be의 서술적인 용법으로 사용되고 있다. 다른 인도유럽어에서와 마찬가지로 이 √as와 √bhū는 각각 이렇게 동일함을 뜻하는 서술동사로서 뿐만 아니라, to exist를 뜻하는 존재동사 등 다양한 용법으로 사용되었다.

하지만 √as가 서술적 용법으로 사용되었을 때, 어떤 것이 한정어이고 어떤 것이 피한정어인지 불명확한 경우가 있다. 왜냐하면 인도아리안은 명사적인 문장(nominal sentence)을 선호하기 때문이다. 즉, A와 B 양자 모두가 주격어미를 지니고, to be 동사(√as 또는 √bhū)가 생략되어 'A B.'와 같이 표현하는 것이다. 문법적인 요소로부터 양자 중에서 어느 쪽이 피한정어이고 어느 쪽이 한정어인지 명확히 드러낼 수 있는 방법이 없는 것이다.

예를 들어서 'devo amanusso (hoti).'라는 중기인도어(MIA)인 빨리어(Pali) 문장은 '신은 인간이 아니다.', '인간이 아닌 것이 신이다.' 그리고 '인간이 아닌 신이 있다'의 세 가지 해석이 모두 가능하다. 앞의 두 문장의 경우 생략된 to be 동사를 서술동사로 보아 양자를 동일한 것으로 해석한 것이고, 마지막 문장은 생략된 to be 동사를 존재동사로 보고 양자를 동격으로서 한쪽이 다른 한쪽을 수식하는 형태로 해석한 것이다. 비록 문법적으로 하자가 있다고 할 수는 없지만, 두 번째 해석의 경우 내용적으로 문제가 된다고 할 수 있다. 왜냐하면 인간이 아닌 것에 꼭 신만이 해당되는 것은 아니기 때문이다. 동물, 식물, 무생물 등을 포함할 수 있는 피한정어의 외연이 한정어보다 훨씬 넓기 때문에 외연과 내포의 관계를 중요시하는 서양 논리학의 입장에서 보면 이 문장은 보기에 따라서 몇몇 문제를 가지고 있다고 볼 수 있다.

아마도 이러한 모호성은 √as 동사 자체에서만 비롯된 것이라기보다

10) BAU I 4 10: aham manur abhavaṃ sūryaś ca.

는, 범어에 정관사가 없기 때문에 생겨났을 것이라고 추측된다. 다시 말해 희랍어의 경우, 동사가 인칭과 수에 따라 굴절할뿐더러, 대개 주어로 사용되는 체언은 정관사와 함께 사용된다. 이 때문에 대부분의 문장의 경우 주어가 어떤 것인지에 관해 고민할 필요가 없다. 또한 희랍어 문장 “A esti B”는 “A라는 대상이 존재하며 그것이 B라는 성질을 가지고 있다.”는 뜻으로 해석될 수 있는데, 이는 우리의 사고나 언어가 일단 존재하는 것을 그 대상으로 함을 보여준다. 아마도 이런 이유로 아리스토텔레스도 첫 번째 범주를 “실체(ousia)”라고 규정한 것이 아닌가 하는 생각이 든다.

반면 범어의 √as가 서술 구문으로 사용되었을 때에는, 어떤 대상(즉 실체)이 존재하고 그것이 어떠어떠한 성질을 가지고 있음을 나타내고자 하는 것이 아니라, 단순히 두 단어가 동격 혹은 같은 의미임을 보여주는 기호로서 사용되고 있는 듯하다.

그런데 이처럼 한정어와 피한정어의 구별이 모호할 경우, 곤란한 문제가 생겨난다. 이를테면 “금성은 샛별이다.”의 경우 두 대상이 동일하므로 어떤 것이 주어이든 문제가 없지만, “사람은 동물이다.”의 경우에는 사람이 동물이라는 집합의 한 부분집합이기 때문에 “동물은 사람이다.”처럼 주어와 술어의 위치를 바꿀 경우 거짓 명제가 된다. 또한 “Caitro dhanurdharaḥ.”라는 범어 문장은 “짜이뜨라는 궁수이다.”라고 번역될 수도 있지만, “궁수는 짜이뜨라이다.” 혹은 “짜이뜨라라는 궁수가 있다.”라고 해석할 수도 있는데, “짜이뜨라는 궁수이다.”와 “궁수는 짜이뜨라이다.”의 의미는 동일하지 않다. 왜냐 하면 짜이뜨라 이외에도 여러 궁수들이 존재하기 때문이다. 이런 이유로 문장의 의미를 분명히 표현하기 위해서, 어떤 것이 한정어이고 어떤 것이 피한정어인지 구별해 줄 수 있는 문법적 장치가 필요하게 되었고, 그 기능을 담당하게 된 것이 불변화사 vai와 eva였다. 즉 “A vai B.”는 “B is really A.”를 의미하는 한편, “A eva B.”는 “A is indeed B.”를 의미한다.

그런데 5세기의 철학자 다르마끼르띠는 문법학자들과 달리 불변화사 eva를 문장의 의미에 변화를 줄 수 있는 독립적인 역할을 하는 것, 즉 designator(vācaka)로 보았다. 이는 사실상 앞에서 언급한 것과 같이 문법학자들에 의해서 문장의 의미를 명확히 하는 것, 즉 manifestor (dyotaka)

의 기능에 위의 상소 용법을 추가한 것으로 보아야 할 것 같다. 다음의 세가지 예문을 통해 각각의 문장의 의미를 살펴보면 다음과 같다.

Caitro dhanurdhara eva. *Pārtha eva dhanurdharo.* *nīlaṃ sarojaṃ bhavaty eva.*

첫 문장의 경우, eva가 없는 '짜이뜨라는 궁수이다(Caitro dhanurdhara)'와 eva가 있는 '짜이뜨라는 실로 궁수이다(Caitro dhanurdhara eva)'라는 문장의 차이를 다르마끼르띠는 연결되지 않는 것의 배제(ayoga-vyavaccheda)로 설명한다. 여기에서는 eva를 통해서 짜이뜨라가 피한정어이고 궁수가 한정어 임이 드러날 뿐만 아니라, eva가 궁수라는 용어를 강조하여 짜이뜨라는 궁수이면서 그가 이 궁수라는 것과 연결되지 않을 가능성도 배제하는 기능을 또한 가진다고 본다. 즉 짜이뜨라 만이 궁수는 아니지만 그는 적어도 궁수들 중의 한명이란 뜻이 됨으로, 주어의 외연이 술어의 외연보다 적은 全稱肯定命題에 해당된다고 할 수 있다.

한편 두 번째 문장의 경우, eva가 없는 '빠르타는 궁수이다(Pārtha dhanurdharo)'와 eva가 있는 '빠르타만이 궁수이다(Pārtha eva dhanurdharo)'라는 문장의 차이를 다르마끼르띠는 다른 것과의 연결의 배제(anyayoga-vyavaccheda)로서 설명한다. 여기에서는 eva를 통해 빠르타가 피한정어이고 궁수가 한정어임이 드러날 뿐만 아니라, eva가 빠르타라는 용어를 강조하여 빠르타는 궁수이면서, 궁수임이 빠르타 이외의 다른 사람과 연결되는 것을 배제하는 기능을 또한 가진다고 본다. 즉, 빠르타는 궁수의 한 사람일 뿐만 아니라 그 만한 궁수가 달리 없다는 뜻으로, 오직 빠르타만이 최고의 궁수라는 뜻이 된다. 따라서 양자가 同延일 때 전칭긍정에 해당될 수 있다고 한다.

마지막 문장의 경우 eva가 없는 '연꽃은 푸르다(nīlaṃ sarojaṃ)'와 eva가 있는 '연꽃은 푸르기도 또한 하다(nīlaṃ sarojaṃ bhavaty eva)'라는 문장의 차이를 다르마끼르띠는 절대 연결되지 않는 것의 배제(atyantāyogavyavaccheda)로서 설명한다. 여기에서 eva는 한정어와 피한정어를 규정해 주는 것이라기보다는 생략되었던 √bhū를 강조하는 역할 만을 하고 있다. 따라서 한정어와 피한정어가 확실하게 규정되어 있다고 보기는 힘들다. 내용적으로 보면 형용사가 일반적으로 피한정어가 되고 명사가 한정어가 된다. 이때 양자 즉 연꽃과 푸른색은 √bhū 동사를 통해 연결되어 있기는 하지만, eva를 통해 이들의 연결이 전면적으로 부정되는 것과 전면적으로 긍정되는 것을 배제한다고 설명한다. 즉, 연꽃이 푸른색으로 대표되는 것은 아니지만 하여간 푸른색 연꽃도 있다는 뜻으로 일종의 특칭긍정에 해당된다고 볼 수 있다.

사실상 다르마끼르띠는 이러한 해석을 통해 to be동사의 서술용법을 통해 쓰인 여러 명제들의 논리적 정량화를 시도하고 있다고 볼 수 있다. 그렇다면 다르마끼르띠(Dharmakīrti)는 긍정명제에 대한 이러한 정량화를 통해 어떤 일을 하려 했을까? 앞에서도 이야기 했지만 그는 이것을 논리적인 원인으로서 성립될 수 있는 세 가지 조건 (trairūpya)에 적용하고 있다. 생략되어 있는 주어 원인(hatu)를 살려내어 각각의 문장을 복원하면 다음과 같다:

1. anumeye [hetor] sattvam eva.
2. hetor sattvaṃ sapakṣa eva.
3. hetor a-sattvam eva asapakṣe.

1. 추리의 대상에 실로 [원인의] 있음이 있다.
2. 원인의 있음은 실로 유사한 것(sapakṣa)에 있다.
3. 원인이 없음 만이 유사하지 않은 것(asapakṣa)에 있다.

각각의 조건들을 다르마끼르띠의 개념을 이용하여 다시 해석하면 다음과 같이 된다.

1. 추리의 대상에 원인이 있어야하며, 추리의 대상에 원인이 없을 가능성을 완전히 배제한다.

2. 원인의 있음은 유사한 현상에서 보여야 하며, 원인의 있음이 유사한 현상에서 보이지 않을 가능성을 완전히 배제한다.

3. 원인의 없음은 유사하지 않은 현상에서 보여서는 안 되며, 원인의 없음이 유사하지 않은 것 이외 다른 현상과 연결되는 가능성을 배제한다.

그렇다면 이러한 논리적인 원인으로서 성립될 수 있는 세 가지 조건(trairūpya)은 실제 어떻게 사용되었을까? 인도논리학에서 가장 흔히 이야기되는 것으로 '저 산이 불에 타고 있다. 왜냐하면 산에 연기가 피어오르고 있기 때문이다.'라는 것이 있다. 여기에서 원인은 연기가 되고, 연기를 통해 추리하는 대상은 불이 된다. 따라서 연기와 불 사이의 관계에서 연기가 논리적인 원인으로서 성립될 수 있기 위해서는 위의 세 가지 조건(trairūpya)을 모두 충족시켜야 올바른 추론으로 성립될 수 있는 것이 된다.

첫째, 추리 대상인 불의 원인으로서 연기가 있어야 하며, 불이 났는데 연기가 없을 가능성은 완전히 없어야 한다. 즉, 불이 항상 연기를 수반해야 한다는 것이 첫 번째 조건이 된다.

둘째, 원인인 연기의 있음이 불이 있는 다른 곳에서도 보여야 하며, 연기의 있음이 불이 있는 곳에서 보이지 않을 가능성이 완전히 없어야 한다. 여기에서는 산 뒤편에서 올라오는 연기를 통해 불이 있음을 추정하고 있다. 따라서 불이 있는 유사한 조건에서 항상 연기가 보여야 한다. 예를 들어서 향로라든지 아궁이와 같은 유사한 조건에서 반듯이 연기가 보여야 한다는 것이 두 번째 조건이 된다.

셋째, 불이 없는 곳에서 절대로 연기가 보이지 않아야 한다.

그런데 지금까지 살펴본 범어의 √as와 eva 구문에서 흥미로운 특징을 발견할 수 있다.

먼저 범어에는 정관사가 없기 때문에 √as 동사는 문장에서 어떤 것이 한정어이고 어떤 것이 피한정어인지 분명히 표현할 수 없다. 그래서 이런 기능을 vai나 eva의 의미가 담당하게 되었는데, 그 결과 √as는 문장에서 아무런 역할도 하지 못하며 따라서 불필요하게 되었다. 더구나 vai나 eva는 단순히 어떤 것이 주어이고 술어인지를 표시해 주는 기호에 불과하기 때문에, 주어에 해당하는 대상이 실제로 존재한다는 함축을 가지지 않는다. 그러므로 다르마끼르띠가 eva의 위치에 따라서 문장의 의미를 "모든 A는 B이다.", "오직 A만이 B이다.", "어떤 A는 B이다."로 구분했지만, 그럼에도 불구하고 그의 논리학은 명제를 실체에 대한 규정이라고 간주하는 아리스토텔레스 논리학과는 근본적으로 다를 수밖에 없다. 오히려 다르마끼르띠 이후 불교학자들은 앞서 언급한 세가지 논리적 조건들을 활용해서, 자아(ātman)와 같은 형이상학적 존재에 관한 판단을 논박하는 데 사용하기도 했다[11].

한편 서구 논리학에서는 모순 개념이 매우 중요한 위치를 차지한다. 즉 전칭긍정과 특칭부정은 모순관계를 이루고 있으며, A, E, I, O 문장이 대당사각형을 이루고 있다. 반면 다르마끼르띠를 비롯한 인도의 철학자들은 부정 명제에 별로 관심을 보이지 않는 듯하다. 가령 다음 문장을 보자.

rūpaṃ anātmā : 물질은 영혼이 아니다. 물질은 영혼을 결여하고 있다.

서구 논리학에서 전칭긍정 명제의 부정은 특칭부정 명제가 된다. 하지만 위의 문장은 물질 중에 어떤 것이 영혼이 아니라는 말인지, 아니면 모든 물질이 영혼이 아니라는 것인지 불분명하다. 이렇게 볼 때 인도의 사상가들은 서구의 철학과는 다른 방식으로 대상세계를 이해하고 이에 관해 판단했을 것이라고 추정된다.

3. 중국어

다음으로 중국어의 경우를 살펴보자. 중국어에는 "이다"를 의미하는 단어와 "있다"를 의미하는 단어가 구별되어 있는데, 현대한어에서 "이다"

11) 범어의 경우 아스 동사의 문법적 기능이 확정되어 있지 않기 때문에 주로 부정적 지칭의 방식으로 실체개념을 형성했다고 볼 수 있으며, 희랍어의 경우 einai 동사의 문법적 기능이 정관사의 사용과 더불어 비교적 명확하게 정해져 있기 때문에 긍정적 지칭의 방식으로 실체개념을 형성했다고 생각해 볼 수 있다.

를 뜻하는 단어는 '是'이다.[12] 현대한어의 판단문은 기본적으로 명사나 명사구가 술어가 되는 문장으로 "A≒B"(A는 B이다)의 형식이거나 아니면 이를 부정하는 형식으로 이루어지는데, 주어나 술어가 될 수 있는 것은 단순한 단어일 수도 있고 구일 수도 있다. 또한 판단문은 판단을 표시하는 것으로, 해석과 주석에 많이 사용되며 때로는 비유를 표시하거나 혹은 원인을 설명하기도 한다. 판단문은 주어가 "무엇이다 또는 무엇이 아니다"라고 표현되는 문장으로 판단문의 내용에 따라 크게 긍정판단문과 부정판단문으로 구분된다. 현대한어에서는 예컨대 "北京是中國的首都"와 "我不是美國人"의 경우처럼 관계동사, 즉 繫詞 '是'가 쓰이게 되며, 부정판단문인 경우에는 관계동사 앞에 부정을 표시하는 부정부사 '不'자를 붙여 '不是'라고 하면 부정의 판단문이 된다.

그런데 흥미로운 사실은 중국어의 是가 희랍어 동사 einai나 영어의 be 동사보다 훨씬 포괄적인 의미로 사용되고 있다는 점이다. 먼저 다음 예문들을 보자.

1) 사람의 성격, 특징

你们是**知识分子的语言**，他们是**人民大众的语言**。

(너희들은 지식인의 언어를 사용하고, 그들은 민중의 언어를 사용한다.)

2) 시간을 설명

他们回国的日期都定了，**老张是明天**，　**老李是后天**。

(그들이 귀국하는 날짜가 모두 정해졌다, **老张**은 내일, **老李**는 모레이다.)

---

12) 현대한어에서 是를 동사로 볼 것인가에 대해서는 많은 학자들의 견해가 분분하였다. 결론적으로 是는 엄격한 의미에서 동사의 일종이라고 볼 수 있지만, 다른 일반동사처럼 명확하게 모종의 동작을 나타내지는 않기 때문에, 일반 동사와 구분하여 관계동사, 혹은 판단동사라고 한다.

3) 장소를 설명

我们都住在黄河边上，他是**上游**，我是**下游**。
(우리들은 모두 황하 강가에 사는데, 그는 상류에, 나는 하류에 산다.)

4) 구비한 물품을 표시

我们俩买的书不一样，他是**英文课本**，他是**科技常识**。
(우리 두 사람이 산 책은 같지 않다. 그는 영어교과서, 나는 과학기술 상식 책을 샀다.)

5) 옷차림을 표시

解放前，他夏天总是一件**破布衫**。
(해방 전에, 그는 여름 내내 누더기 셔츠 한 장을 입었다.)

6) 도구, 수단을 표시

他总是**这么一辆破车**。(그는 언제나 이렇게 파손된 차 한 대로 다닌다.)

7) 상황을 표시

看来，张女士是**既事业有成，又家庭美满**。
(보아하니, 張부인은 이미 사업에 성공했고, 또 가정도 아름답고 원만하다.)

위의 예문들을 그대로 희랍어 문장으로 번역하면 모두 비문이다. 우리는 이런 차이점이 생기는 근본적인 이유를 다음과 같이 설명할 수 있다. 희랍어의 einai 구문은 어떤 존재자, 즉 실체의 성격을 규정해 주는 반면, 중국어의 是는 단순히 두 단어를 문법적으로 연결해 주는 계사 기능만 담당하고 있다. 다시 말해 是는 주어 자리에 오는 단어와 술어 자리에 오는 단어가 어떠어떠한 관계에 있음을 표시해 주는 기호일 뿐, 두 단어의 성이나 수, 격이 일치해야 함을 요구하고 있지 않다. 예를 들어 '你們倆喜歡什么運動?(너희 둘은 무슨 운동을 좋아하니?)'라고 물으면, 갑은 '他是足球, 我是乒乓球。(그는 축구를 좋아하고, 저는 탁구를 좋아합니다.)'라고 대답할 것이다. 이런 문장에서 '是'를 이용해 대답하는 것은 곧 주어 '他', '我'와 두 개의 키워드 '足球' '乒乓球'가 연결된 것이고, 두 개의 간단한 '是'字句로 구성된 것이다.

이처럼 '是'字句는 중국어의 경제성과 간결성을 구현하여, '是'로 연결된 몇 개의 핵심어로 구성된 비교적 간결한 문장으로 변하게 하였다.

한편 현대 한어에서 "있다"라는 뜻으로 사용되고 있는 단어는 有와 在이다. 우리는 두 단어의 의미를 다음과 같이 설명할 수 있다.

1) **'有'字句의 의미와 용법 :** '有'는 비동작동사로, 동작행위를 나타내지 않는다. 기본의미는 '소유', '존재'이다.

① '소유', '구비'

a) 빈어가 나타내는 사물이 주어가 나타내는 사물의 일부분인 것.

人人都有两只手。(사람은 모두 두 손을 가지고 있다.)
这座桥有两层。(이 다리는 2층으로 되어 있다.)

b) 주어와 빈어 사이에 소유(종속)관계가 있는 것.

我有一辆摩托车。(나는 한 대의 오토바이가 있다.)
我有两个孩子。(나는 두 명의 아이가 있다.)

c) 빈어가 주어의 어떤 속성을 나타내면, 빈어는 대부분 추상명사이다.

教书这个工作很有意义。(공부를 가르치는 이 일은 매우 의미 있다.)
人总是要死的，但死的意义有不同。(사람은 결국 죽지만, 죽음의 의미에는 차이가 있다.)

② '존재'를 표시 : 어떤 장소 혹은 어떤 시간에 어떤 사람 혹은 사물이 존재함을 나타낸다.

屋里有人。(방에 사람이 있다.)
唐代有个诗人，名叫李伯。(唐代에는 이백이라 불리는 시인이 있었다.)

③ '발생과 출현'을 나타낸다 : 뒤에 오는 빈어는 동사. 이런 문장에서 빈어로 쓰이는 동사는 일반적으로 이음절이고, 나타난 변화를 표시한다.

近年来，中小学教育也有了很大发展。(근래 들어 초중등교육에도 큰 발전이 있었다.)
几年没见，你跟以前一样，没有什么变化。(몇 년간 보지 못했는데, 당신은 이전과 똑같군요, 아무런 변화가 없어요.)

④ '포괄'을 나타낸다.

a) '有'자구의 빈어가 나타내는 사물이 모두 주어가 가리키는 종류에 속한다. 빈어는 여러 개가 열거되며, 마지막에 다시 총수량을 나타내기도 한다.

今天参加座谈会的有工人、学生、干部、教师等各方面的代表二十多人。
(오늘 좌담회에 참가한 사람 중에는 노동자, 학생, 간부, 교사 등 각 방면의 대표 20여 명이 있었다.)
人民画报有英文版的、法文版的、日文版的等好几十种。
(인민화보는 영문판, 불문판, 일문판 등 몇 십 종류가 있다.)

b) 둘 혹은 둘 이상의 '有'를 사용하여 각각을 열거한다. 예를 들면;

人们在社会实践中从事各项斗争, 有了丰富的经验, 有成功的, 有失败的。
(사람들은 사회 실천 속에서 각종 투쟁에 종사하면서 풍부한 경험이 있는데, 성공적인 것도 있고, 실패한 것도 있다.)

⑤ 예측이나 비교의 기준에 도달함을 나타낸다.

a) 예측 : '有' 뒤에는 수량어구가 부가되는 경우

(我看)他大约有三十多岁。((보아하니)그는 대략 30여 세군요.)
我学习汉语有六个月了。(나는 중국어를 배운지 6개월이 되었다.)

이런 문장의 부정식은 '没(有)'를 사용하는데, '어떤 정도에 도달하지 못했다'는 의미를 나타낸다. 예를 들면;

从北京到天津没有500里。(북경에서 천진까지는 500리가 못된다.)

b) 비교

* '有'의 뒤에는 비유되는 사물을 나타내는 단어와 형용사가 부가되어 비교의 기준을 형성한다. '有'는 주어가 기준에 도달했음을 나타내고, 만

약 도달하지 못하면 '沒有'를 사용한다.

那個教室有這個教室大嗎?(저 교실은 이 교실만큼 큰가요?)
我的小女兒有桌子高了。(내 딸은 탁자만큼 크다.)

* '有'의 빈어가 추상명사이면, 두 번째 동사구는 이 추상명사의 관형어로 바뀔 수 있다. 이런 문장은 주로 '반드시'의 의미를 포함한다.

我有責任幫助你們解決困難。(나는 너희들이 곤란을 해결하는데 도움을 줄 책임이 있다.)
小劉沒有資格參加這次活動。(小劉는 이 활동에 참가할 자격이 없다.)

2) '在'字句의 의미와 용법

① '在'가 동사로 사용된 경우 : 직접적으로 '있다/없다'의 의미를 나타낸다.

a) 존재하다.

父母健在。 : 부모님은 건재하시다.
精神永在。 : 정신은 영원히 존재한다.
那张相片现在还在。: 그 사진은 지금도 있다.
祖母已经不在了。: 할머니는 돌아가셨다.

b) ~에 있다(사람이나 사물이 존재하는 장소·위치를 나타냄)

文件在桌上。: 서류는 탁자 위에 있다.
小陈在图书馆。: 소진은 도서관에 있다.

c) ~에 (달려) 있다.(=在于, 决定于)

这事在你自己。 이 일은 너 자신에게 달려 있다.

要学习好，主要在自己努力。공부를 잘 하는 것은 주로 자신의 노력에 달려 있다.

② '在'가 介词로 사용된 경우 : '있다/없다'의 의미와 직접적인 관계가 없다.

a) 시간 표시

专车在下午三点半到达。: 특별차는 오후 세 시에 도착한다.
生在一八九九年。: 1899년에 출생했다.
故事发生在很久以前。: 사건은 매우 오래 전에 발생했다.

b) 장소 표시

在黑板上写字。: 칠판에 글씨를 쓰다.
出生在北京。: 북경에서 출생하다.
看在眼里，记在心上。: 눈으로 보고, 마음 속으로 기억하다.

물론 때로는 是도 존재의 의미를 나타내지만, 그 의미가 有나 在와는 다르다.

桌子上是書，沒有別的東西。(책상 위에는 책이 있을 뿐 다른 물건은 없다.)
宿舍前是一个网球場。(기숙사 앞에는 테니스장이 하나 있다.)

존재를 나타낼 때, "是"와 "有"는 구별된다. "是"는 어떤 물체가 어느 한 공간을 점유하고 있어서, 그 공간에 유일한 대상임을 표현해 준다. 반면 "有"는 단지 어떤 한 공간에 어떤 것, 또는 어떤 것들이 존재함을 나타낼 뿐이다. 즉 桌子上是書는 책상 위에 책만 있을 뿐 다른 것은 없다는 뜻인 반면, 桌子上有書는 책상 위에 다른 물건이 있을 수도 있음을 함축한다.

희랍어에는 有나 是처럼 어떤 장소에 불특정한 수의 대상이 존재하는지 오직 하나의 대상이 존재하는지 구별해 주는 단어가 없다. 아마도 희랍인들은 두 경우를 굳이 구별해야 할 필요성을 느끼지 못했던 것 같다. 그렇다면 중국어에서는 두 경우를 왜 구별해야 했을까? 이러한 물음에 대한 답변이 중국인들의 존재 이해를 해명해 주는 데 도움을 줄 것이라고 볼 수 있다.

그런데 이보다 흥미로운 점은 是가 be 동사의 서술어적 용법과 유사한 기능을 담당하고 있는 것은 사실이지만, be 동사보다 훨씬 포괄적인 의미로 사용된다는 사실이다. 가령 我們倆買的書不一樣, 他是**英文課本**, 他是**科技常識**。라는 문장에서 是는 is가 아니라 does로 번역되어야 한다. 다시 말해 시는 단순히 他와 英文課本을 연결시켜 주는 문장기호일 뿐, 존재 함축을 전혀 가지지 않는다. 이렇게 볼 때, 是 구문은 실체 중심의 아리스토텔레스 식의 논리학으로 설명 불가능하다. 물론 그렇다고 해서 중국어가 전적으로 비논리적 언어라고 단정지을 수는 없다. 오히려 우리는 중국어의 是가 희랍어 동사 einai와 공통점이 있는 것이 사실이지만, 두 단어가 근본적으로 기술하고자 하는 바가 달랐다고 보아야 할 것이다.

4. 한국어

한국어의 경우 "이다"와 "있다"가 완전히 구별되어 있기 때문에, 고대 희랍 철학자들을 괴롭혔던 비존재의 역설은 전혀 생기지 않는다. "A는 B이다."라는 문장은 A가 B라고 규정될 수 있다는 뜻이지 A가 실제로 존재한다는 것을 함축하지는 않는다.

그런데 "있다"의 경우는 그 의미가 비교적 분명하지만, "이다"는 그 정체성부터 불분명하다. '-이(다)'에 관한 견해는 크게 두 가지로 나뉜다. 하나는 '-이(다)'구성의 '이'를 서술격조사로 보는 조사설이고, 다른 하나는 용언의 어간으로 보는 지정사설, 계사설 등의 용언설이다. 이 두 개념의 핵심 논쟁은 격 개념의 문제와 활용의 문제로 요약될 수 있다.

먼저 서술격조사로 보는 주장을 살펴 보자.

남기심·고영근(1985)에 따르면 '조사'는 자립성이 있는 말에 붙어 그 말과 다른 말과의 관계를 표시하는 품사로 정의되고 있다. 이 정의는 바로 '격'이라는 명칭이 붙는 격조사에 대한 정의이다. 곧 체언으로 하여금 일정한 자격을 갖도록 하는 것이 격조사인 것이다.

(1) 저것이 칠판이다.

(1)에서 '칠판이다'의 '-이(다)'가 서술격조사로서 역할을 하는 것이다. 위의 정의에 따르면 '-이(다)'는 자립성이 있는 체언 '칠판'에 붙어서 그 체언이 다른 체언과 관계를 맺게 해 주는 동시에 해당 체언인 '칠판'이 일정한 자격을 갖도록 하는 것이다. 그렇다면 '칠판'이 다른 체언인 '저것'과 맺는 관계는 바로 '저것'의 내용을 지정, 서술하는 것이라고 보는 것이다. 그리고 그 자격은 지정, 서술하는 자격이 된다.

'-이(다)'를 서술격조사로 보고자 하는 이러한 주장은 얼핏 보면 정의와 현상이 일치하는 양상을 보이기에 그럴 듯하다. 하지만 '서술격조사'라는 용어가 담고 있는 의미를 자세히 들여다보면 상황은 달라진다. '서술', '격', '조사'라는 용어를 각각 다시 검토해 보자.

'서술'이라는 개념은 말 그대로 '좇아 말하거나 적다'라는 의미를 가지고, '서술어'는 주어의 동작이나 상태를 풀어주는 성분을 말한다. '-이(다)' 자체에 이러한 개념이 단독으로 내포되어 있다고 보기는 힘들다.

(2) ㄱ. 저것이 칠판<u>이다</u>.
ㄴ. *저것이 이다.
ㄷ. *저것이 칠판<u>하다</u>.

(3) ㄱ. 그는 매사에 성실<u>이다</u>.
ㄴ. *그는 매사에 이다.
ㄷ. 그는 매사에 성실<u>하다</u>.

'-이(다)' 자체가 단독으로 서술의 개념을 드러내 줄 수 있다고 볼 수 없다. 그렇다면 왜 '-이(다)'에 '서술'이라는 개념을 이용했을까 하는 점이 의문이다. (3ㄱ)의 '-이(다)'는 그 의미적 유사성을 고려할 때 (3ㄷ)과의 관련성을 생각할 수 있다. 한국어의 '-하다' 동사에 대해서도 논란의 여지가 많지만 '-하다'가 발화 상황이 고려될 경우 단독으로 쓰일 수 있다는 점을 고려하면 '-이(다)'보다는 의미 정보가 더 많다는 것을 알 수 있다. (3ㄱ)의 '-이(다)'는 (3ㄷ)과의 관련성을 고려할 수 있는 가능성이 (2)의 예들 간의 그것보다는 높다고 할 수 있다.

그렇기 때문에 '-이(다)'에 서술의 개념을 적용하는 것은 여전히 무리가 따른다.

한편 '격'이라는 개념은 체언이 문장에서 가지는 자격을 의미한다. 즉 주어의 기능을 하는 체언에는 주격이라는 개념을 목적어의 역할을 하는 체언에는 목적격이라는 개념을 부여할 수 있고, 한국어의 경우 그 격을 드러내는 일종의 표지가 있는데 그것이 바로 격조사이다. 주격에는 '-이/가'가, 목적격에는 '-을/를'이 해당 격을 표시하기 위해 결합할 수 있다. 그런데 문제는 체언이 그러한 자격을 갖도록 하는 주체가 무엇인가 하는 점이다.

(4) ㄱ. 채은이가 학교에 간다.
ㄴ. 채은이가 예진이를 좋아한다.
ㄷ. 채은이가 예진이에게 선물을 주었다.

(4ㄱ)에서 '채은이'와 '학교'에 주어와 도달점의 역할을 하는 부사어의 자격은 무엇이 제공하는가 하는 점이다. 그것은 바로 서술어로 쓰인 동사 '가다'가 제공한다고 보는 것이 일반적이다. (4ㄴ)의 예에서 '채은이'와 '예진이'에게 각각 주어와 목적어의 자격을 주는 것도 서술어 '좋아하다'이다. (4ㄷ)도 마찬가지이다. 그렇다면 '-이(다)'가 쓰인 문장에서는 이러한 역할을 무엇이 하는가?

(2)의 '저것이 칠판이다'를 보면, '저것'에 주어의 자격을 주는 것은 무엇인가? '칠판이다'가 서술어의 기능을 하면서 자격을 준다고 해 보자. '칠판이다'가 서술어의 자격을 가진다는 점을 인정하고 보면 이러한 주장은 가능하다. 그렇다면 '칠판이다'가 서술어의 자격을 하도록 해 주는

것은 무잇인가?

(4)에서 '가다', '좋아하다', '주다'와 같은 동사가 서술어의 자격을 한다는 것은 그 동사들이 갖는 의미 정보를 통해서 확인이 가능하다. '칠판이다'가 이들과 같은 존재임을 주장한다면 그렇게 보자. 하지만 그래도 문제가 되는 것은 '가다, 좋아하다, 주다'는 격조사도 아니고 조사도 아니라는 점이다. 이 동사들은 문장의 다른 체언 성분에 격을 할당하는 것들이지 자기 자신에게 격을 주지는 않는다. '-이(다)'의 경우는 '칠판이다'로 결합하여 스스로 서술어로서의 역할을 하며 '저것이'에 주어의 자격을 주고 주격을 할당함은 물론이거니와 스스로에게 서술어로의 자격을 부여하고 서술격을 할당한다는 것이다.

주어에 주격을 할당하고 격조사 '-이/가'가 해당 주어에 결합할 수 있는 것에 비해, '-이(다)'는 '체언+이다'에 서술격을 할당하고 자기가 다시 격조사로 결합하는 양상을 보인다.

'조사'라는 개념은 관계언이라는 말로도 정의될 수 있는데 그야말로 문장성분간의 관계를 표시해주는 것이다. '-이/가', '-을/를', '-으로/로', '에게/에', '-에서' 등의 조사들은 모두 체언에 결합하여 해당 성분이 다른 성분과 맺는 관계를 드러내주고 있다. 한국어 조사는 이러한 기능적 특성을 가질 뿐만 아니라 형태적으로는 그 형태가 변하지 않는 불변화사라는 공통성을 가지고 있다. 형태적인 특성을 고려할 때, '-이(다)'는 다른 조사와는 다르다.

(5) 저것이 칠판이(다, 니?, 고, 어서, 지만, 니까, 라면, 라도, ..)

(5)에서 본 바와 같이, '-이(다)'는 '-이'를 선행 어간으로 하여 어미가 자연스럽게 활용할 수 있는 특징을 가지고 있다. 비록 동사나 형용사에 비해서는 그 활용의 정도가 다소 떨어진다고 할 수도 있지만 큰 차이는 없다. '-이(다)'의 활용을 중시하게 되면, '-이(다)'는 동사나 형용사와 매우 가까운 것이라는 주장을 하게 된다.

이상에서 살펴본 바와 같이 '-이(다)'를 서술격조사라는 개념으로 정의했을 때, 그 개념을 구성하는 용어들을 다시 하위 개념으로 구분하여 보면 '-이(다)'를 서술격조사로 보아야 하는 근거를 찾기가 매우 어려운 문제가 있다.

다음으로 지정사, 계사로 보는 용언설의 입장을 살펴보자.

지정사설을 고집하는 입장에서는 다음과 같은 논거를 내세운다.

'-이(다)'가 용언의 역할을 하는 것은 선어말어미들이 붙을 수 있는 것으로 충분히 알 수 있다는 것이다. 이는 동사, 형용사 등과 '-이(다)'를 동일 선상에서 다룰 수 있는 근거가 된다.

(7) ㄱ. 채은이는 예진이와 놀았다.
ㄴ. 채은이는 예진이보다 키가 크겠다.

(8) ㄱ. *채은이는 유치원생었다. (유치원생이었다)
ㄴ. *예진이는 한 살겠다.(한 살이겠다)

보는 바와 같이 '-었-', '-겠-' 등의 선어말어미가 동사, 형용사의 어간에는 결합할 수 있지만, (8)에서처럼 '-이'가 없는 상태에서는 결합할 수 없다. 앞서도 잠깐 언급한 바와 같이, 용언의 활용이라는 측면을 '-이(다)'에 적용하는 것은 동사, 형용사가 활용을 한다는 점과 같은 관점에서 '-이(다)'를 처리할 수 있다는 직관상의 타당성을 가진다. 그럼에도 불구하고 '-이(다)'를 용언의 일종으로 보고자 할 때 가장 어려운 문제는 바로 '-이(다)'가 두 자리 서술어로서 두 번째 논항에 격을 줄 수 있는가의 문제이다.

(9) ㄱ. 채은이는 유치원생*이/*을 이다.
ㄴ. 예진이는 초등학생*이/을 이다.

(10) ㄱ. 채은이는 유치원생이 아니다.
ㄴ. 예진이는 초등학생이 아니다.

(10)에서 보는 바와 같이, '아니다'는 두 번째 논항인 '유치원생'과 '초등학생'에 격을 할당하고 해당 체언이 문장에서 일정한 자격을 가질 수 있도록 한다. '-이(다)'를 용언으로 본다면 (9)에서 격을 할당하고 격조사가 결합하는 양상이 문법적이고 자연스러워야 한다. 하지만 '-이(다)'는 그러한 기능을 하지 못한다. 이점이 '-이(다)'를 용언으로 볼 수 없게 한

다.[13)]

'-이(다)'를 지정사, 즉 용언으로 보고자 했던 논거의 핵심은 그것이 활용을 한다는 점이었다. 이것은 형태적으로 변할 수 있는 것을 중시한 것이고 품사 분류상의 세 가지 기준 중 형태에 초점을 둔 것이라고 할 수 있다. 그렇지만 '-이(다)'가 선행 체언에 결합해서 할 수 있는 기능의 측면에서 보면 지정사로 보는 것도 결국은 '서술격조사'의 '서술'의 개념과 크게 차이가 나지 않는다. 이렇게 볼 때, '-이(다)'가 서술격조사이든 지정사이든, 아니면 서술보조사이든 상관없이 그것이 선행체언과 관련해서 가지는 기능은 '서술'이고 '지정'이다. 한국어 화자들이 '-이(다)'를 이용해 세상을 파악하는 것은 바로 이러한 지정과 서술의 기능적 특성을 이용하는 것이지 그것의 정체성을 고려하고, 그것이 조사인지, 지정사인지를 고려하는 것은 아니라고 본다. 기능적 측면에서 한 가지 고려해야 할 점은 '-이(다)'가 활용을 한다는 점이다. 활용을 한다는 것은 세상의 다양한 현상에 대한 화자의 인식을 문법 형태소를 통해 드러낸다는 것이다.

그런데 과연 "이다"가 대상의 성격을 서술하거나 지정한다는 말이 구체적으로 무슨 뜻인지가 문제이다. 가장 먼저 떠오르는 문제는 우리말의 "이다"의 문법적 기능이 희랍어의 einai나 영어의 be 동사의 기능과 동일한가 하는 점이다. 가령 영어의 경우 "He is a boy."나 "He is handsome." 처럼 be 동사가 두 개의 체언을 서로 연결해 주기도 하는 한편, 체언과 형용사 혹은 부사구를 연결해 줄 수도 있다. 반면 우리말의 경우 "이다"는 체언 뒤에만 붙을 수 있으며, 형용사 뒤에는 "이다"가 올 수 없다. 그렇다면 엄밀히 말해서 "이다"는 be 동사와 문법적 기능이 같다고 보기 힘들다. 오히려 우리말의 경우에는 주어와 술어를 연결해 주는 기능을

13) '-이(다)'의 부정 대응형으로 '아니(다)'를 설정하는 것이 일반적인데, '아니다'의 경우 두 번째 논항에 '-이/가'가 결합할 수 있다. 학교문법에서는 이 경우의 '-이/가'를 보격조사로 처리하고 있으나, 주격조사 '-이/가'와 다름이 없다고 보는 논의도 많다. '-이(다)'의 대응형인 '아니(다)'의 두 번째 논항에 '-이/가'가 결합할 수 있는 것에 대해 남길임(2001)에서는 이 역시 '지정'의 기능을 하는 것으로 보고 있다. '-이(다)'구문에서는 '-이(다)'가 지정의 기능을 하기 때문에 굳이 다른 지정의 기능 형태가 필요없지만, '아니(다)' 구문의 경우 '-이/가'가 두 번째 논항에 대해 지정의 역할을 해 주는 것으로 보고 있다.

"이다"가 아니라 "이/가"혹은 "은/는"이 담당하고 있는 것이 아닌가 하는 생각이 든다. 만약 이러한 가정이 옳다면 "이/가" 또는 "은/는"는 범어의 eva나 vai와 동일한 기능을 담당하는 셈이다.????

혹은 "-은/는 -이다"라는 도식이 영어의 be 동사의 역할을 담당하고 있다고 볼 수도 있는가 하는 의문이 든다. 하지만 설령 그렇더라도 "-이다"의 기능이 be 동사의 기능과 완전히 동일하다고 생각되지는 않는다. 특히 "나는 자장면이다."와 같은 상황 의존 구문은 성, 수, 격의 일치를 중시하는 인도유럽어의 관점에서는 도저히 설명할 수 없는 것이다.

5. "이다", "있다"와 관련된 의문들

여기까지 희랍어, 범어, 중국어, 한국어의 "이다", "있다" 관련 단어들의 구문과 의미에 대해 살펴보았다. 이로부터 다음과 같은 의문들이 생겨난다.

"이다", "있다" 동사의 철학적 함축을 가장 잘 보여주는 것이 희랍어의 einai 동사이다. einai는 "-로서 있다"라는 의미를 가지므로, 희랍인들이 생각하기에, 존재하는 대상은 항상 어떠어떠한 성질을 가진 것으로 규정될 수 있는 것이다. 반면 존재하지 않는 것은 아무런 규정성도 가지지 않았으며 사실이 아닌 것이 된다. 그렇다면 우리는 어떻게 존재하지 않는 것에 관해 생각하거나 배울 수 있겠는가? 바로 이것이 파르메니데스가 제기한 비존재(me eon)의 역설이며, 이후의 철학자들은 비존재의 역설을 해소하기 위해서 노력했다.

그런데 희랍어 이외의 언어권에서는 이런 문제가 발생하지 않는다. 흥미로운 점은 같은 인도 유럽어 계통인 범어에서도 비존재의 역설이 문제시되지 않았다는 점이다. 하지만 범어의 √as 동사도 "이다"와 "있다"라는 의미 모두를 가지는데, 어째서 인도 철학에서는 비존재의 역설이 논의되지 않았을까? 아마도 두 가지 이유를 생각해 볼 수 있지 않을까 하는 생각이 든다.

첫째, 희랍어의 경우, 동사가 인칭과 수에 따라 굴절할뿐더러, 주어로 사용되는 체언은 대부분의 경우 정관사와 함께 사용된다. 이 때문에 대부분의 문장의 경우 주어가 어떤 것인지에 관해 고민할 필요가 없다. 또한 희랍어 문장 "A esti B"는 "A라는 대상이 존재하며 그것이 B라는 성질을 가지고 있다."는 뜻으로 해석될 수 있는데, 이는 우리의 사고나 언어가 일단 존재하는 것을 그 대상으로 함을 보여준다. 아마도 이런 이유로 아리스토텔레스도 첫 번째 범주를 "실체(ousia)"라고 규정한 것이 아닌가 하는 생각이 든다. 반면 범어의 경우 정관사가 존재하지 않기 때문에, √as가 서술 구문으로 사용되었을 때, 두 단어 중 어떤 것이 주어이거나 서술어인지 결정하기 힘든 경우가 많다. 이렇게 볼 때, √as 동사는 어떤 대상(즉 실체)이 존재하고 그것이 어떠어떠한 성질을 가지고 있음을 나타내고자 하는 것이 아니라, 단순히 두 단어가 동일한 의미임을 보여주는 문장 기호로 사용되고 있는 듯하다. 또한 한정어와 피한정어를 어떻게 결정할 것인가와 관련된 불분명함을 해소하기 위해서 범어 문장에서는 eva나 vai가 사용되었는데, 이로 인해 오히려 √as 동사의 역할이 더욱 축소되는 결과를 낳게 되었다.

둘째, 비존재의 역설은 기본적으로 긍정 명제와 부정 명제가 서로 모순 관계에 있다는 전제에 근거해 있다. 또한 그 명제가 전칭 명제인지 특칭 명제인지도 중요하다. 그래서 전칭 긍정 명제는 특칭 부정 명제와 모순 관계에 있게 되며, 이를 통해 A E I O 명제는 대당 사각형을 형성한다. 하지만 범어의 경우 명제의 양과 질의 구분이 큰 중요성을 지니지 않는다. 물론 다르마끼르띠는 전칭긍정명제 혹은 특칭긍정명제에 비견할 수 있는 명제들을 구분하는 데 성공했다. 하지만 그가 부정문에 대해서 관심을 가졌는지는 의문이다. 다시 말해 그는 주로 긍정 명제에 대해서만 논의하고 있을 뿐, 부정문에 대해서는 별로 논하지 않고 있으며, 명제들 간의 모순 혹은 반대 관계를 구별하는 일에 관심이 없다. 이처럼 서구 논리학의 삼단논법이 A E I O 명제들의 대립에 기초하고 있는 반면, 인도 논리학에서는 이러한 네 명제를 구별하는 데 관심이 없다는 점을 고려하면, 인도의 삼단논법(인명) 또한 서구의 논리학과는 다를 수밖에 없을 것이다.

한편 중국어나 한국어의 경우 "이다"를 가리키는 말과 "있다"를 가리키는 말이 상이하기 때문에, 일단 비존재의 역설과 같은 문제가 발생하지 않는다. 하지만 특히 “이다”와 관련해서 다른 문제들이 생겨난다.

먼저 중국어의 경우를 살펴보자. 현대한어에서 “있다”를 가리키는 단어는 在와 有이고, “이다”를 뜻하는 단어는 是인데, 현대한어의 판단문은 기본적으로 긍정판단문과 부정판단문으로 나뉜다. 그런데 흥미로운 점은 是가 be 동사의 서술어적 용법과 유사한 기능을 담당하고 있는 것은 사실이지만, be 동사보다 훨씬 포괄적인 의미로 사용된다는 사실이다. 가령 我們倆買的書不一樣，他是**英文課本**，他是**科技常識**。라는 문장에서 是는 is가 아니라 does로 번역되어야 한다. 다시 말해 是는 단순히 他와 英文課本을 연결시켜 주는 문장기호일 뿐, 존재 함축을 전혀 가지지 않는다. 이렇게 볼 때, 위와 같은 是 구문은 실체 중심의 아리스토텔레스 식의 논리학으로 설명 불가능하다. 물론 그렇다고 해서 중국어가 전적으로 비논리적 언어라고 단정지을 수는 없다. 오히려 우리는 중국어의 是가 희랍어 동사 einai와 공통점이 있는 것이 사실이지만, 두 단어가 근본적으로 기술하고자 하는 바가 달랐다고 보아야 할 것이다.

한편 때로는 是도 존재의 의미를 나타내지만, 그 의미가 有나 在와는 다르다. 가령 다음 두 문장을 보면,

<u>桌子上是</u>書，沒有別的東西。(책상 위에는 책이 있을 뿐 다른 물건은 없다.)

<u>宿舍前是</u>一个网球場。(기숙사 앞에는 테니스장이 하나 있다.)

是는 어떤 물체가 어느 한 공간을 점유하고 있어서, 그 공간에 유일한 대상임을 표현해 준다. 반면 有는 단지 어떤 한 공간에 어떤 것, 또는 어떤 것들이 존재함을 나타낼 뿐이다. 즉 桌子上是書는 책상 위에 책만 있을 뿐 다른 것은 없다는 뜻인 반면, 桌子上有書는 책상 위에 다른 물건이 있을 수도 있음을 함축한다. 하지만 이러한 구별이 철학적으로 어떤 함축을 가지는지 의문이다. 중국어에서 有와 在 그리고 是를 구별한 것이 존재양상에 관한 중국인의 태도를 반영해 주고 있는지 논의해 보아야 한다.

마지막으로 한국어의 경우에도 “이다”와 “있다”가 완전히 구별되어 사용되기 때문에, 파르메니데스가 제기한 비존재의 역설과 같은 것이 문제될 이유가 없다. 하지만 “있다”는 우선 논외로 하더라도, “이다”는 다른 나라말의 경우보다 이해하기가 더욱 힘들다. 가장 먼저 지적할 수 있는 의문은 과연 한국어의 “이다”가 구체적으로 어떤 문법적 기능을 담당하고 있는가이다. “이다”가 서술격 조사인지 아니면 용언인지에 관해 많은 논란이 있었지만, 아직도 그 정체는 불분명하다. 일단 “이다”의 품사가 무엇이든 간에 서술 혹은 지정의 역할을 담당한다고 말할 수는 있다. 하지만 여기서 서술 혹은 지정이 구체적으로 무엇을 의미하는지가 아직도 명확하지 않다.

결국 이런 문제가 생기는 이유는 우리말에서 “이다” 또는 “있다”에 대한 논의가 주로 언어학자들에 의해 이루어졌을 뿐, 철학적 해명이 거의 없었기 때문이라고 생각된다. 하지만 분명한 것은 “이다”의 문법적 기능이 희랍어의 einai나 영어의 be 동사의 기능과 동일하지 않다는 점이다. 가령 영어의 경우 "He is a boy."나 "He is handsome."처럼 be 동사가 두 개의 체언을 서로 연결해 주기도 하는 한편, 체언과 형용사 혹은 부사구를 연결해 줄 수도 있다. 반면 우리말의 경우 “이다”는 체언 뒤에만 붙을 수 있으며, 형용사 뒤에는 “이다”가 올 수 없다. 그렇다면 엄밀히 말해서 “이다”는 be 동사와 문법적 기능이 같다고 보기 힘들다. 오히려 우리말의 경우에는 주어와 술어를 연결해 주는 기능을 “이다”가 아니라 “이/가”혹은 “은/는”이 담당하고 있는 것이 아닌가 하는 생각이 든다. 만약 이러한 가정이 옳다면 “이/가” 또는 “은/는”는 범어의 eva나 vai와 동일한 기능을 담당하는 셈이다.

아니면 “-은/는 -이다”라는 도식이 영어의 be 동사의 역할을 담당하고 있다고 볼 수도 있지 않을까 하는 생각이 든다. 하지만 설령 그렇더라도 “-이다”의 기능이 be 동사의 기능과 완전히 동일하다고 생각되지는 않는다. is + 형용사 구문의 경우, “-은/는 -이다”가 아니라 “-은/는 -하다”로 번역해야 할 것이기 때문이다.

그러나 우리말의 “이다”는 희랍어의 einai나 영어의 be 동사로는 설명될 수 없는 의미도 포함하고 있다. 특히 “나는 자장면이다.”와 같은 상황의존 구문은 성, 수, 격의 일치를 중시하는 인도유럽어의 관점에서는 도저히 설명할 수 없는 것이다. 이렇게 본다면, 일단 우리말의 "이다"의 정체와 그 의미는 인도 유럽어의 be 동사와는 다른 분석틀을 가지고 해명해야 할 것이라는 생각이 든다. 이를테면 우리말과 비슷한 어순을 가지는 일본어나 다른 동양어와 비교해서 연구를 진행해야 할 것이다.

<자료 1>

플라톤의 『소피스테스』에서 비존재(me-on)와 거짓진술의 문제

1. 들어가는 말

인간의 언어가 어떻게 기능하는가에 대한 최초의 본격적인 연구는 아마도 플라톤의 『소피스테스』편일 것이다. 여기에서 플라톤은 엘레아에서 온 이방인의 입을 빌어, 진술 일반의 구성 요소에 대해 논의하는 동시에 거짓 진술이 어떻게 생겨나는가에 대해서도 밝힌다. 흥미로운 사실은 진술의 성립 가능성을 위한 우선적 조건이 형상들의 상호 결합 가능성이라는 점이다. 더구나 플라톤에 따르면, 거짓진술이 성립하려면 사고(doxa)나 언표(또는 진술 : logos)가 me-on과 결합 가능해야 하며, 거짓 진술이란 me onta를 onta라고 주장하는 것이다. 그렇다면 『소피스테스』편에서 형상들은 어떤 양상으로 서로 결합하고 있으며, 특히 me-on은 다른 형상들과 어떻게 결합하는가? me-on이 사고나 언표와 결합한다는 말은 무슨 뜻이며, 형상들의 상호 결합은 거짓진술의 정의와 어떤 관계를 가지는가? 앞으로 우리는 『소피스테스』편에 나타난 형상들의 결합 사례들을 검토함으로써, 플라톤이 비존재의 역설을 어떻게 극복하고 있으며 참 진술과 거짓 진술의 성립 조건을 어떻게 규정하고 있는지 밝히고자 한다.

2. me-on의 역설

플라톤은 소피스테스를 "말에 의한 모상(eidola legomena)을 만들어서,

이를 진상으로부터 멀리 떨어져 있는 젊은이들에게 보여줌으로써, 자기가 모든 사람 중에서 가장 현명한 사람인 듯 보이는 기술을 가진 자"[14] 라고 규정하고자 한다. 하지만 이처럼 소피스테스를 '모상을 만드는 자' 또는 '사기꾼'으로 정의하는 데에는 몇 가지 어려움이 있다. 다음 논증 중 첫 번째 논증은 소피스테스를 모상을 만드는 자로 정의할 때의 난점이고, 두 번째 논증은 소피스테스를 사기꾼으로 정의할 때의 난점이다.

① 모상(또는 유사물)은 진짜인 것(alethinon)에 닮게 만들어진(그러나 진짜와는 다른) 것이다.

② 진짜인 것은 정말로 -인 것(ontos on)이다.

③ 또한 진짜인 것은 진짜가 아닌 것의 반대이다.

④ 따라서 유사한 것(즉 진짜가 아닌 것)은 정말로 -인 것(ontos on)이 아니다.

⑤ 하지만 그것은 *정말로* *-이지 않으면서* (***on ouk ontos***), *정말로* 유사물*이다* (***estin ontos*** eikon).

⑥ 이처럼 me-on이 on과 기묘하게 섞여져 있는(peplekthai symploken) 듯하다.[15]

㉠ 소피스테스의 기술은 사기술(apatetiken)이다.

㉡ 그의 기술 때문에 우리는 잘못 생각하게(pseude doxazein) 된다.

㉢ 잘못된 생각(pseudes doxa)은 존재하는 것(또는 -인 바)과 반대되는 것(***tanantia tois ousi***)을 생각하는 것이다.

㉣ 그러므로 잘못된 생각은 ***me onta를 생각***하는 것이며, 다시 말해 ***medamos onta가 einai 한다고 생각***하는 것이다.

㉤ 그러나 우리는 ***medamos on***[16]***을 생각할 수도, 말할 수도 없다.***

㉥ 따라서 잘못된 생각이란 불가능하다.

---

14) 234c2-7

15) 240a8-c2.

16) 여기서 me는 not을 의미하고, on은 being을 의미한다. 그러므로 me-on은 not being을 뜻한다. 한편 medamos는 me보다 더 뜻이 강한 말이다. 그러므로 medamos on을 우리말로 번역하자면 "절대로 존재하지 않는 것" 또는 "도대체 아무것도 아닌 것"이 될 것이다.

㉦ 결국 소피스테스술을 사기술로 정의하려면 자기모순을 범하게 된다.

이처럼 me-on이 역설을 일으키는 궁극적인 이유는 위의 논의가 파르메니데스의 존재론을 기반으로 하기 때문이다. 파르메니데스는 einai 동사의 의미에 대해 최초로 철학적 분석을 시도한 철학자이며, 우리는 그를 존재론의 창시자라고 간주할 수 있다. 파르메니데스는 einai 동사의 용례를 분석함으로써 이 동사가 존재("-가 있다")의 의미를 가질 뿐 아니라, 어떤 대상의 성격을 규정해 주는 기능("-이다")도 가진다는 사실을 발견했다. 이로부터 그는 모든 존재자가 규정성을 가지는 것(즉 존재하는 것은 항상 어떠어떠한 것으로 있어야 한다)인 반면, 아무런 규정성도 가지지 않는 것은 존재할 수 없다는 결론에 이르게 되었다. 따라서 파르메니데스에 따르면, me-on이란 존재하는 것과 상반되는 것이며, me-on이란 어떤 규정도 불가능한 대상이므로 우리는 me-on에 대해 알거나 언표할 수 없다. 그런데 einai 동사의 주요한 의미 중 하나는 "-가 사실이다" 또는 "-가 참이다"이다. 즉 많은 희랍어 구문에서 einai 동사는 진리사로 사용되고 있다. 이를 근거로 파르메니데스는 존재자(on)가 곧 "사실인 것"이며 반대로 me-on은 거짓인 것이라고 주장했다. 우리는 파르메니데스의 주장을 다음과 같은 등식으로 정리할 수 있다.

> 비존재(me on) = 아무것도 아닌 것 (medamos on : 어떤 규정도 불가능한 것) = 거짓 = 존재(on)와 반대되는 것

한편 파르메니데스는 있는 것이 있는 것과 단단하게 결합되어 있어서 그 결합을 해체할 수 없으며 (DK 28B4), 전체가 있는 것으로 꽉 차 있어서 연속적(DK 28B8)이라고 주장하고 있다. 그러므로 me eon이 eon과 결합할 가능성은 없으며, 한 마디로 말해 me eon은 존재세계로부터 추방된다.

하지만 어떠어떠한 것으로 규정 가능한 대상은 모두 존재하는 것이며 참인 것이라고 말할 수 있을까? 파르메니데스가 주장하듯이, 정말로 거짓 진술(me eon에 대한 진술)이란 원리상 불가능한 것일까? 플라톤은 바로 이런 의문으로부터 논의를 시작하고 있다. 다시 말해 소피스테스를 사기꾼(또는 거짓말쟁이)으로 규정하려면, 일차적으로 거짓말 하는 일이

가능해야 하는데, 파르메니데스의 존재론에 따르면 비존재가 존재할(me-on이 einai할) 수는 없으므로 거짓된 생각이나 거짓말이 생겨날 수 없다는 것이다. 결국 소피스테스의 본성을 규명하기 위해서는 우선 me-on이 무엇인지 밝히고, me-on과 on이 어떻게 모순 없이 서로 섞일 수 있는지, 그리고 거짓진술이 어떻게 가능한지를 밝혀야 한다. 그런데 플라톤은 아포리아를 일으키는 것은 me-on뿐이 아니라고 말한다. on도 다음과 같은 아포리아를 일으키기 때문이다.

ⓐ on은 자신의 본성상(kata ten hautou physin), 정지해 있지도 않고 움직이지도 않는다.

ⓑ 어떤 것이 움직이지 않으면 정지해야 하고, 정지하지 않으면 운동해야 한다.

ⓒ 따라서 on은 운동하면서 정지해 있다. (ⓐ와 ⓑ로부터)

ⓓ 그러나 이것은 불가능하다. (250c7-d3)

이처럼 me-on과 on이 둘 다 아포리아를 일으키고 있는데, 가장 큰 이유는 형상들이 어떻게 서로 결합될 수 있는지가 해명되지 않았기 때문이다. 이런 이유로 플라톤은 먼저 형상들의 상호 결합 가능성을 검토한 후, me-on을 다름의 형상과 동일시함으로써 me-on도 다른 형상들과(특히 on과) 결합할 수 있음을 보이며, 마지막으로 거짓진술이 어떻게 가능한지 밝힌다.

3. "그 자체로"와 "타자에 관하여"

우선 플라톤은 형상들(특히 운동, 정지, 존재)의 상호 결합과 관련해서 다음과 같은 세 가지 가능성이 있음을 보인다(251d).

1) <운동>, <정지>, <on> 중 어떤 것도 서로 결합하지 않는다.

2) 세 형상 모두가 서로 관계를 맺을 수 있다.

3) 어떤 형상들은 서로 결합할 수 있는 반면, 다른 형상들은 서로 결합하지 않는다.

먼저 첫 번째 선택지에 대해 살펴보자. 우리는 사람을 여러 이름으로 부른다. 그래서 사람을 "사람"이라고 부르기도 하지만, "선하다"고도 한다. 이와 마찬가지로 다른 것들에 대해서도 각각을 하나로 놓고서(hypothemenoi), 여러 이름으로 부른다.[17] 그런데 늦게 배운 자들(opsimatheis)[18]은 "여럿이 하나이고 하나가 여럿이라는 것은 불가능하므로, '사람이 착하다'고는 할 수 없고 단지 '착함이 착하다' 또는 '사람이 사람이다'라고만 말할 수 있다"고 주장한다. 즉 그들은 동일성 명제만을 참으로 인정하는 것이다. 하지만 만약 그들의 주장처럼 동일성 진술만이 가능하다면, 우리는 어떤 유의미한 말도 할 수 없게 된다. 가령 "man is man"도 성립하지 않으며 단지 "man man"이라고만 할 수 있다. 이 때문에 엘레아에서 온 이방인은 다음과 같이 말한다.

① 모든 것으로부터 각각의 것을 분리하는 일은, 모든 진술(logos)을 완전히 없애는 것이다.

② 왜냐하면 *형상들이 서로 결합(allelon ton eidon symploken)*하기 때문에 우리에게 진술이 생겨나는 것이기 때문이다.

③ 그러므로 우리가 그들(즉 늦게 배운 자들)에게 어떤 것이 다른 것과 섞임(heteron hetero mignysthai)을 강요한 것은 매우 시기적절했다. 진술이 존재하는 종들 가운데 하나(ton onton hen ti genon)로 되었다는 점에서...(259e3-260a6)

한편 두 번째 선택지는 보다 쉽게 제거된다. 왜냐 하면 모든 형상들이 서로 결합 가능하다면, "정지가 운동한다."나 "운동이 정지한다." 등과 같은 진술도 참이어야 하기 때문이다. 하지만 <정지>와 <운동>은 본성상 서로 반대되는 것이기 때문에(250a9-10), 양자는 서로 결합 가능하지 않으며, 이로써 모든 형상이 서로 결합 가능하다는 가설이 기각된다. 따라서 이제 남은 것은 세 번째 선택지뿐이다. 다시 말해 형상들 중 어떤 것은 결합 가능한 반면 다른 것들은 서로 결합하지 않는다. 그렇다면 플라톤은 구체적으로 형상들의 상호 결합 가능성을 어떻게 설명하고 있을까?

이에 대한 플라톤의 일차적인 답변은 모든 형상들이 동일한 결합 가

17) 251a5-b5

18) 아리스토텔레스의 『형이상학』 1024b32에 따르면, 이런 주장은 안티스테네스의 이론이다.

능성을 가지는 것은 아니라는 것이다. 다시 말해 어떤 형상은 일부의 형상들과만 결합하며, 다른 형상은 다수의 형상들과 결합하는 한편, 모든 형상들에 퍼져 있어서 어떤 형상과도 결합 가능한 형상도 존재한다(254b). 하지만 형상들의 수효는 어마어마하게 많을 것이므로, 형상들의 상호 결합 가능성을 검토하기 위해 모든 형상들을 조사할 수는 없다(254c). 이런 이유로 플라톤은 "중요한 형상들(megista gene)"이라고 여겨지는 형상들을 예로 들어 형상들이 어떻게 서로 결합하는지, me-on도 on과 결합할 수 있는지 조사하고자 한다.

위에서 우리는 me-on이 어떤 역설을 일으키고 있는지 살펴보았다. 파르메니데스의 존재론에 따르면, me-on을 생각하거나 말하는 것이 불가능하며 me-on은 on과 결합할 수 없다. 하지만 소피스테스를 사기꾼으로 규정하려면 me-on이 einai함을 보여야 한다. 그래서 이러한 문제점을 해결하기 위해서 플라톤은 결국 me-on을 형상 중 하나인 <다름>과 동일시하게 되는데, 먼저 다음과 같은 방식으로 <다름>이 중요한 형상들(megista gene) 중의 하나임을 입증한다.

① 우리는 다름을 다섯 번째 형상으로 불러야 하는가? 아니면 이것과 존재(on)를 하나의 형상에 대한 두 이름으로 생각할까?

② 존재하는 것들 중 어떤 것은 **그 자체로**, 어떤 것은 항상 **타자에 관해서** 말해진다.(ton onton ta men ***auta kat' auta,*** ta de ***pros alla*** aei legesthai)

③ <다름(to heteron)>은 항상 다른 것에 대해서(pros heteron) 말해진다.

④ 만약 존재(on)와 <다름(thateron)>이 완전히 구분되어 있지 않다면, 그렇게 말해지지 않을 것이다.

⑤ 그러나 만약 다른 것(thateron)이, 존재하는 것(혹은 -인 것 : to on)처럼 두 종류 모두에 속한다면(amphoin meteiche toin eidoin), 다른 것들 중에는(ton heteron) 다른 것 없이도(ou pros heteron) 다르게 되는 것이 있을 것이다.

⑥ 분명한 것은, 다른 것(heteron)은 필연적으로 다른 것과 다르다(heterou touto)는 점이다.(255c8-d7)

위의 논변은 형상 <다름>이 on과 완전히 구분되어 있으며, 다른 것은 항상 어떤 대상과 관련해서 다르다는 것을 주장하고 있다. 그런데 문제는 위의 구절에서 "그 자체로(kath' auta)"와 "타자에 관해서(pros alla)"를 어떻게 해석해야 할 것인가이다. "그 자체로(kath' auta)"라는 용어는 본래 플라톤의 초중기 형상론에서 형상의 특징을 규정해 주는 단어였다. 다시 말해 플라톤에 따르면, 개별자인 아름다운 것들은 아름다울 수도 아름답지 않을 수도 있으나, 형상 아름다움은 언제나 아름답다. 따라서 그 자체로 아름다운 것은 아름다움의 형상이며, 진정으로 아름답다고 말할 수 있는 것도 아름다움의 형상뿐이다.

그러나 위의 논변에서 언급된 "그 자체로(kath' auta)"가 초중기 형상론의 "-자체"를 의미한다고 보기는 힘들다. 여기서 "그 자체로(kath' auta)"와 "타자에 관해서(pros alla)"는 형상-개별자의 차이점을 규정해 주는 용어가 아니라 형상들의 서로 다른 결합 방식을 설명해 주는 용어라고 생각된다. 이와 관련해서 먼저 다음 예문들을 검토해 보자.

a) (κίνησις) **ἔστι** δέ γε διὰ τὸ μετέχειν τοῦ ὄντος (256a1) : Motion exists, by virtue of partaking of Existence.

b) Οὐκοῦν δὴ σαφῶς ἡ κίνησις ὄντως **οὐκ ὄν ἐστι καὶ ὄν**, ἐπείπερ τοῦ ὄντος μετέχει; (256d8-9) : In fact, it is clear that Motion really is a thing that is not and a thing that is, since it partakes of Existence.

c) Αὖθις δὴ πάλιν ἡ κίνησις **ἕτερον** ταὐτοῦ ἐστιν (256a3) : And once more Motion is different from the Same(Sameness).

d) ἓν ἕκαστον γὰρ **ἕτερον** εἶναι **τῶν ἄλλων** οὐ διὰ τὴν αὑτοῦ φύσιν, ἀλλὰ διὰ τὸ μετέχειν τῆς ἰδέας τῆς θατέρου (255e4-6) : For each one is different from the rest, not by virtue of its own nature, but because it partakes of the character of Difference.

플라톤은 존재하는 것들 중 어떤 것은 **그 자체로**, 어떤 것은 항상 **타자에 관해서** 말해지는 반면, 다름은 항상 타자에 대해서 다르다고 말해진다고 주장한다. 그렇다면 이 경우 "그 자체로"와 "타자에 관해서"를 어떻게 해석해야 할 것인가? 잘 알려진 바와 같이 einai 동사는 "-가 있다"

와 "-이다" 모두를 의미하는데, einai의 두 용법이 각각 "그 자체로"와 "타자에 관해서" 사용된 것이라고 생각된다. 가령 예문 a)에 따르면, "운동이 있다."라는 문장이 성립하는 이유는 형상 <운동>이 on에 참여하기 때문이며, 이 때 <운동>과 on은 제3의 결합항 없이 "그 자체로 (또는 독립적으로)" 결합한다. 한편 예문 b)에 따르면, "운동이 ouk on이다."가 참인 이유는 형상 <운동>이 ouk on과 관련해서 on에 참여하기 때문이다. 마찬가지로 우리가 "A is B"라고 말할 때, A는 B와 관련해서 "is"라고 언표되는 것이다.

우리는 형상들의 결합과 관련한 플라톤의 논의에서 몇 가지 흥미로운 점들을 발견할 수 있다.

첫째, 우리는 보통 "A is B"라는 문장이 기술하고자 하는 바가 A와 B 사이의 관계이며, "is"는 단지 두 단어 사이를 연결해 주는 문장 기호에 불과하다고 생각한다. 가령 "사람은 동물이다."는 "사람"과 "동물" 사이의 포섭 관계를 나타내 주는 진술이며, "이다"는 단지 문장의 완결을 표시해 주는 기호일 뿐이다. 하지만 플라톤에 따르면, 오히려 "A is B"에서 결합되고 있는 두 항은 A와 B가 아니라 A와 is(on)이다. 다시 말해 A는 B와 관련해서 형상 on에 참여한다. 플라톤의 입장에 의하면, esti는 다른 형상들의 결합 관계를 보여 주는 기호가 아니라, 그 자체로 다른 형상들과 결합하는 결합항이며, 특히 형상 on은 다른 모든 형상들과 결합할 수 있다는 점에서 편재적 결합항이라고 말할 수 있다. 결국 형상 on은 다른 형상들의 결합을 가능하게 해 준다는 점에서 알파벳의 모음과 같은 역할을 수행한다. 한편 앞으로 우리는 형상들을 서로 분리하고 구별해 주는 원리가 형상 <다름>임을 알게 될 것이다.

둘째, "참여한다(metechein)"라는 말은 본래 플라톤의 초중기 형상론에서 개별자와 형상 간의 관계를 나타내 주는 용어였다. 이를테면, 진정으로 아름답다고 말할 수 있는 것은 오직 아름다움 그 자체(즉 아름다움의 형상) 뿐이며, 그 밖의 개별자들은 아름다움의 형상에 참여함으로써 아름다움을 나누어 가지게 된다는 것이다. 그러나 『소피스테스』편에서 논의되고 있는 결합관계는 개별자와 형상의 참여 관계가 아니라 형상들의 상호 결합이다. 따라서 지금 여기서 논의되고 있는 참여관계가 어떤 것인지를 밝히려면 다른 설명 방식이 필요하다.

그런데 유의할 점이 하나 있다. metechein 이외에도 형상들의 결합관계를 가리키는 여러 단어들(가령 metalambanein, epikoinonein, prosaptomen, symmignysthai, synagomen, harmottein 등)이 『소피스테스』편에서 사용되고 있다는 사실이다. 그렇다면 이 모든 단어들이 동일한 의미를 가진다고 생각해야 할 것인가? 반드시 그렇게 여길 필요는 없을 듯하다. 왜냐 하면 epikoinonein이나 (sym)mignysthai 등의 단어는 두 형상이 서로 결합 가능하다는 사실에 대해서만 기술하고 있으므로 두 형상의 결합이 대칭적이더라도 관계없으나, metechein은 어원적으로 두 결합항의 대칭적 결합을 가리킨다고 보기 힘들기 때문이다. 가령 플라톤은 "Motion is."가 참인 까닭이 형상 <운동>이 on에 참여하기 때문이라고 주장한다. 그러나 "Being moves."라는 문장은 성립하지 않는다. 왜냐 하면 형상 on이 형상 <운동>에 참여하지는 않기 때문이다. 이렇게 볼 때, 우리는 형상 on과 형상 <운동>의 존재론적 위상이 다르다고 말할 수 있다. 254b에서 플라톤은 어떤 형상은 일부의 형상들과만 결합하며, 다른 형상은 다수의 형상들과 결합하는 한편, 모든 형상들에 퍼져 있어서 어떤 형상과도 결합 가능한 형상도 존재한다고 주장했는데, 이렇게 다른 모든 형상들과 결합 가능한 형상 중 하나가 바로 on이라고 생각되며, 다른 형상들은 on에 참여함으로써 존재하게 된다. 반면 형상 <운동>은 on과는 결합 가능하지만, <정지>와는 결합할 수 없으므로, <운동>이나 <정지> 등은 일부의 형상과만 결합할 수 있는 형상들이다.

이처럼 on은 다른 형상들과 그 자체로 결합("A is.")할 수도 있고, 제3항과 관련해서 결합("A is B.")할 수도 있다. 그러나 다른 것은 항상 "-와 다르다"고 말해지므로, 형상 <다름>은 항상 타자에 대해 상대적이다(pros heteron). 앞서 인용한 예문 c)와 d)를 분석해 보면, 어째서 형상 <다름>이 항상 타자에 관해서 말해지는지 알 수 있다. 예를 들어, "운동이 같음과 다르다."라는 진술의 경우, 형상 <운동>이 "다르다"고 언표되는 이유는 <운동>이 <같음>과 관련해서 형상 <다름>에 참여하기 때문이다. 모든 형상들은 자기 자신과 관련해서는 <같음>에 참여하는 한편, 다른 형상들과 관련해서는 <다름>에 참여한다. 그러므로 우리는 형상 <다름>의 특징을 다음과 같이 규정할 수 있다.

첫째, 다른 것은 항상 어떠어떠한 것과 관련해서 다르다. 따라서 <다

름>은 그 자체로 말해지는 경우가 없으며, 언제나 타자에 관해서 다르다고 말해진다.

둘째, on과 <다름>은 모두 편재적 결합항이므로, 다른 모든 형상들은 이들 형상과 결합해서 존재하는 것 또는 다른 것이 된다. 하지만 on은 다른 형상들과 그 자체로 결합할 수도 있고 제3의 형상과 관련해서 다른 형상과 결합할 수도 있는 반면, <다름>은 언제나 제3항과 관련해서 "다르다"고 말해진다. 바로 이런 이유 때문에 플라톤은 <다름>이 on과 구별되는 다섯 번째 중요한 형상이라고 주장한다.

4. me-on과 다름

이렇게 해서 <다름>이 중요한 형상들(megista gene) 중 하나임을 보인 후, 플라톤은 me-on을 <다름>과 동일시함으로써 me-on의 아포리아를 해결하고자 한다.

> to me on을 말할 때, 우리는 on과 반대되는 것(enantion tou ontos)을 말하는 것이 아니라 단지 그것과 다른 것(heteron)을 말하는 듯하다...가령 크지 않음(to me mega)을 말할 때, 우리는 그 말을 가지고 작음뿐 아니라 똑같음도 나타내지?[19] (257b3-7)

> 다름의 본성(physis)은 학문(episteme)에서처럼 잘게 쪼개져 있는(katakekermatisthai) 듯하네... 학문은 분명히 하나이지만, 학문의 각 부분들이 구분되어 자신의 고유한 이름을 가지듯이(가령 기하학, 정치학처럼)... 다름의 본성 - 비록 하나이지만 - 의 부분들도 이와 마찬가지이지. (257c7-d5)

19) 이때 "가령 - 나타내지?"의 원문은 다음과 같다 : tote malon ti soi phainometa to smikron e to ison deloun to remati
주석가들 중에는 이를 "<크지 않음(to me mega)>이 <작음>을 나타내는 것도 아니고, <같음>을 나타내는 것도 아니지?"라고 해석하는 사람들이 있다. 하지만 전체 문맥을 고려하면, 이 구절은 "<작음>을 나타내기도 하고, <같음>을 나타내기도 하지?"가 되어야 한다.

소피스테스는 [me on = medamos on = on과 반대되는 것]이라는 도식을 사용해서, me on을 말하거나 생각하는 것이 불가능하며 거짓진술이란 존재하지 않는다고 항변했다. 하지만 플라톤은 me(not)의 기능을 재규정함으로써 me on의 역설을 해소하고자 한다. 이에 의하면, me-X에서 me의 기능은 "X와 다름"을 나타내는 것이다. 그러므로 me-on이란 "on과 반대되는 것"이 아니라, "on과 다른 어떤 것"을 의미하며, 결국 이것은 중요한 형상 중 하나인 <다름>과 동일하다.

그런데 me-on은 좀 유별난 데가 있어서, 항상 me-X의 형태로만 존재한다. 그러므로, X 자리에 들어가는 것이 어떤 것이냐에 따라 me-on의 의미도 달라진다. 가령 me-on의 부분집합 중에는 <아름다움>에 대응되는 것이 있다. 이것은 <아름답지 않음(to me kalon)>이다. 또한 me-X에서 X 자리에는 <아름다움> 이외에도 많은 형상들(A, B 등)이 올 수 있다. 따라서 me-A(<A와 다름>)나 me-B(<B와 다름>) 등은 모두 <다름(또는 me-on)>의 부분이 된다. 이방인은 이를 학문에 비유하고 있다. 즉 학문의 각 분과가 나뉘어져 있지만(예를 들어 기하학, 정치학 등) 그것들은 모두 하나의 학문의 부분이듯이, me-A나 me-B 등은 모두 <다름>(즉 me-on)이 쪼개어져 생긴 부분들이다.

한편 빼놓을 수 없는 me-on의 특징이 또하나 있다. 가령 <아름답지 않음(to me kalon)>을 예로 들어보자. <아름답지 않음(to me kalon)>은 <추함>을 의미할 수도 있고 <정의로움>을 의미할 수도 있다. 또한 <아름다움>과 구별되는 모든 형상들을 의미할 수 있다.[20] 이와 마찬가지로, 각각의 형상 X에 대하여 "Y *is not X*"인 경우의 수는 X와 구별되는 형상들의 수와 동일하다. 그래서 각각의 형상들에 대해 -임(on)은 많고 -가 아님(me-on : -와 다름)은 무한히 많다(266e6-8).

이렇게 볼 때 me-on(즉 <다름>)은 다음과 같이 2중구조로 되어 있다 :

(ㄱ) me-on은 항상 me-X의 형태로 존재한다.

(ㄴ) 또한 me-X는 X와 구별되는 형상들(Y, Z 등)로 재구성된다.

---

20) ὃ γὰρ μὴ καλὸν ἑκάστοτε φθεγγόμεθα, τοῦτο οὐκ ἄλλου τινὸς ἕτερόν ἐστιν ἢ τῆς τοῦ καλοῦ φύσεως (257d) : Whenever we use the expression 'not beautiful', the thing we mean is precisely that which is different from the nature of the Beautiful.

하지만 다른 형상들은 부분을 가지지 않는데, 어째서 me-on만은 부분을 가지는가? 이 문제를 해결하기 위해서는 먼저 "부분을 가진다"는 말의 의미를 명확히 밝혀야 한다. 그런데 <다름>(즉 me-on)은 2중구조로 되어 있으므로, "부분을 가진다"도 각각의 경우에 맞게 해석해야 한다.

일차적으로 me-on은 me-A, me-B 같은 형태로 존재한다. 다시 말해 me-on은 언제나 상대적(pros alla)이다. 그러므로 me-on은 항상 결합항(<아름다움>, <큼> 등)을 필요로 한다. 우리는 me-on과 결합하는 **결합항**을 **me-on의 부분**이라고 부를 수 있을 것이다.

한편 me-X는 사실상 "X와 구별되는 형상들의 총합"과 동일하다. 가령 <아름답지 않음>은 <아름다움> 이외의 형상들로 구성된다. 따라서 **X와 구별되는 모든 형상들**도 **me-X의 부분**이라고 말할 수 있다.

결국 me-on이 부분을 가지는 이유는 상대적(pros alla)인 특성 때문이다. me-on의 부분이란 me-X에서 X, 또는 X이외의 다른 형상들임을 고려한다면, 우리는 "me-on이 부분을 가진다"는 주장을 거부할 이유가 없다.

이제 me-on이 다름의 형상과 동일하다는 점이 밝혀졌으므로, 우리는 me-on이 einai함을 입증할 준비가 되었다(257e9부터). 그런데 그 방법이 조금 이상하다. 플라톤은 <아름답지 않음>이나 <크지 않음>, <정의롭지 않음> 등이 <아름다움>이나 <큼>, <정의로움>에 못지않게 einai한다고 말하다가, 갑자기 "다른 것들도 이와 같다고 말할 것이다. 왜냐하면 *우리는 <다름>의 본성이 존재하는 것들 중에 있다고 말했으므로,* 그것이 존재한다면 그 부분도 그것에 못지않게 존재한다고 놓아야 하기 때문이다."(258a 8-11)고 주장하고 있다. 논의가 부분에서 전체로 진행되다가 어째서 갑자기 전체에서 부분으로 방향이 바뀐 것일까? 또한 도대체 언제 <다름>의 본성이 존재하는 것들 중에 있다고 말했는가? 필자는 여기에 두 가지 논증이 한데 섞여 있다고 생각한다.

(a) 부분에서 전체에로의 논증

① <아름답지 않음>은 <아름다움>과 대응관계에 있다.

② <아름다움>도 형상이고 <아름답지 않음>의 부분들도 형상이므로[21], 모든 부분이 형상이라는 점에서, <아름답지 않음>은 <아름다움>만

21) 이 경우 <아름답지 않음>의 부분들이 형상이라는 말은 무슨 뜻인가? 먼저 다

큼 존재한다.

③ <크지 않음>이나 <정의롭지 않음>도 <큼>이나 <정의로움>에 못지 않게 존재한다.

④ 이를 일반화하면, me-X는 X에 못지않게 존재한다.

(b) 전체에서 부분에로의 논증

① <다름>의 본성은 존재하는 것들 중에 있다.(<다름>은 중요한 형상들 중 하나이므로)

② 따라서 전체(<다름>)가 존재하는 것이라면, 그 부분인 me-X도 존재해야 한다.

이렇게 해서 우리는 모순을 일으키지 않으면서 me-on과 on을 결합할 수 있게 되었다 : τὴν γὰρ θατέρου φύσιν ἀποδείξαντες οὖσάν τε καὶ κατακεκερματισμένην ἐπὶ πάντα τὰ ὄντα πρὸς ἄλληλα, τὸ πρὸς τὸ ὂν ἕκαστον μόριον αὐτῆς ἀντιτιθέμενον ἐτολμήσαμεν

εἰπεῖν ὡς αὐτὸ **τοῦτό ἐστιν ὄντως τὸ μὴ ὄν** (258d7-e3) : We have shown that the nature of the Different has existence and is parcelled out over the whole field of existent things with reference to one another; and of every part of it that is set in contrast to 'that which is'. we have dared to say that precisely that is really 'that which is not'.

5. 거짓진술의 정의

소피스테스술을 규정하기 위해서 플라톤은 먼저 형상들 중 어떤 것은 서로 결합하지만 다른 것들은 서로 결합하지 않음을 보였고, 중요한 형상들 중에 편재적 결합항인 <다름>이 있으며, <다름>이 바로 me-on이므로, 형상인 me-on은 <on>과도 결합할 수 있음을 보였다. 이로써 우리는

음 문장을 보자 : "<아름답지 않음>은 존재하는 것의(ontos) 존재자에 대한(pros on) 대응(antithesis)이다." (257e2-7)

위에서 ontos의 예로 <못생김>을, on의 예로 <아름다움>을 든다면, 양자는 모두 형상으로서 존재한다. <못생김> 대신 다른 형상들을 넣더라도 마찬가지이다. 결국 <아름답지 않음>이란 <아름다움>을 제외한 다른 모든 형상들이므로, 이들은 <아름다움>에 못지않게 존재한다.

eon이 eon과 달라붙어 있어서 그 결합을 해체시킬 수 없으며 eon과 me eon이 결합할 수 없다는 파르메니데스의 아포리아를 해결할 수 있었다. 하지만 소피스테스는 지금까지의 논의에 대해 다음과 같은 반론을 펼 것이다 :

> eidos들 중 어떤 것은 me-on에 참여하는 반면, 어떤 것은 참여하지 않는다. 진술(logos)이나 판단(doxa)은 me-on에 참여하지 않는 것들에 속한다... 만약 진술이나 판단이 me-on과 결합하지 않는다면, 모상제작술이나 가상제작술이란 도대체 존재하지 않게 되며, 거짓도 불가능하게 된다. (260d8-e4)

위의 논변을 통해 소피스테스가 제기하고 있는 반론은 설령 형상들 중 어떤 것이 서로 결합 가능하며 me on이 대부분의 형상들과 결합 가능할지라도, 진술이나 판단은 me on에 참여하지 않는 것들에 속한다는 것이다. 그런데 거짓진술이란 me on을 on이라고 언표하는 것이므로, 만일 me on이 진술이나 판단과 결합할 수 없다면 거짓진술은 존재하지 않는다. 따라서 소피스테스를 사기꾼 내지 거짓말쟁이로 규정하기 위해서는 진술이나 판단과 me-on이 결합함을 보여야 하는데, 우선 진술의 의미가 아래와 같이 논의된다.

① 소리로 실재(ousia)를 밝혀주는 것(deloma)에는 두 가지 종류가 있다. 그것은 이름(onoma)과 동사(rhema)이다.

② 이름(onoma)은 행동하는 주체들에 붙여진 소리의 기호(semainontes phones)이며, 동사(rhema)는 행동(praxis)들을 밝혀 주는 것(deloma)이다.

③ 그런데 이름(onoma)과 동사(rhema)를 섞기(kerase) 전에는, 말해진 것들(phonethenta)이 어떤 행동이나 비행동(apraxia)도 밝혀주지(delo) 않으며, on의 본성(ousia)이나 me-on의 본성(ousia)을 밝혀주지 않는다.[22]

④ 섞을 때 그들(onoma와 rhema)은 잘 화합하며(hermosen), 최초의 결합이 곧장 일차적이고 가장 작은 진술이 된다. 가령 "사람은 배운다."

---

22) 즉 이름끼리만 결합("사자, 사슴, 말")하거나, 동사끼리만 결합하면("걷다, 뛰다, 잠자다"), 진술이 되지 않는다.

⑤ 이것은 이름과 동사를 결합함으로써, 단순히 어떤 것을 이름붙일(onomazei) 뿐 아니라 무엇인가를 이룬다(ti perainei). 이 때문에 우리는 이러한 결합을 가지고 진술(logos)이라고 부른다.

⑥ 따라서 소리의 기호들 중에서 어떤 것은 결합하지 않지만, 어떤 것은 결합함으로써 진술을 만든다.23)

위의 논의와 관련해서 몇 가지 의문이 제기된다.

첫째, 259d까지의 논의에서 다루어진 것은 형상들의 상호 결합 가능성이었다. 이를 통해 증명된 것은 me on이 다른 형상들, 특히 on과 결합할 수 있다는 점이었다. 하지만 참이거나 거짓일 수 있는 판단은 판단 일반이 아니라 개별적인 판단이라고 보아야 하는데, 그렇다면 판단이나 진술이 me on에 참여해야 한다는 말은 무슨 뜻인가?

둘째, 플라톤은 진술의 성립 조건을 규명하기 위해 형상들의 결합에 관해 논의를 진행해 왔다. 그런데 정작 진술(logos)을 정의할 때에는, 느닷없이 "이름과 동사의 결합"이라고 말한 이유는 무엇인가? 더구나 참인 진술과 거짓 진술의 사례로 제시된 "테아이테토스가 앉아 있다."와 "테아이테토스가 날고 있다."에서 테아이테토스는 형상이라고 간주하기 힘들다는 점도 골치 아픈 문제였다.

먼저 첫 번째 의문에 대해 검토해 보자. 가령 "운동이 존재한다."의 경우, 형상 <운동>은 on에 참여함으로써 존재하게 된다. 하지만 진술이 me on에 참여한다는 말을 "진술이 존재하지 않는다." 또는 "진술이 어떠어떠한 것과 다르다."라고 해석하기는 힘들다. 그러므로 우리는 진술이 me on에 참여한다는 말의 의미를 다른 방식으로 이해해야 한다. 모든 대상들은 자신과 동일한 반면 다른 대상들과는 다르므로, me on에 참여하지 않는 것은 없다. 그럼에도 불구하고 me on에 참여하지 않는 것도 있다고 전제한 이유는 여기서 me on이 단순히 "-와 다름"을 의미하지 않기 때문이라고 생각할 수 있다. 다시 말해 einai 동사는 "-가 있다."와 "-이다." 이외에도 "-가 사실이다." 또는 "-가 참이다."라는 의미도 가지는데, 259d까지의 논의에서 플라톤은 주로 "있다"와 "이다"에만 주목했으나, 진술의 진리 여부를 다룰 때에는 einai 동사의 진리 구문에 초점을 맞추고 있는

23) 여기까지는 261e6-262d7의 내용을 필자가 재구성한 것이다.

것이다. 이렇게 볼 때, "진술이 me on에 참여한다"는 말에서 me on은 "사실이 아닌 것" 또는 "허위"이며, me on에 참여한 진술이란 사실이 아닌 진술, 즉 허위 진술이라고 생각된다. 한편 참이거나 허위일 수 있는 진술은 개별적인 진술들이지만, 지금 플라톤이 논의하고 있는 것은 도대체 거짓 진술이라는 것이 가능한가이므로, 여기서 me on에 참여하고 있는 진술은 진술 일반이라고 보아도 무방할 것이다.

다음으로 두 번째 의문에 대해 살펴보면, 진술의 성립 조건이 형상들의 결합임이 입증된 이후 진술의 정의가 "형상들의 결합"이 아니라 "이름과 동사의 결합"이라고 규정된 까닭은, 다름 아니라, 형상 뿐 아니라 개별자도 주어 자리에 위치할 수 있기 때문이라고 판단된다. 즉 형상들의 결합은 진술의 성립 가능성을 위한 필요조건이기는 하나 충분조건은 아니다. 왜냐 하면 "테아이테토스가 앉아 있다."에서 테아이테토스는 형상이 아니라 개별자이기 때문이다. 반면 동사 자리에 올 수 있는 것은 형상뿐이다. 그러므로 우리는 진술의 유형을 둘로 구분할 수 있다.

a) [형상+형상]의 유형 : 가령 "운동이 존재한다."

b) [개별자+형상]의 유형 : 가령 "테아이테토스가 앉아 있다."

이미 플라톤은 [형상+형상]의 유형의 진술의 경우, 서로 반대되는 본성을 가진 형상들을 결합시키면 거짓 진술이 생겨난다고 주장한 바 있다. 가령 "운동이 정지해 있다."나 "정지가 운동한다."는 올바른 진술이 아니다. 262e 이후에는 [개별자+형상]의 유형의 진술의 진위 여부에 대해 본격적으로 논의가 이루어진다. 플라톤은 참 진술과 거짓 진술을 다음과 같이 정의하고 있다.

㉠ 진술(logos)은 항상 어떤 것에 대한 것이다(medamos on에 대한 진술은 불가능하므로). ㉡ "테아이테토스가 앉아 있다"와 "테아이테토스(지금 내가 함께 얘기하는)가 날고 있다."라는 진술 모두는 나에 대한 것(peri emou)이고 나의 것(emos)이다. 그러나 전자는 참이고 후자는 거짓이다.

㉢ 참인 진술은 너에 관해(peri sou) -인 것(onta)을 -이라고(esti라고) 말한다.

㉣ 반면 거짓 진술은 onta와 다른 것들을(hetera ton onton) esti라고 말

한다. 따라서 me onta를 onta라고 말한다.

ⓜ 이것은 존재하는 것들(onton) 중에서, 너에 대해 다른 것들(hetera peri sou)이다. 왜냐 하면 우리는 각각에 대해 많은 것들이 onta이고, 또 많은 것들이 ouk onta라고 말했으니까. ⓗ 위의 논의를 "테아이테토스가 날고 있다"에 적용하면,

ⓐ 이 진술은 진술(logos)의 규정에 따르면, 가장 짧은 진술들 중 하나이다.

ⓑ 이 진술은 어떤 것, 즉 너에 대한 것이다.

ⓒ 너에 대해서 "다른 것들이 같다"고, "me-on이 on"이라고 말해진 것들, 이름과 동사의 이 같은 결합이 진정으로(ontos하고 alethos하게) 거짓된 진술이 되는 듯하다.24)

플라톤에 따르면, 일단 진술은 항상 어떤 대상에 대한 것이다. 아무런 대상에 대해서도 언표하지 않는 진술은 존재하지 않는다. 또한 거짓 진술을 특징적으로 나타내주는 규정은 "X라는 대상과 관련해서 me-on을 on이라고 말함(me-on peri X)"이며, 반면 참된 진술을 특징적으로 나타내주는 규정은 "X와 관련해서 on을 esti라고 말함(on peri X)"이다. 그렇다면 이때 me-on이나 on이 가리키는 것은 무엇인가? 우리는 여기서 me on과 on을 각각 "사실이 아닌 것"과 "사실인 것"으로 해석하고자 한다. 이 경우 참 진술은 어떤 대상에 관한 사실을 있는 그대로 기술하는 것인 반면, 거짓 진술이란 어떤 대상에 관해 사실이 아닌 것을 사실이라고 언표하는 것이다. 예를 들어, 지금 우리 앞에 테아이테토스가 앉아 있을 경우, "테아이테토스가 앉아 있다."는 테아이테토스라는 대상에 관해 사실인 것을 사실이라고 기술한 것이므로 참이다. 반면 "테아이테토스가 날고 있다."도 테아이테토스라는 주어에 대한 진술이기는 하지만, 테아이테토스에 대해 사실이 아닌 것 또는 사실과 다른 것을 사실인 것이라고 기술하기 때문에 거짓이다.

사실 이 같은 거짓진술의 정의는 거짓진술이 성립하기 위한 최소한의 조건이기는 하나, 구체적인 경우에 거짓 진술이 어째서 생겨나는가에 관

24) 참인 진술과 거짓진술의 정의는 262e6-263d4의 내용을 필자가 재구성한 것이다.

해서는 여전히 불분명한 점이 남아 있다. 테아이테토스가 비행기 좌석에 앉아 있을 경우, "테아이테토스가 앉아 있다."와 "테아이테토스가 날고 있다."가 모두 참이라고 볼 수 있지 않을까? 어떤 진술이 대상에 대해 사실을 언표하고 있는지 사실이 아닌 것을 언표하고 있는지 구별할 수 있는 구체적인 방법이 존재하는가? 이 물음에 관해 플라톤은 침묵하고 있다. 아마도 플라톤은 우리가 직관적으로 어떤 대상에 관한 사실과 허위를 구별할 수 있다고 간주했던 것같다. 아니면 플라톤은 me on에 대한 진술이나 판단이 불가능하다는 파르메니데스의 존재론을 극복하고, 거짓 진술이 원리상 성립할 수 있음을 보이는 데 만족했는지도 모르겠다.

6. 맺는 말

eon과 me eon에 관한 파르메니데스의 주장은 크게 두 가지였다.

첫째, eon은 eon과만 결합 가능하며, eon과 me eon이 결합하는 일은 불가능하다.

둘째, 우리는 존재하는 것에 대해서만 생각하거나 언표할 수 있다. 반면 me eon에 대한 사유나 판단은 불가능하다.

이와 같은 me eon의 역설을 해소하기 위해서 플라톤은 먼저 형상들의 결합 가능성에 대해 검토했다. 이를 통해 형상들 중 어떤 것은 서로 결합할 수 있는 한편, 서로 결합하지 않는 형상들도 있다는 사실이 밝혀졌다. 또한 모든 형상들에 퍼져 있어서 다른 형상들과 두루 결합하는 편재적 결합항도 존재하는데, 이를테면 on이나 <같음>, <다름> 등이 그러하다. on은 "운동이 있다."의 경우와 같이 **그 자체로** 다른 형상과 결합하기도 하지만, "운동은 형상이다."의 경우에서처럼 **타자와 관련해서** 다른 형상과 결합하기도 한다. 반면 <다름>의 경우, "운동은 같음과 다르다."와 같이 언제나 제3항과 관련해서만 다른 형상과 결합한다.

다음으로 플라톤은 형상 <다름>을 me on과 동일시함으로써 me on의 역설을 해소하고자 했다. 그런데 me-on은 항상 me-A me-B 등의 형태로만 존재한다. 가령 me-on의 부분집합 중에는 <아름다움>에 대응되는 것이 있다. 이것은 <아름답지 않음(to me kalon)>이다. 또한 <아름답지 않음>이란 <아름다움> 이외의 모든 형상들을 가리킨다고 볼 수 있으므로,

<아름답지 않음>도 <아름다움>에 못지 않게 존재한다고 말할 수 있으며, 일반적으로 말해서 형상 <다름>은 다른 형상들과 마찬가지로 존재에 참여할 수 있다. 즉 on에 대응되는 것은 진정으로 me on이다 : "τ ο ῦτ ο′ ἐσ τ ι ν ὄν τ ω ς τ ὸ μ ὴ ὄν ." 이렇게 해서 일단 me on이 on과 결합할 수 있음이 입증되었다.

이제 마지막으로 거짓진술이 어떻게 성립 가능한지 밝혀야 한다. 그 이전까지의 논의에서 플라톤은 einai의 의미 중 "있다"와 "이다"에만 주의를 기울였다. 하지만 거짓진술을 논의할 때에는 "사실이다"라는 의미에 주목하고 있다. 즉 플라톤에 따르면, 참 진술은 어떤 대상에 관한 사실(on)을 사실이라고(esti) 기술하는 것인 반면, 거짓 진술이란 어떤 대상에 관해 사실이 아닌 것(me on)을 사실(on)이라고 언표하는 것이다. 이로써 me eon에 대한 사유나 판단은 불가능하다는 파르메니데스의 역설이 극복되었으며, 거짓진술이 발생하는 궁극적 원인이 밝혀졌다.

【참 고 문 헌】

1. 저서

Bluck, Richard.S.. 1975. *Plato's Sophist.* Manchester UP.

Campbell, Lewis. 1988. *The Sophistes and Politicus of Plato.* Ayer company.

Cornford, F.M.. 1979. *Plato's Theory of Knowledge.* RKP.

Crombie, I.M.. 1979. *An Examination of Plato's Doctrines 2.* RKP.

Frede, Michael. 1967. *Prädikation und Existenzaussage.* Vandenhoeck & Ruprecht.

Gulley, N.. 1962. *Plato's Theory of Knowledge.* Methuen & Co.

Moravcsik, J.M.E.. 1973. *Patterns in Plato's Thought..* Dordrecht-Holland.

Pelletier, Francis.Jeffry. 1990. *Parmenides, Plato and the Semantics of Not-Being.* Chicago UP..

Rijk, L.M.De.. 1986. *Plato's Sophist.* North-Holland Publishing Company.

Ross, David., 1953. *Plato's Theory of Ideas.* Oxford.

Runciman, W.G.. 1962. *Plato's Later Epistemology.* Cambridge.

Schofield, M. & Nussbaum, M.. 1982. *Language and Logos.* Cambridge.

Seligman, Paul. 1974. *Being and Not-Being.* Martinus Nijhoff.

Shorey, Paul. 1965. *What Plato Said.* Chicago UP.

Taylor, A.E.. 1986. *Plato : the man & his work.* Methuen.

Vlastos, Gregory, ed. 1971. *Plato 1.* Anchor Books.

2. 논문

박홍규. 1995. "『소피스테스』편에 대한 분석". 『희랍철학 논고 (박홍규 전집 1권)』. 민음사.

양문흠. 1995. "『소피스테스』에서의 형상들 사이의 "결합능력"에 대한 고찰". 한국 서양 고전 철학회. 『서양 고대 철학의 세계』. 서광사.

이상민. 1991. "플라톤의 <소피스트>편에 있어서 not-being과 거짓진술의 문제". 서울대학교 석사논문.

Ackrill, J.L.. 1971. "Symploke eidon". in Vlastos (1971).

. 1971. "Plato and Copula". in Vlastos (1971).

Berger, Fred.R.. 1965. "Rest and Motion in the Sophist". *Phronesis* vol. 10.

Bostock, D.. 1984. Plato on 'is not'. *Oxford Studies in ancient Philosophy* vol. II.

Crivelli, Paolo. 1993. "Plato's Sophist and semantic fragmentation". *Archiv für Geschichte der Philosophy* 75.

Ferejohn, Michael,T.. 1989. "Plato and Aristotle on Negative Predication and

Semantic Fragmentation". *Archiv für Geschichte der Philosophy* 71.

Heinaman, Robert. 1983. "Being in the Sophist". *Archiv für Geschichte der Philosophy* 65.

Keyt, David. 1973. "Plato on Falsity : Sophist 263B". *Phronesis* Supplementary vol. 1.

Kostman, James.P.. 1973. "False Logos and Not-Being in Plato's Sophist". in Moravcsik (1973).

Lee, Edward.N.. 1972. "Plato on Negation and Not-Being in the Sophist". *The Philosophical Review* 81.

Malcolm, J.. 1967. "Plato's analysis of to on and to me on in the Sophist". *Phronesis* vol. 12.

Macdowell, J.. 1982. "Falsehood and Not-Being in Plato's Sophist", in Schofield (1982).

Owen, G.E.L.. 1971. "Plato on Not-Being". in Vlastos (1971).

Peck, A.L.. 1962. "Plato's Sophist : the symploke ton eidon". *Phronesis* vol. 8.

Sayre, Kenneth,M.. 1976. "Sophist 263B Revisited". *Mind* 85.

Schipper, Edith.W.. 1964. "The Meaning of existence in Plato's Sophist". *Phronesis* vol. 9.

Wiggins, David. 1971. "Sentence Meaning, Negation and Plato's Problem of Not-Being". in Vlastos (1971).

Xenakis, Jason. 1959. "Plato's Sophist : A defense of negative expressions and a doctrine of sense and of truth". *Phronesis* vol. 4.

<자료 2>

언어구조를 통해 본 중국적 사유방식

-중국어 관계동사 '是'를 중심으로-

I. 들어가는 말

본 연구는 인간의 언어는 그 언어를 사용하는 사람들의 사유체계를 반영하고, 해당 언어권 사람들의 사유체계는 또한 해당 언어에 일정 부분 영향을 준다는 것을 전제로 삼아 시작되었다. 본 논문은 중국어[25] 관계동사의 역할을 주로 분석함으로써, 중국어의 구조와 중국적 사유방식 사이에는 일정한 상관관계가 있음을 보이고자 하며, 이를 본 연구의 전제를 해명하는 하나의 증거로 삼고자 한다.

본고에서는 중국어에서의 관계동사의 역할을 보다 상세히 고찰해 내기 위하여, 계사와 관련된 중국어의 특징에 대해 살펴본 뒤, 현대한어 및 고대한어에서의 관계동사의 역할에 대해서 살펴볼 것이다. 또한 이를 통하여 중국어에서 관계동사가 과연 어떠한 역할을 하며, 이것이 중국어 문장구조 및 중국적 사유방식과 어떻게 연관되는가를 살펴보고자 한다.

II. 관계동사의 특징과 문장에서의 역할

25) 중국어는 일반적으로 '漢語'라는 명칭으로 불리는데, 이는 다시 고대한어와 현대한어로 구분된다. 고대한어란 선진시기 문헌자료로부터 20세기 초 백화문 운동이 시작되기 이전까지의 중국어를 지칭하며, 현대한어란 백화문 운동 이후 현재까지 중국에서 사용되고 있는 중국어를 지칭한다. 고대한어와 현대한어는 사용 시기가 다를 뿐만 아니라, 언어학적 구조에서도 많은 차이를 보이는바, 본고의 관건어인 '관계동사'의 사용 및 역할 면에서도 상당한 차이를 보인다.

영어에서의 繫辭(copula)는 'is', 즉 'to be'이다. 현대한어에서 이에 해당되는 동사는 '是'이다.[26] 현대한어의 판단문은 기본적으로 명사나 명사구가 술어가 되는 문장으로 "A≒B"(A는 B이다)의 형식이거나 아니면 이를 부정하는 형식으로 이루어지는데 주어와 술어가 될 수 있는 것은 단순한 단어일 수도 있고 구일 수도 있다. 판단문은 판단을 표시하는 것으로, 해석과 주석에 많이 사용되며 때로는 비유를 표시하거나 혹은 원인을 설명하기도 한다. 판단문은 주어가 "무엇이다 또는 무엇이 아니다"라고 표현되는 문장으로 판단문의 내용에 따라 크게 긍정판단문과 부정판단문으로 구분된다. 현대한어에서는 예컨대 "北京是中國的首都"와 "我不是美國人"의 경우처럼 관계동사, 즉 繫詞 '是'가 쓰이게 되며, 부정판단문인 경우에는 관계동사 앞에 부정을 표시하는 부정부사 '不'자를 붙여 '不是'라고 하면 부정의 판단문이 된다. 그러나 고대한어의 경우에는 현대한어의 경우와 달리 관계동사 是를 쓰지 않았다.

1. 고대한어에서의 계사

'是'字가 관계동사로 쓰인 것은 선진시대 이전의 문헌에서는 보이지 않고, 漢代 이후부터 보이기 시작했다.[27] '是'字가 출현하기 이전, 고대한어에서는 현대한어의 경우와는 달리 긍정판단문의 경우 관계동사를 쓰지 않았는데, 그 유형을 분류해 보면 대략 다음과 같다.

1) 주어와 술어 사이에 계사가 없는 경우

(1) 주어, 명사 술어 + 也

26) 현대한어에서 是를 동사로 볼 것인가에 대해서는 많은 학자들의 견해가 분분하였다. 결론적으로 是는 엄격한 의미에서 동사의 일종이라고 볼 수 있지만, 다른 일반동사처럼 명확하게 모종의 동작을 나타내지는 않기 때문에, 일반 동사와 구분하여 관계동사, 혹은 판단동사라고 한다.

27) "…在先秦時代, 是字不能作判斷詞用. 有時在句中的地位像判斷詞, 但仔細分析一下, 就能發現 是指示代詞…是作爲判斷詞來用, 漢代肯定就有了."(郭錫良 等 共著 古代漢語 上冊, 1981년, 北京出版社, 290-291쪽)

주어와 술어 사이에 계사가 없고, 구말에 어기사 也를 쓴다.

管叔, 兄也(孟子·公孫丑) : 관숙이 형이다.

(2) 주어+者, 명사 술어 + 也

주어의 끝어 어기사 者를 쓰고, 구말에 也를 쓴다.

五穀者, 種之美也(孟子·告子上) : 오곡은 씨앗 중의 아름다운 것이다.
政者正也(論語·顏淵) : 다스림은 바른 것이다.

(3) 대사(是, 此, 彼…), 명사 술어+也

주어의 자리에 명사 혹은 명사구 외에 대사(是, 此, 彼…)가 온다.

貧與賤 , 是人之所惡也.
知之爲知之, 不知爲不知, 是知也.

(4) 주어+者, 명사 술어

주어의 끝에 者를 붙이고, 구말에는 也를 쓰지 않는다.

陳軫者, 遊說之士.

(5) 주어, 명사 술어

君子之德, 風. 小人之德, 草.

(6) 명사 술어+也

韓信也.

2) 계사가 있는 판단구

계사는 주어와 술어 사이에 놓여서, 양자를 연계시켜 줌으로써, 주어와 술어 사이의 관계를 판단해주는 낱말이다. 고대한어의 계사로는 維, 爲, 是 등이 있다. 춘추 이전에는 維가 쓰였고, 춘추 이후에는 주로 爲가 쓰였으며, 한 이후에 是가 계사로 점차 많이 쓰이게 되었다. 다음에서 구체적 문장을 통해 고대한어에서의 계사의 역할에 대해 살펴보기로 한다.

(1) 維가 계사로 쓰인 판단문

予維小子. : 나는 소자이다.
厥土維白壤 : 이곳의 토지는 백색의 토양이다.

(2) 爲가 계사로 쓰인 판단문

선진시기의 문장에서 爲는 대부분 계사가 아닌 동사로 쓰였다. 爲가 동사로 쓰일 경우, '作爲(～로 삼다)', '成爲(～이 되다)'의 뜻이다.

子游爲武城宰.
齊其爲陳氏矣.

춘추 시기부터 爲는 판단을 나타내는 계사로 쓰이기 시작했다.

① 주어와 爲의 뒤에 나오는 성분이 완전히 동등함을 나타낸다.

(1) 주어+명사 문형

魚我所欲也(孟子·告子上) : 물고기는 내가 원하는 바이다.

(2) 주어(명사/대명사+數詞+'者')+술어+'也' 문형

臣之所好者道也(莊子·養生主) : 제가 좋아하는 것은 도입니다.
道之所存師之所存也(韓愈·師說) : 도가 있는 곳이 스승이 있는 곳이다.
仁人心也(孟子·告子上) : 仁은 사람의 마음이다.

(3) 주어+형용사(판단표시) 문형

敎不倦仁也(孟子·公孫丑上) : 가르침에 있어서 게으름 피지 않음이 어진 것이다.
學不厭智也(孟子·公孫丑上) : 배우면서 싫증내지 않으면 지혜로운 것이다.

(4) 주어+동사(판단표시) 문형

校者敎也(孟子·滕文公上) : 校란 가르친다는 뜻이다.
韓是魏之縣也(戰國策·魏策) : 한나라는 위나라의 현이었다.
此是家人言耳(史記·儒林列傳) : 이것은 집사람의 말이다.
師直爲壯(左傳·僖公二十八年) : 스승이 곧으면 장한 것이다.
二枚爲一朋(漢書·食貨志下) : 두 입이 한 쌍이다.
太守謂誰?(歐陽修·醉翁亭記) : 태수는 누구인고?

(5) 주어+부정부사+명사 문형

是非君子之道(孟子·滕文公下) : 이는 군자의 도리가 아니다.
回也非助我者也(論語·先進) : 顔回는 나를 도울 사람이 아니다.
非吾所得制也(韓非子·孤憤) : 내가 다스릴 수 있는 바가 아니다.
人之質非木之質也(范鎭·神滅論) : 사람의 바탕은 나무의 바탕이 아니다.

(6) 주어+부사+명사 문형

呂公女乃呂后也(史記·高祖本紀) : 呂公의 딸은 곧 呂后이다.
卿則州人也(三國志·太史慈傳注) : 卿은 곧 州人이다.

呂后眞而主矣(史記·留侯列傳) : 呂后는 진실로 너의 주인이다.

현대한어에서의 'to be' : 是

현대한어에서 是를 동사로 볼 것인가에 대해서는 많은 학자들의 견해가 분분하였다. 결론적으로는 是는 엄격한 의미에서 동사의 일종이라고 볼 수 있지만, 다른 일반동사처럼 명확하게 모종의 동작을 나타내지는 않기 때문에, 일반 동사와 구분된다.

是는 문장 속에서 주로 主語(주어)가 "…하다", "…와 같다"라고 표현할 때 쓰이고 있는데, 현대한어에서는 是(shì)를 일반 동사와 구분하여 관계동사(혹은 판단동사)라고 정의한다. 현대한어에서의 是의 어법적 특징과 구체적인 문장에서의 역할은 대체로 다음과 같이 나누어 볼 수 있다.

(1) 是의 어법적 특징

가. 일반동사로서의 어법 특징

㉠ 부사의 수식을 받을 수 있다.

①这些**都是**新杂志。

(이것들은 모두 새 잡지이다.)

②他现在**已经是**大学生了。

(그는 지금 벌써 대학생이다.)

③这辆汽车**不是**我的,是我父亲的。

(이 자동차는 내 것이 아니고 아버지 것이다.)

④你刚说的**也是**一种办法, 可以考慮。

(당신이 방금 말한 것도 하나의 방법이다. 고려할 만하다.)

⑤他指的**就是**那一套<<契词夫小说集>>。

(그가 가리키는 것이 바로 저 <<契詞夫소설집>> 한 질이다.)

⑥这些话**明明是**多余的, 可是我还要说。

(이런 말들은 분명히 필요 없는 것이겠지만 나는 그래도 말해야겠다.)

㉡ 능원동사(조동사) 뒤에 사용할 수 있다.

①这**应该是**一对的，怎么只有一个了。

(이것은 한 쌍이어야 하는데, 어떻게 하나밖에 없는 거야)

②这次考察的地区**可以是**西北,也**可以是**西南。

(이번에 시찰하는 지구는 서북이 될 수도 있고, 서남이 될 수도 있다.)

③将来他**会是**你一个很好的帮手。

(장래에 그는 너의 훌륭한 조력자가 될 것이다.)

④这种事情**能是**他干出来的吗? 您不能听信坏人的话。

(이번 일을 그가 해낼 수 있을까? 나쁜 사람들이 하는 말은 믿지마.)

㉢ 긍정, 부정 병렬방식으로 반복 의문문을 만들 수 있다.

①这**是不是**新来的杂志?

(이거 새로 나온 잡지 아닙니까?)

②那位老先生**是不是**王院长?

(저 노신사 분 왕원장님 아니세요?)

㉣ 단독으로 쓰여 질문에 답할 수 있으며, 이때 위어(謂語)를 담당한다.

①A:請問這里是張大伯家嗎? (실례합니다, 여기가 장대백씨 집인가요?)

B:**是。** (그렇습니다)

②A:这是你翻译的文章吗? (이것이 당신이 번역한 글입니까?)

B:**是。** (그렇습니다)

㉤ 뒤에 있는 어구와 함께 동빈구를 구성하여 전체 문장의 위어를 담당한다.

①<<阿Q正传>>**是鲁迅先生写的一部小说**.

(<<아큐정전>>은 노신선생이 쓴 소설이다.)

②维纳斯**是罗马神话中爱与美的女神**.

(비너스는 로마신화 중에서 사랑과 미의 여신이다.)

③领导上的要求**是节约，少花钱，多办事**.

(지도하에 요구하는 것은 절약과 돈을 적게 쓰는 것, 일을 많이 하는 것이다.)

④你**是干什么**的? 小伙子, 看得出, 你**不是干这一行的**.
(너 뭐하는 사람이니? 이 녀석, 보아하니 이런 일 할 사람은 아니군.)

나. 일반동사와 다른 특징

㉠ "是" 뒤에 "了", "着", "過" 등 동태조사 및 각종 보어를 쓸 수 없다. 왜냐하면 "是"는 동작을 나타내는 것이 아니기 때문이다. 새로운 상황의 출현을 나타낼 때, "是"字句 끝에 "了"를 쓸 수 있다. 예를 들면 "從今天起, 我就是北京大學的學生了. (오늘부터 나는 북경대학교 학생이다.)"와 같다.

㉡ "是"는 일반적으로 "不"만 사용하여 부정을 할 수 있는데 즉, "不是"가 된다.

㉢ "是"는 중첩을 할 수 없다. 응답의 의미를 나타낼 때의 "是是"는 "是"를 이어서 사용한 것일 뿐, 동사의 중첩과는 다르다.

㉣ "是"는 비록 위어동사이나, 의미상 문장의 중심이 아니며, "是"字句에서의 문장의 중심은 빈어(賓語)에 있다.

이상과 같이 현대한어에서 是는 일반동사와 유사한 성격을 지니면서도 다른 동사들과는 구분되는 특징이 있기 때문에, 구분하여 관계동사 혹은 판단동사라고 지칭된다.

(2) "是"字句의 구조상의 특징

"是"를 담당할 수 있는 주어와 빈어의 단어는 매우 다양하다. 일반동사의 주어와 빈어 보다 훨씬 광범위한데, 거의 모든 實詞와 구(短語, phrase)가 모두 가능하다. 예를 들면 다음과 같다.

(一) 명사와 명사구 :

①**约翰是男生**, **玛丽是女生**. (윌리엄은 남학생이고, 마리는 여학생이다.)

②**李四光是一位著名的地质学家**. (이사광은 저명한 지질학자이다.)

③**导电性最好的金属材料是铜**. (전도성이 가장 좋은 금속재료는 구리

이다.)

(二) 대명사 :

①**你**不是**我**, 怎么知道我想什么?

(넌 내가 아닌데, 내가 무엇을 생각하는지 어떻게 알 수 있겠니?)

②唐太宗李世民可不是**这样**, 自己下得一手好围棋, 还很爱护人才.

(당태종 이세민은 이렇지 않았다. 자기 자신도 장기를 잘 뒀을 뿐 아니라 인재를 아주 애호했다.)

③父亲一向是**那样**, 他说一句就是一句的.

(아버지는 평생을 그렇게, 한번 하신 말씀은 바꾸지 않으셨다.)

④A:你是**哪儿**? (당신은 어디에 있습니까?)

B:我是北京飯店. (저는 북경호텔에 있습니다.)

(三) 수사와 수량사구 :

①**十五**是三的倍数, 也是五的倍数. (15는 3의 배수이자 5의 배수이다.)

②二加二是四. (2 더하기 2는 4이다.)

③**一千克**是**一公斤**. (1000g은 1kg 이다.)

④这是**第一次**, 也是最后**一次**. (이게 처음이자 마지막이다.)

⑤**二楼二门六号**是张力的家. (2층 두 번째 문 6호가 장력의 집이다.)

(四) 동사와 동사구 :

①**变化**是必然的. (변화는 필연적인 것이다.)

②现在, **活下去**是他唯一的要求. (현재, 살아가는 것이 그의 유일한 바램이다.)

③他刚说的话是**故意为难我**. (그가 방금 한 말은 고의로 나를 난처하게 하려는 거다.)

④我们的口号是**勤奋**、**务实**、**勇于创新**. (우리의 구호는 근면, 실천, 과감한 개혁이다.)

(五) 형용사와 형용사구 :

①**谦虚**是一种美德. (겸손은 일종의 미덕이다.)

②进步的大敌是**骄傲自满**. (발전의 강적은 거만함과 자만이다.)

(六) 처소사:

①**后面**是一个**足球场**. (뒤쪽은 축구장이다.)

②**前头**是**街心花园**, **马路南边**就是**火车站**. (앞쪽은 가심화원이고, 길 남쪽이 바로 기차역이다.)

(七) 시간어구(詞語, 단어와 구) :

①**1996次2月19日**是**春节**. (1996년 2월19일은 춘절이다.)

②**昨天的昨天**是**前天**. (어제의 어제는 그제이다.)

③**二月二十六号**是**我的生日**. (2월 26일은 내 생일이다.)

④**去年第一次期开学的日期**是**9月1日**. (작년 1학기 개학일은 9월1일이었다.)

(八) 주위구(主謂短語) :

①**他那样做**是为了快点儿完成任务.

(그가 그렇게 한 것은 임무를 빨리 완성하기 위해서이다.)

②他来晚的原因是**家里来了客人**.

(그가 늦게 온 원인은 집에 손님이 왔기 때문이다.)

③**你不表示意见**是不是因为你不同意这个方案?

(네가 의견을 말하지 않는 것이 이 방안에 동의하지 않기 때문 아냐?)

④这件事不是**我不管**, 是**我管不了**.

(이 일에 상관하지 않는 게 아니라, 내가 상관할 수 있는 일이 아니다)

(九) "的"자구 :

①这件衬衫是**真丝的**. (이 셔츠는 순비단으로 만든 것이다.)

②这座圆形的小塔是**铜的**. (이 원형의 작은 탑은 구리로 만든 것이다.)

③红色的运动服是**我的**, **蓝色的**是**他的**.

(붉은 색 운동복은 내 것이고, 파란색은 그의 것이다.)

④我女儿是**学医的**. (내 딸은 의학을 공부한다.)

⑤她丈夫是**外交部的**. (그녀의 남편은 외교부에서 일한다.)

⑥这台机器是**绣花用的**. (이 기계는 수를 놓을 때 쓰는 것이다.)

⑦桌子上的杂志都是**新来的**, **书架上的**都是**过期的**.

(책상 위의 잡지는 모두 새로 나온 것이고, 책장 위에 있는 것은 모두 지난 것이다.)

(3) "是"字句의 유형과 용법

주어와 빈어의 관계에 따라 "是"字句는 아래의 몇 개의 유형으로 나눌 수 있다.

(一) 동등과 분류를 나타내는 것. 이 유형의 "是"字句의 주어와 빈어는 대부분 명사, 대사, 수량사 혹은 "的"字短語가 담당하게 되는데, 주어와 빈어는 종종 상응하거나 동일하다. 여기에서 다시 두 종류로 나눌 수 있다:

㉮ 동일한 것을 나타낼 때, 주어와 빈어는 서로 위치를 바꿀 수 있는데, 이 때 문장의 의미는 변하지 않는다. 예를 들어:

①一年的四个季节**是**春季、夏季、秋季、冬季. (1년의 4계절은 봄, 여름, 가을, 겨울이다.)

②这篇文章的作者**是**王中. (이 글의 작가는 왕중이다.)

③山东省的别称**是**鲁.(산동성의 별칭은 노이다.)

④这次唱歌比赛的第一名**是**王英. (이번 노래 대회의 우승자는 왕영이다.)

⑤一分钟**是**60秒, 一个小时**是**3600秒. (1분은 60초이고, 한 시간은 3600초이다.)

이상 각각의 예는 모두 일정한 환경에서 주어와 빈어가 가리키는 사물이 유일한 것이므로 주어와 빈어를 서로 교환할 수 있다. 예①을 "春季, 夏季, 秋季, 冬季是一年的四個季節."로 말할 수 있으며, 예②를 "王中是這篇文章的作者."로도 말할 수 있다. 다시 말해, 어떤 것을 주어로 선택하여 사용하는가는 앞뒤 문장과 언어 환경 등에 의해 결정된다.

㉯ 분류를 나타낼 때, 빈어는 유개념(類概念)을 대표하고, 빈어는 속개념(屬概念)을 대표한다. 속개념은 유개념에 포함되는 것으로, 주어가 가리키는 사물은 빈어가 가리키는 사물의 일부분으로 속해있는 것이다. 예를 들어:

①这棵树**是**桃树. (이 나무는 복숭아나무이다.)

②橘子、苹果、香蕉、菠啰等都**是**水果. (귤, 사과, 바나나, 파인애플 등은 모두 과일이다.)

③居里夫人**是**世界著名科学者. (퀴리부인은 세계적으로 저명한 과학자이다.)

위에서 말한 이런 귀속관계를 나타내는 "是"字句는 주어와 빈어를 서로 교환할 수 없다. 예를 들어"水果是橘子(과일은 귤이다)", "世界著名科學者是居里夫人(세계적으로 저명한 과학자는 퀴리부인이다)" 라고 말할 수 없다. 때로는 주어와 빈어를 교환한 후의 문장의 의미가 달라질 수 있다. 예문 ①의 주어, 빈어 司語가 서로 바뀌면 "桃樹是這棵樹(복숭아나무는 이 나무이다)" 가 되는데, 이 문장의 의미는 수많은 나무 중에서 복숭아나무는 오직 이 한 그루뿐이고, 그 외 다른 나무들은 복숭아나무가 아니라는 것으로 바뀌게 된다. 이는 원래의 문장과 그 의미가 명백히 다르다.

위에서 말한 분류를 나타내는 "是"字句 외에, "的"字短語가 빈어를 담당하는 "是"字句가 있는데, 통상적으로 명사가 생략된 것으로 여겨진다. 예를 들어:

①李老师**是教语法的**. (이선생님은 어법을 가르치는 선생님이다.)

②这台机器**是绣花用的**. (이 기계는 수놓을 때 사용하는 기계이다.)

③这座圆形的小塔**是铜的**. (이 원형의 작은 탑은 동으로 된 탑이다.)

이런 "是"字句 역시 분류를 나타낸다.

(二) 빈어는 어떤 면에서는 주어에 대한 설명을 덧붙이고, 주어와 빈어는 상응하지 않는다.

이것은 중국어의 고유한 형식이다. 흔히 보는 것을 예로 들면 다음과 같다.

㉮ 사람의 성격, 특징을 설명:

① 老王是**个慢性子**，　你可得常催着他点儿。

(老王은 행동이 느린 사람이니, 너는 그를 좀 재촉해야 한다.)

② 小李是**瘦高个儿**。(小李는 마르고 키 큰 사람이다.)

③ 你们是**知识分子的语言**，他们是**人民大众的语言**。

(너희들은 지식인의 언어를 사용하고, 그들은 민중의 언어를 사용한다.)

㉯ 시간을 설명:

① 他们回国的日期都定了，老张是**明天**，　老李是**后天**。

(그들이 귀국하는 날짜가 모두 정해졌다, 老張은 내일, 老李는 모레이다.)

② 明天从学校出发是**上午 6:30**。(내일 학교에서 출발하는 시간은 오전 6시 반이다.)

㉰ 장소를 설명:

① 我们都住在黄河边上, 他是**上游** , 我是**下游**。

(우리들은 모두 황하 강가에 사는데, 그는 상류에, 나는 하류에 산다.)

㉱ 담당한 역할을 설명:

① 入场式开始了，仪仗队里，　男生是**旗手**，女生是**军乐队**。

(입장식이 시작되었다, 의장대에서 남학생은 기수, 여학생은 군악대이다.)

㉲ 구비한 물품을 표시:

① 我们俩买的书不一样，他是**英文课本**，他是**科技常识**。

(우리 두 사람이 산 책은 같지 않다. 그는 영어교과서, 나는 과학기술 상식 책을 샀다.)

㉶ 옷자림을 표시:

① 解放前，他夏天总是一件**破布衫**。

(해방 전에, 그는 여름 내내 누더기 셔츠 한 장을 입었다.)

㉷ 도구, 수단을 표시:

① 他总是**这么一辆破车**。(그는 언제나 이렇게 파손된 차 한 대로 다닌다.)

㉸ 상황을 표시:

① 看来，张女士是**既事业有成，又家庭美满**。

(보아하니, 張부인은 이미 사업에 성공했고, 또 가정도 아름답고 원만하다.)

② 他是**到了黄河也不死心**。(그는 황하에 도착했을 때에도 희망을 버리지 않았다.)

아런 "是" 字句는 일반적으로 언어 환경을 근거로 하고 주어 혹은 빈어는 몇몇 단어를 보충하며, 주어와 빈어가 상응하게 한다. 예를 들면 다음과 같다.

① 老王是**个慢性子的人**。(老王은 행동이 느린 사람이다.)

② 小李是**个瘦高个儿的人**。(小李는 마르고 키가 큰 사람이다.)

그러나 보충한 후에는 종종 쓸데없이 길고 지루하게 보이며, 원래 문장의 간결하고 세련되며 생동감 있고 활발한 것만 못하다.

또한 몇몇 "是" 字句는 비유관계를 표시한다. 예를 들면:

① 青年们努力吧! 你们**是**祖国的未来，祖国的希望。

(청년들이여 노력합시다! 당신들은 조국의 미래이며, 희망입니다.)

② 俗语说：人**是**铁，饭**是**钢。

(속담에 말하기를, 사람이 무쇠라면 밥은 강철이다.)

이런 "是"字句는 중국어의 경제성과 간결성을 보여준다. 그것은 곧 하나의 내용이 복잡한 문장이 "是"로 연결된 몇 개의 핵심어로 구성된 비교적 간결한 문장으로 변한다. 예를 들어 만약 갑, 을 두 사람이 있는데 갑은 탁구 치는 것을 좋아하고 을은 축구하는 것을 좋아하는데, 어떤 사람이 "你們倆喜歡什么運動?(너희 둘은 무슨 운동을 좋아하니?)"라고 물으면, 갑은 "他是足球, 我是乒乓球。(그는 축구를 좋아하고, 저는 탁구를 좋아합니다.)"라고 대답할 것이다. 이런 문장에서 "是"를 이용해 대답하는 것은 곧 주어 "他", "我"와 두 개의 키워드 "足球" "乒乓球"가 연결된 것이고, 두 개의 간단한 "是"字句로 구성된 것이다. 이런 대화를 구성하는 두 문장은 비문(非文)이 아니며, 또한 완전한 문장이다.

(三) 원인 등을 설명하고 해석하는 데에 사용되고, 때로는 변명하는 의미도 있다. "是"의 빈어는 동사(短語), 형용사(短語), 개사구가 많다.

㉮ 원인을 설명:

① 我来中国**是**学习汉语, 不是旅游。

(나는 중국에 중국어를 공부하러 온 것이지 여행하러 온 것은 아니다.)

② 你不去旅行**是**身体顶不下来吧?

(당신이 여행가지 않는 것은 몸이 감당하지 못해서이지요?)

㉯ 어떤 상황에 대해 해석:

① 他们最后一次集会**是**在北大。(그들이 마지막으로 모인 것은 북경대에서였다.)

② 你这样做**是**根据什么?(이렇게 하는 것은 무슨 근거에서입니까?)

㉰ 변명하는 어조의 문장을 지니고 있고, 이런 문장은 항상 "是"의 두 개 分句(절, clause)를 포함한다.

① 这种办法**是**快, **不是**慢。(이런 방법은 느리지 않고 빠르다.)

② **不是**他不努力, **是**他没有能力。(그가 노력하지 않는 것이 아니라, 능력이 없는 것이다.)

위에서 말한 여러 예문은 모두 두 개의 分句로 구성된 것인데, 하나는 "是" 을 써서 긍정의 의미를 표시하고, 다른 하나는 "不是"을 써서 부정의 의미를 표시하며, 정반대의 두 종류의 상황을 사용하여 변명을 표시한다.

㉣ 해석을 나타내는 무주어문 : 이런 무주어문에서는, "是" 앞에 주어가 없고, "是"뒤에는 명사성 단어가 "是"의 빈어역할을 하고, 동빈구를 형성하여, "是"의 빈어가 다시 뒤의 동사의 주어가 될 때도 있다. 예를 들면 :

③是鄕親們救了我們。(마을 사람들이 우리를 구했다.)

④是我沒說淸楚, 不是你沒听淸楚。(내가 잘 못 말한 것이지 네가 잘 못 들은 게 아니다.)

(四) 존재를 나타낸다. 주어는 방위사나 처소사로, "是","有","存在"의 의미를 가진다. 예를 들면:

①桌子上是書, 沒有別的東西。(책상 위에는 책이 있을 뿐 다른 물건은 없다.)

②宿舍前是一个网球場。(기숙사 앞에는 테니스장이 하나 있다.)

존재를 나타낼 때, "是"와 "有"는 구별된다. "是"는 어떤 물체가 어느 한 공간을 차지하고 있음을 나타내서, 물체가 그 공간에 유일한 것이어야 한다. ; 그러나 "有"는 단지 어떤 한 공간에 어떤 것, 또는 어떤 것들이 존재함을 나타낼 뿐이다. 비교해보면:

① A: 桌子上是什么? 책상 위에 있는 게 뭐지?
B: 桌子上是書。 책상 위에 있는 것은 책이야.

② A: 桌子上有什么東西嗎? 책상위에 무슨 물건이 있어?
B: 桌子上有書, 還有筆。 책상위에는 책이 있고, 연필도 있어.

예①은 "是"를 사용해 물어보았을 때, 묻는 사람은 책상 위에 어떤 한 물건이 있음을 알고 있지만, 그것이 무엇인지는 알지 못한다. 답하는 사람 역시 "是"를 사용하여 답하고 있는데, "책상위에는 책만 있을 뿐이고 다른 것은 없다"는 사실을 나타낸다. 그러나 예②에서 "有"를 사용하여 물을 때에, 묻는 사람이 책상위에 물건이 있는지 없는지 모르며, 그 물건이 몇 개나 되는지는 더더욱 모른다. 대답은 아무런 물건이 없어도 되고, 하나의 물건만 있지 않아도(그 이상도) 된다.

(五) 긍정을 나타낸다.

㉮ 동사(구), 형용사(구) 앞에 쓰일 때는 긍정을 나타내며, 긍정의 정도는 보통 비교적 높다. "是"는 가볍게 읽어야 한다.

①小林對人是那樣熱情, 誰都會喜歡她。

(소림이는 사람을 때할 때 저렇게 친절하니, 누구든 그를 좋아할 것이다.)

②孩子們是又唱又跳, 高興得不得了。(아이들이 노래하며 춤추니 즐겁기 그지없다.)

㉯ "是"를 강세를 두며 읽을 때 긍정의 앞에 있다면, 모든 긍정은 분명 이미 알고 있는 정보이다.

①A: 小林這个人很熱情啊。(小林 이 사람 무척 친절하네.)

B: 小林這个人'是很熱情。(小林 이 사람, 정말 친절하지.)

③A :那个電影怎么樣? 不錯吧?(그 영화 어땠어? 괜찮지?)

B :'是不錯。(정말 좋더군.)

㉰ 대화 중, 상대방의 말을 긍정할 때도 "是"를 사용할 수 있다.

①A:發生這件事不是偶然的, 是我們平時不重視思想教育的結果。

(이런 일은 우연이 아니야, 평소에 우리가 사상교육을 중시하지 않은 결과야.)

B:是,是,是這樣。

(맞아, 맞아, 그렇지.)

어떤 관점에 대해 동의함을 나타낼 때, 그리고 자기의 느낌을 표현할 때는 말을 시작할 때 “是啊", "是的"등을 씀으로 긍정을 나타낼 수 있다.

② 是啊! 人們是多么需要相互理解啊! 理解万歲。
(그래! 사람은 서로서로 이해하는 것이 얼마나 필요한지 몰라. 이해 만세다.)

(六) “是”의 앞뒤에 같은 단어를 사용하면 아래의 몇 가지 뜻을 나타낸다.

㉮ 긍정주어는 바로 빈어가 대표하는 그 부류이며 다른 것은 아니다.

① 事實總是事實。사실은 언제나 사실이다.

② 优秀生畢竟是优秀生, 在哪儿都表現得出色。
(우수한 학생은 어쨌든 우수한 학생이라, 어디에 있든지 뛰어나다.)

이런 류의 문장의 주어와 빈어는 일반적으로 모두 비교적 간단하고, “是”앞뒤의 동사는 같다. 확실한 의미를 강조하기 위해 "是"앞에는 항상 부사 "就", "總", "畢竟", "終歸"등 이 붙으며, 이런 부사들은 강하게 읽어야 하고, 제거할 수 없다.

이렇게 사용하는 "是"의 앞뒤에는 동사 혹은 동사구를 넣을 수 있다.

①懂就是懂, 不懂就是不懂, 不懂不要裝懂。
(알았으면 아는 거고, 모르는 거면 모르는 거지, 모르면서 아는 척 하지 마라)

②孩子, 别怕, 揀柴禾就是揀柴禾, 什么消息不消息的。
(녀석, 무서워하지 마렴, 땔감을 줍는 것 땔감을 줍는 거지, 소식이고 뭐고 상관없단다.)

예문② “너는 땔감을 줍는 것은, 다른 일과는 무관하며, 또 다른 일을 알지도 못한다.”는 뜻이다.

㉯ 경계가 분명하고, 명백하며, 모호하지 않음을 나타낸다. 이런 문장

형식은 두개 혹은 두개 이상의 "是"자문으로 형성되는 경우가 많다. 일반적으로, 일을 처리하는데 있어 바르고 정직하며 순서가 분명함을 나타내는데 쓰인다.

①王大嫂總是這么干淨利索，頭是頭，脚是脚。

(왕씨 형수님은, 늘 이렇게 깔끔하셔서, 처음과 끝이 분명하다.)

⑤咱們應該公是公，私是私，請清楚出。

(우리들은 공과 사를 분명히 해야 한다.)

㉰ 양보를 나타내며, "비록(雖然)"의 뜻을 가진다. 그러나 "雖然"보다 어기(語气)가 완곡해야하며, 한층 구어적이다. "是"의 앞뒤의 단어는 대부분이 동사구, 형용사 구 혹은 명사구로, 양보문을 형성하며, 뒤에 오는 단문(分句)은 전환의 의미를 나타내는 주절(主句)을 가진다. 예를 들면 :

①這孩子聰明是聰明，就是不知道用功。 이 아이는 똑똑하긴 똑똑한데, 노력할 줄을 모른다.

②這个東西我有是有，可是忘了放在什么地方了。

이 물건이 나한테 있긴 있는데, 어디다가 두었는지 잊어버렸다.

예①은 " 이 아이가 비록 똑똑하지만, 노력하지 않는다."는 뜻이다. 예②는 "네가 빌리고픈 물건이 나한테 있기는 하지만, 어느 곳에 두었는지 잊어버렸다."는 뜻이다. 그러나 긍정의 어기(語气)는 더 억지스럽다.

또한 "是"의 앞에 부사 "倒"가 붙을 수 있으며, 어기는 더 부드러워진다. 예를 들면:

這孩子聰明倒是聰明，就是不知道用功。

"是"의 앞뒤의 단어는, 어떤 때는 조금 다를 수도 있다. 예를 들면 :

①這种筆的様子好看是挺好看，就是筆尖太粗。

이런 종류의 펜은 모양은 보기 좋지만, 펜 끝이 너무 굵다.

②這种汽車跑得快是快点儿，可是費油。

이런 종류의 자동차는 빠르긴 빠르지만 기름이 많이 든다.

(七) 예외가 없음을 나타낸다. “凡是”의 뜻을 가지며, 이 때 “是”는 강하게 읽는다.

이럴 때 쓰이는 “是”의 작용은 여전히 “구별된다(歸類)”. “是” 뒤에 명사 앞에는 양사가 올 수 있다. 예를 들면 :

㉮ 這点事是个人都會做。이런 일은 다 할 줄 안다.

이 문장의 의미는 “한 사람만 있어도, 이런 일은 할 수 있다.”로, 즉 “일”이 무척 쉽다는 뜻이다.

㉯ 他這个人, 是節目就想看。그 사람, 프로그램이면 그저 보고 싶어 한다.

이 문장은 “그는 프로그램 보는 것을 무척 좋아하는데, 그것이 좋든 나쁘든 간에 하나만 있어도 보고 싶어 한다.”는 뜻이다.

(八) “是”는 응답하는 것을 나타내는데 쓰이며, 청자가 화자의 말을 듣는 태도를 표시하는 것으로도 볼 수 있다. 또한 청자는 보통 지시받는 위치에 있다. 예를 들면 :

① 她快活地答應了一聲 "是", 便邁着輕快的脚步走到外面去了。

그녀는 쾌활하게 “네”라고 대답하며 경쾌한 큰 걸음으로 밖으로 걸어 나갔다.

②A: 你快去吧! 어서 빨리 가라!

B: 是, 是。 네, 네.

이런 “是”는 복종의 의미를 지닌다. 지금은 단지 군대, 감옥 안에서 비교적 많이 쓰이고, 일반적인 장소에서는 비교적 적게 쓰인다.

(九)“是”가 “時候”.“地方” 등의 명사 앞에 쓰이면, “적합하다, 딱 맞다”의 뜻을 나타낸다. 예를 들면 :

①你來得是時候, 我們正想給你打電話, 叫你開會呢。

너 딱 알맞은 때에 왔구나, 우린 지금 너한테 전화 걸어 불러서 회의를 시작하려 했어.

②這个花盆擺得不是地方, 一不小心就會被踢翻。

이 화분 놓여진 곳이 적절치 않아요, 잘못하다간 발에 차여 뒤집히겠어요.

④你的話說得不是時候, 人家正在發愁, 這不等于火上澆油嘛!

말할 때를 잘못 잡았어, 사람들이 지금 화나있는데, 불난데 기름 부은 격이잖아!

四 . "是"자문의 의문형식

(一) "是"자문의 문미에 의문조사 "嗎"를 붙인다. 예를 들면:

①你是留學生嗎? 당신은 유학생입니까?

②對不起, 請問, 您是張先生嗎? 실례합니다, 혹시 당신이 장선생이십니까?

(二)정반의문문의 형식. 예를 들면 :

①你是不是留學生?

②對不起, 請問, 您是不是張先生?

또한 "不是"를 "是"자 문의 문미에 놓아도 된다. 예를 들면:

①你是留學生不是?

②對不起, 請問, 您是張先生不是?

(三)"是不是"의 의문문 형식을 사용한다. "是不是"는 문장의 처음, 혹은 문장의 마지막에 올 수 있으며, 또는 위어의 어떤 단어 앞에 쓰일 수 있다. 예를 들면:

①是不是我們明天開始放假? 우리 내일부터 방학 시작하지 않나?

我們是不是明天開始放假?

我們明天開始放假, 是不是?

②這种生産方式是不是有点儿落后? 이런 생산방식은 조금 뒤떨어지지 않나요?

이상과 같이 현대한어에서 계사로서의 是는 주어와 술어 사이에서 양자의 관계를 다양한 방식을 표현해 주는 역할을 한다.

4. 술어중심적인 중국어와 중국적 사유

1) 是

중국어 계사의 용례에서 드러나는 특징은 고대한어에서 계사가 아예 없는 경우나 현대한어에서 주어와 술어가 상응하지 않는 경우에서 찾아 볼 수 있다.

앞에서 제시되었던 예문들을 다시 상기해 보자. '너희들은 지식인의 언어를 사용하고, 그들은 민중의 언어를 사용한다'라는 의미를 중국어에서는 '你們是知識分子的語言, 他們是人民大衆的語言'라는 말로 표현한다. 이 문장은 글자 그대로 해석하면 '너희들은 지식분자의 언어이고, 그들은 민중의 언어이다'라는 말이다. 따라서 이 자체로는 비문으로 보인다. 비문이 아니라면 '(너희들이/그들이) 사용하는 언어'라는 말에 해당하는 중국어가 생략되어 있다고 보아야 할 것이다. '老張是明天, 老李是后天'이란 문장의 경우도 마찬가지이다. 이 문장은 전후 문맥상 '老張은 내일 출발하고, 老李는 모레 출발이다'라는 뜻을 지니지만 문장 자체는 '老張은 내일, 老李는 모레'로 읽힌다. 이 또한 비문이 아니라면 '출발하다'에 해당하는 중국어가 생략되어 있다고 보아야 될 듯하다. 하지만 이들 문장은 생략된 것이 아니라 중국어 구문에서는 그 자체로 하나의 문장 형식에 해당한다.

좀더 극단적인 경우를 보자. 중국어에서는 '人家是豊年'이란 문장이 성립한다. 우리말로 '사람들이 풍년이다'로 번역할 수 있는 이 문장에서 주어는 계사인 '是'의 뒷부분과 일치하지 않는다. '사람들'이 곧 '풍년'은 아니기 때문이다. 또한 사람들 이 풍년을 함축하지도 않으며, 풍년 안에 사람들이 포함되는 것도 아니다. 그런데도 중국어에서 이 문장은 비문이 아니며 무의미한 문장도 아니다. 그렇다면 중국어 독자는 어떻게 이 문장을 유의미한 명제로 읽어낼 수 있을까? 만약 이 문장을 보고 '사람들이 지은 농사가 풍년이다'라는 의미를 읽어낼 수 있으려면 독자는 사람들이 풍년과 서로 관련될 수 있는 가능한 모든 선택지를 고려하고, 그 중에서 '농사'를 떠올려야 할 것이다. '농사'는 '사람들' 안에 이미 함축되어 있는 개념이 아니다. 따라서 사람들이란 개념만으로는 농사가 선택될 수 없다. '사람들'을 '풍년'과 함께 고려했을 경우에만 다양한 선택지 가운데서 농사라는 개념이 선택될 수 있다. 우리는 이로부터 '풍년'과의 연관 속에서 '사람들' 바깥에 있는 제3의 개념, 즉 '농사'를 찾아내고 그럼으로써 '사람들'과 '풍년'이 연결되는 의미내용이 구성됨을 알 수 있다.

주어와 술어가 상응하지 않는데도 문장이 성립한다는 것은 주어가 자기 바깥에 있는 개념을 통해 술어와 연결된다는 것을 의미한다. 이 경우에 주어에 술어가 내포되어 있지 않기 때문에 주어와 술어의 연결은 우연적이고 경험적이라고 말할 수 있다. 따라서 논리적으로는 주어는 어떤 술어와도 연결될 수 있으며, 이는 중국어에는 비문이 거의 없다는 점에서 확인할 수 있다. 앞에서 살펴본 것처럼 영어에서 'Tom is today, Jerry is tomorrow'라는 문장은 비문이지만 '老張是明天, 老李是后天'이라는 중국어 문장은 비문이 아니다.

주어가 어떤 술어와도 연결될 수 있다는 것은 문장의 의미가 주어와 술어의 모든 가능한 관련에 비추어서 확인됨을 말한다. 이것은 아리스토텔레스의 형식논리학에서처럼 주어와 술어 사이의 포함관계에 비추어 문장의 유의미성이 결정되는 것과는 다르다. 주어와 술어의 관계는 내적으로 이미 확정되어 있는 의미내용(내포나 외연)에 좌우되는 것이 아니라 외적으로 연결되며, 그에 따라 문장의 의미가 결정된다.

중국어 문장안에서 개념과 개념의 관계가 내적으로 확정되어 있지 않다는 것은 어떤 개념도 다른 개념과 유의미하게 연결될 수 있음을 시사한다. 우리는 그 가능성을 중국철학자들의 철학적 주장에서 찾아볼 수 있다. 노자의 '有無相生'이나 주역에서 말하는 '一陰一陽之謂道'를 예로 들 수 있을 것이다. 이들 명제는 相反相成 즉, 서로 반대되는 것들이 서로를 성립시킴을 의미한다. 있음은 없음을 전제로 성립하고 없음 또한 있음으로 인해 성립하듯이 이것은 저것에 의해 이것일 수 있고 저것도 이것에 말미암아 성립한다면, 세상의 어떤 것도 자기 아닌 것에 의해 성립하지 않는 것이 없다. 그런데 어떤 것이 자기 아닌 것에 의해 성립한다면 그것은 그것이면서 동시에 그것이 아니다. 요컨대 중국철학의 대표적인 주장 가운데 하나인 상반상성에 따르면 어떤 것에도 상반되는 규정이 가능하다. 중국적 사유에서 나타나는 이러한 특징은 그레이엄이 지적하듯이 서양의 경우에 명제들의 체계는 갈등하는 대립항들에 집중되고

(참/거짓, 선/악), 대립항들이 주어지면 한 쪽을 위해 다른 한 쪽을 없애려고 고심하는데 비해서 중국의 경우에 명제들의 체계는 상보적인 양극성(polarity)에 집중되는 현상으로 나타난다.

주어와 술어가 내적 관련없이 연결되는 현상은 주어와 술어가 계사로 연결되지 않는 경우에서도 찾아볼 수 있다. '這件事早發表了'(이 일은 일찍 발표되었다)라는 문장에서 동사인 '發表'는 주어의 동작이 아닌데도 연결되고 있으며, 你也破了(네 것도 망가졌다)라는 문장에서 주어인 '你'는 형용사인 '破'가 나타내는 성질의 주체가 아니다. 술어를 주어의 동작이나 상태로만 제한하는 언어의 경우와는 달리 중국어에서는 주어와 술어의 관계가 느슨한 현상이 예외적인 경우가 아니라 출현빈도로 보면 오히려 더 많이 나타난다.

인도-유럽어에서는 계사(to be)를 명사뿐만 아니라(Socrates is a man) 형용사와 함께 사용한다.(Socrates is mortal) 그레이엄은 인도-유럽어에서 존재동사를 계사로도 사용하는 것은 다른 언어와 비교해 볼 때 이례적인 현상이며, 더구나 계사를 형용사와 함께 사용하는 것은 결코 일반적인 것이 아니라고 본다. 그가 보기에 영어의 'be'는 문장에는 주 동사가 있어야 한다는 법칙을 만족시키기 위해 여백메우개로 채택된 존재동사에 불과하다. 이에 비해 중국어에서는 형용사를 명사가 아니라 동사와 함께 분류하는데, 이 경우에 형용사는 계사를 필요로 하지 않는다. '草靑'(풀이 푸르다)의 경우에서와 같이 중국어에는 주어를 서양의 술부형용사(predicative adjective)에 상응하는 것에 연결하는 계사가 없다.

고대한어에서 '是'와 '爲'가 개사로 사용되는 경우는 선진시기에 금문에서 비로소 나타나기 시작하지만 본격적으로 사용된 것은 漢代 이후부터이다. 앞에서 제시된 예에서처럼 '管叔兄也'(관숙이 형이다), '臣之所好者道也'(제가 좋아하는 것은 도입니다), '政者正也'(다스림은 바른 것이다) 등의 문장에서는 계사 없이 주어와 술어를 연결하고 있다. 이처럼 계사적 동사가 없는 상황에서는 공손룡이 세상에 흼(being white) 자체는 없다고 말한 것과 마찬가지로 소됨(being an ox)도 없고, 따라서 이름과 대상 사이에 개입할 본질이라는 것도 없다. 중국철학에서 소의 실질은 그것 없이는 소가 되지 못하는 소의 모든 것이 아니라 그것 없이는 소라는 이름이 소에 부합하지 못하는 소의 모든 것이다. 그렇기 때문에 중국철학에서는 名實關係 즉, 이름과 대상의 부합여부가 주된 쟁점이 되었다.

중국철학자들이 주로 이름과 사물의 관계에 주목하였다는 것은 술어에 대한 그들의 관심이 주어와의 연결여부에 있지 않았음을 보여준다. 그리고 이러한 태도는 그들이 사용한 중국어의 특성과 관련되어 있다.

2) 無主語文

인도-유럽어의 문장은 술어가 명사, 즉 문장의 격과 수를 결정하는 주어를 수식해야만 하는 점에서 명사중심적이다. 또한 형용사와 동사는 구문상 명사의 위치를 차지할 수 없다. 그러나 다음의 예문에서 알 수 있듯이 중국어의 경우는 사정이 다르다. '變化是必然的'(변화는 필연적인 것이다). '現在, 活下去是他唯一的要求'(현재, 살아가는 것이 그의 유일한 바램이다), '謙虛是一種美德'(겸손은 일종의 미덕이다), '驕傲自滿是進步的大敵'(거만함과 자만이 발전의 강적이다) 여기서 '變化'와 '活下去'는 각각 동사와 동사구이고 '謙虛'와 '驕傲自滿'은 각각 형용사와 형용사구인데, 모두 주어 자리에 위치하고 있으면서 형태가 변화하지도 않는다. 이는 중국어에서 명사가 문법상 지배적인 기능을 전혀 수행하지 못하는 경우라고 할 수 있다.

張志松의 분류에 따르면 문자의 서술형식은 「주어+술어」와 「주어와 술어의 두 부분으로 나눌 수 없는 것」으로 나눌 수 있는데, 후자의 경우를 '무주어문'이라고 한다. 무주어문은 동빈구조(動賓構造)를 갖는다. 동빈구조란 동사를 중심사로 하고 그 동사의 뜻을 풀기 위해 뜻을 보충하는 말 , 즉 빈어를 취하는 형식이다. 예를 들어 '是鄉親們救了我們'(마을 사람들이 우리를 구했다), '是我沒說淸楚, 不是你沒听淸楚'(내가 잘 못 말한 것이지 네가 잘 못 들은 게 아니다), '三年春, 不雨' '有蔣氏者, 專其利三世矣' 등은 모두 동빈구조를 갖는 무주어문이다. 이로부터 우리는 중국어 문장에서 주어는 반드시 있어야 하는 것이 아닌 선택적 요소이며, 동사 단독으로 명제의 최소형태를 구성함을 알 수 있다. 이 점에서 보면 중국어 문장은 술어중심적이라고 말할 수 있다.

중국어에서 '下雨了'는 주어가 없으면서도 '비가 온다'라는 의미를 전달하는 온전한 문장이다. 이에 비해 주어, 수, 시제를 강요하는 인도-유럽어에서는 'rain'은 비문으로 간주하고 가주어 'it'를 사용해서 'It rains' 라고 표현한다. 인도-유럽어에서는 문장 내의 각각의 요소들이 모두 서로 구별되는 형태와 자리를 갖을 때 완전한 문장으로 간주된다. 하지만 다른 언어에서 보면 이러한 기준은 인위적인 것으로 보인다. 중국어에서는 가주어를 내세우면서까지 주어-술어 문형을 일관적으로 유지하고 있지 않다. 인위적인 조작의 결과로 인도유럽어에서는 문장 자체의 완결성을 용이하게 확보할 수 있었으며, 이는 명제가 명제 외부로부터 한결 손쉽게 독립성을 유지할 수 있도록 해 주었다. 이에 비해 중국어 명제의 의미는 명제 외적인 요인, 이를테면 명제가 지시하는 사태에 보다 의존적이라고 할 수 있다.

무주어문은 중국어의 술어중심적인 특징을 가장 잘 드러내는 문장형식이다. 아리스토텔레스는 그의 명제론에서 술어에 대해 다음과 같이 말한다. "술어는 시간을 덧붙여 나타내는 것으로서, 그것의 어떤 부분도 따로 떨어져서는 아무 것도 나타내지 않는다. 그리고 그것은 다른 어떤 것(주어)에 대해 말해지는 것들에 대한 표현물이다. … 그것은 항상 (어떤 것에) 딸리는 것(속성)들에 대한 표현물이다. 다시 말해 바탕이 되는 것(주어)에 대해 서술되는 것들에 대한 표현물이다." 아리스토텔레스의 경우와는 달리 중국어의 무주어문에서는 주어 없는 술어가 가능하며, 이는 술어가 될 수 없는 제1실체와 같은 것이 상정되고 있지 않음을 의미한다. 즉 어떤 것도 술어 자리에 올 수 있는 것이다. '有蔣氏者, 專其利三世矣'와 같은 문장이 이런 경우에 해당한다. 이로부터 우리는 중국어에서는 주어 자리에 오는 명사가 자신의 고유한 의미영역을 지님으로써 문장이 의미내용을 확보하는 중심적 역할을 하는 것이 아니라 다른 방식으로 의미가 확보될 것임을 짐작할 수 있다. 술어에 의해 서술되는 것이 문장 안에 없는데도 유의미한 명제가 될 수 있는 것은 술어를 통해 지칭되는 개체 또는 실체가 그것이 속해 있는 상황이나 국면보다 앞서는 게 아니라고 보기 때문일 것이다.

'有蔣氏者, 專其利三世矣'이라는 문장에서 '有蔣氏者' 부분을 보자. 무주어문을 이끄는 술어 '有'는 인도-유럽어의 존재동사 '이다'(be)나 '존재하다'(exist)와 비교해 볼 때 중요한 차이점을 지닌다. 이 문장을 영어로 표현할 경우에(Mr. Zhuang existed.) 'Mr. Zhuang'은 동사의 주어가 되지만 중국어에서 '蔣氏'는 동사의 목적어이다. 영어 문장에서 Mr. Zhuang은 여러 가지 속성들이 그에 딸리는 실체를 가리키지만 중국어에서 蔣氏는 어떤 것에 속하는 존재를 지칭한다. 이처럼 고대한어에서는 'X가 존재하고 있다'라는 식으로가 아니라 有X, 즉 'X를 소유하고 있다'라는 방식으로 말한다. 이처럼 존재는 독립된 개체로서 설정되는 것이 아니라 무엇의 일부로서 설정되고 있으며, 그 무엇이란 천하나 천지, 즉 세계를 가리킨다. 이 점으로부터 그레이엄은 'is'와 'exist'가 사물 자체로부터 출발하는 서구의 경향을 예증하는 것이라면 중국어의 존재동사 '有'는 광범위한 전체로부터 분할되는 중국적 경향을 구체적으로 보여주는 것으로 간주한다.

5. 나오는 말

이상으로 중국어 구문과 중국적 사유 사이의 연관을 찾아보는 작업의 일환으로 중국어의 관계동사를 살펴보았다.

인도-유럽어의 문장은 술어가 주어를 수식해야 한다는 점에서 명사중심적이며, 이는 주지하듯이 서구의 실체중심적인 전통형이상학과 직접 관련되어 있다. 서양 존재론은 인도-유럽어의 존재동사인 'to be'가 계사로도 사용된다는 특이성에 기댄 바가 크다. 이 점에 착안하여 우리는 인도-유럽어의 계사에 해당하는 중국어의 관계동사 '是'를 중점적으로 분석하고, 이를 중국어 명제들의 특징 및 중국적 사유 내용들과 관련 속에서 고찰하였다.

중국어 관계동사인 是의 다양한 용례를 통해 보면 인도-유럽어의 어법으로 설명될 수 있는 경우가 적지 않다. 그럼에도 인도-유럽어의 어법에는 들어맞지 않는 문장형식으로부터 다음과 같은 중국어의 특색 및 중국사유와의 관련성을 찾을 수 있었다. 우선 고대한어에서는 是에 계사적 용법이 아예 없으며 현대한어에서는 是로 연결되는 주어와 술어가 상응하지 않는 경우가 흔히 나타난다. 뿐만 아니라 계사로 연결되지 않는 경우에도 빈번하게 주어와 술어가 내적 관련 없이 연결된다. 이처럼 느슨한 주술관계를 갖는 문장에서는 주어와 술어의 관계가 내포나 외연처럼 이미 확정된 영역을 넘어서 외적으로 연결되고, 그에 따라 문장의 의미가 결정된다. 중국어 문장에서 개념 간의 관계가 내적으로 관련되어 있지 않으며, 개념간의 연결이 자유롭다는 점은 相反相成의 관점을 견지하는 중국철학의 전통과 연결되는 것으로 보인다.

또한 인도-유럽어와는 달리 중국어에서는 형용사가 계사를 필요로 하지 않는다. 계사적 동사가 없는 문형에서는 동사나 형용사를 보편개념화할 가능성이 희박하고, 인도-유럽어족에서 나타나는 이름과 대상 사이에 개입하는 본질이라는 것이 없다. 그러기에 중국철학에서는 개념들 사이의 내적 관계보다는 명실관계가 논의의 쟁점으로 부각된다.

무주어문은 중국어 문장이 술어중심적임을 보여주는 전형적인 예이다. 무주어문은 중국어 문장에서 주어가 반드시 있어야 하는 요소는 아니며, 동사만으로 명제의 최소 형태를 구성할 수 있음을 보여준다. 중국어 문장에서는 어떤 것도 술어자리에 위치할 수 있으며 이는 개체나 실체가 그것이 속해 있는 상황이나 국면보다 앞선다고 보지 않는 중국철학의 관점을 드러낸다. 특히 중국어 존재동사인 '有'의 용례로부터 중국철학에서 사물을 독립된 개체로 보지 않고 세계의 일부로 설정하는 태도를 읽을 수 있다.

Ⅲ. 언어의 형태와 문장의 의미

개별 언어마다 문장이 의미를 갖추기 위해 요구되는 조건들이 다를 수 있다면, 개별 언어권의 사유방식 또한 이러한 언어의 형태적 차이에 의해 한정지어 진다고 할 수 있다. 왜냐하면 어떤 언어적 표현들이 의미를 갖추기 위한 조건들은 그러한 언어적 표현을 통해 우리의 사유가 도달할 수 있는 사유의 조건들이 되고, 의미를 갖출 수 있는 언어적 표현의 한계가 그 언어적 표현을 통해 우리의 사유가 도달할 수 있는 사유의 한계가 될 것이기 때문이다. 따라서 희랍어, 범어, 한국어 그리고 중국어 각각에 어떤 문법적인 차이점들이 있고 이로부터 어떤 사유방식의 차이가 생겨나게 되었는가를 살펴봄으로서 '사유토대로서의 언어'가 가지는 중요성을 살펴볼 수 있을 것이다.

일반적으로 문장이란 것은 주어와 동사를 포함한 어떤 절의 형태를 취해야 하는 것으로 본다 하지만, 범어나 희랍어의 경우 주어가 생략된 형태를 취할 수도 있고 동사가 생략된 명사적 문장(nominal sentence)의 형태를 취할 수 있다는 점이 고려되어야만 한다. 이러한 측면에서 한국어는 문장을 우리가 어떤 표현을 할 때 끊어서 말하는 가장 적당한 단위로, 단어들이 모여 한 통일된 생각을 나타내는 말의 단위로 본다는 점에 주목해야 할 것이다. 또한 중국어의 경우 주어와 동사를 포함한 절의 형태에서 영어의 경우와 같이 문장 구성요소들의 어순이 문장이 의미를 갖추는 것에 중요한 역할을 하는 반면, 한국어 범어 희랍어의 경우 어순이 그렇게 중요한 역할을 하지 못하고 있다는 점도 고려되어야 할 것이다. 따라서 개별 언어권에서 문장이 의미를 갖추기 위한 조건으로 언급되는 요소들에 대해 조사하고 이들의 공통점과 차이점을 드러내는 작업은 개별 언어권의 사유방식의 차이에 언어가 어떤 역할을 하고 있는가를 살펴볼 수 있다.

또한 개별 언어마다 문장의 의미가 언어 외적인 요소로부터 얼마나 독립적인가에 차이가 있다면, 개별 언어권의 사유방식도 이러한 차이를 반영하게 된다고 볼 수 있다. 비록 어떤 문장이 문법적으로 맞는 문장이라고 할지라도, 그 문장이 꼭 의미를 가지는 것은 아니다. 문장은 언어적 영역과 언어 외적인 영역을 가지고 있다. 언어적 영역이 어떤 문장이 가지고 있는 문법적 장치라면, 언어 외적인 영역은 고대의 경우 형이상학적 실체가 현대의 경우 외적인 맥락 등이 된다. 고대 그리스의 경우 문장의 의미는 외적인 요소를 통해 결정하려는 시도들이 나타난다. 즉 "정의는 선하다"라는 문장에서 정의의 이데아(idea)와 선함의 이데아(idea)가 서로 연관을 맺고 있다면, 이 문장은 참인 의미 있는 문장이 된다고 보는 것이다. 하지만 이렇게 언어 외적인 요소를 통해서 문장의 의미를 결정하려는 시도들이 점차적으로 좌절되면서, 언어는 외적인 요소들로부터 점차적으로 독립하는 방향으로 나가게 된다.

그러나 문장의 의미는 여전히 문장이 가지고 있는 전후맥락, 구체적인 상황 등과 같은 외적인 요소들에 의해서 영향을 받고 있으며, 개별 언어에 따라서 언어의 자체적인 독립성에 상당한 차이를 보여주고 있다. 희랍어와 범어의 경우 적어도 형식적인 측면에서는 상당히 독립된 모습을 보여주고 있는 반면, 한국어와 중국어의 경우 언어의 내적인 장치인 문법체계에 크게 의존하지 않는 모습을 보여주고 있다. 한국어에서는 조사가 문법적인 요소로서 문장의 의미를 결정하는 것에 많은 영향을 주고 있지만, 중국어에서는 조사와 같은 문법적인 요소마저도 없음으로 형식적인 측면과 거의 무관하게 문장의 의미가 결정되는 것으로 보여 진다. 즉 희랍어와 범어가 한국어와 중국어에 비해 언어 외적인 요소들에 적게 의존한다고 볼 수 있다.

희랍어와 범어의 경우, 인칭 수 격 등등이 서로 밀접하게 연관되어 유기적으로 작용하면서 전체적인 짜임새를 가지고 있다면, 한국어의 경우, 인칭 수 격 등등이 서로 연관되어 유기적으로 작용하지는 않지만 한 문장을 구성하는 문법 범주들이 독립적인 역할을 하고 있다고 볼 수 있다. 한편 중국어의 경우 어순이 작용하기는 하지만, 겉으로 나타나는 문법적 장치가 없음으로 문장의 의미는 문법과 거의 무관하게 외적인 요소에 의해 결정된다고 볼 수 있다. 따라서 개별 언어권에서 문장의 의미가 언어 외적인 요소로부터 얼마나 독립적인가를 조사하고 이들이 어떤 의미를 지니는가를 드러내는 작업은 개별 언어권의 사유방식의 차이에 언어가 어떤 역할을 하고 있는가를 살펴볼 수 있다.

1. 희랍어

일반적으로 희랍어와 범어는 한국어 및 중국어에 비해서 문장의 구조가 확정적인 것으로 알려져 있다. 인도유럽어에 속하는 희랍어는 문장 구성요소들의 형식에 의해서 문장의 의미가 엄격하게 결정되는 구조를 지니고 있다. 희랍어는 형식적으로 보았을 때 명사와 형용사를 중심으로 성과 수에 따라서 다섯 가지로 격변화하고, 동사를 중심으로 인칭 수 등에 따라서 다양한 시제로 동사변화 한다.

희랍어의 명사 형용사는 남성 중성 여성이란 세 가지 성과 단수 양수 복수란 세 가지 수에 따라서 주격, 대격, 여격, 소유격, 호격의 다섯 가지로 격변화 한다. 인도유럽어의 여덟 가지 격들 중에서 구격, 종격, 처격이 사라진 형태로서 이렇게 사라진 격의 역할을 상당부분 여격이 행하고 있다. 희랍어의 격변화는 여덟 가지 격이 모두 살아있는 범어에 비해서 격의 용법이 복잡하지 않으며 여격을 제외하면 대체적으로 격이 가지고 있는 기본적인 의미에 충실하다고 할 수 있다.

희랍어의 동사는 1 2 3인칭의 세 가지 인칭, 단수 양수 복수란 세가지 수, 능동, 반조, 수동이란 세 가지 태, 그리고 직설, 가정, 원망 등의 화법에 따라서 과거, 현재, 미래의 다양한 시제들로 동사변화 한다. 희랍어는 특히 과거의 표현에 있어서 직설법과거(imperfect), 완료(perfect), 반과거(aorist), 대과거(pluperfect)가 모두 살아있으며 의미상으로도 섬세한 차이를 보여주고 있다. 희랍어의 동사변화는 이러한 과거를 나타내는 구분들이 점차 사라지는 범어에 비해서 섬세하고 정교하며 복잡하게 발달되어 있다고 할 수 있다.

희랍어 문장은 이렇게 격변화를 하는 명사 형용사와 동사변화를 하는 동사로 구성된다. 양자는 1 2 3인칭의 세가지 인칭과 단수 양수 복수란 세 가지 수를 통해서 유기적으로 연결된다. 이러한 유기적 결합관계는 일반적으로 인칭과 수의 일치로 알려져 있으며 희랍어 문장이 형식적 구조적으로 엄격하게 결정되어 있는 것에서 중요한 역할을 한다. 또한 명사 형용사의 경우 남성 중성 여성이란 세가지 성과 단수 양수 복수란 세 가지 수를 통해서 유기적으로 결합되어 각각의 수식관계가 명확히 한다. 즉, 문장의 여러 구성요소들에 이러한 문법적인 요소들이 내재되어 있어서 문장의 구조가 상당부분 이미 결정되어 있는 것이다.

이러한 격변화와 동사변화의 유기적 관계를 통해서 희랍어는 한국어에 비해서 형식적 구조적인 엄밀성을 확보한다. 그리고 이러한 엄밀성은 희랍어 문장의 의미가 상당부분 언어외적인 요소들로부터 독립되어 있는 것으로 보이게 한다.

여기에서는 희랍어의 격변화와 동사변화를 살펴본 후 hyperbaton 현상을 통해 희랍어에서도 어순일 일정하게 역할을 하고 있음을 살펴보도록 하겠다.

1.1. **희랍어 격변화**

희랍어는 성(남성 중성 여성)과 수(단수 양수 복수)에 따라서 주격, 대격, 여격, 소유격, 호격의 다섯 가지로 격변화 한다. 희랍어의 주격과 호격은 격의미에 충실하게 사용된다는 점에서 의미가 거의 확정적이다. 하지만 대격, 소유격, 여격은 문장의 전후맥락에 따라서 다양하게 사용된다. 특히 희랍어의 여격은 그 역할이 현저하게 축소된 범어의 여격에 비해 다양하게 사용되고 있으며, 희랍어에서 사라지고 없는 구격, 종격, 처격의 역할을 일정부분 담당하고 있다. 일반적으로 구격에 의해 표시되는 행위의 주체와 특정한 관점, 종격으로 표시되는 원인 이유, 그리고 처격으로 표시되는 동반, 장소, 시간 등이 희랍어에서는 여격으로 표시된다. 비교적 의미가 확정적인 대격에 대해서 소유격과 여격의 이러한 복잡한 의미는 문장의 전후맥락에 따라 복잡하고 섬세하게 결정되게 된다.

1. **대격**(Accusative)

1. 동사의 목적어임을 표시

τέμνειν **ὕλην** : fell timber

2. 결과

πρεσβεύειν **τὴν εἰρήνην** : to negociate the peace

3. 시간과 공간의 지속적 범위

ἄγειν (στρατιὰν) **στενὰς ὁδούς** : to lead an army over narrow roads

ἔμενεν **ἡμέρας ἑπτά** : he remained seven days

4. 관점의 목적격

διαφέρει γυνὴ ἀνδρὸς **τὴν φύσιν** : woman differs from man in nature

5. 방식, 정도, 이유

τὴν ταχίστην : in the quickest way

τὰ πολλὰ : for the most part

αὐτὰ ταῦτα ἥκω : for this very reason have I come

2. **소유격**(Genetive)

1. 소유

Κῦρος, **οὗ** σὺ ἔσει τὸ ἀπὸ τοῦδε Cyrus, to whom you will henceforth belong

2. 기원

κύματα **παντονίων ἀνέμων** : waves caused by all kinds of winds

3.전체의 부분

μέρος τι **τῶν βαρβάρων** : some part of the barbarians

4. 성질

ἐὼν **τρόπου ἡσυχίου** : being of a peaceful disposition

5. 재료

ἕρκος **ὀδόντων** : the fence (consisting) of the teeth

6. 주체 혹은 목적

τοῦ ὕδατος ἐπιθυμία : desire for water

ἀπόστασις **τῶν Ἀθηναίων** : revolt from the Athenians

7. 가치

ἱερὰ **τριῶν ταλάντων** : offering worth three talents

8. 분리의 소유격 : 멈춤, 풀어줌, 제거, 포기, 실패 등을 의미

λήγειν **τῶν πόνων** : to cease from toil

9. 결여, 부족

τῶν ἐπιτηδείων οὐκ ἀπορήσομεν : we shall not want provisions

10. 차이, 비교

τιμαῖς **τούτων** ἐπλεονεκτεῖτε : you had the advantage over them in honors

11. (칭찬, 비난, 분노, 동정 등의) 원인

ἐθαύμασα **τῆς τόλμης** τῶν λεγόντων : I wondered at the hardihood of the speakers

12. 절대 소유격

Κῦρος ἀνέβη ἐπὶ τὰ ὄρη **οὐδενὸς κωλύοντος** : Cyrus ascended the mountains without any one preventing him

3. 여격(Dative)

1. 흥미: 행위가 어떤 사람을 위해서 이루어지는 경우

χεῖρας **ἐμοὶ** ὀρέγοντας : reaching out their hands to me

2. 소유하고 있는 주체

ἄλλοις μὲν χρήματά ἐστι, **ἡμῖν** δὲ ξύμμαχοι ἀγαθοί : others have reaches, we have good allies

3. 이익과 손해

τὰ χρήματ' αἴτι' **ἀνθρωποῖς** κακῶν : money is a cause of misery to mankind

4. 행위의 주체 (수동형 동사와 함께 사용되어서)

ἐπειδὴ **αὐτοῖς** παρασκευάστο : when they had got their preparations ready

5. 관계

πᾶσι νικᾶν **τοῖς κριταῖς** : to be victorious in the judgment of all the judges

6. 도구, 방식, 원인, 관점

ἔβαλλέ με **λίθοις** : he hit me with stones

τῇ τύχῃ ἐλπίσας : confident by reason of his good fortune

ἀνὴρ **ἡλικίᾳ** ἔτι νέος : a man still young in years

7. 동반

κακοῖς ὁμιλῶν καὐτὸς ἐκβήσῃ κακός : if thou associate with the evil, in the end thou too wilt become evil thyself

8. 장소, 시간

ναίειν **ὄρεσιν** : to dwell among the mountains

τρίτῳ μηνί : in the third month

1.2. 희랍어 동사변화

희랍어의 동사는 인칭(1 2 3인칭), 수(단수 양수 복수), 태(능동, 반조, 수동)에 따라서 직설, 가정, 원망 등의 화법으로 과거, 현재, 미래의 다양한 시제로 다양하게 변화한다. 희랍어의 동사변화는 범어에 비해서 훨씬 더 복잡하게 발달되어 있으며, 특히 과거를 표현하는 것에 있어서 직설법 과거, 완료, 반과거, 대과거란 시제를 사용하여 과거에 있었던 일을 아주 섬세하게 표현하고 있다.

A. 직설법

1. 현재

1.1. 직설법 현재

1. 관습적 행위

οὗτος μὲν γὰρ ὕδωρ, ἐγὼ δ' οἶνον **πίνω** : for this man drinks water, whereas I drink wine

2. 일반적 진리

ἄγει δὲ πρὸς φῶς τὴν ἀλήθειαν χρόνος : time brings the truth to light

3. 시도 혹은 의도한 행위

προδίδοτον τὴν Ἑλλάδα : They are trying to betray Greece.

4. 미래 대용

μεταξὺ τὸν λόγον **καταλύομεν**; : shall we break off in the middle?

5. 역사적 현재

ὁ δὲ Θεμιστοκλῆς φεύγει ἐς Κέρκυραν : Themistocles fled to Corcyra

1.2. 미래

1.2.1. 직설법 미래

1. 미래에 어떤 시점에 이루어질 행위

λήψομαι μισθὸν τάλαντον : he shall receive a talent as his reward

2. Gnomic future : 일반적인 진리

ἀνὴρ ἐπιεικὴς υἱὸν ἀπολέσας ῥᾷστα **οἴσει** τῶν ἄλλων : a reasonable man, if he loses a son, will bear it easily than any other men

3. 현재의 대용

τί **λέξεις;** : what do you mean?

4. Deliberative future : 상대방의 의사를 물을 때

τί **ἐροῦμεν** ἢ τί **φήσομεν**; : what shall we say or what shall we propose?

5. 명령

αὐτὸς **γνώσει** : you will judge it for yourself

1.2.2. 미래 완료

1. 동작의 완료로부터 기인되는 미래의 상태를 기술

ἡ θύρα **κεκλῄσεται** : the door will be kept shut

2. 신속한 귀결을 의미

φράζε, καὶ **πεπράξεται** : speak, and it shall be done instanter

3. 명령의 의미

εἰρήσεται γὰρ τἀληθές : for the truth shall be spoken

1.3. 과거

1.3.1. 완료(Perfect)

1. 완료된 행위의 결과가 현재에까지 영향을 미치고 있음을 의미

τὰς πόλεις αὐτῶν **παρῄρηται** : he has taken away (and still holds) their cities

2. 현재의 의미

κέκτημαι : have acquired, possess

3. 경험에 근거한 사실

ἡ ἀταξία πολλοὺς ἤδη **ἀπολώλεκεν** : lack of discipline ere now has been the ruin of many

4. 미래 완료의 대용

κἂν τοῦτο νικῶμεν, πάνθ' ἡμῖν **πεποίηται** : and if we conquer in that quarter, everything has been (will have been) accomplished by us

1.3.2. 직설법과거(Imperfect) : 과거 동작의 진행, 계속

1. 과거의 관습적 행위

(Σωκράτης) τοὺς ἑαυτοῦ ἐπιθυμοῦντας οὐκ **ἐπράττετο** χτήματ α : Socrates was not in the habit of demanding money from those who were passionately attached to him

2. 과거에 시도 혹은 의도한 행위

ἔπειθον αὐτούς : I tried to persuade them

3. 고집 혹은 거부

τὴν πρόκλησιν οὐκ **ἐδέχεσθαι** : you would not accept the proposal

4. 과거의 상황, 사건 등을 기술

ἐστρατήγει δὲ αὐτῶν Ἀριστεύς : Aristeus was their commander

5. 일련의 사건들의 시작을 가리킴

ἐπειδὴ δὲ καιρὸς ἦν, **προσέβαλλον** : when the proper time arrived, they began an attack

6. Imperfect + ἄν : 현재 사실에 대한 반사실적 가정

εἰ ταῦτα ἐποίεις, καλῶς **ἂν ἐποίεις** : if you were (now) doing this, you would be doing well

1.3.3. 반과거(Aorist)

1. Ingressive aorist : 동작이 시작하는 시점을 지시

ἦρξα : I became ruler

2. Resultative aorist : 행위의 결과를 가리킴

ἐβούλευσα : I decided

3. Complexive aorist : 어떤 행위를 시작부터 끝까지 한 눈에 조망함

τούτῳ τῷ τρόπῳ τὴν πόλιν **ἐτείχισαν** : it was in this manner that they fortified the city

4. Empiric aorist : "가끔", "항상", "때때로", "이미", "아직", "결코" 등

의 부사와 함께 사용되어서 경험적 사실을 가리킴

ἡ γλῶσσα πολλοὺς εἰς ὄλεθρον **ἤγαγεν** : the tongue brings many a man to his ruin

5. Gnomic aorist : 일반적인 진리를 기술

παθὼν δέ τε νήπιος **ἔγνω** : a fool learns by experience

6. 미래나 현재, Perfect, Pluperfect의 대용

ἀπωλόμην ἄρ', εἴ με δὴ λείψεις : I am undone, if thou dost leave me

τί οὖν οὐχὶ καὶ σὺ **ὑπέμνησάς** με; : why don't you recall it to my mind?

ἐπεὶ **ἐσάλπιγξε**, ἐπῆσαν : after the trumpeter had given the signal, they advanced

7. Aorist + ἄν : 과거 사실에 대한 반사실적 가정

τότε δ' αὐτὸ τὸ πράγμ' **ἂν ἐκρίνετο** ἐφ' αὑτοῦ : but the case would then have been decided on its own merits

1.3.4. 대과거(Pluperfect)

1. 어떤 동작의 완료로 인해 기인된 과거의 상태

ἐβεβουλεύμην : I had resolved

2. 매우 급속히 발생해서 거의 동시에 다른 행위와 동반하게 된 행위

ὡς δὲ **ἐλήφθεσαν**, ἐλέλυντο αἱ σπονδαί : and when they were captured, the truce was at an end

B. 가정법(Subjunctive)

1. Hortatory subjunctive : 상대방에게 어떤 행위를 제안

νῦν **ἴωμεν** καὶ **ἀκούσωμεν** τοῦ ἀνδρός : let us go now and hear the man

2. 금지 (μή와 함께 사용되어서)

μηδὲν **ἀθυμήσητε** : do not lose heart

3. 불확실한 주장

ἀλλὰ μὴ οὐκ οὕτως **ἔχῃ** : but I rather think this may not be so

4. Deliberative subjunctive : 상대방의 의사를 물어볼 때

εἴπωμεν ἢ **σιγῶμεν**; : shall we speak or keep silence?

5. 미래 사실의 가정 (future more vivid)

ἐὰν ταῦτα **ποιῇς**, καλῶς ποιήσεις : if you do this, you will do well

6. 결과 구문

ἔπρασσεν... ὅπως πόλεμος **γένηται** : he tried to bring it about that war should be occasioned

C. 원망법(Optative)

1. 기원문

εἰ γὰρ **γένοιτο** : would that it might happen

2. 명령 혹은 금지

Χειρίσοφος **ἡγοῖτο** : let Chirisophus lead

3. 미래 사실에 대한 불분명한 가정 (future less vivid) : εἰ + optative, ἄν +optative

εἰ ταῦτα **ποιοίης**, καλῶς **ἂν ποιοίης** : if you should do this, you would do well

4. Potential optative : future less vivid 구문 중 전건이 생략된 경우

γνοιής δ' ἂν ὅτι τοῦθ' οὕτως ἔχει : you may see that this is so

5. 요청, 명령, 간청, 금지 등을 나타내는 동사 +subjunctive 혹은 optative

ἀπηγόρευες ὅπως μὴ τοῦτο ἀποκρινοίμην : you forbade me to give this answer

1.3. 희랍어의 어순: Hyperbaton

1.3.1. 서론

우리의 연구는 의미를 가지는 언어적 표현과 의미를 갖추지 못하는 언어적 표현 사이의 경계가 언어권마다 또 각 나라의 언어마다 다를 수 있다는 가정에서 출발하고 있다. 만약 우리의 가정이 옳을 경우, 비트겐슈타인이 말한 것처럼, 의미 있는 것과 무의미한 것의 경계를 나타내는 일은 그 나라 언어의 본질적인 모습을 드러내주는 작업이라고 할 수 있다. 또한 언어의 차이는 언어 안과 언어 밖의 영역이 얽히는 방식의 차이를 가져온다. 그러므로 의미의 한계를 밝히는 일은 인간과 세계 사이의 원초적인 관계를 해명하는 일이기도 하다. 요약하면, 언어 의미의 한계는 그 민족이나 그 언어가 갖고 있는 사유의 한계이고 그 한계의 구조를 밝히는 일은 인간 사유의 틀을 해명하는데 가장 결정적인 부분이다.

하지만 어떤 문장이 유의미한지 무의미한지 판별해 주는 조건이 정확히 무엇인지 알아내는 것은 매우 힘들며, 우리가 어떤 문장을 구성하는 각 단어들의 의미를 파악하고 있다고 하더라도, 그 문장이 유의미한지 아니면 무의미한지 결정할 수 있다고 단언하기는 힘들다. 가령 "A red he brought shirt."라는 문장의 경우, 우리는 각 단어의 의미를 알지만, 이 문장의 의미를 파악할 수 없다. 왜냐 하면 이 문장은 단어 배열 규칙을 어기고 있기 때문이다. 반면 희랍어 문장의 경우 어순이 매우 자유롭다. 이 때문에 "tina exei dynamin;"도 옳은 문장이다. 이처럼 잇달아 놓여야 할

단어들이 서로 떨어져서 위치하는 문법 구조를 hyperbaton (discontinuous syntax)이라고 하는데, 희랍 문장에 hyperbaton 구문이 자주 등장하는 이유는 성, 수, 격의 일치가 엄격하게 이루어지기 때문이다. 하지만 아무리 단어들의 배열이 불연속적이라고 하더라도 최소한의 단어 배열 규칙은 존재하지 않을까? 이런 물음에 답함으로써 우리는 희랍어에서 문장이 의미를 획득하기 위한 조건이 무엇인지에 대해 규명하고자 했다.

그러면 hyperbaton 현상이 어떤 것인지에 대해 좀더 자세히 살펴 보자. 가령 καλῆς γυναικός라는 명사구가 있다고 하자. 이 명사구는 동사나 전치사, 형용사 등의 뒤에 붙어 그 의미를 보충해 줄 수 있다. 가령 μέμνημαι (καλῆς γυναικός), περὶ (καλῆς γυναικός), ἄξιος (καλῆς γυναικός) 등. 본래 형용사 καλῆς는 명사 γυναικός에 붙어서 이를 수식해 주는 것이 일반적이지만, 가장 단순한 형태의 hyperbaton은 καλῆς를 γυναικός로부터 분리해서 동사 앞에 위치시키는 것이다. 이 때 우리는 καλῆς μέμνημαι γυναικός라는 문장을 얻게 되는데, 여기서 수식어 καλῆς를 Y1으로, 명사 γυναικός를 Y2로, 그리고 Y1과 Y2를 이어 주는 문장의 나머지 부분(여기서는 μέμνημαι)을 X라고 규정해 보자. 이 경우 위의 문장은 [Y1 X Y2]의 구조를 가지게 되는데, 이런 문장 형식을 Y1 hyperbaton이라고 이름붙일 것이다. 한편 우리는 καλῆς와 γυναικός의 위치를 바꾸어 γυναικός μέμνημαι καλῆς라는 문장을 만들 수도 있는데, 이 문장은 [Y2 X Y1] 구조를 가지게 되며, 우리는 이러한 문장 형식을 Y2 hyperbaton이라고 부를 것이다.

하지만 대부분의 문장은 [Y X Y]보다 복잡한 구조를 가진다. 다시 말해 X 이외에 다른 부분이 문장에 첨가될 수 있다. 이를 Z라고 부르도록 하자. 가령 πρὸς ὑμᾶς ἅπασαν ἐρῶ τὴν ἀλήθειαν의 경우, 우리는 ἅπασαν을 Y1, τὴν ἀλήθειαν을 Y2로 규정할 수 있으며, ἐρῶ를 X, πρὸς ὑμᾶς를 Z라고 규정할 수 있다. Z는 다음과 같이 다양한 위치에 놓일 수 있다.

Z Y X Y
Y Z X Y
Y X Y Z
Y X Z Y

그렇다면 각 경우 문장의 의미는 동일하다고 보아야 할 것인가, 아니면 의미의 차이가 존재하는가? 일단 우리는 맨 왼쪽에 오는 단어가 강조되고 있다는 답변을 제시할 수 있다. 하지만 이 문제에 대해 명확한 이해를 얻기 위해서는, 우선 **표준적인 (다시 말해 강조되지 않은) 어순**이 무엇인지에 대해 살펴보아야 한다.

1.3.2. **희랍어의 표준적 어순**

주지하듯이, 희랍어는 어순이 매우 자유로운 언어이다. 하지만 그렇다고 해서 어순 규칙이 전혀 존재하지 않는 것은 아니다. 가령 가장 기본적인 어순인 형용사와 명사의 수식 관계에 관해서 우리는 다음과 같은 규칙을 발견할 수 있다.

먼저 ἐμός("my")의 경우를 예로 들어 보자. 엄밀하게 말하면, "my"의 의미는 다의적이다. 즉 my brother와 my pencil에서 "my"의 의미는 동일하지 않다. 왜냐 하면 내 동생과 나는 친족관계인 반면, 내 연필은 단순히 나의 소유물일 뿐이기 때문이다. 흥미로운 사실은 희랍어 형용사 ἐμός가 친족관계를 나타내는 명사를 수식할 때와 그렇지 않은 관계를 나타내는 명사를 수식할 때 어순이 달라진다는 점이다. 다음은 헤로도토스와 뤼시아스, 그리고 데모스테네스에서 어순을 분석한 결과이다. 다음 표에서 N은 명사를 가리키는 기호이며, A는 형용사를 가리키는 기호이다.

	Herodotus		Lysias		Demosthenes	
	NA (%)	AN (%)	NA (%)	AN (%)	NA (%)	AN (%)
Kin term	93.21	7.69	68.75	31.25	57.33	42.67
Non-kin term	71.43	28.57	28.13	71.87	26.47	73.53

위의 표를 보면, 친족관계를 나타내는 명사의 경우 [명사+형용사] 어순

빈도가 높은 반면, 친족관계 이외의 관계를 나타내는 명사의 경우 헤로도토스를 제외하면 [형용사+명사] 어순의 빈도가 훨씬 높다는 사실을 발견할 수 있다. 또한 우리는 Ionic Greek에서 Attic Greek으로 오면서 [형용사+명사] 어순의 빈도가 점점 높아진다는 사실을 발견할 수 있다. 그렇다면 이런 현상을 어떻게 설명해야 할 것인가?

앞서 우리는 ἐμός가 친족관계를 나타내 주는 경우와, 그 이외의 관계(특히 소유관계)를 나타내 주는 경우를 나누었다. 하지만 ἐμός가 제3의 의미를 가지는 경우도 있다. 이를테면 my destruction of the Persians이나 my assertion 등의 경우, 형용사 my는 친족관계를 나타내는 것도 아니고 소유관계를 지시하는 것도 아니다. 이처럼 ἐμός에 추상 명사가 붙어서 문법적 관계를 표시하는 경우, [형용사+명사] 어순의 빈도는 더욱 높아진다. 뤼시아스와 데모스테네스의 저작을 중심으로, ἐμός가 1)친족관계 명사 2)그 이외의 관계 명사 3) 추상 명사와 각각 결합할 때, [형용사+명사] 어순의 빈도가 어떻게 달라지는지 조사한 결과는 다음과 같다.

	ἐμός가 명사 앞에 위치하는 확률
친족관계 명사	40.66
그 이외의 관계 명사 (소유관계 등)	53.33
추상 명사	78.12

이제 우리는 Ionic Greek에서 Attic Greek으로 오면서 [형용사+명사] 어순의 빈도가 점점 높아진 까닭을 설명할 수 있다. 헤로도토스의 역사 기술에는 구체적 사실에 대한 언급이 많이 이루어졌으며 아직 운문적 성격이 많이 남아 있었던 반면, 뤼시아스나 데모스테네스의 연설문은 산문으로 되어 있으며 추상적인 전문 용어를 많이 사용하고 있다. 물론 몇몇 작가의 저술에 나타난 일부 형용사의 용례 분석을 통해서 희랍어 형용사와 명사의 어순 일반에 관해 결론을 내리는 것은 너무 성급한 일일 것이다. 하지만 우리는 적어도 희랍어에도 일정한 어순 규칙이 있었으며, 특히 형용사 ἐμός가 친족관계를 나타내는 명사와 결합할 때에는 ὁ πάππος οὖμος처럼 뒤에서 수식하는 반면, 추상명사를 수식하는 경우에는 ἡ ἐμὴ γνώμη와 같이 명사 앞에 위치한다는 사실을 발견할 수 있다.

한편 형용사는 기술하는(descriptive) 용법으로 사용될 수도 있으며, 한정하는(restrictive) 용법으로 사용될 수도 있다. 가령 "She married Jack's younger brother."라는 문장에서, Jack's younger brother는 잭이 단 하나의 형제(즉 동생)를 가진다는 말일 수도 있고, 잭이 두 형제를 가지는데 둘 중 동생이라는 뜻일 수도 있다. 만약 잭에게 오직 한 명의 형제만 있을 경우 우리는 "Jack's younger brother"를 "Jack's brother, who is younger than Jack is"라고 번역할 수 있으며, 만약 잭에게 두 명의 형제가 있다면 우리는 "Jack's younger brother"를 "the younger of Jack's two brothers"라고 번역할 수 있다. 우리는 형용사 younger의 첫 번째 용법을 **기술적(descriptive) 용법**이라고 정의할 수 있으며, 두 번째 용법을 **한정적 용법(restrictive)**이라고 규정할 수 있다. 각 경우 어순이 어떻게 다른지 검토해 보자.

희랍어에서는 **기술적(descriptive) 의미의 형용사가 명사 앞에 위치**하는 특징이 있었다. 가령 우리는 οἱ μὲν κατάπτυστοι Θετταλοὶ를 예로 들 수 있다. 또한 기술적(descriptive) 형용사가 지시 형용사와 함께 사용되었을 경우에는, 일반적으로 **기술적 형용사는 지시 형용사 뒤에 위치하지만, 기술적 형용사가 강조되는 때에는 지시 형용사 앞에 놓인다**. 다음 구절을 살펴보자.

* τοῦτο τὸ **καλὸν** ἀνάθημα.
* οἱ **αὐθαίρετοι** οὗτοι στρατηγοὶ.

첫 번째 구절은 일반적인 어순이며, 여기에서는 καλὸν이 명사 ἀνάθημα보다는 앞에 위치하지만 지시 형용사 τοῦτο보다는 뒤에 놓인다. 반면 두 번째 구절에서는 형용사 αὐθαίρετοι가 강조되어 있다. 따라서 지시 형용사 οὗτοι보다 앞에 위치한다.

한편 **한정적 형용사들은 명사 뒤에서 수식**하는 규칙이 있었다. 하지만 **강조되는 경우에는 명사 앞에 위치**하기도 했다. 가령 ἐνδεδύκασι δὲ κιθῶνας λινέους에서는 형용사 λινέους가 정상적인 위치에 놓여 있지만,

μετέβαλον ὦν ἐς τὸν λίνεον κιθῶνα에서는 λίνεον이 강조되어 명사 앞에 위치해 있다.

1.3.3. Hyperbaton 구문의 의미

여기까지 우리는 희랍어에서 형용사가 명사를 수식하는 구문의 어순이 일반적으로 어떠한지 검토했다. 지금부터는 hyperbaton 구문에서 문장의 의미가 어떻게 달라지는지 검토해 보자. 희랍어 형용사들 중 hyperbaton 빈도가 가장 높은 형용사는 의문 형용사, 수량형용사("많은", "모든" 등), 지시 형용사 등이다. 일반적으로 이들 형용사가 다른 단어 앞에 놓이게 될 경우, 그 의미가 강조되는 경향이 있다. 문제는 어떤 단어를 강조하고자 할 때, 반드시 그 단어를 hyperbaton하는가이다. 앞서 우리는 형용사가 기술적(descriptive) 형용사와 한정적(restrictive) 형용사로 나뉜다는 사실을 살펴보았는데, 희랍어 산문에서는 기술적 형용사가 hyperbaton되는 경우가 거의 없다. 가령 τὴν **καλὴν** ταύτην νίκην νενικηκὼς처럼 [명사구+동사] 어순이 되지, τὴν **καλὴν** ταύτην νενικηκὼς νίκην처럼 [형용사구+동사+명사]로 되는 경우는 찾아보기 힘들다.

하지만 혹자는 희랍어에서 기술적 형용사가 hyperbaton되는 경우가 전혀 없다고 단정할 수 있는지 의문을 제기할 것이다. 가령 플라톤의 <국가> 329a에는 διασῴζοντες τὴν **παλαιὰν** παροιμίαν라고 되어 있는 반면, 데모스테네스의 글(20.99)에는 ὁ **παλαιὸς** κελεύει νόμος라는 구절이 있다. 그렇다면 이 경우에는 기술적 형용사가 hyperbaton되는 경우도 존재한다고 볼 수 있지 않을까?

그러나 두 구절에서 παλαιός("old")의 의미가 동일한지 의문이다. 가령 똘똘이가 자동차를 한 대와 다섯 벌의 셔츠를 소유하고 있다고 하자. 이 때, 똘똘이의 차는 빨간 색 페라리이고, 다섯 벌의 셔츠 중 하나는 빨간색이라고 한다면, 우리는 다음과 같이 말할 수 있다.

"지난 주 토요일에 똘똘이는 **빨간** 페라리 자동차를 세차했다."
"지난 주 토요일에 똘똘이는 **빨간** 셔츠를 세탁했다."

위의 두 문장 모두에서 "빨간"이라는 색이 강조되었다. 하지만 두 문장 각각에서 "빨간"이 강조하고자 하는 바는 다르다. 그 이유는 다음과 같다. 똘똘이는 단 한 대밖에 페라리 자동차가 없으므로, 첫 번째 문장의 의도하는 바는 똘똘이가 세차한 차가 다른 페라리가 아니라 빨간 색 페라리 자동차라는 것이 아니라, 똘똘이의 자동차가 빨간 색 페라리라는 것이다. 반면 두 번째 문장은 똘똘이가 세탁한 셔츠가 다른 색이 아니라 빨간 색 셔츠라는 점을 강조하고 있다. 따라서 "빨간 페라리 자동차"라는 구절에서 "빨간"은 자동차의 성격을 규정하고 기술해 주는 기술적 형용사인 반면, "빨간 셔츠"에서 "빨간"은 다른 색이 아니라 빨간 색임을 주장하고 있다는 점에서 한정적 형용사라고 볼 수 있다. 우리는 παλαιός에 대해서도 동일한 방식으로 생각할 수 있다. 데모스테네스의 구절에서 παλαιός라는 말은 오래된 법률과 새로운 법률 중에서 오래된 법률이 명령하는 바임을 주장하고 있으나, 플라톤의 구절은 오래된 격언과 새로운 격언을 구별한다기 보다는 격언이 그 본질상 오래된 것임을 보여주고 있다. 다시 말해 플라톤의 구절에서 παλαιός는 격언의 성격을 규정해 주는 기술적 형용사인 반면, 데모스테네스의 구절에서 παλαιός는 새로운 법률이 아니라 오래된 법률임을 보여 주는 한정적 형용사라고 보아야 한다. 우리는 이러한 분석을 통해서 hyperbaton과 관련해서 다음과 같은 결론에 이를 수 있다.

첫째, 어떤 형용사가 강조된다고 해서 반드시 hyperbaton되는 것은 아니다.

둘째, 산문의 경우, 형용사가 hyperbaton되기 위해서는 **한정적 의미**를 가져야 한다. 이 경우 **여러 선택지들 중 하나의 선택지가 강조되는 효과**(가령 새로운 법이 아니라 오래된 법)를 얻게 된다.

위에서 우리는 한정적 형용사(Y1)가 hyperbaton될 때 강조적 의미를 가지게 됨을 살펴보았다. 그러면 Y1 hyperbaton 구문 (가령 [형용사+동사+명사])에서 명사(Y2)는 어떤 의미를 가지는지 검토해 보자. 대부분의 Y1 hyperbaton 구문에서 명사(Y2)는 단순히 문장을 이루는 한 부분으로 문미에 붙는 꼬리 부분(tail material)이거나, 혹은 문장에서 약한 초점 대상(weak focus)이 된다. 여기서 "약한 초점 대상"이 무슨 말인지 보다 쉽게 이해할 수 있도록 다음과 같은 예를 들어 보겠다. "희랍어 시험에 합격한 사람이 누구야?"라는 질문에 대해 "똘똘이지."라고 대답했다고 생각해 보자. 이 때 "똘똘이지."라는 답변은 1) 똘똘이가 단순히 "X가 희랍에 시험에 합격했다."는 문장에서 X를 만족시키는 항 중 하나라는 뜻일 수도 있고, 2) 똘똘이만 합격하고 다른 수험생들은 모두 떨어졌거나 혹은 똘똘이는 합격했으나 갑돌이나 갑순이는 떨어졌다는 뜻일 수도 있다. 두 가지 가능성 중, 1)에서 똘똘이는 문장의 약한 초점 대상인 반면, 2)에서 똘똘이는 문장의 강한 초점 대상(즉 다른 선택지와 비교해서 강조되고 있는 문장성분)이라고 간주할 수 있다. 다시 Y1 hyperbaton 구문으로 돌아와 보면, [Y1 X Y2] 어순에서 Y1인 형용사는 강한 초점 대상인 반면, 명사인 Y2는 문장에서 약한 초점 대상으로 기능하고 있다.

하지만 Y1 hyperbaton 구문에서 명사가 위에서 논의한 것(약한 초점 대상)과 약간 다른 의미를 가지는 경우도 있다. 먼저 다음과 같이 동족 목적어(가령 영어의 dance a dance)로 사용되는 경우를 지적할 수 있다.

* πλείους **τραπόμενος τροπὰς** τοῦ Εὐρίπου.

* τοιαῦτα **ἁμαρτάνει ἁμαρτήματα**.

한편 때로는 명사가 의미론적으로 중요성이 낮은 경우도 있다.

* ταῦτα πλεῖν ἢ διακοσίων ἰδόντων **ἀνθρώπων**.

* τί γὰρ ἄν τις τοιούτῳ πιστεύσειεν **ἀνθρώπῳ**.

혹은 명사가 이미 앞에서 언급되었거나, 아니면 문맥상 추론 가능한 경우도 있다.

* πολλὰς **ἀρχὰς** ἦρξεν... ὀλίγας ἄρξας ἀρχὰς.

* ὁρᾶτε τοῖς ὀφθαλμοῖς... ἴστε... αὐτοί, καὶ οὐδὲν ἑτέρων δεῖστε **μαρτύρων**.

이렇게 해서 우리는 가장 기초적인 형태의 Y1 Hyperbaton 구문에서 형용사나 명사가 어떤 의미를 가지게 되는지 살펴보았다. 그러면 다음으로

Y2 Hyperbaton 구문에 대해 논의해 보자. 위에서 우리는 한정적 형용사만이 hyperbaton될 수 있다고 주장했다. 그런데 한정적 형용사는 일반적으로 명사 뒤에서 수식하는 규칙이 있으나, 강조되는 경우에는 명사 앞에 위치하는데, Y1 Hyperbaton은 명사 앞에 위치한(다시 말해 강조된) 형용사와 관계하는 반면, Y2 Hyperbaton은 명사 뒤에 위치한 형용사와 관련이 있다. 또한 Y2 Hyperbaton은 [동사+명사+형용사] 어순을 [명사+동사+형용사] 어순으로 바꾸어 놓은 것이다. 다시 말해 명사를 약한 초점 대상 위치(weak focus position)에 놓은 것이다. 이를테면 παρεχόμενοι **νέας** ὀγδώκοντα를 **νέας** παρεχόμενοι ὀγδώκοντα로 바꿈으로써 우리는 Y2 Hyperbaton 구문을 얻게 된다.

Y1 Hyperbaton과 Y2 Hyperbaton의 의미론적 차이점을 다음과 같이 설명할 수 있다. 가장 단순한 형태의 Y2 Hyperbaton 구문은, 명사가 약한 초점 대상인 동시에, 형용사는 명사에 대해 부가적인 제한을 가함으로써 2차적인 약한 초점 대상이 되는 어순이다. 가령 λύγξ τε τοῖς πλείοσιν ἐνέπεσε κενὴ라는 투키디데스의 구절(2.49.4)을 보면, 먼저 기침이 대부분의 사람들을 전염시켰다는 사실이 언표되고 있으며, 그 기침이 마른 기침이었다는 부가적인 설명이 다시 덧붙여지고 있다. 그런데 이 문장이 의도하는 바는 다른 종류의 기침이 아니라 마른 기침이 대부분의 사람들을 전염시켰다는 것이 아니고, 단순히 마른 기침이 전염시켰다는 것이다. 이처럼 하나의 선택지가 다른 선택지를 배제하지 않고 있다는 점에서, Y1 Hyperbaton은 Y2 Hyperbaton과 다르다고 볼 수 있다. 다음 예문을 보면 이러한 차이점을 좀더 분명히 이해할 수 있다.

* ὁ παλαιὸς κελεύει **νόμος.** (Dem 20.99) : Y1 Hyperbaton
* **νόμος** δ εἴη πάτριος. (Andoc 1.110) : Y2 Hyperbaton

Demosthenes는 오래된 법을 새로운 법과 대조시켜 논의하고 있는 반면, Andocides는 단순히 어떤 법이 존재하며 그 법이 νόμοι πατρίοι라는 집합에 속한다는 사실을 말하고 있다. 이렇게 볼 때, Y2 Hyperbaton은 "There is a law which ..."로 번역할 수 있다.

한편 일반적으로 지시 형용사는 명사 뒤에 위치하지만, Πρόδικος ὅδε

처럼 명사 뒤에 위치할 경우, 손가락으로 가리키며 "여기 있는 이 사람 프로디코스"라고 말하는 것이 되며, οὗτος Σωκράτης는 "다른 사람이 아닌 이 사람 소크라테스"라는 한정적 의미를 가진다. 또한 이미 이전의 논의에서 언급되었던 대상을 가리키는 지시 형용사는 ὁ νόμος ὅδε의 경우처럼 명사 뒤에 위치하는 반면, οὑτοσὶ ὁ νόμος는 "이 법률"이 앞에서 논의된 다른 법률과 대조된다는 사실을 함축하고 있다. 이처럼 명사 뒤에 위치한 지시 형용사를 Y2 Hyperbaton할 경우 다음과 같이 어순이 바뀌게 된다 : "τὰς ἀνάγκας ἀκούσητε ταύτας." 이 문장에서 ταύτας는 다른 것들과 구별되고 강조되는 의미에서 "이러한 것들"이 아니라, 단순히 τὰς ἀνάγκας를 부연설명해 주는 형용사로 사용되고 있다. 따라서 우리는 Y2 Hyperbaton 구문에서 형용사가 약한 정보제공적 지위(weak informational status)를 가진다고 결론지을 수 있다.

1.3.4. **결론**

이로써 우리는 hyperbaton 구문이 무엇이고, hyperbaton 구문에서 문장의 의미가 어떻게 달라지는지 밝혔다. 이로부터 우리는 희랍어가 비록 매우 어순이 자유로운 언어이지만, 희랍어에도 일정한 어순 규칙이 분명히 존재하며, 때로는 문장의 어떤 부분을 강조하거나 부연설명하기 위해서 어순을 바꾸는 경우도 있다는 사실을 알게 되었다. 하지만 우리는 주로 산문을 분석 대상으로 삼았으며, Hyperbaton 구문 중 가장 단순한 형태에 대해서만 논의했다. 그렇다면 복잡한 구문이나 운문에서 어순 규칙은 어떻게 달라지게 되며, 어순이 도치될 때 문장의 의미는 어떻게 바뀔까? 만약 어순 규칙을 어기게 될 경우 그 문장은 비문이 되는가? 우리는 이 문제와 관련해서 희랍 문법학자와 수사학자 사이에 첨예한 논쟁이 있었다는 사실을 지적할 수 있다. 다시 말해 어떤 문장이 문법적으로는 비문이지만, 수사학적으로 보면 훌륭한 문장이 될 수 있다는 것이다. 더구나 운문의 경우에는 운율 등의 이유로 인해 어순 규칙을 고의로 어기는 경우도 종종 있다.

그럼에도 불구하고 화자의 의도가 청자에게 제대로 전달되려면 화자와 청자 사이에는 문장 성립을 위한 일정한 규칙 또는 약속이 존재해야 한다. 우리는 Hyperbaton이 바로 이와 같은 이유로 필요하게 되었다고 판단한다. Hyperbaton이 있음으로 인해, 희랍어는 어순의 자유를 확보하는 동시에 다양한 생각을 표현할 수 있었다는 것이다.

2. 범어

범어는 희랍어와 같이 한국어 및 중국어에 비해서 문장의 구조가 확정적인 것으로 알려져 있다. 희랍어와 동일하게 인도유럽어 계열인 범어는 문장 구성요소들의 형식에 의해서 문장의 의미가 엄격하게 결정되는 구조를 지니고 있다. 범어는 형식적으로 보았을 때 명사와 형용사를 중심으로 성과 수에 따라서 여덟 가지로 격변화하고, 동사를 중심으로 인칭 수 등에 따라서 다양한 시제로 동사변화 한다.

범어의 명사 형용사는 남성 중성 여성이란 세 가지 성과 단수 양수 복수란 세 가지 수에 따라서 주격, 대격, 구격, 여격, 종격, 소유격, 처격, 호격의 여덟 가지로 격변화 한다. 인도유럽어의 여덟 가지 격들이 모두 살아있으며 격의 용법이 복잡하다. 또한 주격 구격 소유격은 격이 가지고 있는 기본적인 의미와 다르게 사용될 때가 많다는 점에서 범어의 격변화는 섬세하고 정교하며 복잡하게 발달되어 있다고 할 수 있다.

범어의 동사는 1 2 3인칭의 세 가지 인칭, 단수 양수 복수란 세 가지 수, 능동, 반조, 수동이란 세 가지 태, 그리고 직설, 가정, 원망 등의 화법에 따라서 과거, 현재, 미래의 다양한 시제들로 동사변화 한다. 시제를 통해 과거의 양태를 다양하게 표현하는 희랍어와 달리 범어는 비록 직설법과거(imperfect), 완료(perfect), 반과거(aorist)란 세가지의 외적인 형태를 가지고 있지만, 내적인 의미의 차이는 고전범어에 와서 거의 사라지게 된다. 따라서 유한동사의 복잡한 변화는 희랍어에 비해서 그 중요성이 현저하게 떨어지게 된다.

범어 문장은 이렇게 격변화를 하는 명사 형용사와 동사변화를 하는 동사로 구성된다. 양자는 1 2 3인칭의 세 가지 인칭과 단수 양수 복수란 세 가지 수를 통해서 유기적으로 연결된다. 이러한 유기적 결합관계는 일반적으로 인칭과 수의 일치로 알려져 있으며 범어 문장이 형식적 구조적으로 엄격하게 결정되어 있는 것에서 중요한 역할을 한다. 또한 명사 형용사의 경우 남성 중성 여성이란 세 가지 성과 단수 양수 복수란 세 가지 수를 통해서 유기적으로 결합되어 각각의 수식관계가 명확히 한다. 즉, 문장의 여러 구성요소들에 이러한 문법적인 요소들이 내재되어 있어서 문장의 구조가 상당부분 이미 결정되어 있는 것이다.

이러한 격변화와 동사변화의 유기적 관계를 통해서 범어는 한국어에 비해서 형식적 구조적인 엄밀성을 확보한다. 그리고 이러한 엄밀성은 범어 문장의 의미가 언어외적인 요소들로부터 상당부분 독립되어 있는 것으로 보이게 한다.

여기에서는 범어의 격변화와 동사변화를 살펴본 후 고전범어에서 유한동사의 역할이 축소되고 명사형 문장의 역할이 확대되는 현상을 통해서 인도인의 사유체계에 어떤 변화가 일어나게 되었는가를 살펴보도록 하겠다.

2.1. 범어 격변화

범어는 성(남성 중성 여성)과 수(단수 양수 복수)에 따라서 주격, 대격, 구격, 여격, 종격, 소유격, 처격, 호격의 여덟가지로 격변화 한다. 범어의 여격, 종격, 처격, 호격은 격의미에 충실하게 사용된다는 점에서 의미가 거의 확정적이다. 하지만 주격, 대격, 구격, 소유격은 문장의 전후맥락에 따라서 다양하게 사용된다. 특히 구격과 소유격은 범어에서 폭넓게 사용되고 있다. 구격은 유한동사와 함께 사용되었을 때 행위의 수단 등을 나타내지만, 고전범어에서 광범위하게 사용되는 수동구분에서 사실상 문장의 주어 역할을 한다. 소유격 또한 명사형 문장에서 폭넓게 사용되면 사실상의 주어 역할을 한다. 따라서 비교적 의미가 확정적인 여격, 종격, 처격, 호격에 대해서 주격, 대격, 구격, 소유격의 의미는 문장의 전후맥락이란 외적 요인에 따라서 복잡하고 섬세하게 결정되게 된다.

1. 주격(Nominative)과 대격(Accusative)

1. 유한동사(finite verbs)와 함께 주어와 목적어로 사용된다.

ācāryaḥ śiṣyaṃ paśyati. 스승이 제자를 본다.

ācāryaṃ śiṣyaḥ paśyati. 스승을 제자가 본다.

2. 영어와 같은 관사는 없으며 꼭 필요한 경우 3인칭 대명사가 관사의 역할을 한다.

citram etat. 이것은 그림이다.

tat etat citram. 이것이 바로 그 그림이다.

3. 목적격은 동사의 작용이 지향하는 목적으로 사용된다.

nagaraṃ gacchati. 그/그녀는 마을로 간다.

nagaraṃ tvāṃ nayāmi. 내가 너를 마을로 이끌어 줄게.

4. 유한동사(finite verbs) 자체의 이미에 1~3인칭 sg. du. pl.의 의미가 이미 있음으로 해당 인칭 대명사는 있어도 되고 없어도 된다.

praviśāmi. = ahaṃ praviśāmi. 나는 들어간다.

ahaṃ api praviśāmi. 나도 또한 들어갈게.

saḥ/sā gacchati. 그는/그녀는 간다.

2. 소유격 (Genitive): 행위의 대상, 행위의 작자 등 폭넓은 의미로 사용된다.

1. 한정 (영어의 of)

nṛpasya krodham na avagacchāmaḥ. 우리는 왕의 분노를 이해할 수 없다.

2. ~라는 관점에서 (행위의 대상)

mitrāṇām eva priyam etat darśanam. 친구들에 있어서, 이 광경은 축복이다.

śrutam-na punaḥ paryāptam hṛdayasya.

비록 [나는] 들었지만 [나의] 가슴으로 충분하지 못했다.

3. 행위의 작자(to know, to desire, to honour)

api viditam etat devasya? 이것을 왕은 아는가?

api viditaḥ devena teṣāṃ abiprāyaḥ? 왕은 그들의 의도를 아는가?

4. 소유대명사로 사용된다.

mama gṛham. 나의 집

tava putrāḥ. 너의 아들

ime naḥ gṛhāḥ. 여기에 우리의집이 있다.

5. 문장의 논리적 주체.

putrān rakṣati. 그는 [그의] 아이들을 보호했다.

tasya putrān rakṣati. 그는 그 [다른 사람]의 아이들을 보호했다.

svān eva putrān rakṣasi. 너는 너의 아이만을 보호한다.

6. 절대소유격: 부대상황

rudataḥ putrasya prāvrājīt.

이들이 슬퍼하고 있음에도 불구하고, 그는 출가했다.

evaṃ tayoḥ parasparaṃ vadatoḥ sa rājā śayanam āsādya parasuptaḥ.

그 두 사람이 그렇게 이야기하고 있을 때, 그 왕은 침상 옆에서 잠자고 있었다.

3. 대격 (Dative): 중세인도어(MIA)에서는 소유격(Genitive)에 포함되어 버림.

1. 유한동사(finite verbs)와 함께 동사의 간접목적어.

dattam mayā brāhmaṇebhyaḥ draviṇaṃ. 나는 브라만들에게 재물을 주었다.

2. 유한동사(finite verbs)와 함께 목적 또는 결과.

Laṇḍraṃ gacchāmi nṛpasya darśjnāya.

나는 런던으로 왕을 보기 위해 간다.

aṅgānām bhaṅgāya ārūḍhaḥ bālaiḥ prākāraḥ.

어린이들은 다리를 부수기 위해 벽을 오른다.

3. 명사형 문장(nominal construction)에서 술어역할을 한다.

sarvam atimātraṃ doṇāya. 남은 모든 것들은 잘못된 것으로 된다.

4. 구격(Instrumental Case)

1. 유한동사(finite verbs)와 함께 동사의 행위의 도구를 지칭한다.

   jalena aśvān siñcati. 그/그녀는 물로 말을 적셨다.

2. 유한동사(finite verbs)와 함께 행위의 수단을 지칭한다.

   sukhaṃ yogena gacchati. 요가를 통해 기쁨이 얻어진다.

3. 수동형 문장(passive construction)에서 과거수동분사의 주어가 된다.

   jitaḥ Rākṣasaḥ Cāṇakyena. 짜나꺄가 라크샤사를 이겼다.

4. saha와 함께 together with의 의미를 지닌다.

   bālaiḥ saha āgacchati. 그는 아이들과 함께 온다.

5. 종격 (Ablitive)

1. 유한동사(finite verbs)와 함께 동사의 행위의 출발점을 지칭힌다.

   nagarāt kṣetāṇi gacchati. 도시에서 들판으로 갔다.

2. 원인이유를 나타내는 구로 사용된다.

   imasyotpādād idam utpadyate. 이것의 생성으로부터 저것이 생겨 난다.

6. 처격 (Locative)

1. 정황, 장소

   carati vane kiṃ cit. 어떤 것이 숲에서 움직인다.

   phalake bālāḥ upaviṣṭāḥ. 어린이들을 테이블에 앉힌다.

   mitrāṇām darśane na kiṃ cit vadati.

   친구들을 보고 그는 아무 말도 하지 않았다.

2. 결과

   jale bālaṃ kṣipati. 그/그녀는 어린이를 물로 던졌다.

3. ~에게, towards

   apāpaḥ ahaṃ Parvateśvare. 빠르와때슈와라에게 나는 잘못이 없 다.

4. 느낌의 대상

avagacchāmi te tasmin sauhārdam.

그에 대한 너의 애정을 나를 이해할 수 있다.

kim nu khalu bāle asmin aurase iva putre snihyati me hṛdayam?

그런데 실로 왜 나의 가슴으로 이 아이에게, 마치 나의 자식처럼, 애정을 느끼는 것일까?

5. 절대처격: 상황, 이유, 원인

tasmin dahyamāne, 그것이 타는 동안에,

tathā anuṣṭhite, 이렇게 일이 수행되면,

aparādhe kṛte 'pi, 비록 잘못이 행해졌지만,

evam ukte 'pi, 그렇게 말해졌음에도 불구하고,

2.2. 범어 동사변화

범어의 동사는 인칭(1 2 3인칭), 수(단수 양수 복수), 태(능동, 반조, 수동)에 따라서 직설, 명령, 원망의 화법으로 과거, 현재, 미래의 다양한 시제로 다양하게 변화한다. 범어의 동사변화는 희랍어에 비하면 비교적 단순하며, 시제를 사용하여 과거에 있었던 일을 아주 섬세하게 표현하는 희랍어와 달리 직설법 과거, 완료, 반과거가 형태상의 차이에도 불구하고 내용적으로 확연한 차이를 보여주지 못하고 있다.

A. 직설법

1.현재

1. 현재의 행위

ācāryaṃ śiṣyā ānayanti.

재자들은 스스을 대리고 온다.

ahaṃ sūryacandrau paśyami.

나는 해와 달을 본다.

kaṃ parvataṃ paṇḍito gacchati.

현인은 어느 산으로 가는가?

2. 일반적인 진리

dūḥkhāni api phalam ānayanti.

괴로움조차도 결과를 낳는다.

3. 역사적 사실

Nalo nāma niṣadheṣu mahīpatiḥ aśvinoḥ sadṛśo rūpe.

니사다에 아스윈 만큼이나 멋있는 날라라 불리는 왕이 있다.

2. 미래

1. 일반적 미래

na idaṃ vismariṣyāmi.

나는 이것을 결코 잊지 않을 것이다.

ramaṇīyam hi vatsa:Makarandam avalokayiṣyati Madayanikā.

만다야니까는 실로 매력적인 친애하는 마까란다를 볼 것이다.

2. 직접적인 의도

pṛcchāmi. 나는 묻는다. / prakṣyāmi. 지금 묻고 싶다.

3. 가정

jñāsyati Candanadāsasya vṛttāntam.

그는 찬다나다사에게 무슨 일이 생겼는지 알 것이다.

hantavyo 'smi na te rājan, kariṣyāmi tava priyam.

왕이시여, 저를 죽이지 마세요. 당신의 소망을 실현시켜 드리겠습니다.

3. 과거:

범어에서는 과거를 직설법과거, 완료, 반과거의 세 가지로 표현할 수 있지만, 희랍어 등에서 보이는 이들 사이의 차이는 고전범어에 와서 거의 사라져 버렸다.

3.1. 직설법 과거 (Imperfect)

Ṛṣyaśṛiga-āśrame guru:janas tadā āsīt.
노인은 그때 리샤스리가의 암자에 있었다.
āsīt rajā Nalaḥ nāma vīrasenasutaḥ balī.
비라세나왕의 아들이고 강인한 날라라는 이름의 왕이 있었다.
kaṃcid apaśyam brāhmaṇam pathi.
나는 길에서 한 명의 브라만 사제를 보았다.

3.2. 완료 (Perfect)

Bhaḥdaśvaḥ uvāca.
브리하다스와는 말했다.
tam sa bhīmaḥ prajākāmas toṣyām āsa. (paraphrastic perfect)
그 자식에 대한 욕망을 가지고 있는 브히마왕은 그를 만족하게 만들었다.
evam uktas tato haṃsam utsasarja mahīpatiḥ.
그렇게 말하자 왕은 기러기를 풀어 주었다.
sā dadarśa tān gaṅān.
그녀는 그 새들을 보았다.
tatra cāmaraśaktir nāma rājā babhūva.
거기에 아마라샤끄띠라는 왕이 있다.

3.3. 반과거 (Aorist)

tato vidarbhapataye Damayantyāḥ sakhijanaḥ nyavedayat tām avasthāṃ Damayantīṃ.
따라서 다마얀띠의 친구가 그녀의 아픔을 비다르바의 왕에게 보고했다.
te haṃsā vidarbhān agaman.
그 기러기들은 비다르바의 사람들에게 갔다.
asmin kṣetre vipulaṃ dhānyam avāpsam

그 지방에서 많은 곡물을 얻었다.

B. 명령형(Imperative): 명령과 소망.

1. 단순한 명령(2인칭)

sūta, preraya āśvan. 마부여, 말을 출발 시키시오.

masī-bhājanaṃ pattraṃ ca upanaya. 잉크병과 종이를 가져오너라.

2. 절대구와 함께 사용될 수 있다.

Vayasya, upasṛtya Lavaṅgikā-sthāne tiṣṭha.

친구여, 올라가서 라반기까의 거처에 서 있어요.

3. 단순한 지시 또는 소망

vatsa, citaṃ pṛthivīṃ pālaya. 소년이여, 오래도록 지구를 보호해 주시오.

4. 3인칭에 있어서도 동일하다.

ārye, tiṣṭhatu tāvad ājñā-niyagaḥ.

그대여(부인), 지금은 내가 시킨 일에 상관하지 맙시다.

5. 공손한 지시 (3인칭)

bho bhos tapasvinaḥ, tapo-vana-saṃnihita:sattva- rakṣaṇāya sajjībhavantu bhavantaḥ.

오, 고행자들이여, 고행의 정원에 있는 생류들을 보호할 준비를 합시다.

6. to be의 경우

sthiro bhava. 흔들리지 말라.

viditam satu deva-pādānām. 네 주인의 발끝까지 들리게 하자.

7. iti의 사용: 간접명령.

nanu idānīm eva mayā tatra Kalahaṃsakaḥ preṣitaḥ 'pracchannam upagamya Nandana-āvāsa-pravṛttim upalabhasva iti.'

그렇다면, 나는 지금 바로 깔라함사까를 그곳으로 보내겠다. '몰래 난다나의 거처로 접근해서 [무슨 일이 있는지] 알아보라고'.

8. 금지: mā + 명령형.

mā gaccha. 넌 갈 수 없다.

가장 흔한 형태의 금지(alam+Ins): alaṃ śokena. 슬퍼하지 마라.

일반적인 금지: Vṛṣala, sa-viṣam auṣadham-na pātavyam. 브리살라여, 그 약은 독이 있다. 마시지 말라.

C. 원망법(Optative)

1. 원망

api khalu svapna eṣa syāt? 실로 이것이 꿈인가?

tasya vai yadi bhāryā tvam bhavethā, saphalaṃ te bhavej janma rūpaṃ cedaṃ.

만일 당신이 그의 부인이 된다면, 당신의 삶과 그 아름다움이 결실을 맺을 것이다.

2. 불가능한 소망.

api nāma ahaṃ purūravā bhaveyam.

내가 뿌루라와가 된다면 모를까......

2.3. 고전범어로의 발전: 명사형 문장

2.3.1. 서론

인도어의 모어인 범어는 웨딕범어(Vedic Sanskrit)와 고전범어(Classical Sanskrit)로 구분된다. 전자가 웨다(Veda)로 불리는 고대인도종교문헌의 언어로서 소수의 사제 계급에 의해서만 사용되었던 언어였다면, 후자는 정치행정과 학문적 저술에서 사용된 언어로서 다양한 인도인들에 의해서 널리 사용된 언어이다. 시기적으로 보았을 대 전자는 기원전 1200-400년 정도로 볼 수 있고 후자는 기원전 400-기원후1100년 정도로 볼 수 있다. 고전범어는 고전범어문학의 완성자로 알려진 깔리다사(Kālidāsa, 기원후 5세기) 이후 약 600여 년간이다.

일반적으로 웨딕범어는 페르시아어 및 희랍어와 문법적인 측면에서 많은 부분들이 유사한 것으로 알려져 있다. 특히 유한동사를 선호하고 복합어 사용빈도가 현저히 적다는 점에서 고전범어와 확연히 구분되고 있다. 중세 인도인들은 일상생활에서 쁘라끄리트(Prakrit)로 알려는 중기 인도어를 사용하면서 종교적 학문적 저술과 토론에서는 고전범어를 사용했다. 고전범어는 점차적으로 일상생활의 언어인 쁘라끄리트어의 영향을 받게 되었다. 하지만 이러한 영향이 범어의 문법형태를 변화시키지는 못했다. 왜냐하면 범어의 음운(phonology)과 어형(morphology)은 기원전 4세기 인도의 범어문법학자인 빠니니(Pāṇini)에 의해서 고정되었기 때문이다. 따라서 고전범어는 빠니니에 의해서 고정되지 않았던 구문(syntax)을 중심으로 일상생활의 언어인 쁘라끄리트어의 영향 하에서 발전하게 된다. 고전 범어가 웨딕범어에 비해 큰 차이를 보이는 것은 유한동사를 배재한 명사형 문장을 선호하고 복잡한 복합어를 빈도 높게 사용한다는 점이다.

범어는 직설법과거(imperfect), 완료(perfect), 및 반과거(aorist) 시제를 통해 과거를 표현한다는 점에서 희랍어보다 단순하다. 비록 웨딕범어에서는 이 세 가지 과거시제가 희랍어 등에서와 같이 용법의 차이를 가졌던 것으로 보인다. 하지만 그러한 차이가 점차적으로 사라지게 되면서, 고전범어에 오면 이들은 그의 차이 없이 사용되게 된다. 즉, 이 세 가지 과거형태들이 각각의 상황과 관계없이 일반적인 과거를 표현하는 것으로 사용되었던 것이다. 고전범어는 여기에 더하여 과거를 표현할 때, 이러한 유한동사형태의 사용을 점차적으로 줄이면서, 동사가 생략된 형태의 명사형 문장을 선호하여 사용하게 된다.

2.3.2. **과거수동구문** (past passive construction)

유한동사(finite verb)가 중심이 되는 문장의 경우 동사는 인칭(1, 2, 3 인칭), 수(단수, 양수, 복수), 태(능동태, 반조태, 수동태), 시제(과거, 현재, 미래) 등에 따라서 복잡하게 변화한다. 만일 고전범어가 일상생활의 언어였다면 이러한 복잡한 변화에도 불구하고 유한동사가 각각의 상황에 따라서 널리 사용되었을 것이다. 하지만 고전범어는 일상생활의 언어가 아니었다. 또한 고전범어의 사용자들의 일상생활언어인 쁘라끄리트어(Prakrit)가 유한동사를 선호하지 않았다. 고전범어의 사용자들에게 있어서 유한동사의 이러한 복잡한 변화는 혼잡스럽게 느껴졌을 것이다.

특히 과거를 표현하는 경우, 직설법과거(imperfect), 완료(perfect), 및 반과거(aorist)라는 세 가지 형태가 있지만, 그 차이는 웨딕범어의 말기에 이미 사라지고 없었다. 따라서 이들은 계속해서 유한동사를 사용해서 과거를 표현하기 보다는 일상생활의 언어인 쁘라끄리트어의 과거를 표현하는 구문(syntax)에 따라 과거를 표현하기 시작했다.

과거를 표현하는 것으로 고전범어에가 가장 선호하는 것을 우리는 과거수동구문(past passive construction)이라 한다. 이러한 문장은 to be 동사가 생략된 형태를 지니며, 주어는 주격이 아니라 구격이 사용되고, 유한동사 대신 과거분사가 사용된다. 가장 잘 알려진 쁘라끄리트어 과거수동문장은 초기불교의 경전들이 시작될 때마다 반복되는 如是我聞이 있다. 如是我聞은 가장 오래된 쁘리끄리트어인 빨리어로 'evam me suttam.'이다. 여기에서 'evam'은 부사로서 '이와같이'란 의미를 지니고 'me'는 1인칭 단수 구격으로 주어가 되고 'suttam'은 과거수동분사로서 '들었다'는 의미로서 술어가 된다. 글자그대로 보았을 때 이 문장은 수동적인 의미를 지녀야 하지만, 쁘라끄리트어에서 이 문장은 능동적인 의미로 사용되고 있다. 따라서 우리는 이 문장을 능동적인 의미에서 '나는 이와같이 들었다'로 번역된다.

'짜나꺄가 락샤사를 이겼다'는 문장은 고전범어에서 두 가지로 표현될 수 있다.

a) Cāṇakyaḥ Rākṣasam ajaiṣīt.

b) jito Rākṣasaś Cāṇakyena.

a)는 반과거(aorist) 3인칭 단수인 'ajaiṣīt'란 유한동사를 사용한 문장이다. 하지만 고전범어는 a)와 같은 표현보다는 b)와 같은 표현을 선호한다. b)는 전형정인 과거수동구문으로서 '이기다'란 의미의 동사어근 √ji의 과거수동분사인 'jito'가 술어로 'Rākṣasa'는 주격으로 'Cāṇakya'는 구격으로 사용되었다. 직역하면 '락샤사는 짜나캬에 의한 이김을 당했다'가 되는 이 문장은 구격을 주어로 주격을 대격으로 그리고 과거수동분사를 능동의 의미를 가진 동사로 해석하여 '짜나꺄가 락샤사를 이겼다'란 의미를 지닌다.

과거수동구문이 고전범어에서 폭넓게 사용되면서 점차적으로 주어의 자리에 구격 이외에 주격이 와서 동일한 의미를 표현하게 되었다. '라마도 도시로 들어갔다'란 의미의 아래 첫 두 문장에서 주어 'Rāma'는 c)에서 구격으로 d)에서 주격으로 사용되었다. 그러나 이러한 문법적인 차이에도 불구하고 두 문장은 동일한 의미를 지닌다. e)의 경우 '도시로 들어감 짜나캬에 의해'로 직역되는 사실상의 비인칭 문장에서 그 행위의 주체가 구격으로 표시되어 사실상 f)와 같은 의미로서 '짜나캬가 도시로 갔다'란 의미가 된다.

c) Rāmeṇa api nagaram praviṣṭaṃ.
d) Rāmaḥ api nagaram praviṣṭaḥ.
e) nagaraṃ gataḥ Cāṇakyaḥ.
f) Cāṇakyaḥ nagaraṃ agacchat.

위의 예에서 과거수동분사가 동사의 역할을 하는 경우, 유한동사가 일반적으로 가지는 인칭, 시제, 화법은 사라지고 일종의 명사처럼 사용되고 있는 것을 볼 수 있다. 따라서 문장이 의미를 갖추는 것에 있어서 인칭(1, 2, 3인칭), 수(단수, 양수, 복수), 태(능동태, 반조태, 수동태), 시제(과거, 현재, 미래) 등을 결정하는 동사의 역할을 사라지게 되고, 성(남성, 중성, 여성), 수(단수, 양수, 복수), 격(8격) 등이 문장의 의미를 갖추는 것에 주요한 요건으로 작용하게 된다.

2.3.3. **명사형 문장** (nominal sentence)

고전범어는 명사형 문장을 선호한다. 위의 과거수동구문에서 보았듯이 to be 동사가 생략된 형태를 취하는 이러한 구문은 주로 주격과 주격이 나열되는 형태를 취하면서 주로 술어가 앞에 주어가 뒤에 오는 형태를 취한다.

a) śīghrau aśvau.
b) ramaṇīyaḥ bālaḥ.
c) sūryaḥ saḥ

위의 인용문 a)는 형용사 명사가 나열된 형태로 구성요소 모두가 양수 주격으로 되어있다. 따라서 구로 해석하면 '빠른 말 두 마리'가 되지만, 절이 되면 '저 두 마리 말은 빠르다'가 된다. 인용문 b)는 형용사와 명사가 나열된 형태로 구성요소 모두가 단수 주격으로 되어있다. 따라서 구로 해석하면 '아름다운 아이'가 되지만, 절이 되면 '아이가 즐거워한다'가 된다. 인용문 c)는 명사와 대명사가 나열된 형태로 구성요소 모두가 단수 주격으로 되어 있다. 따라서 구로 해석하면 '저 태양'이 되지만, 절이 되면 '저것은 태양이다'가 된다. 고전범어의 경우 물론 전자와 같이 구로 해석되는 경우들이 많이 나타나지만, 많은 경우에 있어서 후자와 같이 절의 의미로 사용되는 빈도가 점차적으로 늘어나게 된다.

따라서 이렇게 주격과 주격이 나열되는 것을 기본으로 하는 명사구문은 다양한 격의 조합으로 점차적으로 확대되게 된다. 즉 주격이 처격, 여격, 종격, 소유격 등과 함께 나열되면서 다양한 의미를 띄는 것으로 발전하게 되는 것이다.

d) udyīne Devadattaḥ
e) sarvam atimātraṃ doṣāya
f) imasya utpādād idam
g) adhanaṃ tava putrāṇāṃ.

인용문 d)는 처격과 주격이 나열된 형태로서, 처격의 의미를 살리면 '데와닷따는 숲에 있다'로 해석된다. e)는 주격과 여격이 나열된 형태로서, 여격의 의미를 살리면 '모든 남은 것은 잘못이 된다'로 해석된다. f)는 이것의 생성이란 종격이 주격과 함께 나열된 형태로서, 원인을 나타내는 종격의 의미를 살리면, '이것의 생성으로부터 저것이 있다'로 해석된다. g)는 소유격이 주격과 함께 to be동사를 생략하고 나열된 형태이다. 이때 소유격이 to be동사와 함께 사용되면 to have의 의미를 지니다. 따라서 2인칭 소유격 tava를 주어로 해석하면, '너는 재산이 없는 아들들을 가지고 있다'로 해석할 수 있다. 물론 이 문장은 소유격 tava가 뒤의 아들들에 걸리는 것으로 보아 '너의 아들들은 재산이 없다'로도 해석할 수 있다.

고전범어는 이와 같이 명사구문을 선호하게 되면서 점차적으로 유한동사는 설 자리를 잃어가게 된다. 물론 유한동사가 전혀 사용되지 않는 것은 아니지만, 동일한 의미를 표현하는 것에 있어서 고전범어는 명사구문의 빈도가 유한동사의 빈도보다 훨씬 더 많이 나타난다. 특히 이러한 현상은 종교 및 철학적 학술문헌들에서 현저하며, 여러 가지로 해석될 수 있는 복합어들이 또한 빈도 높게 사용되어 이러한 문헌들의 이해를 어렵게 만들고 있다.

따라서 이 경우에 주격, 대격, 구격 등과 같은 격을 중심으로 문장 요소들 사이의 상호관계를 통해서 문장의 형태와 의미가 결정되는 구조를 가진다. 즉, 이러한 단어와 단어 사이의 관계가 동사의 역할을 대신하고 있는 것이 된다.

2.3.4. **결론**

고전범어는 유한동사를 선호하는 웨딕범어와 달리 명사형 문장을 선호하게 되면서 새로운 언어로 탈바꿈하게 된다. 고전범어는 이를 통해서 동사중심의 언어에서 명사중심의 언어로 변화하게 되고, 기존의 격들에 새로운 의미가 추가되면서 고전범어의 문장들은 문맥에 따라 복잡하게 해석되게 된다. 그리고 이러한 변화 속에서 몇몇 중요한 사상적인 변화를 이끌어내게 된다.

중세 인도의 힌두철학 학파들 중에서 미망사(Mīmāṃsā)학파와 니야야(Nyāya)학파는 완결된 의미를 나타내는 최소한의 단위로서 문장의 중심이 명사인가 동사인가를 두고 팽팽하게 대립했다. 이때 문장의 중심이 동사라고 한다면 개별적인 단어들의 조합인 문장은 동사의 인칭(1, 2, 3인칭), 수(단수, 양수, 복수), 태(능동태, 반조태, 수동태), 시제(과거, 현재, 미래) 등의 변화를 통해서 의미를 표현하게 된다. 즉, 동사의 어근을 변화시켜 어간을 만들고 그 뒤에 동사형 어미를 붙여 유한동사를 만들고 이 동사를 중심으로 문장의 의미를 표현하는 것이다. 한편 문장의 중심이 명사라고 한다면 개별적인 단어들의 조합인 문장은 각각 요소들의 성(남성, 중성, 여성), 수(단수, 양수, 복수), 격(8격) 등을 통해서 의미를 표현하는 것이 된다. 즉, 주격, 대격, 구격, 여격, 탈격, 종격, 소유격, 처격, 등으로 어미를 변화시켜서 문장의 의미를 표현하는 것이다. 미망사학파는 전자의 입장에서 유한동사들로 가득한 웨딕범어(Vedic Sanskrit)로 쓰인 웨다(Veda)라는 고대문헌의 해석학을 발전시켰다면, 니야야학파는 후자의 입장에서 고전범어의 다양한 격을 활용하여 자신들의 논리학을 발전시켰다고 볼 수 있다. 즉, 자신들이 주로 사용한 범어의 종류에 따라서 문장을 바라보는 시각이 변화하고 있음을 볼 수 있다.

한편, 중세 인도의 문법학자들은 영혼(ātman)의 존재를 증명할 때 유한동사가 문장의 형태와 의미를 결정하는 구조를 이용한다. 모든 유한동사는 활용되었을 때 그 자체로서 인칭(1, 2, 3인칭), 수(단수, 양수, 복수), 태(능동태, 반조태, 수동태), 시제(과거, 현재, 미래) 등을 이미 가지고 있다. 예를 들어서 '가다'라는 의미의 gacchati의 경우 3인칭 단수 능동태 현재형으로 이미 '그 또는 그녀'라는 주어를 가지고 있다. 동일한 방식으로 gacchāmi의 경우 1인칭 단수 능동태 현재형으로 '나'라는 주어를 가지고, gacchanti의 경우 3인칭 복수 능동태 현재형으로 '그들 또는 그녀들'이란 주어를 가지고 있다. 따라서 가는 행위를 표현하는 유한동사의 활용형이 그 자체로서 이미 그 행위의 주체 또는 행위자를 내포하고 있는 것이 된다.

이들은 '행위자 없는 행위는 없다'(na cāpy akartṛkā 'sti kriyā)라는 명재를 유한동사의 문법적 특성을 통해 확보하고 이를 통해서 영혼의 존재를 증명한다. 즉, 모든 사람들에게 생각이라는 행위(kriyā)가 있음으로, 그 행위의 주체(kartṛ)가 있어야만 한다는 것이다. 그리고 이러한 방식으로 우리들의 생각하고 먹고 자고 걷고 하는 행위들이 그러한 행위의 주체인 영혼(ātman)에 귀속된다는 귀속관계를 통해서 설명한다. 즉 행위(kriyā)와 행위의 주체(kartṛ)사이의 귀속관계가 문장에서 범어 유한동사가 가지는 성격으로부터 도출되고 있는 것이다.

유한동사를 중심으로 개별적인 행위를 그 행위의 주체에 귀속시키는 이러한 사유는 유한동사를 중심으로 문장을 구성하는 웨딕범어에서는 쉽게 받아들여지지만, 유한동사의 빈도가 줄어들고 자신들의 생각을 동사를 생략한 명사형 문장을 이용해 문장의 개별적인 요소들의 상호관계를 통해 표현하는 고전범어와 빠라끄리트어에서는 쉽게 받아들여지지 않았던 듯 하다. 이러한 행위의 주체로서 영혼(ātman)을 부정하는 무아설을 주장하는 초기불교의 문헌에서 유한동사를 중심으로 만들어진 질문이 명사구문으로 수정되는 모습을 볼 수 있다. 누가 접촉합니까? (Ko phusati), 누가 느낍니까? (Ko vediyati) 등 유한동사가 사용된 문장은 이미 그 동사의 주체가 상정된 것으로서 그릇된 질문으로 간주되며, 접촉은 무엇을 조건으로 합니까? (Kimpaccayā phasso) 느낌은 무엇을 조건으로 합니까? (Kimpaccayā Vedana) 등 종격과 주격이 나열된 명사구문으로 수정되어 올바른 질문으로 제시된다.

이렇게 수정된 질문은 사실상 비인칭 구문으로서 종격과 주격을 통해 구성요소들의 상호관계 즉 인과관계를 표현해 주고 있다. 이러한 문장의 변화를 통해서 인칭이란 문법적 요소를 중심으로 하는 행위의 주체(kartṛ)개념이 사라지게 되는 것이다.

3. 한국어

한국어는 일반적으로 희랍어와 범어에 비해 문장의 구조가 확정적이지 않은 것으로 알려져 있다. 한국어에서는 성 수 인칭이 문장의 구성요소로서 중요하게 취급되고 있지 않기 때문에, 이들을 매개로 주어와 술어의 유기적인 결합관계를 형성하는 희랍어와 범어에 비해서 문장의 형식과 구조가 느슨하게 느껴지기 때문이다.

사실상 한국어의 격변화와 동사변화는 희랍어와 범어만큼이나 복잡하게 발달되어 있다. 명사 형용사의 경우 성 수 격의 역할을 격조사가 하고 있다. 비록 한국어에서 성이 없고 수가 접사로 처리된다는 점에서 거의 문법적인 역할을 못하고 있지만, 격조사를 통한 격의 표현은 한국어에서 문법적 규칙으로 다루어지고 있으며 동사와 명사의 관계를 규정하는 거의 유일한 문법적 장치로서 받아들여지고 있다. 한국어의 격조사는 주격 목적격 보격 서술격 호격 관형격 부사격 조사로 크게 구분되며, 부사격 조사는 다시 장소 시간 공동 비교 자격 도구 인용을 나타내는 것으로 세분된다. 그리고 이들은 다시 몇몇 보조사를 통해서 대조, 주체, 배타, 포함, 선택, 강조를 표현한다.

한국어의 동사는 시제(과거, 현재, 미래), 높임(아주높임, 예사높임, 낮춤, 아주낮춤, 두루높임, 두루낮춤), 회상, 양태(추측, 확신, 강조), 서법(서술, 의문, 명령, 청유, 감탄)으로 복잡하게 변화한다. 비록 동사에 다라서 문형이 결정되고 주어 목적어 등을 표시해주는 조사가 명사 형용사에 붙는다고 말할 수는 있지만, 희랍어와 범어의 경우와 같이 양자가 유기적으로 엄밀하게 결합되어 있지는 않다. 기본적으로 시제 높임 서법이 개별적으로 결합되고 양태를 나타내는 보조동사가 붙어서 독특하고 다양한 의미를 표현한다.

여기에서는 한국어의 격변화와 동사변화를 살펴본 후 한국어의 문장 개념에 대한 다양한 이론들을 살펴보도록 하겠다.

3.1. 한국어 격변화

한국어는 주격, 목적격, 보격, 서술격, 호격, 관형격, 부사격 조사를 이용하여 격변화 한다. 접사를 붙여서 단수와 복수를 구분해줄 수 있지만, 복수가 희랍어와 범어에서처럼 광범위하게 사용되지 않으며, 추상적인 의미를 표현할 경우 단수와 복수의 구분이 거의 무의미하다.

1. 주격

철수가 집에 간다.
그 사람이 영화를 본다.
할아버지께서 진지를 잡수신다.
우리 학교에서 이번에 전시회를 개최한다.

2. 목적격

나는 과일을 먹는다.
나는 사과를 좋아한다.

3. 보격

물이 얼음이 되었다.
철수는 자라서 훌륭한 의사가 되었다.
철수는 그 살인 사건의 범인이 아니다.
그 사람은 내 친구가 아니다.

4. 서술격

철수는 우리 집의 기둥이다.

내 취미는 그림 그리기이다.

그것이 사실이라면 엄중히 책임을 물어야 한다.

우리나라는 국토의 삼면이 바다이기 때문에 수산물이 많이 납니다.

5. 호격

철수야, 이제 그만 집에 가자.

영철아, 내일 점심에 학교 앞에서 만나자.

신이시여, 부디 우리에게 은혜를 내려 주소서.

6. 관형격

어제 고향 친구의 집에 다녀왔다.

그가 내 손을 잡았다.

남의 일에 신경쓰지 말고 네 일이나 잘 해라.

7. 부사격

7.1. 장소

나는 서울에 살아요.

열쇠를 어디에 두었니?

거실에서 뛰지 마라.

사람들이 운동장에서 공을 찬다.

어디에서 오셨습니까?

이쪽으로 오십시오.

나는 민수에게/민수한테 선물을 주었다.

나는 할머니께 선물을 드렸다.

나는 민수에게서/민수한테서 선물을 받았다.

나는 그로부터 많은 영향을 받았다.

7.2. 시간

오늘 12시에 만나기로 했다.

그는 조금 전에 떠났다.

강의는 9시부터 시작합니다.

7.3. 공동

철수는 영희와 결혼했다.
우리는 적과 싸웠다.
나는 영희랑 여행을 갔다.
철수는 민수하고 공부를 했다.

7.4. 비교

철수는 영희보다 키가 크다.
철수는 영희만큼 키가 크다.
철수는 영희와 학교가 다르다.

7.5. 자격

그는 대통령으로서 책무를 다했다.
철수는 영희를 부인으로 맞았다.
나는 그를 친구로 생각하지 않는다.

7.6. 도구 / 재료

톱으로 나무를 잘랐다.
매일 버스로 출근한다.
포도로 술을 만들었다.
나무로 집을 지었다.

7.7. 인용

"저리 가라"라고 말했다.
저리 가라고 말했다.

8. 보조사

8.1. 대조

나는 간다.
이 꽃은 그늘에서는 잘 자란다.
미국에 가 보기는 했다.

8.2. 주체

그 사람은 아들이 의사다.
고래는 물고기가 아닙니다.
저는 한국에서 온 김철수입니다.

8.3. 배타 및 한정
나는 철수만 좋아한다.
나는 철수밖에 좋아하는 사람이 없다.
내가 좋아하는 사람은 철수뿐이다.

8.4. 포함 및 더함
민수도 나를 떠났다.
민수조차 나를 떠났다.
민수마저 나를 떠났다.
민수까지 나를 떠났다.

8.5. 선택
맥주든지 소주든지 아무거나 괜찮아요.
소주나 마시자.
선생님께 조금이나마 보답하고 싶습니다.
이거라도 먹을래?

8.6. 강조
나야 이미 알고 있다.
물론 이름이야 알고 있지요.
당신이라야 회사를 살릴 수 있을 거예요.

3.2. 한국어 동사변화

한국어의 동사는 시제(과거, 현재, 미래), 높임(아주높임, 예사높임, 낮춤, 아주낮춤, 두루높임, 두루낮춤), 회상, 양태(추측, 확신, 강조), 서법(서술, 의문, 명령, 청유, 감탄)에 따라서 다양하게 변화한다.

		시제			상대 높임						회상	양태			서법				
		과거	현재	미래	아주높임	예사높임	낮춤	아주낮춤	두루높임	두루낮춤		추측	원칙	확인	서술	의문	명령	청유	감탄
시제	과거	①			③	③	③	③	③	③	⑦	⑧	⑧	⑧	③	③			③
	현재		①		④	④	④	④	④	④	⑦	⑧	⑧	⑧	④	④	④	④	④
	미래			①	⑤	⑤	⑤	⑤	⑤	⑤	⑦				⑤	⑤			⑤
상대 높임	아주높임	③	③	③							⑥				②	②	②	②	
	예사높임	③	③	③											②	②	②		②
	낮춤	③	③	③							⑥				②	②	②	②	②
	아주낮춤	③	③	③							⑥				②	②	②	②	②
	두루높임	③	③	③							⑥				②	②	②	②	②
	두루낮춤	③	③	③							⑥				②	②	②	②	②
회상		⑦	⑦	⑦	⑥		⑥	⑥	⑥	⑥					⑥	⑥			⑥
양태	추측	⑧	⑧																
	원칙	⑧	⑧																
	확인	⑧	⑧																
서법	서술	③	④	⑤	②	②	②	②	②	②	⑥								
	의문	③	④	⑤	②	②	②	②	②	②	⑥								
	명령		④		②	②	②	②	②	②									
	청유		④		②		②	②	②	②									
	감탄	③	④	⑤		②	②	②	②	②	⑥								

① 시제

과거	현재	미래
철수는 학교에 갔다/갔습니다. 아침에 밥을 먹었어요/먹었습니다. 그는 전에 참 똑똑했다. 어제 학교에 온 사람은 철수였다. 철수는 학교에 갔었다/갔었습니다. 아침에 밥을 먹었었어요/먹었었습니다. 그는 전에 참 똑똑했었다. 어제 학교에 온 사람은 철수였었다.	비가 온다/비가 옵니다/비가 와요. 밥을 먹는다./밥을 먹습니다/밥을 먹어요. 아이가 참 예쁘다/예쁩니다/예뻐요. 나는 학생이다/학생입니다/학생이에요.	내일 철수가 집에 가겠다/가겠습니다. 다음 주에 여행을 갈 것이다. 잠시 후에 1시가 되겠습니다 잠시 후에 1시가 될 거예요. 내일 집에 갈게.

② 서법에 따른 상대높임법 어미 체계

	격식체				비격식체	
	아주높임 (합쇼체/하십시오체)	예사높임 (하오체)	낮춤 (하게체)	아주낮춤 (해라체)	두루높임 (해요체)	두루낮춤 (해체)
평서형	-습/ㅂ니다	-(으)오	-네	-(는/ㄴ)다	-어요	-어
의문형	-습/ㅂ니까	-(으)오	-(는/ㄴ)가	-(느)냐	-어요	-어
명령형	-(으)시오/ -(으)소서	-(으)오/-구려	-게	-어라	-어요	-어
청유형	-(으)ㅂ시다	*	-세	-자	-어요	-어
감탄형	*	-(는)구려	-(는)구먼	-(는)구나	-어요/ -(는)군요	-어 / -군

③ "과거 시제 + 상대 높임 + 서법" 의 관계

	격식체				비격식체	
	아주높임 (합쇼체/하십시오체)	예사높임 (하오체)	낮춤 (하게체)	아주낮춤 (해라체)	두루높임 (해요체)	두루낮춤 (해체)
평서형	철수가 어제 집에 갔습니다.	철수가 어제 집에 갔소.	철수가 어제 집에 갔네.	철수가 어제 집에 갔다.	철수가 어제 집에 갔어요.	철수가 어제 집에 갔어.
의문형	철수가 어제 집에 갔습니까?	철수가 어제 집에 갔소?	철수가 어제 집에 갔는가?	철수가 어제 집에 갔느냐?	철수가 어제 집에 갔어요?	철수가 어제 집에 갔어?
명령형	*집에 갔으십시오/*갔소서.	*집에 갔소/*집에 갔구려	*집에 갔게	*집에 갔어라.	*집에 갔어요.	*집에 갔어.
청유형	*같이 집에 갔읍시다.		*같이 집에 갔세	*같이 집에 갔자.	*같이 집에 갔어요.	*같이 집에 갔어.
감탄형		철수가 집에 갔구려.	철수가 집에 갔구먼.	철수가 집에 갔구나.	철수가 집에 갔군요.	철수가 집에 갔군.

④ "현재 시제 + 상대 높임 + 서법" 의 관계

	격식체				비격식체	
	아주높임 (합쇼체/하십시오체)	예사높임 (하오체)	낮춤 (하게체)	아주낮춤 (해라체)	두루높임 (해요체)	두루낮춤 (해체)
평서형	철수가 지금 집에 갑니다.	철수가 지금 집에 가오.	철수가 지금 집에 가네.	철수가 지금 집에 간다.	철수가 지금 집에 가요.	철수가 지금 집에 가.
의문형	철수가 지금 집에 갑니까?	철수가 지금 집에 가오?	철수가 지금 집에 가는가?	철수가 지금 가느냐?	철수가 지금 집에 가요?	철수가 지금 집에 가?
명령형	지금 집에 가십시오.	지금 집에 가오/가구려	지금 집에 가게	지금 집에 가거라./가라.	지금 집에 가요.	지금 집에 가.
청유형	지금 집에 갑시다.		지금 집에 가세.	지금 집에 가자.	지금 집에 가요.	지금 집에 가.
감탄형		지금 집에 가는구려.	지금 집에 가는구먼.	지금 집에 가는구나.	지금 집에 가는군요.	지금 집에 가는군.

⑤ "미래 시제 + 상대 높임 + 서법" 의 관계

	격식체				비격식체	
	아주높임 (합쇼체/하십시오체)	예사높임 (하오체)	낮춤 (하게체)	아주낮춤 (해라체)	두루높임 (해요체)	두루낮춤 (해체)
평서형	내일 집에 가겠습니다.	내일 집에 가겠소.	내일 집에 가겠네.	내일 집에 가겠다.	내일 집에 가겠어요.	내일 집에 가겠어.
의문형	내일 집에 가겠습니까?	내일 집에 가겠소?	내일 집에 가겠는가?	내일 집에 가겠느냐?	내일 집에 가겠어요?	내일 집에 가겠어?
명령형	*내일 집에 가겠읍시오.	*내일 집에 가겠소/가겠구려.	*내일 집에 가겠게.	*내일 집에 가겠어라.	*내일 집에 가겠어요.	*내일 집에 가겠어.
청유형	*내일 같이 집에 가겠읍시다.		*내일 같이 집에 가겠세.	*내일 같이 집에 가겠자.	*내일 같이 집에 가겠어요.	*내일 같이 집에 가겠어.
감탄형		내일 집에 가겠구려.	내일 집에 가겠구먼.	내일 집에 가겠구나.	내일 집에 가겠군요.	내일 집에 가겠군.

⑥ "회상법 + 상대 높임 + 서법" 의 관계

	격식체				비격식체	
	아주높임 (합쇼체/하십시오체)	예사높임 (하오체)	낮춤 (하게체)	아주낮춤 (해라체)	두루높임 (해요체)	두루낮춤 (해체)
평서형	밥을 먹더이다.	*밥을 먹더오.	*밥을 먹더네.	*밥을 먹더다	*밥을 먹더요.	*밥을 먹더.
의문형	밥을 먹더이까?	*밥을 먹더오?	밥을 먹던가?	밥을 먹더냐?	*밥을 먹더요?	*밥을 먹더?
명령형	*밥을 먹더소서.	*밥을 먹더오.	*밥을 먹더게	*밥을 먹더라.	*밥을 먹더요.	*밥을 먹더.
청유형	*같이 밥을 먹덥시다.	*	*같이 밥을 먹더세.	*같이 밥을 먹더자.	*같이 밥을 먹더요.	*같이 밥을 먹더.
감탄형	*	*같이 밥을 먹더구려	밥을 먹더구먼.	밥을 먹더구나.	밥을 먹더군요.	밥을 먹더군.

⑦ 시제 + 회상 / ⑧시제 + 양태

	회상	양태		
		추측	원칙	확인
과거	영희가 새 옷을 입었더라. 철수가 학교에 왔었더라.	어제 한국에 도착했겠다. 어제 한국에 도착했을 것이다. 어제 한국에 도착했으리라.	밥을 먹었느니라.	밥을 먹었겄다. 이제 집에 가자. 밥도 먹었겠다. 이제 집에 가자.
현재	여름에 비가 많이 오더라. 대구는 여름에 참 덥더라.	지금 한국에 도착하겠다. 지금 한국에 도착할 것이다. 지금 한국에 도착하리라.	밥을 먹느니라	돈도 있겄다, 무슨 걱정입니까? 밥을 먹겄다. 밥도 먹겠다.
미래	그 일은 내일 끝나겠더라. 내일 철수가 학교에 오겠더라.			

■ 양태를 나타내는 보조 동사 구성

□ 추측 : -(으)ㄹ 듯하다, -(으)ㄹ 듯싶다, -기가 쉽다, -(으)ㄹ지도 모른다, -나 싶다, -나 보다 등

□ 바람 : -(으)면 좋겠다, -아/어야 하다, -고 싶다, -기 바라다 등

□ 가능 : -(으)ㄹ 수 있다, -(으)ㄹ지도 모르다, -(으)ㄹ 리가 없다 등
□ 당연 : -(으)ㄴ/는 법이다, -게/-기 마련이다 등
□ 허락 : -아/어도 좋다 등
□ 금지 : -(으)면 안 되다 등
□ 당위 : -아/어야 하다, -아/어야 되다 등
□ 의도 : -(으)려고 하다, -(으)ㄹ까 싶다 등
□ 시도 : -아/어 보다 등
□ 완료 : -아/어 버리다, -고 말다 등
□ 봉사 : -아/어 주다, -아/어 드리다 등
□ 능력 : -(으)ㄹ 수 있다/없다, -(으)ㄹ 줄 알다/모르다 등

3.3. 한국어 문장에 대한 관점과 해석

3.3.1. 서론

문장이란 무엇인가?[1)] 문장이란 국어 문법에서 어떻게 규정되고 논의되어 왔는가? 그리고 이러한 논의는 충분한 것인가? 다시 논의할 만한 점이 있다면 어떤 점인가를 논의의 실마리로 문장에 대한 논의를 전개하고자 한다.

문장이 무엇이며 어떻게 문장을 규정하여야 할 것인가의 문제는 간단하지 않다. 그럼에도 문장을 언어 연구의 중심 대상으로 하는 것은 문장이 우리 생각의 덩어리를 적절한 크기로 나누어주는 언어의 단위이고, 또 언어를 연구하기에도 적절한 관찰 단위이기 때문이다.

문장은 우리가 어떤 표현을 할 때 끊어서 말하는 가장 적당한 단위로, 단어들이 모여 한 통일된 생각을 나타내는 말의 단위이다. 구조적으로 보아 서술어를 중심으로 관련된 문장 성분들이 이루는 주술 구조를 중심

1) 문장이란 한자어 文과 章이다, 여기서 문은 글월 문이오, 장은 글 장이다. 문장을 나타내는 우리 고유어는 월이다. 월은 글월에서 온 것으로 글발>글왈>글월의 과정을 거쳤다. 문헌에서 글발은 한자로 詞, 글왈은 文, 글월은 編으로 맞대응 되어 있는 것으로 보아 모두 문어적 문장을 주로 의미하였다.

으로 한 통일성이 중시되기도 하고, 의미를 중심으로 한 풀이성이 중시되기도 하였다.

국어 문장의 기본형은 "무엇이 어떠하다", "무엇이 무엇이다", "무엇이 어찌한다"이다. 이 기본형은 서술어에 따라 목적어와 보어를 비롯한 다른 문장 성분들로 확대된다. 문장이 반드시 주술 구조를 갖추어야 한다는 구조 인식은 주어가 흔히 나타나지 않는 국어의 특성을 고려할 때 적절치 못한 문법적 해석이라 비판되기도 하지만, 속구조 인식의 관점에서 보면, 주술적 통일 구조를 갖춘 문장이 전형적 문장이라는 점도 타당성이 있다.

이 글에서는 국어 문법에서 문장이 여러 유형으로 정의되고 규정되어 온 된 다양한 견해를 전통 문법과 북한 문법, 그리고 생성 문법적 측면에서 고찰하고, 문장에 대한 논의가 담화 관점을 포함하는 문장 논의로 확대됨이 적절함을 논의한다.

3.3.2. 국어 문법에서 문장의 해석

문장이 언어를 관찰하는 적절한 단위인 사실은 국어 문법에서 논의된 내용들을 근거로 알아볼 수 있다. 문법사적 측면에서 문장에 대해 어떻게 논의하였는가는 문장에 대한 바른 해석의 중요한 단서가 된다.

문장에 대한 국어 문법사에서의 규정은 몇 가지 유형으로 정리해 볼 수 있는데, 통일된 생각을 나타내는 단위로의 인식을 강조한 해석, 단어들이 모여서 이루는 말의 단위로서의 인식, 주술 구조를 갖춘 단어의 집합으로서의 구조적 인식, 주술 구조를 갖추지 않아도 문장이 될 수 있다는 인식 등으로 나누어 볼 수 있다. 이러한 해석들은 한 문법서에 한 해석만이 있는 것이 아니라 몇 가지가 동시에 논의된다.

대부분의 초기 국어 문법에는 문장이 단어가 모여 완전한 뜻을 이룬 단위라는 점, 즉 "통일된 생각을 나타내는 단위", "단어들이 모여서 이루는 말의 단위"라는 점에 초점이 맞추어 있다.

최광옥(1908: 60)의 '대한 문전'에서는 문장에 대해, "文章은 人의 思想을 形象으로 發現ᄒᆞᄂᆞᆫ 者. 言語가 相集ᄒᆞ야 사상을 完決ᄒᆞᆫ 時ᄂᆞᆫ 其長短을 不拘ᄒᆞ고 皆曰 一片의 文章"으로 설명하였고, 유길준(1909: 90) '대한 문

전'에서도 "文章은 그 長短에 求지 아니ᄒᆞ고 一 個 思想을 完決ᄒᆞᄂᆞᆫ 者"라 하였다. 김희상(1911) '울이글틀'에서는 문장을 구어라 하였는데, "구어이라 하는 것은 사 곧 단어가 모이어 한 완전한 뜻을 일우는 것이다" 하고(1), "구어이라 하는 것은 사와 토들이 모이어 한 낫 완전한 의사를 벼푸는 것"이라 하였다(178).

김두봉(1916: 167) '조선말본'에서는 "여러가지 씨 곳 낱말을 모아 한 생각을 다 낱아내는 것을 말의 월이라 "하였다. 안확(1923: 103)에서는 단어의 질서적 집합이 문 또는 문장으로 "이 질서적 집합이란 오직 문법에 併遵한 집합의 意만 안이오 一개의 사상을 완전히 표출한 기 다 단어의 집합을 지한 것"이라 하였다. 이규영(1920)에서는 "여러가지 씨 곳 낮말을 집합하여 한 생각을 완전하게 표시하는 것을 말의 월"이라 하였다. 이규방(1922)에서는 문에 대한 규정 없이, 문을 성립하는 성분에 대해 논의하였다. 이필수(1922: 95)에서는 "문장이라 하난 것은 수다한 단어를 집합하야 의사를 발표하난 자라 고로 其 조직된 법을 오종으로 분하니 詞 句 節 章 編"이라 하였다. "章이라 하난 것은 수개의 절을 집합하여 일종의 문을 작성할 시에 구별되난 자"라 하였다. 이상춘(1925: 121)은 "文은 단어나 구나 절이 짜이어 한 완전한 뜻을 낱아내는 것"이라 하고, 문을 주부, 설명부, 독립부로 나누었다. 이완응(1929: 15)에서는 "단어가 집합하야 완전한 사상을 표하는 것"이라 하였다.

최현배(1934: 9)에서는 "글자를 가지고 한 뭉뚱그려진 생각을 나타낸 것을 월"이라 하고, 최현배(1937)에서는 "월이란 것은 한 통일된 말로 들어낸 것이니, 뜻으로나 꼴(形式)로나 온전히 다른 것과 따로선(獨立한) 것"이라 하였다. 통일은 문장을 의미적인 면에서 규정한 것이고, 따로섬은 의미와 더불어 형태를 고려한 것이다. 하나됨과 따로섬은 모두 추상적이어서 명시적 규정으로 부족하지만 문장을 다른 언어 표현과 구별시키는 데 유용하다. 박승빈(1934: 378)에서는 문장을 "단어가 집합하야서 완결된 의사를 표시하는 것"이라 하고, 박상준(1932: 185)에서는 "구어라 하는 것은 단어가 연합하야, 한낱 완전한 의사를 표현하는 말이라" 하였다.

장지영(1937: 91)에서는 "여러 가지 씨 곳 낮말을 몯우어 한 생각을 완전하게 낱아 내는 것을 말의 월"이라 하고, 신명균(1933)은 "여러가지 품사 즉 단어를 집합하야 한 생각을 완전하게 표시하는 것을 문"이라 하였다. 이영철(1948: 138)에서는 "여러 가지 낱말을 모아 한 생각을 완전하게 나타내는 것을" 문장이라 하고, 이인모(1949: 9)에서는 "말로써 통일된 뜻을 나타낸 것"을 월이라 하였다.

문장의 일부 성분이 생략되어도 문장을 이룸은 문장의 속구조를 인정한 것이다. 이러한 속구조의 인식은 대부분 절이나 마디를 중심으로 논의하였다. 국어 문법에서 속구조의 인정은 단계가 있다. 단순문에서 주어 성분과 같은 일부 성분이 생략된 것을 속구조로 인정하는 단계, 접속문에서 다른 주어를 가진 문장의 일부 성분이 생략된 것을 속구조로 인정하는 단계, 접속문에서 동일한 성분의 생략을 속구조로 인정하는 단계, 내포문에서 서술어를 제외한 모든 성분의 생략을 속구조로 인정하는 단계이다.

주시경(1910)을 비롯한, 김두봉(1916), 정열모(1946) 등에서는 단문의 성분 생략을 속뜻으로 있는 성분임을 제시하는 정도의 속구조를 인정하였지만, 김규식(1909), 박상준(1936), 심의린(1936), (1949), 이영철(1948) 등에서는 관형절 내포문의 속구조를 부분적으로 인정하였다.

김규식(1909: 88)에서는 문장을 구어(句語)'라 하였다. " 句語라 홈은 詞字를 聚合ᄒᆞ야 一 完全ᄒᆞᆫ 思想을 發現ᄒᆞᄂᆞᆫ 거슬 云홈이니 其 長短을 不拘ᄒᆞ고 단 二개 詞字라도 一 完全의 思想을 發表ᄒᆞ면 卽 句語요 其十個字를 合ᄒᆞ여 서로 其 言者의 如何 思想을 完全히 發表치 못ᄒᆞᄂᆞᆫ 시 一句語라 稱ᄒᆞᆯ 수 업ᄂᆞ니라"하였다. 경우에 따라서는 한 사자로도 구어를 성립할 수 있는데, 이 경우는 그 제목되는 사자가 은각(隱覺) 되어 있는 것이라 하였다. 즉 '가리라'는 구어의 자격을 이루었으니, 제목어 '내'가 은각되어 있고 '내가 가리다'를 나타내는 것이라 하였다.

문장 성분의 생략에 대한 논의는 김윤경(1948: 165)에서도 논의되었다. "월(Sentence, 文, 文章은 여러 가지 씨, 곧 낱말을 모아서 한 생각을 다 나타낸 것을 이름이다." 월의 줄임에 대하여는 "월을 짬에 당하여 듣는이 (또는 읽는이)가 알아들을 수 있는 한도에서 월의 어느 감을 줄이기도 한다" 하였다.

문장이 주술 구조를 갖추어야 한다는 해석은 문장이 통일된 뜻을 나타내기 위한 단어들의 모임임에 더하여 문장의 구조적인 측면을 논의한 것이다.

주시경 '국어문법'(1910)에서는 "드는 한 짠말에 남이가 잇어 다 맞은 말을 다 이름이라" 하여 문장을 규정하였다. "'드'는 아모리 적어도 임, 남 두 이가 잇음을 이름이니라"하고, "한 낫의 드가 아모리 적어도 줄기 결과 만이결로 꿈이어짐을 알것이요"라고 문장을 규정하였다. "이마가 붉은 두름이가 소리가 길게 울더라"에서 '이마가 붉은'은 '금이드' 또는 '언드'라 하고, '소리가 길게'는 '금이드' 또는 '억드'라 하여 드가 절도 나타냄을 알 수 있다. 심의린(1936: 134)에서는 "말의 주체되는 부분이 잇고, 그 주체를 서술하는 부분이 잇서서, 일개의 완전한 사상을 나타내는 것"을 문이라 하였다.

정인승(1949: 26)에서는 "우리가 생각한 것을 말로 나타낼 때는, '무엇이 무엇이다, 무엇이 무엇한다, 무엇이 어떠하다'와 같이, 반드시 적어도 주 조각(성분)이 갖추어져야 완전한 말의 형식이 된다" 하였다. 월은 "반드시 '무엇이'라는 주장되는 말과, 그것에 대하여 풀이(설명)하는 말이 어울리어야 된다" 하여 반드시 주술 구조를 갖춘 것이어야 함을 명시하였다. "월을 이루는 전체의 말끝이 완전히 떨어져야, 곧 풀이말의 마침꼴로 끝이 나야, 한 월이 완성됨"에 비해 마디는 완성되지 못한 것이다. "마디는 본디 한 월이므로, 아무리 짧더라도 임자말과 풀이말이 갖추이어 있는 것인데, 만일 그렇지 못하면 아무리 많은 낱말이 잇달아 있더라도 마디가 아니니, 그런 것은 '이은말'"(89)이라 하였다.

문장의 통일성과 단어들의 집합 그리고, 주술 구조와는 차별화 된 의식을 보인 것은 정렬모(1946) '신편고등국어문법'이다. 정렬모(1946: 13)에서는 "월은 단정을 나타내는 한 줄기 말이다"라 하고, "단정을 나타낸다는 것은 어느 현상에 대한 관념적 알음"으로 "단정은 말씀의 단위이다. 말은 단정을 나타내어야 말씀이다. 아직 월을 이루지 못한 말은 말씀을 이루지 아니한다. 말씀은 월, 또는 월의 묶음으로 된다." 하였다. "월은 반듯이 임자말과 풀이말이 있어야 한다는 것은 잘못"이라고 지적하였다. "그렇다", "그렇고 말고", "그렇지 않다", "에 뜨거"를 비롯하여, "대단히 추워졌습니다", "갑자기 추운걸", "너무 가므는데요", "친구하고 갑니다", "멀쩡한 거짓말이다", "말 마라, 듣기 싫다", "이번에 서울서 국민대회를 연다" 등이 모두 월임을 지적한다. "이들은 모두 임자말이 없는데 현상에 주체가 없는 것은 아니고, 주체 관념은 현상의 개념 속에 숨어 있어, 개념으로서 떠러지지 아니하므로 임자말을 낳지 아니한다"고 지적하였다.

월은 홑월과 덧월로도 구분하였는데, 홑월은 "본래 한월로서, 갈리어 두월 이상이 될 수 없는 것"으로, "종래 여러 문법책에서 홑월, 줄월, 겹월이란 것은 모두 홑월"(14)이라 하였다. 따라서 "달 밝고, 서리 쳤다"를 홑월로 다루었다. 왜냐하면 이 문장의 중간에는 끝진 데가 없기 때문이다.

덧월이란 "둘 이상의 월이 서로 어울려서 한 월이 된 것"으로, "가다가 끝진 데가 있는 월"이다. "달림마디(Clause)라 하는 것은 마침빛이나 자체로서는 마치어 있는 것이다", "조선문전에서 말하는 절(節)은 한번도 마치어지는 것이 아니이니까 달림마디가 아니요 따라서 이른바 절을 포함한 월을 겹월이라 할 필요가 없다" 하였다.

이러한 월에 대한 인식은 주술 구조를 갖추어야만 문장이 아님을 지적한 것으로, 술어성, 풀이성, 진술성의 문장 표식을 중요시하는 북한 문법의 해석과 통하고, 문장의 종결을 중시한 점이 지적할 만하다.

감말은 월의 유일한 재료인데, 감말이 월을 이룸에는 두 가지 조건이 있어, 감말의 절대성과 독립성(종지성)이 있어야 함을 지적하였다. "절대성이란 것은 자기와 서로 상대적 관계를 가지는 종속적 관념을 떼트리지 못하는 것을 이른다. "꽃이 핀다"의 '핀다'는 '꽃'의 움지김을 나타내는 감말인데 '꽃'이란 종속적 관념을 가지고 있다. 그러므로 "꽃이 핀다"는 절대성이 있지마는 '핀다'만으로는 절대성이 없다." 하였다. 독립성이란 것은 남에게 종속하지 아니하는 것이다. "꽃 피거든 보자"의 '피거든'은 '보자'에 종속하여 있기 때문에 독립성이 없다. '핀다'라 하면 남에게 종속하지 않기 때문에 독립성이 있다. '핀다'만으로는 절대성이 없고, "꽃 피거든"은 독립성이 없기 때문에 모두 다 월이 되지 못한다.

월에 대한 이러한 해석은 문장을 이룸에는 문장의 종지성으로 이루어지는 독립성이 있어야 함과, 주술 관계를 갖추지 않은 경우도 문장을 이루기는 하지만, 문장은 상대적 관계를 갖는 종속적 관념을 갖는 절대성을 통해 주술 관계의 기본성을 제시하였다.

김민수(1971: 61-69)에서는 "문이란 단어가 모여서 완전한 사상을 나타낸 것"이라는 형식면에서의 '난어의 집단', 의미면에서의 '완전한 사상'이라는 문장의 정의가 모호하고 모순됨을 지적하고, 구조나 지표에 의한 문형식을 중심으로 보아, 서술성, 통일성, 종결성으로 문장을 규정하여야 함을 지적하였다.

문장은 "화자인 주체계(主體界)의 단정(斷定)이나 환정(煥情)이 객체계인 표현과 함께 주객일치로 이루어지는 것으로, 단정성이나 환정성의 작용을 의미면에서 본 서술성(敍述性)"이라 하였다. "서술성의 표현은 서술내용을 현실에 귀착시켜서 나타내는 일"로, "문은 사물인 객체의 표현과 화자인 주체의 표현이 통합체로 완결된 것이다. 이 객체는 문의 서술내용이요, 주체는 문의 서술 양상에 해당된다 하였다. 양상(mode)은 내용의 판단이든 평가든 욕구든 그 명제에 대한 분류이며, 현실과 관련된 지표요 표현이라 하고, 서술지표로 서법, 법성(法性)과 시칭(時稱), 양칭(讓稱)을 들고, 우리의 마음가짐은 어조로 나타난다고 하였다.

통일성의 표현은 서술 내용을 논리적인 구조로 형식화하는 일이고, 종결성의 표현은 서술 내용을 독립된 하나의 전일체로 단위화 하는 일이라 하였다. 이러한 김민수(1971)의 견해는 문장에 대해 서술성을 제시하였다는 점에서 북한문법과 관점이 같아 주목된다.

허 웅(1983: 184) '국어학'에서는 " '월'이란 그 자체는 하나의 통일성 있는 짜임새이면서, 다른 언어 형식과는 짜임새를 이루지 않는 언어형식을 말한다." 하였다. 이는 월은 하나의 언어형식으로서 다른 언어형식과 어떠한 말본 상의 긴밀한 관계를 맺지 않음을 중시한다.

남기심 외 '표준국어문법론'(1985: 228)에서는 "길든지 짧든지, 또는 몇 사람이 참여하든지 이야기의 기본단위는 문장이다". "무슨 이야기든지 그 기본단위가 개개의 문장인 만큼 모든 통사론적인 비밀은 한 문장의 구조 속에 감추어져 있다고 할 수 있다"(228) 하고, "국어의 모든 문장은 궁극적으로 "무엇이 어찌한다", "무엇이 어떠하다", "무엇이 무엇이다" 중의 한 가지 내용을 담고 있다"(230)라 하여 문장을 구성하는 최소의 기본 성분을 제시한다. 주술 구조를 갖춘 문장을 문장으로 인정하는 문장의 전형성을 제시한 해석이다. 주어와 술어, 목적어가 적절한 상황에서 생략이 된다는 설명은 주어, 술어, 목적어를 비롯한 필수 성분을 모두 갖추어야 온전한 문장이고, 필수 성분의 일부가 생략된 것은 문장 성분을 모두 갖춘 문장의 다른 모습으로 보는 것이다.

현행 학교문법(1996)은 '문장의 짜임새'에서 '문장의 성격', '문장성분', '겹문장의 짜임새'를 다루고 있지만 문장에 대한 정의나 규정은 없다. '바른 언어 생활' 부분의 문장 항에 "언어 표현은 문장을 단위로 하여 이루어진다. 하나의 문장은 완결된 하나의 서술 내용을 담고 있다. 그러므로 문장에는 말하고자 하는 내용이 완전하게 담겨 있어야 할 뿐 아니라, 각각의 요소들이 문법적으로 정확하게 연결되어 있어야 한다."(166)가 있다.

3.3.3. 북한 문법에서 문장의 해석

북한에서는 문장의 통일성과 자립성만을 강조하지 않고 문장의 표식에 비중을 두어 문장을 정의한다. 북한에서의 문장은 주어와 술어로 이루어지는 주술 구조보다 술어성, 풀이성, 진술성과 같은 풀이의 개념이 주가 된다.

문장이 통일성과 독립성을 가진 말의 단위라는 점에 대한 인식은 북한 문법도 같다. "문장은 일정하게 완결성을 갖춘 생각을 표현하는 바", "문장은 이러저러한 문장 구성단위들의 전일적인 통일체인 바"라고 한 '조선어문법 (문장론)'(1963: 9)에서 볼 수 있다. '조선문화어문법규범'(1976: 341)에서도 문장은 "매듭지어진 하나의 생각을 나타내는 전일적인 덩어리"라 하였다. '문화어문장론'(1983: 7)에서는 "문장이란 하나의 완결된 사상을 나타내기 위하여 하나의 단어로 이루어지거나 문법적 규칙에 따라 배렬된 단어들로 이루어진 언어 행위의 기본 단위"라 하였다. '조선어 이론문법, 문장론'(1986: 24-26)에서는 "문장은 무엇보다도 완결된 사상을 나타내는 단위이다. 완결된 사상이란 론리적으로 맞물리고 끝맺이가 뚜렷한 옹근사상이다.", "문장은 또한 문법적으로 형식화된 언어 행위의 단위이다"라고 하였다.

문장의 표식이 있는 문장은 주술 구조와는 관계없이 문장이 된다. 하나의 단어라도 속구조의 존재와 관련 없이 문장을 이룬다. 따라서 북한 문법에서의 문장은 문장의 표식이 무엇인가와 주술 구조를 가진 짝구성문과 상대되는 외구성문의 존재에 대한 해석이 문장의 규정에 대한 주요 관심 대상이 된다.

북한 문법에서 문장의 표식은 술어성, 풀이성, 진술성과 같은 풀이 개념으로 규정된다. '술어성'은 "진술의 내용을 현실에 귀착시키는 것으로 '현실에 관한 제 관계인 양태적 관계', '시칭', 그리고 '계층', '존칭'이 화자와 청자와의 문장론적 관계로 표현된다"고 본다. 어조도 문장의 표식으로 완결된 어조에 의하여 단어의 연결뿐만 아니라 개별적 단어들도 문장의 의의를 획득한다고 본다.

'조선어문법'(1963) 문장의 풀이성은 "말하는 내용이 현실과 맺는 관계 즉 말하는 내용을 긍정하는가 부정하는가, 현실적이라고 보는가 보지 않는가, 말하는 내용의 현실성을 확인하는가 의문시하거나 희망하는가 하는 것과 같은 관계"라 하고, "어떤 사실이 어떤가는 것을 언어적으로 밝힐 수 있는 능력"이라 하였다. 풀이성은 단어의 풀이형과 억양에 의하여 표현되는데, 단어의 풀이형에는 맺음형, 이음형, 얹음형, 꾸밈형이 있다. "풀이성과 풀이형은 서로 다른 범주이며, 단어의 풀이형은 풀이성의 표현수단이기는 하나 단어의 모든 풀이형의 다 풀이성을 나타내는 것은 아니고, 오직 맺음형만이 그것을 완전하게 나타낸다." 하였다. '조선문화어문법규범'(1976: 344-347).

조선문화어문법(1979: 342)에서는 "풀이성이란 어떤 사실을 현실에 귀착시켜서 실제로 이야기하여주는 특성"이라 하였다. "풀이성은 단어나 단어결합단계에서는 없는 특성이며 문장이 이루어질 때 비로서 가지게 되는 특징"이라 하였다. 문장의 풀이성은 일련의 표현수단을 통해서 구체적으로 나타나게 된다. 이런 표현수단에는 '전달적 어조', '양태적인 관계, 법범주적인 관계, 시간범주적인 관계, 말차림관계, 존경범주적인 관계 등을 나타내는 일련의 관계적 의미'가 있다.

진술성은 "진술의 내용이 현실에 대하여 맺는 련계이다", 진술성은 두가지 측면을 갖는데, "하나는 언어행위에서 이야기된 내용자체가 현실성에 대하여 가지는 측면이며 다른 하나는 이야기하는 사람의 립장에서 이 현실성을 인식하고 자기와의 관계를 더하여 표현하는 측면"이다. "진술성의 범주 가운데 중요한 한 측면을 이루며 그 구성부분으로 되는 것은 양태의 범주" 라 하였다. 문화어문장론'(1983: 8).

진술성의 표현수단으로 되는 것은 단어의 서술형과 전달의 억양이다.

"단어의 맺음형이야말로 바로 그곳에 표현되는 말법, 말차림, 법의 범주를 통하여 문장에 완결성을 부여하며 바로 이 점에서 단어의 맺음형은 진술성의 표현을 완전하게 실현한다." "전달의 억양은 문장 형식화의 수단이며 문장의 항구적인 특징적 표식의 하나이다. 전달의 억양은 단어들의 결합 뿐만 아니라 개별적인 단어도 문장의 자격을 획득할 수 있게 한다." 문화어문장론'(1983: 8-18).

'조선어리론문법, (문장론)'(1986: 29-30)에서는 문장을 다른 단위와 구별시켜주는 주되는 표식인 문장의 기본 표식으로 '진술성'을 들었다. 진술성이란 "문장에서 이야기된 내용을 현실에 귀착시켜주는 특성, 즉 문장내용을 현실적인 것으로 파악케 하는 특성"으로 보았다. 진술성은 일련의 문법적 범주들에 의하여 구체화되는데, "진술성 구현의 가장 중심적이고 항구적인 범주는 양태성이고, 시간, 말차림 존경 등의 문법적 범주로써 구체화되면서 진술 내용의 현실성 정도를 나타낸다."

문장의 표식은 문장의 구조 해석과 문장 분류에 바탕이 된다. 문장의 구조적 특성에 따라 짝구성문과 외구성문으로 구분하는데, 외구성문에는 무주어문장, 명명문, 단어문장이 있다. "무주어 문장은 주어가 생략된 불완전문과는 다르다. 문맥 또는 장면 관계로 생략되었기 때문에 그 문맥과 장면 관계에 의거하여 주어가 회복될 수 있는 것이 주어가 생략된 문장이라면 무주어문장은 이러한 장면 또는 문맥에 의존하지 않으며 문장구조 자체가 원래 주어가 없는 문장이다". '조선어문법'(1963: 198).

'무주어문'이란 문장 유형은 존재하지만, "주어가 생략되지도 않았기 때문에 되살릴 수도 없으며 주어가 있을 수도 없기 때문에 밝힐 필요도 없는 조선어적 특성을 고려한다면 결코 이 류형의 문장을 무주어문장이라고 볼수는 없는 것이다" 하고, "고유한 구조적 류형의 자리를 차지하는 이 조선어적인 문장이야말로 진술어를 필수적구성요소로 하는 '진술어 문장'의 한 유형이다" 하였다.

'조선어문법, 문장론'(1963: 176)에서 "불완전문이란 어떤 성분이 생략되였으나 언어적 환경(문맥이나 처한 형편)에 의해서 그 생략된 성분을 알아 낼 수 있는 문장이다"이라 한 것은 문장에 대한 속구조 인식으로 외구성문과 차별화한 것이다. '문화어문장론'(1983: 240)에서는 문장의 어떤 성분이 생략되었으나 언어적 환경(문맥이나 처한 형편)에 의해서 생략된 성분을 알아 낼 수 있는 문장을 불완전문으로 보는 해석에 대해 비판하였다. 생략된 성분이 있는 문장 구조는 불완전문이 아니라 생략문일 따름이라 하여 불완전문과 구별한다. 여기서 "불완전문은 문장의 기본표식 즉 풀이성을 나타내는 각종 요소들의 표현이 완전한가 완전하지 못한가 하는데 기초하고 있다."(234)고 본다.

주술 구조를 반드시 갖추어야만 문장의 정형을 이루는 것이 아님은 이미 '조선어문법' (문장론)(1963: 4)에 제시되었다. 문장의 구성에 대해서 "때로는 판단이 두 개의 성분(주사와 빈사)으로 이루어진다는 데로부터 문장도 반드시 두 성분을 가져야 한다는 견해를 주장하기도 한다"라고 지적하고, "판단과는 달리 문장은 반드시 두 개의 성분을 전제로 하지 않는다" 하여, 문장의 주술 구조를 반드시 전제하지 않음을 분명히 보여 주었다.

조선어리론문법(문장론): 197)에서는 "주어+술어의 절대시는 조선어문장의 다양한 표현형식과 특히는 문장의 기능을 외면하는 태도"라고 보았다. "조선어문장에서는 '주어+술어'의 필수성은 없는 것이고 더우기 주어와 술어만이 '주성분'으로 되는 것도 아닌 만큼 비 전개문 전개문의 설정을 달리 해석하여야 한다." 하였다. 이러한 해석은 문장을 주어, 서술어의 필수성으로 제한하지 않는 태도이다.

술어성, 풀이성, 진술성'에 의한 문장 정의는 이들 문장 표식 여부로 문장이 결정되는 것이므로, 주술 구조를 갖춘 문장인가는 다음 논의이다. 문장을 짝구성문과 외구성문으로 나눌 때, 짝구성문과 상대되는 외구성문이 존재한다는 사실은 이미 문장의 표식에 의해 문장의 총괄적인 규정이 이루짐을 보인다.

이러한 문장의 표식을 중심으로 한 문장의 규정은 문장의 종결법과 서술어에 나타나는 양상적 특징, 그리고 어조에 중심을 둔다는 점에서, 주술 구조로 나타나는 인식의 언어화보다 진술성이나 풀이성이 문장을 나타내는데 적당한가의 해석에는 이의가 있을 수 있다. 그리고 무주어 문장이나, 단어 문장, 명명문이 주술 구조나 담화적 공간을 바탕으로 하지 않고, 문장으로서의 독립적 가치를 지닌다고 할 수 있는가도 의문이다.

3.3.4. 생성 문법에서 문장의 해석

생성문법의 연구와 이에 바탕한 국어 연구에서 문장에 대한 인식은 이미 존재하는 대상으로 전제되어, 그 존재가 무엇인가의 규정은 관심의 대상에서 벗어나 있었다고 할 수 있다.

문장을 생성하여 내는 통사 원리로 제시된 구절 구조 규칙에서 문장 S는 명사구 NP와 동사구 VP로 구성되었다고 보는 즉 S →NP-VP, 또는 S →NP-PredP라는 규칙에서 볼 수 있듯이, 문장은 이미 존재하고 있는 언어 대상으로 인정하고 논의된다. 또 이 구절 규칙은 문장은 주어 술어라는 구조를 갖춘 것임을 전제하고 있다고 할 수 있다.

초기 변형생성 문법에서는 조동사를 포함한 양상의 범주 Aux를 VP의 하위 범주로 다루었다. Chomsky(1957: 111)에서는 Sentence→ NP+VP와 VP→Verb+NP를 거쳐 Verb→Aux+V가 나타나는 것으로 구조화하였다.

Chomsky(1972)에서는 Aux를 VP에서 독립된 S의 직접지배를 받는 범주로 인식하는데, 구절구조규칙 S →NP Aux VP은 이를 반영하는 것이다. Chomsky(1981)을 비롯하여 Chomsky(1986)에 이르기까지 문장구조의 전형은 S → NP INFL VP라 하여 S →NP Aux VP와 같은 구조이다. 나아가 GB문법에서는 S'→C S와 S→NP I VP 구조로 문장이 이루어지며 S =I" =IP'이며 S' =C" =CP로 해석된다. 이러한 INFL의 중시는 문장을 주술 구조적 해석에서 I 즉 양태나 시제, 일치를 중시하는 인식의 변화라 할 수 있다.

주술 구조 중심의 해석에 대해 Fillmore(1968)에서는 S→ P+M과 같은 문장 구조를 통해, 문장을 주술 구조보다 먼저 M으로 대표되는 양상 요소의 분리의 필요성을 논의하였다. 이러한 해석은 국어문법에서 양인석(1972)에서 받아들였고, 국어와 관련하여 문장어미를 동사와 관련된 것으로 한정하는가 문장전체와 관련된 것을 더욱 강조하는가의 다른 관점으로 구별된다.

양인석에서 S →P (Pre M) M (Conj)에서 M은 Modality로서 Verbal affix, Verbal ending, Auxiliary를 포함하는 것으로 다룸에 비해, 이익섭임홍빈(1983: 117)에서는 S → NP-VP-SE, SE→{Dec, Int, Imp...}, V → Vst-Pe, Pe→(Hon)-T-(Hum)과 같은 구조를 설정함으로서 “문장의 종류(혹

은 서법)에 따라 문장의 다른 요소들에 일어나는 변화를 보다 쉽게 이해할 수 있게 할 수 있을 뿐만 아니라, 의미보존의 가설을 유지하기 위해서도 필요한 것이며, 내포문의 생성에 있어서는 SE를 생성시킨 다음 다시 이를 삭제하는 불필요한 과정을 절약할 수 있게 해 준다." 라고 하였다.

X'이론에서 I와 C 범주의 필요성은 문장에 대한 인식을 주술 구조보다 명제와 양상이라는 측면에 비중을 두게 하였다. X'이론에서는 XP - X' - X 의 투사과정을 갖는다. I 가 정절(finite clause)과 부정절(infinite clause)을 구별하는 대표범주이기 때문에 S→ NP I VP 라는 범주는 우선 S→ NP I' , I'→ I VP 라는 계층성을 둘 수 있다. I'와 VP를 한 I로 묶는 음운적, 통어적 증거가 있다. 따라서 S→NP I VP 의 I와 VP는 한 덩어리이고 NP와 상대적 구성을 이루는데, 전통적인 생성문법에서는 VP가 범주의 대표 범주이었음에 비해, I가 대표범주로 인식된다.

정절과 부정절을 결정하는 것이 I이기 때문에 I가 문장의 중심어(Head)가 되고 결과적으로 X의 최대투사는 XP 즉 X"로서 모든 범주에 공통적이라는 범주의 대칭성에 따라 IP 즉 I"를 최대투사로 본다. 문장을 S라고 제시하는 구조 분석에 비해 I" 분석은 S가 영 층위(Zero level) 범주라고 설정할 필요가 없어지고, 또한 S 분석 하에서 I가 구확장(Pharasal expansion)이 없는 단어 층위 범주이어야 하는 X'이론에서의 비대칭성을 제거하여준다.

생성문법이 S라는 문장이 이미 존재하는 것으로 해석하는 구조 생성의 입장에서 출발하지만 직접지배를 받는 NP와 VP의 존재는 문장을 주술 구조 중심으로 해석함에 비해, I나 C범주에 의한 X' 구조에 의한 문장 분석은 문장에 대한 논의를 주술 구조와 구별되는 양태적 구조에 기반하고 있음을 보여준다.

문장을 구성하는 성분들은 유기적 관계가 있다. 이 관계는 서술어와 명사와의 관계로 격구조나 격틀, 또는 격의 자리, 논항 구조 등으로 논의되었다. 서술어와 명사의 관계가 중시되는 이유는 이 두 성분이 문장의 골격을 이루기 때문이다. 논항을 중심으로 하는 문장의 논의에서는 주술 관계가 여전히 문장의 중심 논의가 된다. 논항이란 명제의 의미 구조를 나타내기 때문이다.

논항은 논리학에서의 개념으로, 논리학에서는 문장, 정확히 말해 명제의 의미 구조를 서술어와 명사어와의 선택 관계로 나타냈다. 논항(argument)은 서술어를 중심으로 문장을 해석할 때 서술어와 상대적인 변항이다. 서술어의 논항은 서술어의 격틀 또는 격구조와 동일시할 수 있다.

논항들은 문장에서의 역할에 따라 격을 갖는다. 특히 논항들은 서술어와 하위 범주화의 관계를 갖고 있어 논항의 격을 결정하는 격의 부여는 서술어가 하는 것으로 생각하는 것이 자연스럽다. 그러나 모든 격의 격부여자는 서술어는 아니다. 생성문법의 연구에 따르면 영어에서 주격을 결정하는 것은 서술어인 동사라기보다는 시제로 본다. 주격을 결정하는 요소가 동사이기보다는 시제이기 때문이다. 문장 구조의 분석에서 정문과 부정문을 결정하는 요인이 시제이어서 문장을 시제에 의해 구별하였던 점과 동일한 원리이다.2)

국어의 주격도 영어에서처럼 시제에 의해 배당받는 것으로 설명하기는 어렵다. 영어에서는 [+Tense]가 아닌, 부정문에서는 주격이 나타나지 않는다. 그러나 국어의 주격은 시제와 무관하다. 보편 문법적 관점에서 국어의 주격도 영어에서와 같이 시제를 포함하는 굴곡어(INFL)에 의해 배당받는 것으로 해석하려는 연구들이 있다. 주체높임에서 주어와 주체높임의 어미 '시'가 일치 관계를 갖기 때문에 어미 '시'가 굴곡어(INFL)의 일치소(AGR)로서 주어와 일치 관계를 가져 이 어미가 주격을 부여한다는 해석이다.3)

논항 구조의 설명과 논항에 대한 격부여는 술어를 중심으로한 명사어와의 관계라는 점에서 문장을 주술 구조를 기반한 다른 필수 성분의 서술어와의 관계에 초점을 둔 것이다. 따라서 논항과 격은 명제 구성원리에 관심을 둔 문장의 해석이라는 점에서 앞에서 살펴본 구절 구조 규칙

---

2) 영어에서 전치사는 그 목적어를 지배한다고 본다. 그래서 전치사의 지배를 받는 명사구는 [+목적격]을 부여받는다. 물론 목적격은 타동사의 목적어에도 부여된다. "He ran toward me/*I/*my."

3) 윤종열(1990: 51)에서는 "In Korean, nominative case is assigned to subject noun phrases, regardless of the finiteness of clauses. In Korean, in which AGR assigns nominative case, the specifier position of the functional category AGR(element) will be the surface subject position."이라 하였다.

이 I범주에서 보이는 문장에 대한 어미나, 굴절요소, 또는 양상적 요소에 대한 관심과 구별된다.

그러나 이러한 논항 구조에 따른 문장 구성 원리는 X' 구조의 하위에 위치하는 점에서 GB를 거친 생성 문법의 연구에서의 문장의 인식은 주술 구조에서 양태 범주 들을 구별하는 인식에 기반한다고 해석할 수 있다. 핵어 중심구조 즉 X' 구조에서의 INFL의 중심어(Head)로서의 인식은 심층구조에 대한 인식이지만, 문장에 대한 구조 인식이라는 점에서 역시 논의의 대상이 된다.

3.3.5. **담화 속에서 문장의 해석**

문장은 통일된 뜻을 가진 언어의 단위이지만, 실제로는 홀로 쓰이는 것이 아니라 여러 문장과 함께, 즉 문맥 또는 담화 공간 하에서 문장의 역할을 한다. 문장은 이러한 문맥이나 담화뿐만 아니라 문장을 사용하는 상황에 의해 문장의 의미와 기능이 분명해진다.

담화는 학교 문법에 반영되어 고등학교 문법(1995: 121)에는 이야기로 다루어졌다. "실제 언어의 사용에서 문장들이 모여 이루는 단위"를 이야기로 규정하였다. 이야기는 발화들이 연결되어 이루어지는 것으로 보았는데, 여기서 "발화란 한 덩어리의 이야기를 구성하는 단위로서 '문장'과 대개 일치한다" 하였다.4)

이야기, 담화, 텍스트는 같은 대상을 지시하면서도 차이가 있다. 담화가 구어적임에 비해 텍스트는 문어적 특성이 강하다. 담화도 넓은 의미와 좁은 의미에서의 해석이 가능한데, 좁은 의미의 해석은 문단을 중심으로 한 dicourse의 의미를 갖고 넓은 의미에서는 언어 사용의 관점으로 해석된다.5) 여기서는 문맥과 담화를 같은 관점으로 간주하고, 담화로 나

---

4) 고등학교 문법(1995: 141)에서 이야기를 "실화, 옛날 이야기, 전설 등을 가리키는 '이야기'라는 뜻과 혼동하지 않도록 한다"라고 구분하고 있지만, 이야기는 옛날 이야기와 같은 줄거리를 가진 이야기를 나타내는 의미가 강해 혼동될 우려는 여전하다. 담화는 구어적 언어 형식으로 '정보 제공 담화, 호소 담화, 약속 담화, 사교 담화, 선언 담화', 텍스트는 이야기가 문자로 쓰인 경우로 '정보 제공 텍스트, 호소 텍스트, 약속 텍스트, 사교 텍스트, 선언 텍스트'로 구분하였다.

타낸다.

담화나 문맥 모두 문장들이 모여서 이루어진다. 국어 문법에서 문장의 연구는 지금까지 이러한 문맥이나 화맥과 상황의 즉 담화의 관점에서의 논의가 충분하지 못했다. 문장을 담화 공간에서 존재하는 언어적 단위로 인식하는 것은 문장의 바른 규정을 제시할 수 있는 바탕이 될 수 있을 것이다.[6] 문장을 통일적 생각을 나타내는 언어 단위, 또는 주어 술어를 갖춘 구조적 단위, 서술성을 갖고 있는 단위에서 문장이 나타나는 앞 뒤 공간 즉 담화 공간 아래서의 문장으로 시야의 확대가 필요하다.

문장이 존재하는 이유는 의사소통을 위한 것이라는 점에서 문장이 사용되는 담화 공간은 필수적인 것이고, 문장도 이러한 담화 상에서의 존재로 인식될 필요가 있다. 따라서 문장이 쓰이는 전후 문장들이 고려되어야 하고, 언어가 사용되는 상황과 장면도 고려되어야 한다.[7]

---

5) 박영순(1998: 253)에서는 담화(discourse)는 광의의 담화와 협의의 담화로 나누어 볼 수 있다 하고, "협의의 담화는 문장보다 큰 단위로서, 구조적으로 의미적으로 하나의 응집성을 가진 문장의 연쇄체로서 하나의 발화나 글 안에서 하나의 단락이나 단락들이 결합하여 더 큰 단락을 이루었을 때 이들 개별 단락이나 단락의 결합체를 담화라 할 수 있다" 하였다.

6) 이은희(2000: 66)에서는 담화 관점에서의 언어에 대한 관찰과 문장 중심의 관찰을 다음과 같이 구별하여 제시하였다.

1. 텍스트 언어학에서는 기존의 문장 단위 문법과 달리 언어적으로 발화되거나 기록된 것만이 아니라 언어적 의사 소통의 전체 요소들을 고려하고 있다. 즉 문장 단위 문법에서는 소홀하게 취급되었던 언어적 의사 소통의 맥락과 생산자, 수용자를 중요한 요소로 본다.

2. 문장 단위 언어 이론에서는 문장을 정적이고 고정된 측면에서 파악했으나, 텍스트 언어학에서는 텍스트를 생산, 수용되는 과정에서 계속적으로 수정, 변화하는 동적인 대상으로 보고 있다.

3. 문장 단위 언어 이론에서는 문장의 통사적 특성에 중점을 두면서 문법성과 적격성을 중시했으나 텍스트 언어학에서는 전체 텍스트의 의미적 화용적 측면에 중점을 두면서 맥락에서의 적절성과 용인성에 중점을 두고 있다.

4. 문장 단위의 언어 이론은 언어학 이론에 전적으로 토대를 둔 것인 반면 텍스트 언어학은 인간의 언어 생산과 수용 과정에 관련된 다양한 인지 과학 이론을 수용하면서 (학제)간 학문적 특성을 보이고 있다. (학제는 인용자 보충)

7) 담화의 유형은 담화에 참여하고 있는 화자와, 청자, 그리고 전달되는 사상(事象)과 관련되어 있다. 화자 자신에게 중점을 두는 언어 행위는 혼자 말이나 일기와 메모가 있고, 청자에 중심을 두는 언어 행위는 인사말과 같은 친교의 표현이 있다. 이성영(1995: 33) 참조.

언어의 지시적 기능이 부각되는, 즉 사상에 중심을 두는 언어 행위가 언어 행위의 중심이지만, 화자와 청자에 관점을 둔 언어 행위와 관련된 문장의 해석이 필요한 것은 문장도 결국은 담화를 목표로 한 언어 행위의 하나이기 때문이다. 청자 화자가 고려되지 않는 문어 문장은 비교적 주술 구조를 정확히 갖추어 표현하게 된다. 이에 비해 구어 문장은 담화 장면에 따라 표현이 이루어지고 담화 장면의 이해가 필요하다.

다음 문장들은 고등학교문법(1995: 134)에서 제시한 주어가 무엇인지 알기 어려운 문장들이다.

(1) 처음 뵙겠습니다./ 다음 물음에 답하시오.

(2) 불이다./이상입니다./천만의 말씀입니다./오랜만입니다.

(1)은 주어나 목적어를 추측할 수 있으나, (2)는 주어를 무엇으로 보아야 할지 판단하기가 어려운 문장이다.

문장은 주어, 서술어를 비롯한 필수성분인 주성분과 부속성분으로 이루어진다. 필수적이라는 것은 문장에서 없어서는 안됨을 뜻하지만, 구어 담화 공간에서는 나타나지 않는 것이 더 자연스러운 경우가 많다.

(3) 어디 가?/ 학교에./ 왜?/ 가방을 두고 왔어./ 아이구.

(4) 내가요. 어제요. 학교를요. 갔는데요. 선생님이요. 나보고요. 착하대요.

(5) 있잖아요. 내가 학교를 갔는데요./ 있지요. 나 좀 보세요.

(7) 네, 알겠습니다.

(8) 선생님, 잠깐만요.

(3)은 질문과 대답 중, 화자와 청자 사이의 공간에서 나타내지 않아도 될 요소들은 생략하고 있다. (4)는 한 단어가 한 문장으로서의 역할을 수행하고 있으며, '-요'가 이러한 특징을 확인시켜 준다. (5)의 '있잖아요'도 대화의 화제를 제시하는 점에서 문장의 구실을 한다. (7), (8)의 문장도 주술 구조를 갖추지 않았지만 문장으로서의 기능을 하고 있다.

이러한 관점에서 보면 문장을 주어 술어를 갖춘 구조적 짜임으로 해석하는 것은 문장을 문어적 관점에 초점을 맞추고 담화의 장면에 따른 담화 표현을 고려하지 않은 점이 지적된다. 주어 술어를 갖추지 않은 문장들을 단순히 일부 성분의 생략된 것으로만 보기보다는 담화 속에서 해당 성분이 없는 존재 자체가 문장으로서의 자격을 갖고 있는 것으로 볼 만하기 때문이다. 문장은 통일적 생각을 갖고 있는 단위, 그리고 주술 구조를 갖추고 있는 단위에 더해, 담화 공간에서 통일적 생각을 나타내는 풀이성을 가진 단위로 폭넓은 해석이 필요하다.

3.3.6. **결론**

문장에 대한 통일된 단어 결합이라는 의미, 형식적 해석과 주술 구조에 기반 한 구조 인식은 우리 문법에서 문장에 대한 인식의 나름대로의 타당성 있는 해석을 보여준다. 서술성을 강조한 일부 전통문법과 북한 문법에서의 문장에 대한 해석은 전통 서구 문법의 행위자와 행위의 관계, 즉 actor-action의 관계에 대해 차별적인 문장 인식이다.

문장의 요건으로서 종결성을 중시하면서도, 종결되지 않은 문장이 들어있는 접속문이나 이어진문이 선행문과 후행문의 두 문장으로 이루어졌다거나, 내포문이 안은문과 안긴문의 두 문장으로 이루어졌다고 해석하는 것은 문장의 종결성을 중시하면서도, 종결성에 앞서 주술 구조를 갖춘 단어 결합에 대해 문장으로서의 자격을 부여하려는 인식이 혼재하기 때문에 일어나는 해석이다.

핵어 중심 문법 즉 X'이론에서 논의된 굴절 범주를 문장 형성의 중심 요소로서의 인식하는 것은 문장에 대한 인식 변화를 구체적으로 제시하지 않았지만, 문장을 주술 구조에 앞서 굴절소가 존재함을 인식하는 해석으로 문장에 대한 새로운 인식의 반영이다.

모든 문장이 담화 공간을 바탕으로 이루어지는 점에서 담화 공간을 고려한 문장의 해석이 필요하다. 담화 공간이 바탕이 될 때, 서술성이나 속구조의 인식은 자연스럽게 그 안에서 논의될 수 있다.

이 논의에서는 문장을 어떻게 규정하여야 하는가를 구체적으로 제시하는 것은 아직 유보하려고 한다. 국어 문법의 다양한 관점에서 문장에 대한 해석이 이루어지고 있는 점과 그 배경에 대한 논의의 바탕을 정리함으로써 문장의 바람직한 규정을 위한 이론적 토대를 제시하는 선에서 이 논의를 마무리한다.

【참 고 문 헌】

강매, 김진호(1925) 잘 뽑은 조선말과 글의 본, 역대한국문법대계, 탑출판사
고등학교문법(1996), 교육부, 서울대학교 사범대학 국어교육연구소
과학백과사전 출판사(1979), 조선문화어문법, 과학백과사전출판사
과학원 언어 문학 연구소(1960) 조선어문법 1, 어음론, 형태론, 과학원출판사
과학원 언어 문학 연구소(1963) 조선어문법 2, 문장론, 과학원출판사
김광해(1997) 국어 지식교육론, 서울대학교 출판부
김규식(1909) 대한 문법, 역대한국문법대계, 탑출판사
김두봉(1916) 조선말본, 역대국어문법대계, 탑출판사
김영황(1983), 문화어문장론 재판, 김일성종합대학출판부
김용구(1986) 조선어리론문법-문장론, 과학백과사전출판사
김윤경(1948) 나라말본, 역대한국문법대계, 탑출판사
김일성종합대학출판사 편(1972), 문화어문법규범, 김일성종합대학출판사
김일성종합대학출판사 편(1976), 조선문화어문법규범, 김일성종합대학출판사
김희상(1911) 조선어전, 역대한국문법대계, 탑출판사
김희상(1927) 울이글틀, 역대한국문법대계, 탑출판사
남기심, 고영근(1985/1989), 표준국어문법론, 탑출판사
리근영(1985), 조선어리론문법-형태론, 과학백과사전출판사
민현식(1999) 국어문법연구, 도서출판 역락
박상준(1932) 개정철자준거 조선어법, 역대한국문법대계
박승빈(1935) 조선어학, 역대한국문법대계, 탑출판사
박영순(1999) 한국어 문법 교육론, 도서출판 박이정
신명균(1933) 조선어 문법, 역대한국문법대계, 탑출판사
심의린(1936) 중등학교 조선어문법, 역대한국문법대계, 탑출판사
심의린(1949) 개편 국어문법, 역대한국문법대계, 탑출판사
안 확(1923) 수정 조선문법, 역대한국문법대계, 탑출판사
양인석(1972) Korean Syntax, 백합출판사
유길준(1909) 대한문전, 역대한국문법대계
이규영(1920) 현금 조선문법, 역대한국문법대계
이성영(1995) 국어교육의 내용 연구, 서울대학교 출판부
이영철(1948) 중등 국어문법, 역대한국문법대계, 탑출판사
이완응(1929) 중등교과 조선어문법, 역대한국문법대계, 탑출판사
이은희(2000) 텍스트 언어학과 국어교육, 서울대 출판부
이익섭, 임홍빈(1983) 국어문법론, 학연사

이인모(1949) 재미나고 쉬운 새 조선 말본, 역대한국문법대계, 탑출판사
이필수(1922) 선문통해, 역대한국문법대계, 탑출판사
장지영(1937) 조선어전, 역대한국문법대계, 탑출판사
장하일(1947) 중등 새 말본, 역대한국문법대계, 탑출판사
정열모(1946) 신편고등국어 문법, 역대한국문법대계, 탑출판사
정열모(1946) 초급국어문법독본, 역대한국문법대계, 탑출판사
정인승(1949) 표준 중등 말본, 역대한국문법대계, 탑출판사
주시경(1910) 국어문법, 역대국어문법대계, 탑출판사
최광옥(1908) 대한문전, 역대한국문법대계, 탑출판사
최현배(1934) 중등 조선말본, 역대한국문법대계, 탑출판사
최현배(1937,1955,1982), 우리말본, 정음사
허 웅(1983) 국어학, 샘문화사
허재영(2001) 국어과 교육의 탐색, 도서출판 박이정
Bloomfield, L(1935) Language, George Allen and Unwin Ltd.
Chomsky, N.(1957) Syntactic Structure, The Hague: Mouton Co.
Chomsky, N.(1965) Aspect of Theory of Syntax, MIT Press
Chomsky, N.(1970) 'Remarks on Nominalization' Reading in English
Chomsky, N.(1972) Studies on Semantics in Generative Grammar, Mouton
Chomsky, N.(1981) Lectures on Government and Binding, Foris
Chomsky, N.(1986) Knowledge of Language, Praeger
Fillmore, C.(1968) The Case for Case, Universal in Linguistic Theory, Holt Reinhart
Fillmore, C.(1971) 'Some Problems for Case Grammar', monograph series on edition, Cambridge University
Fillmore, C.(1971) 'Types of lexical information', Semantics, Steinberg, D. and Jakobist, L.A.
Yun, Jong-yurl(1990) Korean Syntax and Generalized X-bar Theory, Seoul, Hanshin Publishing Co.

4. 중국어

중국어는 한국어 범어 희랍어와 비교했을 때 외형적으로 어형이라고 할 수 있는 것이 어순밖에 존재하지 않는다. 중국어에서는 성 수 인칭이 문장의 구성요소로서 중요하게 취급되고 있지 않는다. 따라서 중국어에서 어순은 거의 유일한 문법적 규칙으로 간주되며, 주어와 술어의 관계에서 어순은 거의 유일한 문법적 장치가 된다. 중국어는 이 어순을 통해서 문장의 성분을 표시하며 어순의 변화를 통해서 표현의 다양성을 이끌어낸다.

이 어순이란 것은 단어 자체에 내재되어 있는 것이 아니기 때문에 외형적으로 의미의 연관관계가 명확하게 나타나지 않는다. 아마도 중국어가 표의문자이기 때문에 표음문자인 희랍어, 범어, 한국어처럼 개별 단어에 소리와 함께 문법적 장치를 포함해야할 필요를 느끼지 않았기 때문으로 보인다. 비록 중국어에서 겉으로 드러나는 의미연관요소들은 없지만, 개별 단어의 의미를 매기로 한 내적 의미연관요소가 있을 것으로 보인다. 따라서 중국어는 외형적인 문법규칙은 없지만, 내적인 어법적 오류는 존재한다고 보아야 한다. 기본적으로 고대한어에서 오류가 있는 문장은 없다는 점으로부터, 중국어는 다양한 어법적 오류들을 기존의 관습에 맞추어 지적하는 방식으로 스스로의 문법적 체계를 발전시켰다.

여기에서는 중국어 문법에서 어순의 역할을 살펴본 후 중국어의 어법적 오류에 대한 다양한 실례들을 살펴보도록 한다.

4.1. 중국어의 어순

4.2. 중국어 어법적 오류의 유형들

1. 비록 문법적 외형이 유사하지만, 희랍어와 범어는 상당히 다른 방향으로 발전했다. 희랍어가 동사중심의 언어로 발전했다면 범어는 명사중심으로 발전했다. 따라서 희랍어는 동사변화를 매개로한 문장의 짜임이 탄탄해서 형식적인 측면에서는 문장의 외적인 요소로부터 상당히 독

립된 모습을 보여주고 있다. 반면 범어는 명사의 격변화를 매개로한 문장요소들 사이의 관계가 발전하면서 문장의미가 상당부분 외적인 요소들에 의해서 영향을 받게 되었다.

2. 한국어의 경우 비록 인칭 수 격 등이 서로 연관되어 유기적으로 작용하지는 않지만, 조사를 중심으로 개별 문법범주들이 독립적인 역할을 하고 있다. 따라서 한국어는 동사변화를 매개로한 문장의 짜임이 발전하기 보다는 조사를 매개로한 문장요소들 사이의 관계가 발전한 언어이며 따라서 문장의미가 상당부분 외적인 요소들에 의해서 영향을 받게 되었다.

3. 희랍어의 경우 개별적인 문장요소들이 격변화 또는 동사변화를 통해 스스로의 문법적인 특징을 밝히고 있음으로 문장의 어순이 중요하지 않은 것으로 보이고 있다. 하지만 희랍어에도 hyperbaton을 통해서 문장의 어미가 상당부분 문장의 어순에 의존하고 있음을 알 수 있다.

4. 범어의 경우 희랍어에서 유한동사를 중심으로 복잡하게 발달한 과거의 표현들이 점차적으로 사라지고, 과거수동구문을 통해 명사적으로 과거를 표현하게 된다. 따라서 동사의 수와 시제는 더 이상 중요한 문법적인 요소로 작용하지 못하게 되었고, 도구격 소유격 등이 문장에서 주어의 역할을 하게 되었으며, 문장의 문법적인 주어와 문장의 의미상의 주어가 달라지는 빈도가 많아지게 되었다.

Ⅳ. 각 언어권의 언어에 나타나는 시제와 상

시제와 상은 현실 세계의 상황을 어떻게 인식하는가의 문제와 밀접한 관련이 있다.

우리는 문장에 시간의 개념을 표시한다. 문장에서 표현되는 시간의 개념은 시제와 상이라는 문법 범주로 포착할 수 있다. 어떤 언어에서든 문법 범주를 구체적으로 표시할 수 있는 문법 형태나 단어가 존재한다. 문법 형태가 문장에서 구체적인 시간 개념을 표시해주는 장치라고 한다면 문법 범주는 구체적인 언어 현상으로부터 도출해 낸 추상적인 틀인 문법 체계를 구성한다. 이 틀은 현실 세계에서 발생할 수 있는 다양한 상황(사건이나 상태)을 포착해내는 언어적 기제이다. 문법 형태가 쓰인 언어 현상이 가장 구체적이고 물리적인 대상이라면 그것들로부터 공통의 속성을 가진 같은 부류를 언어적으로 묶어낸 것이 문법 범주이다. 이 문법 범주를 통해 우리는 현실 세계의 상황과 언어의 관계를 파악할 수 있다.

문장에 내포된 시간의 개념은 그 문장이 드러내는 상황과 상황 간의 선후 관계, 상황 내부의 다양한 시간적 양상을 검토함으로써 파악할 수 있다. 상황 1과 상황 2가 있다. 상황1은 문장에 내포된 사건이고, 상황 2는 그것을 인식하는 화자가 처한 상황이다. 상황 2에 있는 화자가 상황 1을 인식한 시점, 인식하는 시점, 인식할 시점에 따라서 문장에 나타나는 시간의 개념은 달라진다.

상황 1은 또 다른 시간 개념을 내포할 수도 있다. 상황 1의 외부만을 전체적으로 인식하느냐 아니면 상황 1의 내부 국면을 볼 수 있느냐가 그것이다. 외부만을 전체적으로 인식한다는 것은 상황이 완결된 경우를 하나의 덩어리처럼 표시하는 것이라면 내부 국면을 볼 수 있다는 것은 상황의 내부 국면이 반복의 양상인지, 진행의 양상인지, 상태의 지속 양상인지를 표시할 수 있다는 것이다. 상황의 내부 국면에 대한 인식 여부, 상황의 내부 국면의 다양성에 대한 인식의 여부가 새로운 시간 개념을 반영하는 것이다.

예를 들어 보자.

(1) ㄱ. 철수가 학교에 간다.
ㄴ. 철수가 학교에 갔다.
ㄷ. 철수가 학교에 갈 것이다.

(2) ㄱ. 철수가 학교에 가고 있었다.
ㄴ. 철수가 학교에 가 있었다.
ㄷ. 철수가 학교에 가 버렸다.

(1)은 화자가 처한 상황 2에서 문장에서 나타내고자 하는 상황 1을 인식한 시간이 서로 다름을 보여준다. (1ㄱ)은 상황 1과 상황 2가 같은 시간에 일어난 것임을, (1ㄴ)은 상황 1이 상황 2보다 먼저 일어난 것임을, (1ㄷ)은 상황 1이 상황 2보다 나중에 일어난 것임을 보여준다.

(2)는 모두 상황1이 상황 2보다 먼저 일어난 것임을 '-었-'을 통해서 알 수 있다. 그런데 (2)는 (1)과는 달리 상황 내부의 국면이 다양한 방식으로 드러난다. (2ㄱ)은 상황 내부가 진행 중임을, (2ㄴ)은 상황 내부의 상태가 지속되고 있음을, (2ㄷ)은 상황 내부의 상태가 완결된 것임을 보여준다.

시제 범주를 통한 시간의 개념이 화자가 상황을 인식한 시간과 상황이 일어난 시간간의 관계를 고려함으로써 생겨나는 것이라면 상 범주를 통한 시간의 개념은 화자의 상황 인식 방법, 즉 내부 인식의 유무, 내부 인식 방법의 차이를 고려함으로써 생겨난다.

본고에서는 한국어, 중국어, 희랍어, 범어의 네 언어에서 나타나는 시간 범주, 시제와 상을 비교 검토하여 각 언어의 시간 범주에서 나타나는 문법적 특징을 살펴보고, 이를 바탕으로 네 언어의 시간 범주와 문법 형태들이 시간의 인식과 표현에서 어떤 차이점을 보이는지를 밝혀보고자 한다.

먼저, 네 언어의 시간 범주를 표시하는 시제 형태와 상 형태를 비교, 검토한다. 이는 각 언어의 문법 형태들에서 나타나는 언어적 특징을 검토하는 것이다. 이것은 각 언어의 시제 및 상 형태의 언어 체계를 통해 실제로 표현되는 시간 범주가 어떻게 차이가 나는지를 보이기 위함이다.

시제 형태는 현재, 과거, 미래의 삼분법적 체계를 비교, 검토하여 각각의 시제에 해당하는 문법 형태가 있는지를 확인할 것이다. 그리고 그러한 문법 형태들이 어떤 성질을 가지는지를 볼 것이다. 즉 어미인지, 접사인지, 단어인지를 확인하여 시제의 문법 형태가 각 언어에서 차지하는 문법적 지위를 제시할 것이다.

상 형태 역시 각 언어에서 어떻게 나타나는지를 검토하여 그 문법적 성질을 보일 것이다. 어미, 보조용언, 부사 등으로 표시되는 각 언어의 문법적, 어휘적 단위를 비교할 것이다.

문법 형태의 확인과 더불어 본고에서 주목하고자 하는 것은 시간 범주의 문법 체계이다. 문법 체계를 통해 우리가 확인하고자 하는 것은 시간 개념과 문법 체계의 대응 관계이다. 예를 들어, 10가지의 시간 개념이 있다고 하자. 어떤 언어에는 10가지의 시간 개념에 대응하는 문법 형태가 10개가 있을 수 있다. 이 경우 시간 개념과 문법 체계 간에 일대일의 대응 관계를 맺고 있다고 할 수 있다. 다른 어떤 언어에서는 10가지의 시간 개념을 5개의 문법 형태가 표시한다고 해 보자. 이 경우 시간 개념과 문법 체계 간에는 일대다의 대응 관계를 맺고 있는 것이다.

예를 들어, 한국어의 '-었-'은 과거시제를 표시하는 선어말어미로 쓰이기도 하고, 완료의 상적 의미를 표시하는 선어말어미로 쓰이기도 한다. 하나의 문법 형태소로 두 가지의 시간 개념을 나타낼 수 있는 것이다. 이에 반해 희랍어나 범어의 경우는 과거시제를 표시하는 어미와 완료의 상적 의미를 표시하는 어미가 다르다.

이러한 현상은 단순히 대응 관계에 차이가 있다는 사실을 넘어서 새로운 문제를 제기한다. 왜 어떤 언어에서는 하나의 문법 형태로 여러 가지의 시간 개념을 표시하게 되었을까 하는 문제와 어떤 언어에서는 여러 가지의 시간 개념을 지시하는 여러 가지의 문법 형태가 존재하는 것일까 하는 문제이다.

후자의 문제와 관련하여 한 가지 더 생각해 볼 문제는 특정한 시간 개념을 표시하는 개별적인 문법 형태가 존재한다면 그 둘의 관계는 어떻게 맺어지는 것인가 하는 점이다. 희랍어나 범어의 경우는 특정한 시간 개념을 나타내기 위해서는 문법 체계 내의 특정 문법 형태를 반드시 정확하게 사용해야만 한다. 그만큼 엄격한 시간 개념의 문법 틀을 가지고 있는 것이라고 볼 수 있다. 이에 반해 한국어와 중국어의 경우는 그러한 문법 틀의 엄격함이 없다.

궁극적으로 시간 개념과 그것을 표시하는 문법 체계의 비대칭성이 발생한 이유가 무엇인지를 밝히는 것이 각 언어의 문법 형태와 문법 체계를 비교 검토하는 이유이다.

문법 형태와 문법 체계를 비교함으로써 시제와 상의 문법 범주가 각 언어에서 어떤 방식으로 표시되는지를 파악하고, 이를 토대로 각 언어에서 시간 인식의 양상이 어떻게 다른지를 논의할 것이다.

1. 한국어, 중국어, 희랍어, 범어의 시제 형태와 문법적 특징

네 언어의 시제 형태는 동사의 활용형/굴절형이 있느냐에 따라 한국어, 희랍어, 범어와 중국어로 구분된다. 전자는 동사의 활용형/굴절형어미를 이용해서 시제의 변화를 표시한다. 이에 비해 중국어는 어휘 형태를 이용한다.

	현재	과거	미래
한국어	• -는/ㄴ(선어말어미) • -는(관형사형어미)	• -었- • -(으)ㄴ	• -겠-/-(으)ㄹ 것- • -(으)ㄹ
희랍어	• 현재형 어미 μαι, • 현재형 어미 앞에 자음 첨가 없음	• 과거형 접두 모음 ε 첨가, • 과거형 어미 μην, • 과거형어미 앞에 σ (sigma) 첨가	• 현재형 어미 μαι, • 현재형어미 앞에 σ (sigma) 첨가
범어	• 어근에 강세 첨가 및 확장 • 어미 변화	• 어근에 강세 첨가 및 확장 • 접두 모음((a-)) 첨가 • 과거 어미 변화	• 어근에 강세 첨가 및 확장 • 어근에 미래 접사(-(i)sya) 첨가 • 미래 어미 변화
중국어	×	×	×

<표 1 : 시제를 표시하는 동사의 활용형/굴절형 어미>

<표 1>에서 보는 바와 같이 한국어의 경우는 시제선어말어미가 어간

에 첨가된다. 이에 비해 희랍어와 범어의 경우는 어미의 변화가 일어난다. 활용과 굴절에서 차이가 날 뿐이지 문법적 형태인 어미의 기능은 동일하다 할 수 있다.

그런데 희랍어의 경우 <표1>에서 제시한 현재형 어미 ‘μαι(mai)’는 중동태/수동태(middle & passive)에서 사용되는 어미로서 1인칭 단수일 경우에만 쓰인다. 이것은 과거를 나타내는 경우에 ‘μην(men)’으로 변화되고, 이 어미 앞에 ‘σ(sigma)’가 첨가된다. 더불어 과거형 접두 모음 ‘ε’가 추가되어 과거 시제를 나타낸다. 범어의 경우는 어근에 강세 첨가 및 확장의 기제를 사용함과 동시에 각각의 시제에 맞는 어미의 변화가 일어난다. 한편, 중국어는 세 언어와 달리 시제를 나타내는 동사의 활용형이나 굴절형어미가 존재하지 않는다. 시제를 나타내기 위해 어휘 형태소를 사용한다는 점에서 두 부류는 차이가 있다.

한국어와 희랍어, 범어가 문법 형태소를 사용한다는 공통점을 가지고 있지만 사실은 중요한 차이점을 가진다.

한국어의 시제형태소는 동사의 어간에 결합해서 현재, 과거, 미래의 시간 개념을 표시해줄 뿐이지 어간 형태를 변화시키지 않는다. 또한 시제형태소가 문장의 다른 요소나 성분에 대해 문법적 제약을 가하지도 않는다. 즉 다른 문법 범주(수, 인칭)와의 공기 관계나 제약 관계를 맺지 않는다. 이 점이 희랍어나 범어와 매우 다른 특징이다.

앞에서도 잠시 언급한 바와 같이 <표1>에 제시한 희랍어와 범어의 예는 모두 1인칭 단수일 경우에 쓰이는 시제형태소의 굴절 양상이다. 이는 인칭이나 수에 따라서 굴절 어미나 첨가 요소가 서로 다르다는 것을 의미한다. 첨가와 굴절에 의한 어간형태의 변화와 그에 따른 성과 수의 제약은 시제라는 시간 범주가 수나 인칭의 문법 범주와 밀접한 관련을 맺고 있음을 보여준다.

중국어는 동사의 형태 변화가 없기 때문에 助辭(한국어의 助詞와 성격이 다름)나 시간을 나타내는 성분(어휘)으로 시제를 표시한다.

시제를 표시하는 언어적 장치로만 본다면 한국어와 희랍어, 범어는 문법적 형태를 이용한다는 공통점이 있다. 다만 한국어는 교착어의 성격에 따라 문법 형태소가 추가되는 것이라면 희랍어와 범어는 굴절어의 성격에 따라 동사의 형태가 변화한다. 이와 달리 중국어는 어휘적 형태를 이용한다.

시제를 나타내는 문법 형태소 사용 유무에 따라서 한국어, 희랍어, 범어는 중국어와 대립적이다. 문법 형태소가 활용을 하느냐, 굴절을 하느냐, 즉 동사의 어간이 고정되어 있느냐, 어간이 변화하느냐에 따라서 한국어는 희랍어, 범어와 대립적이다. 중국어는 형태 변화 자체가 없다는 점에서 한국어, 희랍어, 범어와 대립적이다.

이러한 대립적 관계를 통해서 우리는 다음과 같은 문제를 제기할 수 있다.

첫째, 희랍어나 범어는 시제를 나타내는 문법 형태가 수, 성, 태 등의 문법 범주와 긴밀한 관계를 맺고 있는데 비해 한국어의 시제 형태소는 다른 문법 범주와는 무관한 것처럼 보이는데 이것이 갖는 의미는 무엇인가?

희랍어의 시제 형태 'μαι(mai)'는 그 형태 내부에 다양한 문법 범주에 대한 정보를 담고 있다. 시제 범주(현재), 인칭 범주(1인칭), 수 범주(단수), 태 범주(수동태)의 정보가 'μαι(mai)'라는 문법 형태에 담겨 있는 것이다. 이러한 양상을 통해 우리는 희랍어에서 하나의 시제 형태가 시제 범주만을 표시하는 것이 아니라 다른 범주도 표시하는 것을 알 수 있다. 이는 'μαι(mai)'가 문법적 정보를 표시하는 형태의 기능 부담량이 굉장히 큰 것으로 보인다. 하지만 이러한 관점은 형태와 기능의 대응 관계에서 발생하는 비대칭성에 초점을 두는 것이다. 희랍어의 시제 형태에 대해서는 좀 다른 관점이 필요한 듯하다.

언급한 바와 같이 희랍어의 'μαι(mai)' 형태가 문장에서 실현되게 하는 요소는 시제만이 아니다. 인칭과 수와 태, 그리고 시제 범주가 전체적인 언어 체계 내에서 유기적인 관련성을 맺으며 작동한 결과가 문장에서 'μαι(mai)'의 형태로 실현되는 것이다. 네 가지 범주 중 하나라도 일탈이 있거나 제대로 작동되지 않아서 적형의 문법 형태가 산출되지 않는다면 문법적인 문장이 생성되지 않는다. 마치 4자리의 비밀 번호를 제대로 꿰어 맞추었을 때 자물쇠가 풀리는 것처럼 4가지의 문법 범주가 작동해 문장에 적절하게 쓰임으로써 해당 문장이 문법적으로 적합한 문장이 되는 것이다. 이렇듯이 'μαι(mai)'가 1인칭 단수 현재 수동태를 표시하는 기능을 할 수 밖에 없는 문법 체계가 있는 것이고 이것은 유동적이거나 변화가능한 틀이 아니라 그렇게 될 수밖에 없게 만드는 꽉 짜인 언어 범주 체계의 산물인 것이다.

이에 반해 한국어의 '-었-'은 시제를 표시하는 기능을 하지만 그 기능이 다른 문법 범주에 의해 간섭받지 않는다. 뿐만 아니라 '-었-'을 쓸 수밖에 없는 문법 체계의 작동 원리도 존재하지 않는다. '-었-'이 문장에 실현되었다고 해서 인칭이나 수를 드러내는 것도 아니다. 따라서 한국어의 '-었-'은 다른 문법 범주와는 별개의 원리에 의해 쓰이는 독립적인 문법 범주로서 쓰인다. 이것은 그렇게 될 수밖에 없는 문법 체계의 원리에 영향을 받는 것이 아니라 시제 범주에 국한된 독자적인 문법 원리에 의한 것이다.

하지만 한국어의 '-었-'은 문법 범주를 표현하는 기능적인 측면에서 보면 독특한 양상을 띤다. '철수가 학교에 갔다'와 같은 문장에서 보면 '-었-'은 과거 시제를 나타내기도 하지만 완료라는 상적 의미를 나타내기도 한다. 이 문장에서 '-었-'이 시제를 표시하는가, 상적 의미를 표시하는가를 결정하는 것은 쉬운 일이 아니다. '-었-'의 기능이 무엇이라고 명확히 규정해주는 원리도 없고 표지도 없기 때문이다.

'-었-'은 다른 문법 범주와의 유기적인 관련을 갖지 않기 때문에 문장에서 실현될 때 문법 체계의 틀에 의해 강제되지 않는다. 하지만 그 기능에 있어서는 유연성을 가진다.

2. 한국어, 중국어, 희랍어, 범어의 상 형태와 문법적 특징

상 범주는 그것을 표시하는 상 형태의 성격에 따라 구분할 수 있다. 한국어는 시제를 나타내는 선어말 어미가 상적 의미를 표시하기도 한다. 또한 한국어는 보조용언이 상적 의미를 표시하는 중요한 기능을 한다. 시제 선어말 어미가 시제 범주로 인식되느냐, 상 범주로 인식되느냐는 문법 형태소의 독자적 원리에 의해서 정해지지 않는데 비해 보조 용언이 나타내는 시간 범주는 상 범주를 표시하는 것임을 비교적 명쾌하게 알 수 있다. 상 범주를 표시하는 보조 용언은 상이라는 문법적 의미를 강하게 드러내는 형태이기 때문에 그것의 어휘적 의미가 다소 남아 있다 하더라도 문법적 형태로 다룰 수 있다. 한편, 선어말 어미가 표시하는 시간 범주가 시제인가 상인가 불분명할 경우에 부사의 도움을 받으면 좀 더 명시적으로 상적 의미를 표시할 수 있다.

(1) ㄱ. 나는 지금 노래를 듣는다. (진행)
　　ㄴ. 그 사람은 노래를 자주 부른다. (반복)
　　ㄷ. 사람은 요즈음 운동을 한다. (습관)

(1)에서 보는 바와 같이 현재시제 선어말 어미 '-는'이 쓰여서 시제 범주를 나타내지만 '지금, 자주, 요즈음'이라는 부사의 도움을 받아서 '진행, 반복, 습관'의 상적 의미를 명시적으로 표시한다.

한국어에서 상 범주를 명시적으로 나타내는 대표적인 문법 형태가 보조용언이다. 보조용언은 선행하는 본 용언에 결합하는 것으로 반드시 연결어미의 도움을 받아야 한다.

(2) ㄱ. 철수는 책을 읽고 있었다.
　　ㄴ. 철수는 의자에 앉아 있었다.
　　ㄷ. 철수는 문제를 해결해 내었다.
　　ㄹ. 철수는 십년을 혼자 살아 왔다.
　　ㅁ. 철수는 시험을 위해 책을 통째로 외워 두었다.
　　ㅂ. 철수는 윤정이를 계속 괴롭혀 댔다.

(2)에 쓰인 예들은 보조용언을 통해서 다양한 상적 의미를 표시한 것들이다. '진행', '결과상태의 지속', '완결', '지속', '반복' 등의 상적 의미가 그것을 표시하는 각각의 보조용언에 의해 명시적으로 표시된다. 상 보조용언은 현재, 과거, 미래의 시제 범주와는 무관하다. 하지만 다음과 같은 경우는 다소 애매하다.

(3) ㄱ. 철수는 책을 읽고 있다.

ㄴ. 철수는 책을 읽고 있었다.

ㄷ. 철수는 책을 읽고 있을 것이다.

(3)은 '-고 있다'가 쓰여 진행의 상적 의미를 표시하는데, 문제는 시제이다. (3ㄴ,ㄷ)의 '과거', '미래' 시제는 각각 '-었-'과 '-(으)ㄹ 것'에 의해 표시된다. 하지만 '현재' 시제는 그것을 표시하는 문법 형태소가 드러나 있지 않다. "*철수는 책을 읽고 있는다"와 같이 현재 시제 문법 형태소를 표시할 경우 비문이 되고 만다. '-고 있다'가 현재 진행을 표시할 경우, 시제는 무표적이다. 현재 시제일 경우 상 범주가 나타내는 시간 개념이 시제 범주의 시간 개념도 내포하고 있는 것으로 판단된다.

선어말 어미와 보조용언이 상 범주를 표시하는 문법 형태라면, 상 부사는 상 범주를 좀더 명시적으로 표시해 주는 장치로 쓰이는 어휘 형태이다.

(4) ㄱ. 지속을 나타내는 부사 : 밤새, 온종일, 잠깐, 오래, 한참, 영원히, 계속, 줄곧, 내내, 점점, 늘, 당분간, 두고두고, 밤낮, 시종, 연일, 노상, 마냥

ㄴ. 반복을 나타내는 부사 : 다시, 또, 잇달아, 연이어, 거듭, 항상, 날마다, 자주, 빈번히, 가끔, 때때로, 종종, 간혹, 이따금, 간간이

ㄷ. 순간을 나타내는 부사 : 순간, 문득, 갑자기, 돌연, 별안간, 언뜻, 곧바로, 냉큼, 느닷없이, 대뜸

한국어의 상 범주는 형태적으로 선행 어간에 매우 의존적인 역할을 하는 선어말어미, 개별적인 어휘 의미가 남아 있기는 하지만 연결어미를 반드시 취해서 형태적으로 선행 어간에 의존하는 보조 용언, 그리고 독립적인 어휘 의미를 가지면서 상적 의미를 두드러지게 해 주는 보조 역할을 하는 부사 등에 의해서 표시된다.

이제 중국어의 상 범주에 대해서 살펴보자. 중국어의 상 범주는 다음과 같은 양상을 띤다.

(5) 완료(Perfective) : 了(동태조사)

ㄱ. 과거완료 : 我买了一本书.

ㄴ. 현재완료 : 我刚写好了一封信.

ㄷ. 미래완료 : 明天上午我们一起吃了早饭以后, 去学校.

(6) 지속(durative) : 着(동태조사)

ㄱ. 学校的正门开着呢.

ㄴ. 王先生在椅子上坐着.

(7) 진행(durative) : 在(부사)

ㄱ. 大家在唱歌.

ㄴ. 爸爸正在看报纸呢.

(8) 경험(experiential) : 过(동태조사)

ㄱ. 我去过. / 我看过京剧. / 我曾经在北京住过五年.

위의 예에서 보는 바와 같이, 중국어에서 '완료'는 '了'(동태조사)', '지속'은 '着'(동태조사), '진행'은 '在'(부사), '경험'은 '过'(동태조사)에 의해 표시된다. 중국어에서 상 범주를 표시하는 위와 같은 형태들은 완전히 문법적 형태로 굳어진 것들이 아니라 어휘 형태들이다. 한편, 중국어에는 구문을 통해서 상적 의미를 표시하는 경우가 있다.

(9) '是---的' 구문

我是昨天来的.(나는 어제 온 것이다)

(9)의 구문은 과거시제를 나타냄과 동시에 '완성'의 상적 의미를 표시해 준다.

(10) 결과보어 구문

ㄱ. 他看书

ㄴ. 他看完一本书。

ㄷ. 我买了一本书.

ㄹ. 我买到了一本书.

(10)은 결과보어 '完', '到'가 쓰여서 '완성, 완결'의 상적 의미를 나타낸다. (10ㄱ)의 '他看书'(그는 책을 본다)는 현재, 과거, 미래 시제를 모두 표시할 수 있기 때문에 시제는 정해져 있지 않은 상태이다. 그리고 상 범주와 관련해서도 '완성'인지 아닌지를 판단하기가 어렵다. 하지만 (10ㄴ)과 같이 동사 뒤에 '完'이라는 어휘가 결과보어로 쓰이면 동작에 결말이 존재함을 분명히 표시하게 되어 '완성'의 상적 의미를 표시하게 된다. (10ㄹ)에서는 '到'가 쓰여서 '완성'의 의미를 나타낸다. 중국어 동사가 그 자체가 동작의 결과까지 나타내지 않기 때문에 동작의 결과를 보여주기 위해서는 '到'와 같은 결과보어를 사용해야 한다.

이상에서 보는 바와 같이 중국어의 시제와 상 범주 표시를 위한 언어적 형태에는 어법적인 표기뿐 아니라 특정 시제·상 표기조사(동태조사), 구문("(是)+x+v+的"), 특정어휘(完, 好, 掉와 같은 결과보어 역할을 담당하는 어휘 또는 '已经'과 같이 '状语'를 담당하는 어휘)까지도 포함한다.

중국어는 한국어에서는 보기 드문 구문에 의한 과거 시제 쓰임이 있고, '完'이라는 결과보어를 사용하여 과거에 어떤 사건이 완결된 것을 표시할 수 있는 것이 특이하다. 이와 같은 예들을 한국어로 표시하려면 '다', '모두', '완전히'와 같은 부사를 사용해야 할 것이다. 하지만 한국어의 경우 이러한 부사는 부가적인 쓰임을 가지는 것임에 비해 중국어의 경우는 그렇지 않다. 한국어의 경우, '그 책을 다 읽어 간다.'와 같은 문장도 가능한데, '다'라는 부사가 쓰였다고 하더라도 그것이 사건이 완결되었음을 나타내주지는 못한다. '-어 가다'와 같은 보조용언이 사건이 완결을 향해 지속적으로 진행되고 있음을 나타내기 때문이다. 따라서 부사의 쓰임이 중국어의 경우처럼 중요한 역할을 담당하지는 않는다. '철수가 책을 다 읽었다'와 같은 문장에서는 '다'가 완결의 의미를 나타낸다고 할 수 있지만 그것은 '었'이 완결의 의미를 가지기 때문이라 할 수 있다. '철수가 책 한 권을 읽었다'의 경우는 '다'가 없어도 완결의 의미를 가진다. 이 경우는 오히려 '책이냐, 책 한 권이냐'의 차이가 더 중요하고 '었'의 기능은 같다.

희랍어는 문법적 형태가 시제 범주를 표시하는 기능을 함과 동시에 상 범주를 표시하는 기능도 한다. 희랍어의 시제와 상(aspect)은 다음과 같이 정리할 수 있다.

시제(tense) / 상(aspect)	과거	현재	미래
완료	pluperfect	perfect	future perfect
지속	imperfect	present	future
시점(punctual)	aorist		

(11) ㄱ. 현재 지속(present) : 현재 시제/지속상
ㄴ. 현재 완료(Perfect) : 현재 시제/완료상
ㄷ. 과거 완료(pluperfect) : 과거 시제/완료상
ㄹ. 과거 진행/지속(Imperfect) 과거 시제/지속상, 진행상, 반복상
ㅁ. 과거 시점/사건의 추상화(Aorist) : 과거 시제/시작, 완결, 전체 중 하나에 초점
ㅂ. 미래 완료(futere perfect) : 미래 시제/완료상
ㅅ. 미래 진행/지속(future) : 미래 시제/지속상

현재 시제는 화자가 이야기하는 그 시점에 진행 중인 동작을 주로 나타내지만, 때로는 미래의 경향성이나 의도, 위험 등을 가리키는 경우도 있다. 또는 perfect와 현재 의미가 결합되어 있을 수도 있다. 가령 κεῖνον ἰχνεύω πάλαι("I have been tracking him a long time.")의 경우, 내가 그 사람을 오랫동안 추격해 왔는데, 아직까지도 추격하고 있다는 뜻이다. 한편 imperfect는 과거에 진행 중이었던 행위나 동작에 대해 기술하는 시제이며, 어떠어떠한 사건이 일어났다는 사실을 말해 주는 것이 아니라 그 사건이 어떤 과정을 거쳐 발생했는지에 대해 말해주고 있다. 또한 과거의 지속적, 반복적 동작이나 상태를 기술하거나, 과거의 의도를 나타낼 수도 있다.

'aorist'는 어떤 동작이 완료되었는지 아니면 지속되었는지에 대한 정보

를 제공하지 않은 채, 단지 과거에 어떤 사건이 일어났음을 표시해 준나. 다시 말해 aorist 시제는 과거의 동작을 지속이 아니라 하나의 시점으로 간주한다. 그래서 그 동작의 시작에 초점을 맞출 것인지, 종결에 초점을 맞출 것인지, 아니면 동작의 전 과정을 하나의 사건으로 간주할 것인지에 따라 ingressive aorist, resultative aorist, complexive aorist로 나뉜다.

시점적(punctual) 시제에는 과거 시제인 aorist밖에 없다. 가정법(subjunctive, optative)이나 분사, 명령형 등의 경우, aorist 어간을 가진 동사가 시간의 선후를 의미하는 것이 아니라, 상(aspect)만을 표시한다. 다시 말해 직설법을 제외한 나머지 법에서, aorist는 현재나 미래의 사건에 대해서도 기술할 수 있다. 한편 직설법에서도 aorist가 현재나 미래의 사건을 기술하는 경우가 간혹 있다. 가령 ἀπωλόμην ἄρ', εἴ με δὴ λείψεις ("I am undone if thou dost leave me.")의 경우, 내가 파멸할 것이라는 미래의 사건을 마치 그것이 실제로 일어났던 사건처럼 생생하게 묘사하기 위해서 미래 시제 대신 aorist 시제를 사용하고 있으며, τί οὖν οὐχὶ καὶ σὺ ὑπέμνησάς με;("why don't you recall it to my mind?")의 경우, 발생하지 않은 일에 대한 놀람을 생생히 표현하기 위해 현재 시제 대신 aorist가 사용되고 있다. 희랍어의 시제, 상 범주 체계의 이러한 양상은 한국어 시제 선어말어미가 상적 의미를 표시하는 것과 크게 다를 바가 없어 보인다. 하지만 한국어의 선어말어미가 상 범주를 표시하기 위해서는 부사와 같은 어휘 형태에 도움을 받아야 하지만 희랍어의 경우는 그러한 보조적 장치가 없다는 점이 다르다.

또한 희랍어의 경우 '법(mood)' 체계가 매우 발달되어 있어서 직설법, 가정법, 원망법, 부정사 구문, 분사 구문, 명령형 등과 같은 구문이 다양하게 쓰인다. 이러한 법 체계의 발달이 시제 범주의 예외적 표시와 무관치 않다는 점이 희랍어의 중요한 특징이다. 희랍어의 직설법에서는 시제 범주를 비교적 분명하게 표시한다. 하지만 가정법, 원망법, 분사 구문 등에서는 시제 범주가 일관되게 표시되지 않는 문제가 있다. 법을 다양하게 나타낼 수 있는 문법적 장치가 있음으로 해서 시제 체계가 일관되게 지켜지지 않게 되고, 그럼으로써 시제를 표시하던 문법 형태들이 시제가 아닌 상의 범주를 표시하게 된다는 것은 매우 아이러니한 일이다. 왜냐하면 앞에서도 살펴본 바와 같이, 희랍어의 시제 형태는 인칭, 수, 시제,

태와 같은 문법 범주들이 유기적이고 전체적으로 작동하여 그러한 문법 형태가 산출될 수밖에 없는 구조를 가지고 있기 때문이다.

그럼에도 불구하고 법이라는 문법 범주가 발달되어 있음으로 해서 시제라는 시간 개념을 표시하는 문법적 장치가 각각의 법을 표시하는 구문에서 그 기능을 제대로 발휘하지 못하고 상의 시간 개념을 나타내게 되었다. 인칭, 수, 시제, 태의 문법 범주가 특정 시제 형태를 그렇게 나타날 수밖에 없게 만든다면, 법(mood)의 문법 범주는 특정 시제 형태가 해당 시제를 표시하기보다 상의 개념을 표시하게 강제하는 것이다.

또한 희랍어의 다양한 시제, 특히 과거 시제를 Perfect, Imperfect, Aorist, Pluperfect 와 같이 네 가지로 구분하는 것은 희랍어에서 사건의 발생 시점 자체에 초점을 두기보다는 사건이 어떻게 일어났는지에 대해 더 관심을 가진 결과가 아닌가 판단된다.

범어는 희랍어와 유사한 방식으로 상 범주를 표시하였다. 베다어(Vedic Sanskrit, Old Indo-Aryan)에서는 시제 형태의 다양성이 희랍어와 유사하였다. 하지만 고전범어(Classical Sanskrit)에서는 많은 부분은 간략화 되고, aorist, 원망법과 같은 현재의 체계만 시제 형태의 다양성을 보존하게 되었다.

희랍어와 가장 유사한 베다어에는 '시간'의 요소는 그다지 중요하지 않고, 그 행위가 완료되었는지(completed), 완료되지 않고 지속되는지(incomplete, continuous)가 중요한 기준이었다. 이 경우 과거라는 개념은 완료된 행위로부터 이차적으로 나오게 되는 것으로서 상의 개념이 더 우선적으로 인식되는 것이었다.

행위를 과거의 행위라든지 미래의 행위라는 시제 범주의 관점에서 보는 것이 아니고, '행위의 내부가 어떤 양상으로 전개되는가'라는 상의 범주에서 볼 수 있는데, 이것이 범어의 동사가 굴절하는 문법 체계의 기반을 이루고 있다.

베다어의 동사 활용에는 현재, 완료, 아오리스트, 미래의 네 유형이 있다. 시제는 현재(present), 과거(imperfect), 아오리스트(aorist), 완료(perfect), 미래(future 및 조건형)로 나눈다.

구분	직설법		원망법(희구법)	명령법	가정법
	1차 시제	2차 시제			
현재/과거	현재	미완료과거	원망법	명령법	×
완료	완료	○	○	○	×
아오리스트	○	아오리스트	일부 기원법	×	×
미래	단순미래	조건법	×	×	×

(○) : 베다어에서 이미 사용되지 않음. (×) : 베다어에는 있던 것이 고전범어에는 없음.

범어에서 현재와 미래를 나타내는 두 시제는 문제가 없으나 과거를 나타내는 것에는 과거, 완료, 아오리스트의 세 형태가 있다.

그러나 베다어에서 상의 범주가 시제 범주에 우선시되는 것이었지만 세 가지 형태가 각각 고유한 문법적 기능을 가지고 있었지만, 고전 범어(Classical Sanskrit)에 와서는 의미상에서 그 구별이 모호해졌다.

고전 범어에서는 과거시제를 이용해 역사적 과거를 나타낼 때에는 '미완료과거'(imperfect), '완료', '아오리스트', '과거분사'가 사용된다. 그러나 영어의 과거와 과거완료를 범어에서는 각각 '미완료과거'나 '완료'로 나타내고, 현재완료는 '아오리스트'나 '과거분사'로 나타낸다.

따라서 미완료과거와 완료는 같다. 다만 과거수동분사는 아오리스트적인 의미 이외에 현재를 표시하기도 한다. 그리고 범어에는 과거완료가 없으므로 다른 과거시제나 준동사나 과거분사로 문맥 속에서 그 뜻을 표시한다.

고전 범어에서 완료시제는 오로지 능동태(Parasmaipada)나 반조태(Ātmanepada)의 직설법과 분사만을 포함하고 있다. 완료시제는 미완료과거(부정과거)와 같은 의미로 쓰이지만 아주 드물게 사용되었다.

완료는 자기 자신이 목격하지 않은 경험 밖의 일을 나타내는 데에 사용된다. 따라서 그 일의 내부 상황이 어떻게 진행되는지를 표시하거나 자신이 알고 있는 경우를 표시할 때는 사용하지 않는다. 1, 2인칭 단수의 완료가 드문 것도 이 때문이다.

그러나 브라흐마나 시기에는 벌써 과거와 완료가 구별되지 않고 사용되기 시작해서, 고전범어에서는 벌써 시제들의 기능이 통합되어 '역사적 과거'를 표현하는 것에 '과거', '완료', '아오리스트', '과거분사'의 모든 과거시제 형태가 사용되게 된다. 말하자면 본래의 구별은 약간 남아있어 '화자 자신이 목격한 과거의 사실'을 기술하는 데는 '과거'를, '먼 과거의 일로서 화자의 경험 밖의 일'을 기술하는데 '완료'를 사용한다. 완료시제는 미완료시제와 엄밀히 구분하면, 미완료시제가 어제보다 이전에 확정되었거나 불확정한 과거를 나타낸다면, 이에 반해 완료시제는 그 사실을 화자가 알지 못하는 불확정한 과거를 나타낸다.

예를 들면 다음과 같다.

1) 과거

- Sa ghoṣo hṛdayāny asmākaṃ vyadārayat(그 소리는 우리들의 마음을 찢었다.)
- Kaṃcid apaśyam brāhmaṇam pathi(나는 길에서 한 명의 브라흐만을 보았다.)

2) 완료

- Tatra cāmaraśaktir nāma rājā babhūva(거기에 아마라샤끄띠라는 왕이 있었다.)
- Hṛtāṃ śrutvā maithilīṃ rāghavaḥ vilalāpa(마이틸라 왕의 딸이 끌려갔다는 소식을 전해 듣고 라그바는 탄식했다.)

위의 예에서 볼 수 있듯이 둘은 원칙적으로는 같이 쓰이지만 좀 더 구별하면 완료시제는 어제보다 이전에 확정되었거나 불확정한 과거를 나타내고, 완료시제는 그 사실을 화자가 알지 못하는 불확정한 과거를 나타낸다.

미완료과거가 '화자 자신이 목격한 과거의 사실'을 기술하는 데는 '과거'를 사용하고, '먼 과거의 일로서 화자의 경험 밖의 일'을 기술하는데 '완료'를 사용한다. 완료시제는 미완료시제와 엄밀히 구분하면, 미완료시제가 어제보다 이전에 확정되었거나 불확정한 과거를 나타낸다면, 이에 반해 완료시제는 그 사실을 화자가 알지 못하는 불확정한 과거를 나타낸다.

범어가 베다어에서 고전 범어로 변화해 오는 과정에서 상 범주가 표시하는 시간 개념은 매우 특이한 양상으로 바뀌게 된다. 화자가 목격한 것, 화자가 경험한 사건인가 아닌가의 여부가 과거 시제와, 완료 상을 구분해서 사용하는 기준이 되었다. 이러한 양상은 다른 언어에서 찾아보기 힘든 것으로서 문법 범주의 기능이 매우 독특하게 변화된 경우라고 할 수 있다.

상 범주의 체계와 상을 표시하는 언어 형태를 비교 검토한 결과 우리는 다음과 같은 내용을 확인할 수 있었다.

상을 표시하는 언어적 형태가 문법 형태인지 아닌지에 따라 네 언어는 구분될 수 있다. 한국어는 선어말 어미, 보조 용언, 희랍어와 범어는 시제 형태를 나타내는 어미를 이용한다는 점에서 문법 형태를 이용해 상 범주를 표시한다. 이에 반해 중국어는 어휘 형태와 구문 형태를 이용한다. 한국어에서도 부사와 같은 어휘 형태를 활용한다는 점에서 중국어와 유사점이 있으나 한국어의 부사가 보조적인 역할을 하는 데 비해, 중국어의 동태조사나 부사는 상을 표시하는 데 중심 역할을 한다는 점에서 차이가 있다.

중국어의 특정한 구문 형태가 상을 표시하는 데 쓰일 수 있다는 것은 다른 언어에서는 확인하기 어려운 부분이다. 하지만 특정 구문 형태는 아니지만 희랍어의 경우, 법(mood)의 문법 범주가 실현된 가정법, 원망법, 부정사 구문, 분사 구문에서는 시제 형태가 시제를 표시하지 않고 상을 표시한다. 희랍어의 이러한 특징을 구문 형태를 이용한 상 표시로 볼 수 있는 것인지는 다소 애매하다. 중국어의 '是---的' 구문이나 결과보어 구문이 완성의 상적 의미를 표시하는 구체적인 방식이라고 한다면 희랍어의 법(mood)은 그러한 구체적인 방식은 아니다. 희랍어의 법(mood)은 시제 형태가 시제를 나타내지 못하고 상을 표시하게 만드는 성격을 가지기 때문에 일종의 변환 장치와 같은 역할을 하는 것이지 구체적인 상 범주 표시자는 아닌 것이다.

인칭, 수, 시제, 태가 각각 꽉 짜인 문법 체계의 한 축을 담당하고 그것들이 통합적으로 작동하여 시제 의미를 표시하는 형태가 도출되는 것이 희랍어 시제의 중요한 특징이었다면 가정법, 원망법, 분사구문, 부정사 구문 등과 같은 법(mood)은 시제 범주를 상 범주로 전환시키는 역할을 한다는 것이 희랍어 상의 중요한 특징이라고 할 수 있다. 하지만 법

(mood)에 따라서 쓰인 다양한 구문에서 시제 형태가 상 범주를 실현하는 것으로 전환이 된 다음에는 역시 희랍어 문법 체계가 통합적이고 유기적으로 작동한다.

네 언어는 대체로 시제를 표시하는 형태와 상을 표시하는 형태가 같다. 다시 말하면 하나의 문법 형태나 어휘 형태가 시제를 나타내기도 하고 상을 나타내기도 한다는 것이다. 한국어의 시제 선어말어미가 경우에 따라 시제를 나타내기도 하고 상을 나타내기도 한다. 희랍어와 범어의 어미도 마찬가지이고, 중국어의 어휘 형태도 시제와 상을 동시에 나타낼 수 있다.

하지만 언어 형태가 우선적으로 표시하는 시간 개념이 무엇인가에 따라서 네 언어는 다소 차이가 있다. 한국어의 경우 시제 선어말어미는 시제를 우선적으로 표시한다고 할 수 있다. 왜냐하면 한국어는 시제를 나타내는 문법 형태로 선어말어미가 있고, 상을 표시하는 문법 형태로 보조용언이 있기 때문이다. 문장에서 선어말어미가 시제를 나타내느냐 상을 나타내느냐에 혼란이 있다는 점은 앞에서도 지적한 바가 있다. 하지만 문법 체계 상에서 두 시간 개념을 독자적으로 표시할 수 있는 문법 형태들이 존재한다는 점을 고려하면 한국어의 선어말어미는 시제를 표시하는 기능을 우선적으로 가진다고 할 수도 있다.

중국어의 경우는 시제를 표시하는 언어 형태와 상을 표시하는 언어 형태가 분명하게 구별되어 있기 때문에 동일 형태가 우선적으로 수행하는 기능이 무엇인가에 대해 논의할 필요가 없다.

희랍어는 다소 애매하다. 직설법에 쓰인 시제 형태들은 엄격한 문법 틀에 의해 해당 시제를 명시적으로 보여준다. 그러나 가정접 등과 같은 시제 형태들에서는 해당 시제가 아니라 상을 표시하기 때문이다. 그러나 희랍어의 시제 범주를 구성하는 것들이 어떤 시간 개념을 표시하는가를 살펴보면, 대체로 희랍어의 시제 형태들이 시제보다는 상 범주를 표시하는데 주로 쓰이고 있음을 알 수 있다.

희랍어의 'Perfect'는 현재에 근접한 과거(현재완료)이며, 과거의 행동이 현재에까지 영향을 주는 경우를 가리킨다. '디오뉘시우스'는 'Perfect'를 'parakeimenos'라고 명명했는데, "옆에 놓여 있다" 또는 "(현재와) 가까이 있다"라는 말이다. 또한 'hypersyntelikos'(과거완료)는 오래 전에 완료된 동작을 가리키는데, 로마인들은 이에 대해 'plusquamperfectus'("과거보다 더욱 [완전하게 되어진 것]")라는 이름을 붙였다.

한편 'Imperfect'는 라틴어 'imperfectus'라는 어원이 보여주듯이, "불완전한" 또는 "미완료된" 과거이다. '디오뉘시오스'의 용어에 따르면 'paratatikos'가 되는데, 이는 "연장된 시제"라는 뜻이다. 다시 말해 'Perfect'나 'Pluperfect'는 이미 완료된 사건을 가리키는 반면, 'Imperfect'는 과거의 행위가 계속 진행되었거나 완전히 완료되지 않았음을 보여준다. 가령 동사 λύω의 Imperfect 형태 ἔλυον("I was freeing")은 내가 자유롭게 하려는 행위를 지속적으로 수행했거나 아니면 자유롭게 하려고 노력했다는 것을 보여주기는 하지만, 나의 지속적 행위나 노력이 성공했는지에 대해서는 아무런 정보를 제공해 주지 않는다. 반면 'Perfect' 형태 λέλυκα ("I have freed")는 자유롭게 하려는 나의 노력이 성공적으로 완료되어 결국 내가 자유롭게 되었음을 의미한다.

'Aorist' 시제는 어원 'aoristos'가 말해주고 있듯이, "정의되지 않은" 또는 "경계가 불분명한" 과거시제이다. 그래서 AD 5세기의 언어학자 'Priscan'은 Aorist가 얼마 전에 일어난 사건을 가리킬 수도 있고 이미 오래 전에 종료된 일을 가리킬 수도 있다고 주장했다. 또한 'Aorist'는 어떤 사건이 과거에 발생했다는 사실을 우리에게 알려 주기는 하나, 그 사건이 완전히 종료된 것인지 아니면 아직도 진행 중인에 대해서는 정보를 제공해 주지 않는다.

이렇게 볼 때, Perfect와 Pluperfect는 특정한 사건이 얼마나 근접한 과거에 발생했는가에 따라 서로 구별되는 한편, Imperfect는 그 사건이 완전히 종료되지 않았다는 점에서 완료형 과거(Perfect나 Pluperfect)와 다르다. 그리고 마지막으로 Aorist 시제는 근접한 과거인지 먼 과거인지, 또는 종료되었는지 진행 중인지에 관해서 중립적이다.

희랍어의 시간 범주가 화자와 사건이 일어난 시간을 어떻게 인식하느냐의 문제에 초점을 두기 보다는 사건이나 상황의 내부를 들여다보면서 그 상황의 시작, 진행, 지속, 반복, 완결 등을 표시하는데 주로 사용되었음을 확인할 수 있다.

범어의 경우 베다어의 경우 희랍어와 유사한 방식으로 상 범주를 표시하는 시간 범주가 있었지만 고전 범어로 넘어가면서 상 범주를 표시하는 문법 형태가 화자가 경험한 사건이냐, 화자가 들어본 사건이냐 아니냐를 기준으로 쓰이게 됨에 따라 상을 엄밀하게 구분하여 표시하는 역할을 하지 못하게 되었다.

V. 각 언어권의 언어 특징과 사유, 철학적 문제의식

1. 어휘장의 분석을 통해본 사유의 특징

1.1 머리

1) 어휘의 양적인 면에서 볼 때, 한국어와 중국어가 범어나 희랍어에 비해서 월등히 많으며, 의미 분화도 활발하게 이루어진다.
2) 한국어와 중국어에서는 비교적 다양한 의미 영역에 걸쳐 세밀한 의미 분화가 이루어지고 있는 데 비해, 범어와 희랍어에서는 의미 분화가 상대적으로 잘 진행되지 않고 있다. 이것은 한국어와 중국어에서는 해당 언어의 어휘 체계에서 [머리]장이 상대적으로 중요성을 갖는 어휘임을 보여주는 현상이라고 할 수 있다.
3) 한국어 {머리}와 중국어 {頭}의 분화는 세부적 측면에서는 약간의 차이를 보이지만, 전체적인 양상은 크게 다르지 않게 나타난다. 그러나 범어의 {śiras}, 희랍어의 {kephale}・{kara}에서는 추상적 개념 영역으로의 분화가 거의 이루어지지 않았거나 상당히 낮은 빈도를 보이고 있다.
4) 특히, 한국어와 중국어에서 상당히 높은 빈도를 보이는 [시간] 영역으로의 분화가 범어와 희랍어에서는 전혀 나타나지 않는다는 사실이 특기할 만하다.
5) 결론적으로, 한국어와 중국어의 [머리]장은 구체적 대상 영역에서는 물론, 추상적 개념 영역으로의 의미 분화가 잘 진행된 반면, 범어와 희랍어에서는 구체적 대상 영역에서 주로 이루어지는 정도임을 확인할 수 있다.

우리가 선택한 '머리'는 사람의 몸 위에 붙어 있는 구체적인 몸체로서의 머리였다. 이에 해당하는 중국어의 頭, 범어의 śiras, 희랍어의 {kephale}·{kara}도 각기 몸체로서의 머리를 나타낸다. 머리의 어휘장에서 특기할 만한 것은 한국어와 중국어에서의 분화의 양이 범어나 희랍어에서보다 월등하게 많다는 점이다. 이는 한국과 중국에서 [머리]장이 상대적으로 중요하며 범어나 희랍어에서는 중요하게 간주되지 않았다는 것을 의미한다. 곧 한국어에서나 중국어에서 서구어(희랍어나 범어)에서보다 구체적인 몸체로서의 머리에 대한 관심이 집중되어 있음을 의미한다. [핵심], [지능], [사람], [병]은 [kephale]장에서만, [두발]은 [kara]에서만 분화가 나타나는데 비해 한국어나 중국어에 비해서는 상대적으로 어휘 분화의 빈도가 낮다. 우리말이나 중국어에서는 몸체로서의 머리와 사고의 연관관계가 높으나 서양에서는 그렇지 않다는 것을 보여준다고 할 수 있다.

더 나아가 한국어와 중국어에서는 머리가 추상적인 개념 영역으로의 분화가 활발하지만 희랍어와 범어에서는 그런 변화가 거의 일어나지 않는다는 점도 특기할 만한데, 이는 구체적인 몸체와 추상적인 영역의 연관관계가 동양에서는 밀접한 반면 서양에서는 그렇지 않다는 점을 확인시켜 준다. 희랍어와 범어에서는 지능 생명 등으로서의 분화가 일어나기는 하지만 그 빈도가 동양에서보다 현저히 낮다. 범어와 희랍어에서의 머리는 추상적 영역으로보다는 구체적인 영역으로만 분화한다고 말할 수 있다. 이는 동양에서는 추상적인 영역이 구체적인 영역으로부터 독립되어 있지 않지만 서양에서는 추상적인 영역이 구체적인 영역과 독립적으로 발전될 것임을 알려준다고 할 수 있다.

결론적으로 동양에서는 구체적인 영역에 대한 관심이 지대하며 서양에서는 구체적인 영역과 독립적인 추상적인 영역의 전개가 가능하다는 것을 알려주는 증거라고 하겠다.

1.2 마음

1) 구체적 대상 영역에 속하는 <심장>의 의미는 중국어와 범어에만 나타난다.

2) 본래적 영역에 속하는 하위장은 네 언어에서 비교적 다양하게 이루어졌으나, 그 구체적 양상이 달리 나타난다. 특히 [생기], [생명], [영혼]장은 희랍어에만 나타나는 특징이 있다.
3) 한국어와 중국어에 나타나는 [양심]과 [공간]장이 범어와 희랍어에는 나타나지 않는다.
4) 중국어와 범어에 나타나는 [정신]장은 한국어와 희랍어에 나타나지 않으며, [특성]장은 범어에만 나타난다.
5) 인간이 주체적으로 개입하는 능동적 영역에서는 하위장이 범어에서 가장 다양하게 나타난다.
6) 능동적 영역에서 [의지]장은 네 언어 모두에서 나타나는데, [생각], [태도], [의도]장은 범어에만 나타난다.
7) 능동적 영역에서 [관심]장은 한국어에만 나타난다.

[마음]장과 관련해서 특기할 만한 것은 범어와 중국어에서 [마음]이 구체적 대상으로서의 심장이라는 의미를 갖는다는 점이다. 이에 비해 한국어에서는 마음이 구체적인 대상으로서의 심장이라는 의미를 갖지 않는다고 할 수 있는데, 이는 한국어에서는 [가슴]이라는 어휘가 따로 있기 때문이라고 여겨진다. 곧 한국어에서는 마음이 일차적으로는 외적인 몸과 구분되는 내적인 품성을 나타내는 것으로 여겨지고 있음을 알 수 있다. 마음이 양심이나 양식의 의미로 사용되고 있다는 데서도 이를 확인할 수 있다.

범어의 경우, [마음]장이 사고{citta}의 영역과 정서{hṛd} 어휘로 이미 분화된 채로 등장한다는 것이 특징적이라고 할 수 있다. 한국어의 [마음]이나 중국어의 [心]이 정서나 지력, 의지를 포괄하고 있는 반면에 인도인의 경우 이미 내적인 영역에서 정서(감정)와 사고(지력)가 분화되고 있음을 보여준다고 하겠다. 이는 모든 것을 통일적으로 이해하려는 동양인의 심성과 분할해서 이해하고 있는 인도인의 사유방식을 보여준다고 할 수 있다.

희랍어에서 마음을 {psyche}라는 어휘소로 실현하고 있다는 점이 [마음]장에서 가장 특기할 만한 점이라고 하겠다. 희랍에서의 마음({psyche})은 [생기], [생명], [영혼] 등과 같은 어휘장을 형성하며 사유를 나타내는 의미로의 분화가 거의 일어나지 않는다. 이런 현상은 여타 언어에서 내적인 영역을 나타내는 어휘로서의 의지(thymos), 정신(nous)이 따로 형성되어 있기 때문이라고 여겨진다. {psyche}가 내적인 영역으로의 의미 분화를 거의 하지 않는 것은 그 어휘를 육체적인 영역에 한정해서 사용하려는 희랍인들의 성향을 보여준다고 하겠다. 더 나아가 사유를 나타내는 의미로의 분화가 일어나지 않는 것은 희랍적 사유의 특징을 나타내기에 부적합하기 때문으로 여겨진다. 곧 희랍의 철학에서 볼 수 있는 것처럼 희랍적 사유의 특성을 잘 나타내는 정신(nous)이라는 어휘가 별도로 존재하기 때문에 {psyche}가 내적인 영역을 나타내는 의미로 분화될 필요가 없었을 것으로 보인다. 이는 희랍의 (내적) 사유가 인도, 중국, 한국과 다르게 특이한 방식으로 조직되고 있음을 알려준다고 하겠다.

1.3 인식

1) 인지 작용 영역의 특징을 기술하면 다음과 같다.
   (1) [인식], [지식/이해]장은 네 언어 모두에서 나타난다. 이것은 이 의미장이 인간의 인지 활동 영역의 중심이 되기 때문일 것이다.
   (2) [지각/인지]장은 중국어를 제외한 세 언어에 나타나고, [친교/관계] 영역은 범어를 제외한 세 언어에 나타난다.
   (3) [분간]장은 한국어에만 나타난다. 다만, 한국어에서도 그다지 빈도가 높지 않아 유의미한 분류인지 검토가 필요할 것이다.
2) 수행 행위 영역에서는 인지 작용 영역에 비해서 언어 간 차이가 많이 나타난다.
   (1) 중국어를 제외하고 세 언어에 공통되는 것은 [인정/승인]장이다. 중국어에서 이것이 두드러지지 않는 것이 특이하다.
   (2) [판단·믿음/결정], [능력]장은 한국어와 희랍어에 나타나고, 중국어와 범어에는 없다.
   (3) 범어에는 다른 언어에서 보이지 않는 [지시/명령], [확인]장이 있으며, 중국어에는 [주관]장이 있다. 그러나 이들 역시 어휘

빈노가 높지 않아 이들 언어만의 특징이라고 단정하기 어렵다.

[인식]장에서는 전 언어에서 의미 분화가 활발하게 일어난다. 이 의미장이 인간의 인지 활동 영역의 중심이 되기 때문일 것이며 각 나라에서 인지 작용에 대한 관심이 높다는 것을 알려준다.

범어 [인식]장의 {jñā}는 단독 어휘로는 의미를 갖지 못하고 형태 결합시 어근으로 기능하고 있다는 점이 특이하다.

희랍어의 [인식]장에는 다른 나라 말과 달리 하나의 원 어휘가 존재하지 않고 {oida/eido}, {gignosko}, {epistamai} 등으로 분화되어 있다는 점이 특이한데, 이는 희랍어에서 '알다'라는 어휘가 원래부터 다양하게 분화되어 사용되고 있음을 나타낸다. 곧 다른 언어에 비해 인식 기능에 대한 관심이 지대하다는 것을 보여준다.

[인식]장에서는 중국어가 다른 언어에 비해 특징적인 면을 많이 보여준다. 첫째, 중국어의 의미 분화는 반드시 형태결합을 통해서만 일어나고, 결합된 형태에서도 원 의미를 유지하고 있는 경우가 태반이다.(이는 중국어의 의미 분화 일반이 가지고 있는 특성이라고 할 수 있기도 하다) 의미 분화 과정에서 의미의 변화가 일어나지 않는다는 것은 한자가 뜻글자이기 때문이라고 여겨지며, 이는 한 어휘가 이질적인 의미로의 전환이 거의 일어나지 않고 의미의 동질성을 유지하고 있음을 나타낸다. 다른 어휘와 결합하여 전체적으로 다른 의미를 나타내는 데 역할을 담당하고 있으면서도 원래의 의미를 잃지 않는 방식으로 어휘 분화가 일어나고 있는 것이다. 이는 전체의 부분으로 참여하고 있으면서도 자신의 동질성을 유지하고 있는 중국적 사유방식이 이에서 기인한다고 볼 수 있겠다. 조금 일반화하면 상황변화에 유연하게 대처하면서도 속으로는 항상 자신의 생각을 따로 갖고 있는 중국적 사유의 이중성이 이에서 기인한다고도 할 수 있을 것 같다.

둘째, [인식] --> [지각/인지]장으로의 분화가 다른 언어에서는 활발하게 있어나고 있으나 중국어에서는 출현하지 않는다는 점도 특이하다고 할 수 있다. 앎과 감각이 다른 언어에서는 어느 정도 연관을 맺고 있으나 중국어의 경우에는 그렇지 않음을 보여주는 사례라고 할 수 있는데, 이는 중국어가 뜻글자로서 언어 이해의 과정에서 감각적 관련성이 적기 때문으로 여겨진다. 중국인들이 지극히 실용적이고 현실적이면서도 감각적 인지를 중요하게 생각하고 있지 않다는 점을 보여준다고 할 수 있겠다.

셋째, 한국어, 범어, 희랍어에서 [인식] --> [인정/승인]장이 출현하는데 반해 중국어에서는 이와 같은 의미 분화가 일어나지 않는다. 이는 중국인들이 인식을 사태를 인정하고 승인하는 기준으로 사용하고 있지 않다는 것을 보여준다고 할 수 있다. 행위 기준으로서 인식보다는 경험이나 경륜, 의리 등을 택하고 있는 중국적 사유방식의 일단을 보여준다고 할 수 있을 것이다. 행위(실천)와 결부되지 않은 인식을 상대적으로 저평가하는 중국적 사유와도 관련이 있을 것으로 본다.

1.4 보다

1) 주체와 대상 영역은 범어에만 나타나는 특징이다.

2) 구체적 행위 영역은 둘로 나누어 '감각 행위' 영역과 '수행 행위' 영역을 설정하였다.

   (1) 감각 행위 영역에 속하는 하위장은 [시각 행위]와 [관찰]이다. [시각 행위]장은 4개 언어 모두에 있고, [관찰]장은 범어에만 없다.

   (2) 수행 행위 영역에서는 [만남]장이 범어를 제외한 3개 언어에 있고, [돌봄/보호]장은 한국어와 중국어에 있다. [과정 수행]·[일처리]·[성취]장은 한국어에만 있고, [경계]·[조사/탐색]·[생존]장은 희랍어에만 있으며, [독서]·[진료]·[방문]장은 중국어에만 있다.[1] 그런데 범어에는 아예 수행 행위 영역에 해당하는 시각 행위 어휘가 없는 것으로 나타났다.

3) 정신 작용 영역은 현재적 작용과 미래적 작용으로 나누어 설정하였다.

   (1) 정신 작용 영역에서는 희랍어가 가장 활발한 의미 분포를 보였다.

   (2) [판단/평가]장은 범어를 제외한 세 언어에 모두 있으며, [지각]

1) 문장 단위에서는 있을 수가 있으나 어휘 차원에서는 중국어의 특징이라고 할 수 있다.

장은 범어와 희랍어에, [식별/구분]장은 중국어와 희랍어에 각각 나타났으며, [관심]장은 희랍어에만, [생각], [척도]장은 범어에만 나타났다.

(3) 미래적 작용을 나타내는 하위장은 한국어와 희랍어에만 나타났으며, 한국어에는 [추측/예측], [소망/기대]장이, 희랍어에는 [추측/예측], [소망/기대], [지향]장이 나타났다.

[시각 행위]장에서 가장 특징적인 면은 범어에서 찾을 수 있다. 여타의 언어와 달리 범어의 시각행위를 나타내는 {dṛś}는 보는 주체로서의 눈과 눈이나 지각, 이해의 대상영역으로의 의미 분화가 일어나며, '보다'라는 행위의 측면에 주목해볼 때 수행행위를 나타내는 의미 영역이 없고 다만 감각행위 영역만이 존재한다. '보다'라는 행위에서 행위의 주체와 대상을 떠올릴 수 있는 방향으로 의미의 분화가 일어난다는 것은 활동에는 언제나 활동을 행하는 주체와 활동이 가해지는 대상이 함께 따라다닌다는 것을 알 수 있다. 이는 인도인이 보는 활동을 할 때 행위 주체와 대상을 상정하는 것을 자연스럽게 생각하고 있음을 보여준다. 또한 인도인은 '보다'라는 어휘를 수행 행위보다는 감각적인 지각 차원에서 이해하고 있음을 알 수 있는데, 이는 보는 행위에 육체적 행위를 덩달아 떠올리는 여타 언어권과 구분되는 주요 특징이라고 할 수 있다.

한국어와 중국어에는 '보다'라는 어휘가 만남/돌봄 장으로의 분화가 일어나고 있으나 희랍어와 범어에는 그렇지 않다는 점도 주목할 만하다. 본다라는 행위가 만남이나 대상에 대한 보살핌이 행위와 연계되어 있는 언어권과 그런 면을 가지지 않는 언어권 사이에는 주체와 대상 사이의 관계가 달리 설정될 수밖에 없으리라는 것을 추정할 수 있다. 시각은 인간의 감각기관 가운데 가장 많은 정보를 처리하고, 인간의 지성적인 면과 가장 연관이 깊은 기관이라고 할 수 있다. 곧 인간과 세계가 1차적으로 접해서 경험적 데이터를 얻는 주요 기관이자 사유로 대상을 파악하는 방식을 잘 드러내주는 기관이라고 할 수 있다. 곧 인간이 세계를 파악하는 방식을 잘 드러내준다고 할 수 있다. 이 같은 관점에서 보면 중국어와 한국어에서 '보다'라는 어휘가 만남/돌봄의 의미로의 분화가 일어나고 있다는 점은 여기서의 세계 이해가 객관적인 파악이나 관찰 이외에 서로 간의 만남이나 돌봄의 측면을 포함하고 있음을 암시해준다고 하겠다.

2, Be(이다, 있다) 동사 분석을 통해 본 사유의 특징

1) 희랍어 : 실체 중심의 논리학 형성과 비존재의 역설

희랍어의 einai 동사는 기본적으로 "있다"와 "이다"의 의미를 함께 가지고 있다. 희랍인들이 생각하기에, **존재하는 대상은 항상 어떠어떠한 성질을 가진 것**으로 규정될 수 있는 것이다. 반면 존재하지 않는 것은 아무런 규정성도 가지지 않았으며 사실이 아닌 것이 된다. 그렇다면 우리는 어떻게 존재하지 않는 것에 관해 생각하거나 배울 수 있겠는가? 바로 이것이 파르메니데스가 제기한 비존재(me eon)의 역설이며, 이후의 철학자들은 비존재의 역설을 해소하기 위해서 노력했다. 한편 einai는 존재하는 대상에 대한 술어로 기능하고 있는 동시에, 그 대상의 성격(가령 속성이나 위치, 관계 등)을 규정해 주고 있다. 아리스토텔레스가 실체를 tode ti("이 무엇")로 규정한 것도 같은 이유에서일 것이다. 왜냐 하면 우리의 모든 탐구는 있는 것을 대상으로 해야 하는데, 있는 것은 여기에 어떠어떠한 것으로 있기 때문이다. 이처럼 einai 동사는 **실체 중심의 논리학**을 형성하는 데 결정적 계기가 되었다고 생각된다.

2) 범어 : 두 단어가 동일한 의미임을 보여주는 문장 기호 (주어와 서술어 사이의 구별 없음)

그런데 인도유럽어에 속하는 범어의 √as 동사도 "이다"와 "있다"라는 의미 모두를 가지지만, 인도 철학에서는 비존재의 역설이 논의되지 않았다. 우리는 그 이유를 다음과 같이 생각할 수 있다. 희랍어의 경우, 동사가 인칭과 수에 따라 굴절할뿐더러, 주어로 사용되는 체언은 대부분의 경우 정관사와 함께 사용된다. 이 때문에 대부분의 문장의 경우 주어가 어떤 것인지에 관해 고민할 필요가 없다. 또한 희랍어 문장 "A esti B"는 "A라는 대상이 존재하며 그것이 B라는 성질을 가지고 있다."는 뜻으로 해석될 수 있는데, 이는 우리의 사고나 언어가 일단 존재하는 것을 그 대상으로 함을 보여준다. 아마도 이런 이유로 아리스토텔레스도 첫 번째 범주를 "실체(ousia)"라고 규정한 것이 아닌가 하는 생각이 든다. 반면 범어의 경우 **정관사가 존재하지 않기 때문**에, √as가 서술 구문으로 사용되었을 때, 두 단어 중 어떤 것이 주어이거나 서술어인지 결정하기 힘든 경우가 많다. 이렇게 볼 때, √as 동사는 어떤 대상(즉 실체)이 존재하고 그것이 어떠어떠한 성질을 가지고 있음을 나타내고자 하는 것이 아니라, 단순히 두 단어가 연계되었음을 보여주는 문장 기호로 사용되고 있다. 또한 한정어와 피한정어를 어떻게 결정할 것인가와 관련된 불분명함을 해소하기 위해서 범어 문장에서는 eva나 vai가 사용되었는데, 이로 인해 오히려 √as 동사의 역할이 더욱 축소되는 결과를 낳게 되었다.

* 희랍어와 범어의 비교

범어의 경우 아스(be) 동사의 문법적 기능이 확정되어 있지 않기 때문에 주로 부정적 지칭의 방식으로 실체개념을 형성했다고 볼 수 있으며, 희랍어의 경우 einai 동사의 문법적 기능이 정관사의 사용과 더불어 비교적 명확하게 정해져 있기 때문에 긍정적 지칭의 방식으로 실체개념을 형성했다고 생각해 볼 수 있다.

먼저 범어에는 정관사가 없기 때문에 √as 동사는 문장에서 어떤 것이 한정어이고 어떤 것이 피한정어인지 분명히 표현할 수 없다. 그래서 이런 기능을 vai나 eva의 의미가 담당하게 되었는데, 그 결과 √as는 문장에서 아무런 역할도 하지 못하며 따라서 불필요하게 되었다. 더구나 vai나 eva는 단순히 어떤 것이 주어이고 술어인지를 표시해 주는 기호에 불과하기 때문에, 주어에 해당하는 대상이 실제로 존재한다는 함축을 가지지 않는다. 그러므로 다르마끼르띠가 eva의 위치에 따라서 문장의 의미를 "모든 A는 B이다.", "오직 A만이 B이다.", "어떤 A는 B이다."로 구분했지만, 그럼에도 불구하고 그의 논리학은 명제를 실체에 대한 규정이라고 간주하는 아리스토텔레스 논리학과는 근본적으로 다를 수밖에 없다.

오히려 다르마끼르띠 이후 불교학자들은 앞서 언급한 세가지 논리적 조건들을 활용해서, 자아(ātman)와 같은 형이상학적 존재에 관한 판단을 논박하는 데 사용하기도 했다[2].

한편 서구 논리학에서는 모순 개념이 매우 중요한 위치를 차지한다. 즉 전칭긍정과 특칭부정은 모순관계를 이루고 있으며, A, E, I, O 문장이 대당사각형을 이루고 있다. 반면 다르마끼르띠를 비롯한 인도의 철학자들은 부정 명제에 별로 관심을 보이지 않는 듯하다. 가령 다음 문장을 보자.

rūpaṃ anātmā : 물질은 영혼이 아니다. 물질은 영혼을 결여하고 있다.

서구 논리학에서 전칭긍정 명제의 부정은 특칭부정 명제가 된다. 하지만 위의 문장은 물질 중에 어떤 것이 영혼이 아니라는 말인지, 아니면 모든 물질이 영혼이 아니라는 것인지 불분명하다. 이렇게 볼 때 인도의 사상가들은 서구의 철학과는 다른 방식으로 대상세계를 이해하고 이에 관해 판단했을 것이라고 추정된다.

3) 중국어 : 개념들간의 연결이 자유롭다, 무주어 구문

한편 중국어나 한국어의 경우 "이다"를 가리키는 말과 "있다"를 가리키는 말이 상이하기 때문에, 일단 비존재의 역설과 같은 문제가 발생하지 않는다. 또한 "이다"와 관련된 단어가 be 동사의 서술어적 용법과 유사한 기능을 담당하고 있는 것은 사실이지만, be 동사보다 훨씬 포괄적인 의미로 사용된다. 한편 고대한어의 경우, 느슨한 주술관계를 갖는 문장에서는 주어와 술어의 관계가 내포나 외연처럼 이미 확정된 영역을 넘어서 외적으로 연결되고, 그에 따라 문장의 의미가 결정된다. 중국어 문장에서 개념 간의 관계가 내적으로 관련되어 있지 않으며, 개념간의 연

2) 범어의 경우 아스 동사의 문법적 기능이 확정되어 있지 않기 때문에 주로 부정적 지칭의 방식으로 실체개념을 형성했다고 볼 수 있으며, 희랍어의 경우 einai 동사의 문법적 기능이 정관사의 사용과 더불어 비교적 명확하게 정해져 있기 때문에 긍정적 지칭의 방식으로 실체개념을 형성했다고 생각해 볼 수 있다.

결이 자유롭나는 점은 相反相成의 관점을 견지하는 중국철학의 전통과 연결되는 것으로 보인다.

또한 인도-유럽어와는 달리 **중국어에서는 형용사가 계사를 필요로 하지 않는다.** 계사적 동사가 없는 문형에서는 동사나 형용사를 보편개념화할 가능성이 희박하고, 인도-유럽어족에서 나타나는 이름과 대상 사이에 개입하는 본질이라는 것이 없다. 그러기에 중국철학에서는 개념들 사이의 내적 관계보다는 명실관계가 논의의 쟁점으로 부각된다.

무주어문은 **중국어 문장이 술어중심적**임을 보여주는 전형적인 예이다. 무주어문은 중국어 문장에서 주어가 반드시 있어야 하는 요소는 아니며, 동사만으로 명제의 최소 형태를 구성할 수 있음을 보여준다. 중국어 문장에서는 어떤 것도 술어자리에 위치할 수 있으며 이는 개체나 실체가 그것이 속해 있는 상황이나 국면보다 앞선다고 보지 않는 중국철학의 관점을 드러낸다. 특히 중국어 존재동사인 '有'의 용례로부터 우리는 중국철학에서 사물을 독립된 개체로 보지 않고 세계의 일부로 설정하는 태도를 읽을 수 있다.

4) 한국어 : 상황 의존 구문 (성, 수, 격의 일치 결여)

"이다"의 문법적 기능이 희랍어의 einai나 영어의 be 동사의 기능과 동일하지 않다는 점이다. 가령 영어의 경우 "He is a boy."나 "He is handsome."처럼 be 동사가 두 개의 체언을 서로 연결해 주기도 하는 한편, 체언과 형용사 혹은 부사구를 연결해 줄 수도 있다. 반면 우리말의 경우 "이다"는 체언 뒤에만 붙을 수 있으며, 형용사 뒤에는 "이다"가 올 수 없다. 그렇다면 엄밀히 말해서 "이다"는 be 동사와 문법적 기능이 같다고 보기 힘들다. 오히려 우리말의 경우에는 주어와 술어를 연결해 주는 기능을 "이다"가 아니라 "이/가"혹은 "은/는"이 담당하고 있는 것이 아닌가 하는 생각이 든다. 만약 이러한 가정이 옳다면 "이/가" 또는 "은/는"는 범어의 eva나 vai와 동일한 기능을 담당하는 셈이다.

혹은 "-은/는 -이다"라는 도식이 영어의 be 동사의 역할을 담당하고 있다고 볼 수도 있지 않을까 하는 생각이 든다. 하지만 설령 그렇더라도 "-이다"의 기능이 be 동사의 기능과 완전히 동일하다고 생각되지는 않는다. is + 형용사 구문의 경우, "-은/는 -이다"가 아니라 "-은/는 -하다"로 번역해야 할 것이기 때문이다.

그러나 우리말의 "이다"는 희랍어의 einai나 영어의 be 동사로는 설명될 수 없는 의미도 포함하고 있다. 특히 "나는 자장면이다."와 같은 상황의존 구문은 성, 수, 격의 일치를 중시하는 인도유럽어의 관점에서는 도저히 설명할 수 없는 것이다. 이러한 상황 의존 구문은 우리말 뿐 아니라 중국어와 일본어 등 동양 언어에도 빈번히 등장한다. 가령 我們倆買的書不一様，他是**英文課本**，他是**科技常識**。라는 현대 중국어 문장에서 是는 is가 아니라 does로 번역되어야 한다. 다시 말해 是는 단순히 他와 英文課本을 연결시켜 주는 문장기호일 뿐, 존재 함축을 전혀 가지지 않는다. 이렇게 볼 때, 是 구문은 실체 중심의 아리스토텔레스 식의 논리학으로 설명 불가능하다. 물론 그렇다고 해서 중국어가 전적으로 비논리적 언어라고 단정지을 수는 없다. 오히려 우리는 중국어의 是가 희랍어 동사 einai와 공통점이 있는 것이 사실이지만, 두 단어가 근본적으로 기술하고자 하는 바가 달랐다고 보아야 할 것이다.

일본어의 경우도 だ 혹은 です가 다른 동사를 대신하는 표현으로 많이 사용되는데, 가령 トイレはあそにあります。(화장실은 저기에 있습니다.) 대신 トイレはあそにです。(화장실은 저기입니다.)를 사용할 수 있다. 하지만 일본어 문장 新聞はどこにありますか。를 新聞はどこですか。라고 바꾸는 데에는 아무런 문제가 없지만, 한국어에서 "신문은 어디에 있습니까?"를 "신문은 어디입니까?"라고 바꾸어 사용하지는 않는다. 그렇다면 우리말의 "이다" 보다 일본어의 だ 혹은 です가 더 포괄적인 의미로 사용된다는 말이다. 그렇다면 우리말의 "이다"는 어떤 원칙에 의거해서 두 단어 사이를 연결해 주는지 밝혀야 할 것이다.

이상으로부터 우리는 각 나라 말의 특징에 따라 서로 다른 사유가 발전할 수 있으며, 그에 따라 한 언어권에서 제기되는 철학적 문제가 다른 언어권에서 철학적 문제가 되지 않을 수 있다는 결론에 이를 수 있었다. 희랍의 존재론이나 형이상학, 논리학, 윤리적 진술에 대한 정당화의 문제 등이 인도에서는 부정 지칭적(negative referent) 실체의 개념이나 인명 논리학의 확립과 같이 전혀 다른 방식으로 제기될 수 있으며, 우리나라나 중국에서는 서의 철학적으로 문제가 되지 않을 수도 있다는 점을 확인할 수 있었다. 한국어에 적합한 철학적 문제의식이 어떤 것이어야 할지를 고민하는 일이 뒤따라야 할 것으로 본다. 우리말의 ‘이다’가 문장에서 하는 기능이나 역할, 그것의 정체성에 관한 논의가 심도 있게 다루어지면 우리말로 철학하기 또는 우리말에 적합한 논리의 개발에 대한 단초를 마련할 수 있을 것으로 본다.

3. 문장의 의미조건과 연계된 사유의 특징

1) 비록 문법적 외형이 유사하지만, 희랍어와 범어는 상당히 다른 방향으로 발전했다. 희랍어가 동사중심의 언어로 발전했다면 범어는 명사중심으로 발전했다. 따라서 희랍어는 동사변화를 매개로한 문장의 짜임이 탄탄해서 형식적인 측면에서는 문장의 외적인 요소로부터 상당히 독립된 모습을 보여주고 있다. 반면 범어는 명사의 격변화를 매개로한 문장요소들 사이의 관계가 발전하면서 문장의미가 상당부분 외적인 요소들에 의해서 영향을 받게 되었다.

2) 한국어의 경우 비록 인칭 수 격 등이 서로 연관되어 유기적으로 작용하지는 않지만, 조사를 중심으로 개별 문법범주들이 독립적인 역할을 하고 있다. 따라서 한국어는 동사변화를 매개로한 문장의 짜임이 발전하기 보다는 조사를 매개로한 문장요소들 사이의 관계가 발전한 언어이며 따라서 문장의미가 상당부분 외적인 요소들에 의해서 영향을 받게 되었다.

3) 희랍어의 경우 개별적인 문장요소들이 격변화 또는 동사변화를 통해 스스로의 문법적인 특징을 밝히고 있음으로 문장의 어순이 중요하지 않은 것으로 보이고 있다. 하지만 희랍어에도 hyperbaton을 통해서 문장의 어미가 상당부분 문장의 어순에 의존하고 있음을 알 수 있다.

4) 범어의 경우 희랍어에서 유한동사를 중심으로 복잡하게 발달한 과거의 표현들이 점차적으로 사라지고, 과거수동구문을 통해 명사적으로 과거를 표현하게 된다. 따라서 동사의 수와 시제는 더 이상 중요한 문법적인 요소로 작용하지 못하게 되었고, 도구격 소유격 등이 문장에서 주

어의 역할을 하게 되었으며, 문장의 문법적인 주어와 문장의 의미상의 주어가 달라지는 빈도가 많아지게 되었다.

5) 중국어는 한국어 범어 희랍어와 비교했을 때 외형적으로 어형이라고 할 수 있는 것이 어순밖에 존재하지 않는다. 중국어에서는 성 수 인칭이 문장의 구성요소로서 중요하게 취급되고 있지 않다. 따라서 중국어에서 어순은 거의 유일한 문법적 규칙으로 간주되며, 주어와 술어의 관계에서 어순은 거의 유일한 문법적 장치가 된다. 중국어는 이 어순을 통해서 문장의 성분을 표시하며 어순의 변화를 통해서 표현의 다양성을 이끌어낸다.

이 어순이란 것은 단어 자체에 내재되어 있는 것이 아니기 때문에 외형적으로 의미의 연관관계가 명확하게 나타나지 않는다. 아마도 중국어가 표의문자이기 때문에 표음문자인 희랍어, 범어, 한국어처럼 개별 단어에 소리와 함께 문법적 장치를 포함해야할 필요를 느끼지 않았기 때문으로 보인다. 비록 중국어에서 겉으로 드러나는 의미연관요소들은 없지만, 개별 단어의 의미를 매기로 한 내적 의미연관요소가 있을 것으로 보인다.

문장이 의미를 갖추기 위한 조건을 통해서 밝힐 수 있는 각 언어권의 사유방식 차이에 대해서는 보다 심층적인 연구가 필요할 것으로 본다. 문장이 의미를 갖추기 위한 조건을 과제로 채택한 것은 1) 비트겐슈타인이나 구조주의에서처럼 의미를 갖추기 위한 형식적 요건을 해명하고, 2) 그로부터 의미(sense)의 영역과 비의미(senseless) 영역을 가르는 경계가 어떤 방식으로 구조화되어 있는가를 밝히기 위함이었다. 이와 같은 연구가 성공하기 위해서는 각 나라 말의 구문(syntax)의 용례를 풍부하게 수집하여 분석하고, 그로부터 각 나라 말의 구문이 갖는 보편적 특징을 추출하고, 이를 상호 비교하여 의미와 비의미의 경계를 찾아내어, 다시 이로부터 사유의 한계가 어떻게 책정되고 있는지를 찾아내는 작업이 이루어져야 한다. 이와 같은 탐구는 상당 정도의 인력이 장기간 투입되어야 완수될 수 있다. 연구 인력이 부족하고 기간이 짧은 관계로 이와 같은 방대한 작업을 수행하기 어려웠다. 더구나 서양의 언어, 특히 영어나 독일어, 불어에서는 비교적 이와 같은 연구가 상당정도 진척되었으나 우리가 대상으로 삼았던 한국어, 중국어, 희랍어, 범에시는 선행연구를 찾기 어렵기도 하였다. 이에 우리의 연구는 각 나라 말의 문법적 특징을 살펴보고 이로부터 비교적 단순한 결론을 찾아내는 선에서 마무리하였다.

희랍어와 범어는 문법적 형식이 비교적 상세하게 규정되어 있고, 다양한 문법적 범주들이 서로 얽혀 서로를 제약하는 방식으로 문장을 구성하고 있다고 할 수 있다. 곧 희랍어와 범어는 문장의 주요 구성분(명사, 동사, 형용사)에 성, 수, 격, 시제, 인칭 등이 각기 다 반영이 되어 있어서 정해진 명사에 대응하여 정해진 동사와 형용사, 정관사를 사용해야 한다. 그에 따라서 문장의 주요 구성분을 살펴보면 누가, 언제, 무엇을, 어떻게 이야기했는지를 명확하게 파악할 수 있다. 이럴 경우 문장의 형식이 구비되면 외부적인 사건과 별도로 자체적인 의미를 비교적 명확하게 파악할 수 있게 된다. 곧 문장의 의미를 결정하는데 형식적인 요소가 중요한 역할을 한다고 할 수 있다. 이에 따라서 서구어(희랍어, 범어)에서는 문장의 형식적인 요소를 따지는 작업이 인간 사유의 내용이나 방식을 결정하는데 결정적인 역할을 한다고 할 수 있다. 곧 이로부터 문장의 형식적 요건을 분석하여 인간의 사유방식을 규범화하려는 형식논리학이 발전할 수 있게 된다.

문장의 의미 결정 요건과 관련하여 가장 특징적인 언어는 중국어라고 할 수 있다. 중국어에서는 어느 정도 논란의 여지가 있지만 문장의 형식적 요건은 문장의 의미를 결정하는데 거의 영향을 미치지 않는다. 때에 따라서는 단어 하나가 문장을 이루는 경우도 있고 품사를 서구식으로 분류하는 것이 거의 무의미하고 성, 수, 격, 시제, 태(mood)와 같은 문법적인 형식 여건을 전혀 갖추고 있지 않다고 할 수 있다. 다만 문장에 출현하는 어휘의 순서 정도만 문장 구성분의 역할을 정하는데 중요한 역할을 하고 있다. 이에 따라서 중국어에서는 문장의 형식과 문장의 의미는 별 관련을 맺고 있지 않다. 결국 문장의 의미는 문장의 형식에 따라 결정되는 것이 아니고 내적인 의미 연관관계에 의해서 결정된다고 할 수 있다. 중국어의 이런 성격에 따라서 서구식의 형식논리학이 전개될 소지가 거의 없다고 할 수 있다. 그렇다고 중국어에 나름대로의 논리마저도 없다는 결정을 내릴 수는 없다. 오랜 세월의 독서를 통해 자연스럽게 문리(文理)가 트이는 방식으로 의미를 결정할 수 있기에 내적인 의미연관의 논리성을 갖추고 있다고 말할 수 있을 것이다.

한국어의 경우 문장의 형식적 구문은 서구어에 비해 단순하다. 곧 문법적 형식은 최소한으로만 규정되어 있고 상황에 따라서 의미가 명확하게 결정된다. 곧 적은 수의 규칙만을 정하고 세세한 부분은 화자나 사용용처, 상황에 따라 유연하게 정해진다고 할 수 있다. 의미 결정에 있어 문법은 최소한의 역할만을 수행한다는 것이 한국어의 특징이라고 하겠다. 형식적인 요소가 없지 않다는 점에서 모든 것이 내적인 의미연관관계에 따라서 결정되지도 않고 형식적인 요소가 의미 결정에서 중요한 역할을 하지 않는다는 점에서 서구식의 엄격한 형식논리학이 형성될 필요도 없다는 것이 한국어의 형식적 특징이라고 하겠다.

우리말과 서구어를 비교할 때 문장의 구성분 가운데 어떤 요소가 주도적으로 의미를 결정하느냐를 따지는 것도 간과할 수 없는 문제이다. 서구어의 경우는 문장의 주요 구성요소, 곧 명사, 동사, 형용사 등이 의미를 결정하는데 결정적인 역할을 한다. 곧 주요 구성 요소 안에 사람의 성, 수, 역할, 시간, 능동, 수동, 나, 너 또는 제 3자 등을 결정할 수 있는 요소가 다 들어가 있어서 의미를 결정하는데 결정적인 역할을 한다. 이에 따라서 이들 언어에서는 주체나 대상, 활동, 상태가 의미 결정의 주요소가 된다. 이에 비해 우리말에서는 주요 구성분, 명사, 동사, 형용사 등의 상태나 활동 등이 주요 어휘 뒤에 따라 나오는 조사(助詞)에 의해 결정된다. 문장의 요소를 주요 구성분과 주변부로 나눌 경우 주요 부분보다는 주변부가 문장의 의미를 결정하는데 결정적이라는 것이다. 서양식으로 하면 본질이나 실체적인 면보다는 관계나 상황을 나타내는 우연적인 요소에 의해서 결정된다는 것이다. 우리말의 이런 특징 때문에 우리에게는 실체중심의 사유가 발전되기 어려웠을 것이라고 추정해볼 수 있다.

4. 시제와 상을 통해 본 사유의 특징

1) 각 나라 말은 시제와 상을 표시하는 언어 형태에서 차이가 있다.

	현재	과거	미래
한국어	• -는/ㄴ(선어말어미) • -는(관형사형어미)	• -었- • -(으)ㄴ	• -겠-/-(으)ㄹ 것- • -(으)ㄹ
희랍어	• 현재형 어미 μαι, • 현재형 어미 앞에 자음 첨가 없음	• 과거형 접두 모음 ε 첨가, • 과거형 어미 μην, • 과거형어미 앞에 σ (sigma) 첨가	• 현재형 어미 μαι, • 현재형어미 앞에 σ (sigma) 첨가
범어	• 어근에 강세 첨가 및 확장 • 어미 변화	• 어근에 강세 첨가 및 확장 • 접두 모음((a-)) 첨가 • 과거 어미 변화	• 어근에 강세 첨가 및 확장 • 어근에 미래 접사(-(i)sya) 첨가 • 미래 어미 변화
중국어	×	×	×

시제를 나타내는 표현이 언어형태 상으로 차이가 있다는 점은 중요한 의미를 갖는다. 곧 시제의 차이가 어미의 변화에 반영되어 있다는 것은 현재나 과거, 미래에 적합한 표현이 각기 정해져 있다는 것을 의미한다. 곧 과거, 미래, 현재의 시간 구분이 명확해질 수밖에 없다는 것을 의미한다. 이에 비해 한국어에서는 관형적인 표현이 현재 시제를 나타내고 있어서 그것이 꼭 현재만을 나타내고 있다고 볼 수 없다. 무시간적인 표현도 현재형으로 표현할 수 있으며, 진행형을 의미하는 경우도 있다. 과거형 어미인 '-었-'의 경우도 때에 따라서는 완료형을 나타낼 수도 있다. 곧 시제와 상(相)을 나타내는 표현이 따로 있는 것이 아니다. 이에 한국어에서는 시제인지 상인지, 현재인지 아닌지가 문장만 봐서는 알 수 없는 경우가 많다. 때에 따라서는 구태여 시간적 표현을 사용할 필요가 없기도 하다. 이런 점에서 한국인의 시간관은 문법적인 형식요소에 영향을 받을 소지가 적다. 중국어에서는 단어의 형태만으로 시제를 판가름할 수 없다. 곧 언어의 형태에 따라서 시간에 관한 관념이 영향을 받을 소지가 아예 없다는 말이다. 이에 따라서 중국어에서는 언어를 통해 시간관을 형성하는 방식 자체가 무의미할 수 있다.

3) 한국어의 시제 형태는 독자적인 작동 원리를 가지는 반면에 희랍어와 범어의 시제 형태는 인칭과 수, 태 등의 범주와 긴밀하게 연계되는 작동 원리를 가지고 있다.

따라서 한국어는 시제의 표시 유무가 중요한 것이고, 희랍어와 범어는 시제의 표시가 다른 범주의 표시와 공기하게 된다. 희랍어의 시제 형태 '*μαι*(mai)'는 그 형태 내부에 다양한 문법 범주에 대한 정보를 담고 있다. 시제 범주(현재), 인칭 범주(1인칭), 수 범주(단수), 태 범주(수동태)의 정보가 '*μαι*(mai)'라는 문법 형태에 담겨 있는 것이다. 이러한 양상을 통해 우리는 희랍어에서 하나의 시제 형태가 시제 범주만을 표시하는 것이 아니라 다른 범주도 표시하는 것을 알 수 있다. 이는 '*μαι*(mai)'가 문법적 정보를 표시하는 형태의 기능 부담량이 굉장히 큰 것으로 보인다. 하지만 이러한 관점은 형태와 기능의 대응 관계에서 발생하는 비대칭성에 초점을 두는 것이다. 희랍어의 시제 형태에 대해서는 좀 다른 관점이 필요할 것으로 본다.

언급한 바와 같이 희랍어의 '*μαι*(mai)' 형태가 문장에서 실현되게 하는 요소는 시제만이 아니다. 인칭과 수와 태, 그리고 시제 범주가 전체적인 언어 체계 내에서 유기적인 관련성을 맺으며 작동한 결과가 문장에서 '*μαι*(mai)'의 형태로 실현되는 것이다.

이에 반해 한국어의 '-었-'은 시제를 표시하는 기능을 하지만 그 기능이 다른 문법 범주에 의해 간섭받지 않는다. 뿐만 아니라 '-었-'을 쓸 수밖에 없는 문법 체계의 작동 원리도 존재하지 않는다. '-었-'이 문장에 실현되었다고 해서 인칭이나 수를 드러내는 것도 아니다. 따라서 한국어의 '-었-'은 다른 문법 범주와는 별개의 원리에 의해 쓰이는 독립적인 문법 범주로서 쓰인다. 이것은 그렇게 될 수밖에 없는 문법 체계의 원리에 영향을 받는 것이 아니라 시제 범주에 국한된 독자적인 문법 원리에 의한 것이다.

서구어(희랍어, 범어)에서는 시제를 나타내는 문법 범주가 거의 언제나 다른 문법적 요소들(인칭, 수, 성, 격 등에 영향을 받는 것은 시제 자체도 하나의 형식적 요소로 자리 잡고 있을 뿐 아니라 다른 형식적 요소에 의해서도 제약을 받고 있음을 보여준다. 곧 시간을 나타내는 데도 형식적인 요소가 개입할 수밖에 없다. 이에 따라서 시간에 대한 관념도 형식적인 요소의 영향을 받았으리라고 추정할 수 있다. 곧 상황에 따른 시간, 물리적 시간성(temporality)을 표현하기가 어렵게 되었을 것으로 본다.

3) 한국어의 상은 문법 형태소, 보조용언, 부사 등에 의해 다양하게 실

현된다. 중국어의 경우는 어휘 형태와 구문에 의해 실현된다.

: 중국어의 상 범주에 대해서 살펴보자. 중국어의 상 범주는 다음과 같은 양상을 띤다.

완료(Perfective) : 了(동태조사)

ㄱ. 과거완료 : 我买了一本书.

ㄴ. 현재완료 : 我刚写好了一封信.

ㄷ. 미래완료 : 明天上午我们一起吃了早饭以后, 去学校.

지속(durative) : 着(동태조사)

ㄱ. 学校的正门开着呢.

ㄴ. 王先生在椅子上坐着.

진행(durative) : 在(부사)

ㄱ. 大家在唱歌.

ㄴ. 爸爸正在看报纸呢.

경험(experiential) : 过(동태조사)

ㄱ. 我去过. / 我看过京剧. / 我曾经在北京住过五年.

위의 예에서 보는 바와 같이, 중국어에서 '완료'는 '了'(동태조사)', '지속'은 '着'(동태조사), '진행'은 '在'(부사), '경험'은 '过'(동태조사)에 의해 표시된다. 중국어에서 상 범주를 표시하는 위와 같은 형태들은 완전히 문법적 형태로 굳어진 것들이 아니라 어휘 형태들이다. 한편, 중국어에는 구문을 통해서 상적 의미를 표시하는 경우가 있다.

'是---的' 구문

我是昨天来的.(나는 어제 온 것이다)

위의 구문은 과거시제를 나타냄과 동시에 '완성'의 상적 의미를 표시해 준다.

결과보어 구문

ㄱ. 他看书

ㄴ. 他看完一本书。

ㄷ. 我买了一本书.

ㄹ. 我买到了一本书.

결과보어 '完', '到'가 쓰여서 '완성, 완결'의 상적 의미를 나타낸다. (10ㄱ)의 '他看书'(그는 책을 본다)는 현재, 과거, 미래 시제를 모두 표시할 수 있기 때문에 시제는 정해져 있지 않은 상태이다. 그리고 상 범주와 관련해서도 '완성'인지 아닌지를 판단하기가 어렵다. 하지만 (10ㄴ)과 같이 동사 뒤에 '完'이라는 어휘가 결과보어로 쓰이면 동작에 결말이 존재함을 분명히 표시하게 되어 '완성'의 상적 의미를 표시하게 된다. (10ㄹ)에서는 '到'가 쓰여서 '완성'의 의미를 나타낸다. 중국어 동사가 그 자체가 동작의 결과까지 나타내지 않기 때문에 동작의 결과를 보여주기 위해서는 '到'와 같은 결과보어를 사용해야 한다.

이상에서 보는 바와 같이 중국어의 시제와 상 범주 표시를 위한 언어적 형태에는 어법적인 표기뿐 아니라 특정 시제·상 표기조사(동태조사), 구문("(是)+x+v+的"), 특정어휘(完, 好, 掉와 같은 결과보어 역할을 담당하는 어휘 또는 '已经'과 같이 '状语'를 담당하는 어휘)까지도 포함한다.

이에 반해, 희랍어와 범어는 시제 형태소가 동시에 상을 표시하는 문법 형태소로 기능한다.

특히 희랍어의 경우는 법(mood) 체계가 발달되어 있어서 시제를 나타내는 형태소가 상을 나타내는 형태소로 기능하는 경우를 유발한다. 결국 법의 문법 범주가 특정 시제 형태가 해당 시제를 표시하기보다 상의 개념을 표시하게 강제하는 경우가 생긴다.

인칭, 수, 시제, 태가 각각 꽉 짜인 문법 체계의 한 축을 담당하고 그것들이 통합적으로 작동하여 시제 의미를 표시하는 형태가 도출되는 것이 희랍어 시제의 중요한 특징이었다면 가정법, 원망법, 분사구문, 부정사 구문 등과 같은 법(mood)은 시제 범주를 상 범주로 전환시키는 역할을 한다는 것이 희랍어 상의 중요한 특징이라고 할 수 있다. 하지만 법

(mood)에 따라서 쓰인 다양한 구문에서 시제 형태가 상 범주를 실현하는 것으로 전환이 된 다음에는 역시 희랍어 문법 체계가 통합적이고 유기적으로 작동한다.

4) 범어는 베다어의 경우 희랍어와 유사한 방식으로 상 범주를 표시하였지만 상 범주를 표시하는 문법 형태가 화자가 경험한 시간이냐, 화자가 들어본 사건이냐를 기준으로 쓰이게 됨에 따라 상 범주가 모호해진 경향이 있다. 이에 비해 희랍어의 경우는 상이 사건이나 상황의 내부 국면, 즉 시작, 진행, 지속, 반복, 완결을 나타낸다.

VI. 맺음말

처음의 연구 목표가 지금 완벽하게 달성되었다고 할 수는 없다. 인문학적 사변을 토대로 하는 철학적 문제를 현실화시키기에는 너무나 많은 장애가 있었다. 학문 분야간의 의사소통의 어려움, 연구진간의 마찰과 갈등, 매너리즘에 빠져 옅어져 가는 문제의식 등, 넘어야 할 산이 한둘이 아니었다. 그나마 참여한 연구진들의 열성과 노력으로 소기의 성과를 달성할 수 있었다. 그간의 연구 결과를 항목별로 정리하면 다음과 같다.

1. '있다', '이다'와 이에 상응하는 각국어의 기초 서술어를 검토해본 결과 그리스나 인도의 철학적 문제가 중국이나 우리나라의 경우에는 문제가 되지 않을 수 있다.

be 동사의 역할을 담당하는 희랍어의 '에이나이(einai)', 범어의 '아스(as)', 중국어의 '是', 한국의 '이다'는 각기 문법적 역할도 다르고 하고 있는 기능도 다르다. 존재와 서술의 의미를 동시에 갖고 있는 서구어의 be 동사에서는 존재와 사유(서술)의 관계를 정립하는 문제(존재론, 형이상학, 실체)가 주요 철학적 문제로 등장할 수 있지만 양자가 구분되어 사용되고 있는 우리나라나 중국어서는 그와 같은 문제가 아예 관심거리가 되지 않을 소지가 있음을 확인할 수 있었다. be 동사의 기능과 역할, 사용방식에 따라서 문제의식을 달리하는 철학적 문제의 발굴이 필요하다고 말할 수 있는 것이다. 우리에게는 한국어에 맞는 철학적 문제의식을 발굴하는 것이 우리의 철학을 하는데 중요한 관건이 될 수 있다는 말이다.

2. 각국 주요 어휘의 어휘장 연구를 통해 서구의 세계관이나 사유방식이 중국의 것과도 다르고 우리나라의 것과 다르다는 점을 확인할 수 있다.

구체적인 몸체를 나타내는 어휘인 '머리'로부터 추상적인 사고 영역으로의 의미 분화가 일어나고 있는 한국어나 중국어에서와는 달리 서구어에서는 그와 같은 분화가 일어나지 않고 추상적인 사고영역을 담당하는 어휘가 따로 발전하는데, 이는 구체적인 몸체와 추상적인 영역의 연관관계가 동양에서는 밀접한 반면 서양에서는 그렇지 않다는 점을 확인시켜준다. 이 같은 차이점을 통해 서양에서는 자연스럽게 구체적인 영역과 독립적인 추상적인 영역의 설정으로 나아갈 수 있었다는 점을 추정할 수 있다.

[마음]장과 관련해서 동양에서는 마음을 공간적인 위치로 파악하고자 하는 성향이 출현하지만 서구에서는 출현하지 않는다. 특히 희랍에서는 마음을 나타내는 {psyche}가 내적인 영역으로의 분화가 거의 일어나지 않는데, 이는 내적인 영역을 나타내는 의지(thymos)나, 정신(nous)과 같은 용어가 따로 존재했기 때문으로 여겨진다. 곧 희랍어에서는 주체 내적인 영역과 외적인 영역이 확연하게 갈라질 수 있음을 보여준다.

[인식]장과 연관해서는 전체와 부분을 조화시키는 중국인의 사유방식, 중국적 사유의 이중성 등을 찾아낼 수 있다. 특히 앎만으로는 사태를 인정하거나 승인하는 기준이 될 수 없다고 생각하는 중국적 사유방식도 확인할 수 있다. 곧 행위(실천)와 결부되지 않은 인식을 상대적으로 저평가하는 중국적 사유 방식을 찾을 수 있었다.

[시각 행위]장에서는 행이에 대해 반드시 행위자와 행위가 가해지는 대상을 함께 떠올리는 인도적 사유, 세계에 대해 객관적이고 관찰자적 입장을 견지하고 있는 서구적 사유, 보는 행위에 세계와의 만남이나 돌봄의 계기를 간직하고 있는 동양적 사유방식을 확인할 수 있었다.

3. 각 나라 말의 시제(tense)와 상(aspect)의 개념을 살펴보면 각 나라의 시간관을 밝힐 수 있는 힌트를 얻을 수 있다.

한국어의 시제를 나타내는 문법적 요소들은 다른 문법적 범주들과 독립적이지만 서구어, 특히 희랍어에서는 다른 문법적 요소들과의 연계관계가 긴밀하다. 그에 따라서 시간에 대한 관념도 형식적인 요소에 강하게 영향을 받는다. 더 나아가 과거, 미래, 현재의 시제 표현이 정확하게 규정되어 있어서 과거, 현재, 미래의 시간 구분이 명확하게 될 수밖에 없었으리라는 점을 추정할 수 있다. 이에 비해 한국어에서의 시제 표현은 다른 문법적 범주들과 독립적이기 때문에 형식적 요소의 제약을 비교적 덜 받는다고 할 수 있다. 이에 따라서 한국인의 시간관은 형식적 요소를 비교적 덜 갖는다고 할 수 있다. 곧 시간이 흐름에 따라 형식적인 규율에 얽매이기보다 때때로 달라질 가능성을 지닌 유연한 시간관을 가질 수 있다. 더 나아가 중국인의 경우 표현 형태상으로는 시간을 가늠할 수 없다. 여기서도 다른 경우와 마찬가지로 시간관념은 내적인 방식으로 조직될 수밖에 없을 것으로 추정된다.

또 하나 간과할 수 없는 것이 희랍에서의 상에 관한 논의이다. 희랍어에서는 완료 표현이 상대적으로 중요성을 가지며 완료형 자체가 독립하여 원 표현과 다른 의미를 가진 어휘로 발전하는 경우가 종종 있다. 이는 주어진 상태를 어떤 방식으로든 지속시키고 완결된 것으로 만들려는 희랍적 사유와 밀접한 연관관계가 있을 것으로 본다. 곧 머무는 (subsisting) 것을 존재로 본다든가(정적(靜的)인 존재관), 완결되어야만(한정되어야만) 제대로 된 인식이라고 본다든가 하는 희랍적 사유는 완료형이 특별히 발달한 희랍어에서 유래된 것으로 추정해볼 수 있다.

4. 각 나라 문장이 의미가 결정되기 위한 형식적 조건을 살펴보면 언어의 형식성에 대한 태도, 논리성, 실체적 사유의 차이에 대한 생각 차이를 읽을 수 있다.

문법적 형식이 의미 결정에 중요한 역할을 하는 서구어의 경우에는 언어가 대화자, 상황, 세계와 독립적인 영역으로 정립될 가능성이 크고 언어의 형식적 규범에 기초한 형식논리학적 사유가 발생할 가능성이 크다고 할 수 있다. 이에 비해 의미 결정에 문법이 크게 중요하지 않은 한국어의 경우에는 상황이나 여건에 의해 좌우되는 사유방식이 발전할 가능성이 크다고 하겠다. 문장의 의미 결정에 형식적 여건이 거의 아무런 역할도 하지 않는 중국어의 경우에는 언표된 언어의 질서보다는 내적인 의미연관성을 중시하는 사유방식이나 논리성을 갖추게 된다고 말할 수 있다. 문장의 주요 구성분보다는 보조적인 요소에 의해 의미가 결정되는 우리말의 경우에는 서구식의 본질적, 실체적 사유가 발전하기보다는 우연적인 요소가 강조되는 사유방식이 발전할 가능성이 크다고 할 수 있다.

5. 그리스어와 범어의 차이로 말미암아 그리스 논리학과 인도 논리학의 차이가 나타난다고 말할 수 있다.

희랍에서는 에스티(be) 동사의 문법적 기능이 명확하게 정립되어 있어 긍적적 지칭의 방식으로 실체개념을 형성할 수 있었으나 범어에서는 아스(be) 동사의 문법적 기능이 확정되어 있지 않기 때문에 주로 부정적 지칭의 방식으로 실체개념을 형성했다. 그에 따라 희랍어에서는 긍정적 실체의 개념을 관련짓는 일이 중요한 과제로 등장하게 된다. 더 나아가 희랍어에서는 정관사가 발달해 있어 문장 안에서 한정어와 피한정어를 명확하게 구분할 수 있었다. 그러나 범어에는 정관사가 없기 때문에 양자를 명확하게 구분할 수 없어서 주술관계가 명확하게 정립되지 않았다. 그에 따라 명제를 실체에 대한 규정으로 간주함으로써 성립하는 아리스토텔레스 논리학과는 다른 논리학이 성립할 수밖에 없었다고 본다.

3년의 연구와 2년의 집필 기간 동안 다양한 분야의 연구자들이 때로는 언성을 높이며 때로는 머리를 맞대고 동고동락하다시피해서 결과물을 도출하는 과정을 한 마디로 요약하자면 죽을 고생(die hard)이라고 말할 수 있겠다. 다시 시작하라고 하면 못할 것 같다. 아마 가장 어려웠던 점을 꼽으라면 연구자들 사이의 의사소통의 문제라고 할 수 있을 것이다. 분야가 다르면 사용하는 언어가 다르고 생각하는 방식도 다르고, 제기하는 문제도 다르고, 문제에 접근하는 방법론도 다르다. 다 같은 한국 사람이지만 사실은 전혀 다른 세계에서 살고 있다고 말할 정도로 의사소통이 쉽지 않다. 학문적 의사소통의 가능성을 여는 새로운 시도로서의 종합적이고 체계적인 학제간 연구의 토대를 구축하는 작업이 있어야 할 것으로 본다.

이 연구를 하면서 여기저기서 많은 도움을 받았다. 한국학술진흥재단의 지원이 없었다면 연구가 아예 시작될 수도 없었다는 것은 명확하다. 국가적 차원에서 시행되고 있는 학술 진흥사업이 계속 발전되기를 바란다. 동고동락하다시피해서 소기의 성과를 얻은 연구원들 모두가 이제 짐을 덜 수 있어서 다행이다.